理學叢書

# 朱子語類

五

〔宋〕黎靖德 編
王星賢 點校

中華書局

# 朱子語類卷第六十七

## 易三

### 綱領下

#### 三聖易

上古之易，方是「利用厚生」，周易始有「正德」意，如「利貞」，是教人利於貞正；「貞吉」，是教人貞正則吉。至孔子則説得道理又多。閎祖。道夫録云：「『利貞』，『貞吉』，文王説底，方是教人『隨時變易以從道』。」

乾之「元亨利貞」，本是謂筮得此卦，則大亨而利於守正，而彖辭、文言皆以爲四德。某常疑如此等類，皆是別立説以發明一意。至如坤之「利牝馬之貞」，則發得不甚相似矣。道夫。

伏羲自是伏羲易，文王自是文王易，孔子自是孔子易。伏羲分卦，乾南坤北。文王卦又不同。故曰：周易「元亨利貞」，文王以前只是大亨而利於正，孔子方解作四德。易只是尚占之書。德明。

須是將伏羲畫底卦做一樣看，文王卦做一樣看；文王、周公説底彖象做一樣看，孔子説底做一樣看；王輔嗣、伊川説底各做一樣看。伏羲是未有卦時畫出來，文王是就那見成底卦邊説。「畫前有易」，真箇是恁地。這箇卦是畫不迭底，那許多都在這裏了，不是畫了一畫，又旋思量一畫。才一畫時，畫畫都具。淵。壯祖録云：「須將伏羲畫卦、文王重卦、周公爻辭、孔子繫辭及程氏傳各自看，不要相亂惑，無牴牾處也。」

問易。曰：「聖人作易之初，蓋是仰觀俯察，見得盈乎天地之間，無非一陰一陽之理；有是理，則有是象；有是象，則其數便自在這裏，非特河圖、洛書爲然。蓋所謂數者，祇是氣之分限節度處，得陽必奇，得陰必偶，凡物皆然，而圖、書爲特巧而著耳。於是聖人因之而畫卦，其始也只是畫一奇以象陽，畫一偶以象陰而已。但纔有兩，則便有四；纔有四，則便有八；又從而再倍之，便是十六。蓋自其無朕之中而無窮之數已具，不待安排而其勢有不容已者。卦畫既立，便有吉凶在裏。蓋是陰陽往來交錯於其間，其時則有消長之不同，長者便爲主，消者便爲客；事則有當否之或異，當者便爲善，否者便爲惡。即其主客善惡之辨，而吉凶見矣，故曰：『八卦定吉凶。』吉凶既決定而不差，則以之立事，而大業自此生矣。此聖人作易教民占筮，而以開天下之愚，以定天下之志，以成天下之事者如此。但自伏羲而上，但有此六畫，而未有文字可傳，到得文王、周公乃繫之以辭，故曰：『聖人設卦觀象，繫辭焉而明吉凶。』蓋是卦之未畫也，因觀天地自然之法象而畫；及其既畫也，一卦自有一卦之象，象謂有箇形似也，故聖人即其象而命之名。以爻之進退而言，則如剥、復之類；以其形之肖似而言，則如鼎、井之類，此是伏羲即卦體之全而立箇名如此。及文王觀卦體之象而爲之彖辭，周公視卦爻之變而爲之爻辭，而吉凶之象益著矣。大率天下之道，只是善惡而已，但所居之位不同，所處之時既異，而其幾甚微。只爲天下之人不能曉會，所以聖人因此占筮之法以曉人，使人居則觀象玩辭，動則觀變玩占，不迷於是非得失之途，所以是書夏商周皆用之。其所言雖不同，其辭雖不可盡見，然皆太卜之官掌之，以爲占筮之用。有所謂『繇辭』者，左氏所載，尤可見古人用易處。蓋其所謂『象』者，皆是假此衆人共曉之物，以形容此事之理，使人知所取舍而已。故自伏羲而文王、周公，雖自略而詳，所謂占筮之用則一。蓋即那占筮之中，而所以處置是事之理，便在那裏了。故其法若粗淺，而隨人賢愚，皆得其用。蓋文王雖是有定象，有定辭，皆是虛説此箇地頭，合是如此處置，初不黏着物上。故一卦一爻，足以包無窮之事，不可只以一事指定說。他裏面也有指一事說處，如『利建侯』、『利用祭祀』之類，其他皆不是指一事說。此所以見易之爲用，無所不該，無所不徧，但看人如何用之耳。到得夫子，方始純以理言，雖未必是羲文本意，而事上說理，亦是如此，但不可便以夫子之說爲文王之說。」又曰：「易是箇有道理底卦影。易以占筮作，許多理便也在裏，但是未便說到這處。如楚辭以神爲君，以祀之者爲臣，以寓其敬事不可忘之意。固是說君臣，林録云：「但假托事神而說。」但是先且爲他說事神，然後及他事君，意趣始得。今人解說，便直去解作事君底意思，也不喚做不是他意。但須先與結了那一重了，方可及這裏，方得本末周備。易便是如此。今人心性褊急，更不待先說他本意，便將道理來衮說了。易如一箇鏡相似，看甚物來，都能照得。如所謂『潛龍』，只是有箇潛龍之象，自天子至於庶人，看甚人來，都使得。孔子說作『龍德而隱，不易乎世，不成乎名』，便是就事上指殺說來。然會看底，雖孔子說也活，也無不通；不會看底，雖文王、周公說底，也死了。須知得他是假託說，是包含說。假託，謂不惹着那事；包含，是說箇影象在這裏，無所不包。」又曰：「卦雖八，而數須是十。八是陰陽數，十是五行數。一陰一陽，便是二；以二乘二，便是四；以四乘四，便是八。五行本只是五而有十者，蓋是一箇便包兩箇，如木，便包甲乙；火，便包丙丁；土，便包戊己；金，便包庚辛；水，便包壬癸，所以爲十。彖辭，文王作；爻辭，周公作，是先儒從來恁地說，且得依他。謂爻辭爲周公者，蓋其中有說文王，不應是文王自說也。」賀孫。

孔子之易，非文王之易；文王之易，非伏羲之易；伊川易傳，又自是程氏之易也。故學者且依古易次第，先讀本爻，則自見本旨矣。方子。

長孺問：「『乾健坤順』，如何得有過不及？」曰：「乾坤者，一氣運於無心，不能無過不及之差。聖人有心以爲之主，故無過不及之失。所以聖人能贊天地之化育，天地之功有待於聖人。」賀孫。

## 邵子易

康節易數出於希夷。他在静中推見得天地萬物之理如此，又與他數合，所以自樂。今道藏中有此卦數。謂魏伯陽參同契。魏，東漢人。德明。

王天悦雪夜見康節於山中，猶見其儼然危坐。蓋其心地虚明，所以推得天地萬物之理。其數以陰陽剛柔四者爲準，四分爲八，八分爲十六，只管推之無窮。有太陽、太陰、少陽、少陰、太剛、太柔、少剛、少柔。今人推他數不行，所以無他胸中。德明。

康節也則是一生二，二生四，四生八。淵。

康節只說六卦：乾、坤、坎、離，四卦。震、巽含艮、兑。又說八卦：乾、坤、坎、離、大過、頤、中孚、小過。其餘反對者二十八卦。人傑。

聖人説數説得疏，到康節，説得密了。他也從一陰一陽起頭。他卻做陰、陽、太、少，乾之四象；剛、柔、太、少，坤之四象，又是那八卦。他説這易，將那「元亨利貞」全靠着那數。三百八十四爻管定那許多數，説得太密了。易中只有箇奇耦之數是自然底，「大衍之數」卻是用以揲蓍底。康節盡歸之數，所以二程不肯問他學。若是聖人用數，不過如「大衍之數」便是。他須要先揲蓍以求那數，起那卦，數是恁地起，卦是恁地求。不似康節坐地默想推將去，便道某年某月某日當有某事。聖人決不恁地！此條有誤，詳之。淵。

「聖人説數，説得簡略高遠疏闊。易中只有箇奇耦之數：天一地二，是自然底數也；『大衍之數』，是揲蓍之數也，惟此二者而已。康節卻盡歸之數，竊恐聖人必不爲也。」因言：「或指一樹問康節曰：『此樹有數可推否？』康節曰：『亦可推也，但須待其動爾。』頃之，一葉落，便從此推去，此樹甚年生，甚年當死。凡起數，靜則推不得，須動方推得起。」方子。高録略。

## 程子易傳

有人云：「草草看過易傳一遍，後當詳讀。」曰：「不可。此便是計功謀利之心！若劈頭子細看，雖未知後面凡例，而前看工夫亦不落他處。」方子。

已前解易，多只説象數。自程門以後，人方都作道理説了。礪。

伊川晚年所見甚實，更無一句懸空説底話。今觀易傳可見，何嘗有一句不着實！大雅。

伯恭謂：「易傳理到語精，平易的當，立言無毫髮遺恨！」此乃名言。今作文字不能得如此，自是牽强處多。一本云：「不能得如此自然。」閎祖。

「易傳明白，無難看。但伊川以天下許多道理散入六十四卦中，若作易看，即無意味。唯將來作事看，即句句字字有用處。」問胡文定春秋。曰：「他所説盡是正理，但不知聖人當初是恁地不是恁地。今皆見不得。所以某於春秋不敢措一辭，正謂不敢臆度爾。」道夫。

易傳，須先讀他書，理會得義理了，方有箇入路，見其精密處。蓋其所言義理極妙，初學者未曾使着，不識其味，都無啓發。如遺書之類，人看着卻有啓發處。非是易傳不好，是不合使未當看者看。須是已知義理者，得此便可磨礱入細。此書於學者非是啓發工夫，乃磨礱工夫。㽦。

易傳難看，其用意精密，道理平正，更無抑揚。若能看得有味，則其人亦大段知義理矣。蓋易中説理，是豫先説下未曾有底事，故乍看甚難。不若大學、中庸有箇準則，讀著便令人識蹊徑。詩又能興起人意思，皆易看。如謝顯道論語卻有啓發人處。雖其說或失之過，識得理後，卻細密商量令平正也。人傑。

伯恭多勸人看易傳，一禁禁定，更不得疑著。局定學者，只得守此箇義理，固是好。但緣此使學者不自長意智，何緣會有聰明！㽦。

看易傳，若自無所得，縱看數家，反被其惑。伊川教人看易，只看王弼注，胡安定、王介甫解。今有伊川傳，且只看此尤妙。

易傳義理精，字數足，無一毫欠闕。他人着工夫補綴，亦安得如此自然！只是於本義不相合。易本是卜筮之書，卦辭、爻辭無所不包，看人如何用。程先生只說得一理。

問：「易傳如何看？」曰：「且只恁地看。」又問：「程易於本義如何？」曰：「程易不說易文義，只說道理極處，好看。」又問：「乾繇辭下解云：『聖人始畫八卦，三才之道備矣。因而重之，以盡天下之變，故六畫而成卦。』據此說，卻是聖人始畫八卦，每卦便是三畫，聖人因而重之爲六畫。似與邵子一生兩，兩生四，四生八，八生十六，十六生三十二，三十二生六十四，爲六畫，不同。」曰：「程子之意，只云三畫上疊成六畫，八卦上疊成六十四卦，與邵子說誠異。蓋康節此意不曾說與程子，程子亦不曾問之，故一向只隨他所見去。但他說『聖人始畫八卦』，不知聖人畫八卦時，先畫甚卦？此處便曉他不得。」又問：「啓蒙所謂：『自太極而分兩儀，則太極固太極，兩儀固兩儀；自兩儀而分四象，則兩儀又爲太極，而四象又爲兩儀。』以至四象生八卦，節節推去，莫不皆然。可見一物各具一太極，是如此否？」曰：「此只是一分爲二，節節如此，以至於無窮，皆是一生兩爾。」因問：「序所謂『自本而幹，自幹而支』，是此意否？」曰：「是。」又問：「『以功用謂之鬼神，以妙用謂之神』，二『神』字不同否？」曰：「『鬼神』之『神』，此『神』字説得粗。如繫辭言『神也者，妙萬物而爲言』，此所謂『妙用謂之神』也；言『知鬼神之情狀』，此所謂『功用謂之鬼神』也，只是推本繫辭説。程易除去解易文義處，只單説道理處，則如此章説『天，專言之則道也』，以下數句皆極精。」銖。

伊川只將一部易來作譬喻説了，恐聖人亦不肯作一部譬喻之書。朱震又多用伏卦互體説陰陽，説陽便及陰，説陰便及陽，乾可爲坤，坤可爲乾，太走作。近來林黄中又撰出一般翻筋斗互體，一卦可變作八卦，也是好笑！據某看得來，聖人作易，專爲卜筮。後來儒者諱道是卜筮之書，全不要惹他卜筮之意，所以費力。今若要説，且可須用添一重卜筮意，自然通透。如乾初九「潛龍」兩字，是初九之象，「勿用」兩字，即是告占者之辭。如云占得初九是潛龍之體，只是隱藏不可用。作小象、文言，釋其所以爲潛龍者，以其在下也。諸爻皆如此推看，怕自分明，又不須作設戒也。浩。

易傳言理甚備，象數卻欠在。又云：「易傳亦有未安處，如无妄六二『不耕穫，不菑畬』，只是說一箇無所作爲之意。易傳卻言：『不耕而穫，不菑而畬，謂不首造其事。』殊非正意。」閎祖。

易要分内外卦看，伊川卻不甚理會。如巽而止，則成蠱；止而巽，便不同。蓋先止後巽，卻是有根株了，方巽將去，故爲漸。㽦。

問：「伊川易說理太多。」曰：「伊川言：『聖人有聖人用，賢人有賢人用。若一爻止做一事，則三百八十四爻，止做得三百八十四事。』也說得極好。然他解依舊是三百八十四爻，止做得三百八十四事用也。」淳。義剛録云：「林擇之云：『伊川易說得理也太多。』先生曰『伊川求之便是太深』云云。」

問：「程傳大概將三百八十四爻做人說，恐通未盡否？」曰：「也是。則是不可裝定做人說，看占得如何。有就事言者，有以時節言者，有以位言者。以吉凶言之則爲事，以初終言之則爲時，以高下言之則爲位，隨所值而看皆通。繫辭云：『不可爲典要，惟變所適。』豈可裝定做人說！」學履。

伊川易煞有重疊處。賀孫。

易傳說文義處，猶有些小未盡處。公謹。

學者須讀詩與易，易尤難看。伊川易傳亦有未盡處。當時康節傳得數甚佳，卻輕之不問。天地必有倚靠處，如復卦先動而後順，豫卦先順而後動，故其象辭極嚴。似此處，卻閑過了。可學。

詩書略看訓詁，解釋文義令通而已，卻只玩味本文。其道理只在本文，下面小字盡說，如何會過得他？若易傳，卻可脱去本文。程子此書，平淡地慢慢委曲，說得更無餘蘊。不是那敲磕逼拶出底，義理平鋪地放在面前。只如此等行文，亦自難學。如其他峭拔雄健之文，卻可做；若易傳樣淡底文字，如何可及！　𥉶。

問：「先儒讀書，都不如先生精密，如伊川解易亦甚疏。」曰：「伊川見得箇大道理，卻將經來合他這道理，不是解易。」又問：「伊川何因見道？」曰：「他說求之六經而得，也是於濂溪處見得箇大道理，占地位了。」德輔。

易，變易也。「隨時變易以從道」，正謂伊川這般說話難說。蓋他把這書硬定做人事之書。他說聖人做這書，只爲世間人事本有許多變樣，所以做這書出來。淵。

「至微者，理也；至著者，象也。體用一原，顯微無間。『觀會通以行其典禮』，則辭無所不備。」此是一箇理，一箇象，一箇辭。然欲理會理與象，又須辭上理會。辭上所載，皆「觀會通以行其典禮」之事。凡於事物須就其聚處理會，尋得一箇通路行去。若不尋得一箇通路，只驀地行去，則必有礙。典禮，只是常事。會，是事之合聚交加難分別處。如庖丁解牛，固是「奏刀騞然，莫不中節」；若至那難處，便著些氣力，方得通。故莊子又説：「雖然，每至於族，吾見其難爲，怵然爲戒，視爲止，行爲遲。」莊子説話雖無頭當，然極精巧，説得到。今學者卻於辭上看「觀其會通以行典禮」也。賀孫。

「體用一源」，體雖無迹，中已有用。「顯微無間」者，顯中便具微。天地未有，萬物已具，此是體中有用；天地既立，此理亦存，此是顯中有微。節。

劉用之問易傳序「觀會通以行典禮」。曰：「如堯舜揖遜，湯武征伐，皆是典禮處。典禮只是常事。」賀孫。

「求言必自近，易於近者，非知言者也。」此伊川喫力爲人處。寓。

用龜山易參看易傳數段，見其大小得失。方。

婺州易傳，「聖」字亦誤用王氏説。「聖」字從「壬」，不當從「王」。罃。

## 朱子本義啓蒙

看易，先看某本義了，卻看伊川解，以相參考。如未看他易，先看某説，卻易看也，蓋未爲他説所汩故也。燾。

方叔問：「本義何專以卜筮爲主？」曰：「且須熟讀正文，莫看注解。蓋古易，彖、象、文言各在一處，至王弼始合爲一。後世諸儒遂不敢與移動。今難卒説，且須熟讀正文，久當自悟。」大雅。

某之易簡略者，當時只是略搭記。兼文義，伊川及諸儒皆已説了，某只就語脈中略牽過這意思。礪。

聖人作易，有説得極疏處，甚散漫。如爻象，蓋是汎觀天地萬物取得來闊，往往只髣髴有這意思，故曰：「不可爲典要。」又有説得極密處，無縫罅，盛水不漏，如説「吉凶悔吝」處是也。學者須是大著心胸，方看得。譬如天地生物，有生得極細巧者，又自有突兀麄拙者。近趙子欽有書來云，某説語孟極詳，易説卻太略。譬之此燭籠，添得一條骨子，則障了一路明。若能盡去其障，使之體統光明，豈不更好！蓋著不得詳説故也。方子。淵録云：「易中取象，似天地生物。有生得極細巧底，有生得麄拙突兀底。趙子欽云：『本義太略。』此譬如燭籠，添了一條竹片，便障了一路明。盡徹去了，使它统體光明，豈不更好！蓋是著不得詳説。如此看來，則取象處如何拘得！」

啓蒙，初間只因看歐陽公集内或問易「大衍」，遂將來考算得出。以此知諸公文集雖各自成一家文字，中間自有好處。緣是這道理人人同得。看如何，也自有人見得到底。賀孫。

先生於詩傳，自以爲無復遺恨，曰：「後世若有揚子雲，必好之矣。」而意不甚滿於易本義。蓋先生之意，只欲作卜筮用。而爲先儒說道理太多，終是翻這窠臼未盡，故不能不致遺恨云。僩。

先生問時舉：「看易如何？」曰：「只看程易，見其只就人事上說，無非日用常行底道理。」曰：「易最難看，須要識聖人當初作易之意。且如泰之初九：『拔茅茹，以其彙，征吉。』謂其引賢類進也。都不正說引賢類進，而云『拔茅』，何耶？如此之類，要須思看。某之啓蒙自說得分曉，且試去看。」因云：「某少時看文字時，凡見有說得合道理底，須旁搜遠取，必要看得他透。今之學者多不如是，如何？」時舉退看啓蒙。晚往侍坐，時舉曰：「向者看程易，只就注解上生議論，卻不曾靠得易看，所以不見得聖人作易之本意。今日看啓蒙，方見得聖人一部易，皆是假借虛設之辭。蓋緣天下之理若正說出，便只作一件用。唯以象言，則當卜筮之時，看是甚事，都來應得。如泰之初九，若正作引賢類進說，則後便只作得引賢類進用。唯以『拔茅茹』之象言之，則其他事類此者皆可應也。啓蒙警學篇云：『理定既實，事來尚虛。用應始有，體該本無。』便見得易只是虛設之辭，看事如何應耳。」先生頷之。因云：「程易中有甚疑處，可更商量看。」時舉問：「坤六二爻傳云『由直方而大』，竊意大是坤之本體，安得由直方而後大耶？」曰：「直、方、大，是坤有此三德。

若就人事上説，則是『敬義立而德不孤』，豈非由直方而後大耶？」時舉。

敬之問啓蒙「理定既實，事來尚虛。用應始有，體該本無。稽實待虛，存體應用。執古御今，以靜制動」。曰：「聖人作易，只是説一箇理，都未曾有許多事，卻待他甚麼事來湊。所謂『事來尚虛』，蓋謂事之方來，尚虛而未有；若論其理，則先自定，固已實矣。『用應始有』，謂理之用實，故有。『體該本無』，謂理之體該萬事萬物，又初無形迹之可見，故無。下面云，稽考實理，以待事物之來；存此理之體，以應無窮之用。『執古』，古便是易書裏面文字言語。『御今』，今便是今日之事。『以靜制動』，理便是靜底，事便是動底。且如『即鹿無虞，惟入於林中。君子幾，不如舍，往吝』，其理謂將即鹿而無虞，入必陷於林中；若不舍而往，是取吝之道。這箇道理，若後人做事，如求官爵者求之不已，便是取吝之道；求財利者求之不已，亦是取吝之道。又如『潛龍勿用』，其理謂當此時只當潛晦，不當用。若占得此爻，凡事便未可做，所謂『君子動則觀其變而玩其占』。若是無事之時觀其象而玩其辭，亦當知其理如此。某每見前輩説易，止把一事説。某之説易所以異於前輩者，正謂其理人人皆用之，不問君臣上下、大事小事，皆可用。前輩止緣不把做占説了，故此易竟無用處。聖人作易，蓋謂當時之民，遇事都閉塞不知所爲。故聖人示以此理，教他恁地做，便會吉；如此做，便會凶。必恁地，則吉而可爲；如此，則凶而不可爲。大傳所謂『通天下之志』是也。通，是開通之意，是以易中止説道善則吉，卻未嘗有一句説不善亦會吉。仁義忠信之事，占得其象則吉；卻不曾説不仁不義不忠不信底事，占得亦會吉。如南蒯得『黄裳』之卦，自以爲大吉，而不知黄中居下之義，方始會元吉；反之則凶。大傳説『上下無常，剛柔相易，不可爲典要，惟變所適』，便見得易人人可用，不是死法。雖道是二五是中，卻其間有位二五而不吉者；有當位而吉，亦有當位而不吉者。若揚雄太玄，皆排定了第幾爻便吉，第幾爻便凶。然其規模甚散，其辭又澀，學者驟去理會他文義，已自難曉。又且不曾盡經歷許多事意，都去湊他意不著。所以孔子晚年方學易，到得平常教人，亦言『興於詩，立於禮，成於樂』，卻未曾説到易。」又云：「易之卦爻，所以該盡天下之理。一爻不止於一事，而天下之理莫不具備，不要拘執著。今學者涉世未廣，見理未盡，湊他底不著，所以未得他受用。」賀孫。

## 讀易之法

易，不可易讀。泳。

説及讀易，曰：「易是箇無形影底物，不如且先讀詩、書、禮，卻緊要。『子所雅言：詩、書、執禮，皆雅言也。』」淳。

問：「看易如何？」曰：「『詩、書、執禮』，聖人以教學者，獨不及於易。至於『假我數年，五十以學易』，乃是聖人自說，非學者事。蓋易是箇極難理會底物事，非他書之比。如古者先王『順詩書禮樂以造士』，亦只是以此四者，亦不及於易。蓋易只是箇卜筮書，藏於太史太卜，以占吉凶，亦未有許多說話。及孔子始取而敷繹爲十翼、彖、象、繫辭、文言、雜卦之類，方說出道理來。」僩。

易只是空說箇道理，只就此理會，能見得如何？不如「詩、書、執禮，皆雅言也」，一句便是一句，一件事便是一件事。如春秋，亦不是難理會底，一年事自是一年事。且看禮樂征伐是自天子出？是自諸侯出？是自大夫出？今人只管去一字上理會褒貶，要求聖人之意。千百年後，如何知得他肚裏事？聖人說出底，猶自理會不得；不曾說底，更如何理會得！淳。

人自有合讀底書，如大學、語、孟、中庸等書，豈可不讀！讀此四書，便知人之所以不可不學底道理，與其爲學之次序，然後更看詩、書、禮、樂。某纔見人說看易，便知他錯了，未嘗識那爲學之序。易自是別是一箇道理，不是教人底書。故記中只說先王「崇四術，順詩、書、禮、樂以造士」，不說易也。語、孟中亦不說易。至左傳、國語方說，然亦只是卜筮爾。蓋易本爲卜筮作，故夫子曰：「易有聖人之道四焉：以言者尚其辭，如程子所說是也。以動者尚其變，已是卜筮了。易以變者占，故曰：「君子居則觀其象而玩其辭，動則觀其變而玩其占。」以制器者尚其象，十三卦是也。以卜筮者尚其占。」文王、周公之辭，皆是爲卜筮。後來孔子見得有是書必有是理，故因那陰陽消長盈虛，説出箇進退存亡之道理來。要之，此皆是聖人事，非學者可及也。今人才説伏羲作易，示人以天地造化之理，便非是，自家又如何知得伏羲意思！兼之伏羲畫易時亦無意思。他自見得箇自然底道理了，因借他手畫出來爾。故用以占筮，無不應。其中言語亦煞有不可曉者，然亦無用盡曉。蓋當時事與人言語，自有與今日不同者。然其中有那事今尚存，言語有與今不異者，則尚可曉爾。如「利用侵伐」，是事存而詞可曉者。只如比卦初六「有孚比之，無咎。有孚盈缶，終來有他吉」之類，便不可曉。某嘗語學者，欲看易時，且將孔子所作十翼中分明易曉者看，如文言中「元者善之長」之類。如中孚九二「鳴鶴在陰，其子和之」，亦不必理會鶴如何在陰？其子又如何和？且將那繫辭傳中所説言行處看。此雖淺，然卻不到差了。蓋爲學只要理會自己胸中事爾。某嘗謂上古之書莫尊於易，中古後書莫大於春秋，然此兩書皆未易看。今人才理會二書，便入於鑿。若要讀此二書，且理會他大義：易則是尊陽抑陰，進君子而退小人，明消息盈虛之理；春秋則是尊王賤伯，内中國而外夷狄，明君臣上下之分。廣。

問：「讀易未能浹洽，何也？」曰：「此須是此心虛明寧靜，自然道理流通，方包羅得許多義理。蓋易不比詩書，它是説盡天下後世無窮無盡底事理，只一兩字便是一箇道理。又人須是經歷天下許多事變，讀易方知各有一理，精審端正。今既未盡經歷，非是此心大段虚明寧静，如何見得！此不可不自勉也。」銖。

敬之問易。曰：「如今不曾經歷得許多事過，都自揍他道理不著。若便去看，也卒未得他受用。孔子晚而好易，可見這書卒未可理會。如春秋、易，都是極難看底文字。聖人教人自詩、禮起，如鯉趨過庭，曰：『學詩乎？學禮乎？』詩是吟詠情性，感發人之善心；禮使人知得箇定分，這都是切身工夫。如書亦易看，大綱亦似詩。」賀孫。

易與春秋難看，非學者所當先。蓋春秋所言，以爲褒亦可，以爲貶亦可。易如此説亦通，如彼説亦通。大抵不比詩、書，的確難看。

問：「易如何讀？」曰：「只要虚其心以求其義，不要執己見讀。其他書亦然。」一作「平易求其義」。去僞。

看易，須是看他卦爻未畫以前是怎模樣。卻就這上見得他許多卦爻象數，是自然如此，不是杜撰。且詩則因風俗世變而作，書則因帝王政事而作。易初未有物，只是懸空説出。當其未有卦畫，則渾然一太極，在人則是喜怒哀樂未發之中；一旦發出，則陰陽吉凶，事事都有在裏面。人須是就至虚静中見得這道理周遮通瓏，方好。若先靠定一事説，則滯泥不通了。此所謂「潔静精微，易之教也」。學履。僩録云：「未畫之前，在易只是渾然一理，在人只是湛然一心，都未有一物在，便是寂然不動，喜怒哀樂未發之中也。忽然在這至虛至静之中有箇象，方發出許多象數吉凶道理來，所以靈，所以説『潔静精微』之謂易。易只是箇『潔静精微』，若似如今人説得恁地拖泥帶水，有甚理會處！」燾録云：「未畫以前，便是寂然不動，喜怒哀樂未發之中，只是箇至虛至静而已。忽然在這至虛至静之中有箇象，方説出許多象數吉凶道理，所以禮記曰：『潔静精微，易教也。』蓋易之爲書，是懸空做出來底。謂如書，便真箇有這政事謀謨，方做出書來。詩，便真箇有這人情風俗，方做出詩來。易卻都無這已往底事，只是懸空做底。未有爻畫之先，在易則渾然一理，在人則渾然一心。既有爻畫，方見得這爻是如何，這爻又是如何。然而皆是就這至虛至静中做許多象數道理出來，此其所以靈。若是似而今説得來恁地拖泥帶水，便都没理會處了。」

易難看，不比他書。易説一箇物，非真是一箇物，如説龍非真龍。若他書，則真是事實，孝弟便是孝弟，仁便是仁。易中多有不可曉處，如「王用亨于西山」，此卻是「享」字。只看「王用亨于帝，吉」，則知此是祭祀山川底意思。如「公用亨于天子」，亦是「享」字，蓋朝覲燕饗之意。易中如此類甚多。後來諸公解，只是以己意牽强附合，終不是聖人意。易難看，蓋如此。賜。

易最難看。其爲書也，廣大悉備，包涵萬理，無所不有。其實是古者卜筮書，不必只説理。象數皆可説。將去做道家、醫家等説亦有，初不曾滯於一偏。某近看易，見得聖人本無許多勞攘。自是後世一向亂説，妄意增減，硬要作一説以强通其義，所以聖人經旨愈見不明。且如解易，只是添虚字去迎過意來，便得。今人解易，迺去添他實字，卻是借他做己意説了。又恐或者一説有以破之，其勢不得不支離更爲一説以護吝之。説千説萬，與易全不相干。此書本是難看底物，不可將小巧去説，又不可將大話去説。又云：「易難看，不惟道理難尋；其中或有用當時俗語，亦有他事後人不知者。且如『樽酒簋貳』，今人硬説作二簋，其實無二簋之實。陸德明自注斷，人自不曾去看。如所謂『貳』，乃是周禮『大祭三貳』之『貳』，是『副貳』之『貳』，此不是某穿鑿，卻有古本。若是强爲一説，無來歷，全不是聖賢言語！」蓋卿。

易不須説得深，只是輕輕地説過。淵。

讀易之法，先讀正經。不曉，則將彖、象、繫辭來解。又曰：「易爻辭如籤解。」節。

看易，且將爻辭看。理會得後，卻看象辭。若鶻突地看，便無理會處。又曰：「文王爻辭做得極精嚴，孔子傳條暢。要看上面一段，莫便將傳拘了。」胡泳。

易中象辭最好玩味，説得卦中情狀出。季札。

八卦爻義最好玩味。祖道。

看易，須著四日看一卦：一日看卦辭、彖象，兩日看六爻，一日統看，方子細。因吴宜之記不起，云然。閎祖。

得。礪。

和靖學易，從伊川。一日只看一爻。此物事成一片，動着便都成片，不知如何只看一爻得。礪。

看易，若是靠定象去看，便滋味長。若只恁地懸空看，也没甚意思。燾。

季通云：「看易者，須識理象數辭，四者未嘗相離。」蓋有如是之理，便有如是之象；有如是之象，便有如是之數；有理與象數，便不能無辭。易六十四卦，三百八十四爻，有自然之象，不是安排出來。且如「潛龍勿用」，初便是潛，陽爻便是龍，不當事便是勿用。「見龍在田」，離潛便是見，陽便是龍，出地上便是田。「即鹿無虞，惟入于林中」，此爻在六二、六四之間，便是林中之象。鹿，陽物，指五；「無虞」，無應也。以此觸類而長之，當自見得。端蒙。

先就乾坤二卦上看得本意了，則後面皆有通路。礪。

繫辭中説「是故」字，都是喚那下文起，也有相連處，也有不相連處。淵。

欽夫説易，謂只依孔子繫辭説便了。如説：「『公用射隼于高墉之上，獲之，無不利。』『子曰：「隼者，禽也；弓矢者，器也；射之者，人也。君子藏器于身，待時而動，何不利之有？動而不括，是以出而有獲，語成器而動者也。」』只如此説，便了。」固是如此，聖人之意只恁地説不得。緣在當時只理會象數，故聖人明之以理。賀孫。

「潔静精微」謂之易。易自是不惹著事，只懸空説一種道理，不似它書便各著事上説。所以後來道家取之與老子爲類，便是老子説話也不就事上説。學蒙。

「潔静精微」是不犯手。又云：「是各自開去，不相沾黏。去聲。方子。佐録云：「是不沾著一箇物事。」〔一〕

問：「讀易，若只從伊川之説，恐太見成，無致力思索處。若用己意思索立説，又恐涉狂易。浩近學看易，主以伊川之説，參以横渠、温公、安定、荆公、東坡、漢上之解，擇其長者抄之，或足以己意，可以如此否？」曰：「吕伯恭教人只得看伊川易，也不得致疑。某謂若如此看文字，有甚精神？却要我做甚！」浩曰：「伊川不應有錯處。」曰：「他説道理決不錯，只恐於文義名物也有未盡。」又曰：「公看得諸家如何？」浩曰：「各有長處。」曰：「東坡解易，大體最不好。然他却會作文，識句法，解文釋義，必有長處。」浩。

## 總論卦彖爻

古易十二篇，人多説王弼改今本，或又説費直初改。只如乾卦次序，後來王弼盡改彖

〔一〕以下各本均空五行。

象各從爻下。近日吕伯恭卻去後漢中尋得一處，云是韓康伯改，都不説王弼。據某考之，其實是韓康伯初改，如乾卦次序。其他是王弼改。雉。

卦，分明是將一片木畫掛於壁上，所以爲卦。爻，是兩箇交叉，是交變之義，所以爲爻。學履。

問：「見朋友記先生説：『伏羲只畫八卦，未有六十四卦。』今看先天圖，則是那時都有了，不知如何？」曰：「不曾恁地説。那時六十四卦都畫了。」又問云：「那時未有文字言語，恐也只是卦畫，未有那卦名否？」曰：「而今見不得。」學履。

問：「卦下之辭爲彖辭，左傳以爲『繇辭』，何也？」曰：「此只是彖辭，故孔子曰：『智者觀其彖辭，則思過半矣。』如『元亨利貞』，乃文王所繫卦下之辭，以斷一卦之吉凶，此名『彖辭』。彖，斷也。陸氏音中語所謂『彖之經』也。『大哉乾元』以下，孔子釋經之辭，亦謂之『彖』，所謂『彖之傳』也。爻下之辭，如『潛龍勿用』，乃周公所繫之辭，以斷一爻之吉凶也。『天行健，君子以自强不息』，所謂『大象之傳』；『潛龍勿用，陽在下也』，所謂『小象之傳』，皆孔子所作也。『天尊地卑』以下，孔子所述繫辭之傳，通論一經之大體、凡例，無經可附，而自分上繫、下繫也。左氏所謂『繇』，字從『系』，疑亦是言『繫辭』。繫辭者，於卦下繫之以辭也。」銖。

「八卦之性情」，謂之「性」者，言其性如此；又謂之「情」者，言其發用處亦如此。如乾之健，本性如此，用時亦如此。淵。

卦體，如内健外順、内陰外陽之類。卦德，如乾健坤順之類。淵。

有一例，成卦之主，皆説於彖詞下，如屯之初九「利建侯」，大有之五，同人之二，皆如此。礪。

或説，一是乾初畫。某謂，那時只是陰陽，未有乾坤，安得乾初畫？初間只有一畫者二，到有三畫，方成乾卦。淳。

問：「『乾一畫，坤兩畫』，如何？」曰：「觀乾一而實與坤二而虚之説，可見。本義繫辭上第六章。乾只是一箇物事，充實徧滿。天所覆内，皆天之氣。坤便有開闔。乾氣上來時，坤便開從兩邊去，如兩扇門相似，正如扇之運風，甑之蒸飯。扇甑是坤，風與蒸，則乾之氣也。」僩録略。

凡易一爻皆具兩義，如此吉者，不如此則凶；如此凶者，不如此則吉。如「出門同人」，須是自出去與人同，方吉；若以人從欲，則凶。亦有分曉説破底：「婦人吉，夫子凶」；「咸其腓，雖凶居吉」；「君子得輿，小人剥廬」。如「需于泥，致寇至」，更不決吉凶。夫子便象辭中説破云：「若敬慎，則不敗也。」此是一爻中具吉凶二義者。如小過「飛鳥以凶」，若占得此爻，則更無可避禍處，故象曰：「不可如何也。」㽦。

六爻不必限定是説人君。且如「潛龍勿用」，若是庶人得之，自當不用；人君得之，也當退避。「見龍在田」，若是衆人得，亦可用事；「利見大人」，如今人所謂宜見貴人之類。易不是限定底物。伊川亦自説「一爻當一事，則三百八十四爻只當得三百八十四事」，説得自好。不知如何到他解，卻恁地説！淵。

易中緊要底，只是四爻。淵。

伊川云「卦爻有相應」，看來不相應者多。且如乾卦，如其説時，除了二與五之外，初何嘗應四？三何嘗應六？坤卦更都不見相應。此似不通。淵。

伊川多説應，多不通。且如六三便夾些陽了，陰則渾是不發底。如六三之爻有陽，所以言「含章」，若無陽，何由有章？「含章」，爲是有陽，半動半静之爻。若六四，則渾是柔了，所以「括囊」。淵。

問：「王弼説『初上無陰陽定位』，如何？」曰：「伊川説：『陰陽奇偶，豈容無也？乾上九「貴而無位」，需上九「不當位」，乃爵位之位，非陰陽之位。』此説極好。」學履。

程先生曰：「卦者，事也；爻者，事之時也。」先生曰：「卦或是時，爻或是事，都定不得。」

卦爻象，初無一定之例。淵。

## 卦體卦變

伊川不取卦變之説。至「柔來而文剛」，「剛自外來而爲主於内」，諸處皆牽强説了。王輔嗣卦變，又變得不自然。某之説卻覺得有自然氣象，只是换了一爻。非是聖人合下作卦如此，自是卦成了，自然有此象。礪。

漢上易卦變，只變到三爻而止，於卦辭多有不通處。某更推盡去，方通。如无妄「剛自外來而爲主於内」，只是初剛自訟二移下來。晉「柔進而上行」，只是五柔自觀四挨上去。此等類，按漢上卦變則通不得。舊與季通在旅邸推。義剛。

卦有兩樣生：有從兩儀四象加倍生來底；有卦中互换，自生一卦底。互换成卦，不過换兩爻。這般變卦，伊川破之。及到那「剛來而得中」，却推不行。大率是就義理上看，不過如剛自外來而得中，「分剛上而文柔」等處看，其餘多在占處用也。賁，變節之象，這雖無緊要，然後面有數處彖辭不如此看，無來處，解不得。淵。

易上經始乾坤而終坎、離，下經始艮、兑、震、巽而終坎離。楊至之云：「上經反對凡十八卦，下經反對亦十八卦。」先生曰：「林黄中算上下經陰陽爻適相等。某算來誠然。」

方子。

問：「近略考卦變，以彖辭考之，說卦變者凡十九卦，蓋言成卦之由。凡彖辭不取成卦之由，則不言所變之爻。程子專以乾坤言變卦，然只是上下兩體皆變者可通。若只一體變者，則不通。兩體變者凡七卦，隨、蠱、賁、咸、恒、漸、涣是也。一體變者兩卦，訟、无妄是也。七卦中取剛來下柔、剛上柔下之類者可通。至一體變者，則以來爲自外來，故說得有礙。大凡卦變須看兩體上下爲變，方知其所由以成之卦。」曰：「便是此處說得有礙。且程傳賁卦所云，豈有乾坤重而爲泰，又自泰而變爲賁之理！若其說果然，則所謂乾坤變而爲六子，八卦重而爲六十四，皆由乾坤而變者，其說不得而通矣。蓋有則俱有，自一畫而二，二而四，四而八，而八卦成；八而十六，十六而三十二，三十二而六十四，而重卦備。故有八卦，則有六十四矣。此康節所謂『先天』者也。若『震一索而得男』以下，乃是已有此卦了，就此卦生出此義，皆所謂『後天』之學。今所謂『卦變』者，亦是有卦之後，聖人見得有此象，故發於彖辭。安得謂之乾坤重而爲是卦？則更不可變而爲他卦耶？若論先天，一卦亦無。既畫之後，乾一兑二，離三震四，至坤居末，又安有乾坤變而爲六子之理！凡今易中所言，皆是後天之易。且以此見得康節先天後天之說，最爲有功。」銖。

問：「乾、坤、大過、頤、坎、離、中孚、小過八卦，番覆不成兩卦，是如何？」曰：「八卦便只是六卦。乾、坤、坎、離是四正卦，兑便是番轉底巽，震便是番轉底艮。六十四卦只八卦是正卦，餘便只二十八卦，番轉爲五十六卦。學蒙録云：「自此八卦外，只二十八卦番轉爲五十六卦。就此八卦中，又只是四正卦：乾、坤、坎、離是也。」中孚便是大底離，小過是箇大底坎。」又曰：「中孚是箇雙夾底離，小過是箇雙夾底坎。大過是箇厚畫底坎，頤是箇厚畫底離。」按：三畫之卦，只是六卦。即六畫之卦，以正卦八，加反卦二十有八，爲三十有六，六六三十六也。邵子謂之「暗卦」。小成之卦八，即大成之卦六十四，八八六十四也。三十六與六十四同。

卦有反，有對，乾、坤、坎、離是反，艮、兑、震、巽是對。乾、坤、坎、離，倒轉也只是四卦。艮、兑、震、巽，倒轉則爲中孚、頤、小過、大過。其餘皆是對卦。淵。

福州韓云：「能安其分則爲需，不能安其分則爲訟；能通其變則爲隨，不能通其變則爲蠱。」此是説卦對。然只是此數卦對得好，其他底又不然。淵。文蔚録作：「險而能忍，則爲需；險而不能忍，則爲訟。」劉紹信説：「福，唐人。」

「互體」，自左氏已言，亦有道理。只是今推不合處多。可學。

王弼破互體，朱子發用互體。淵。

朱子發互體，一卦中自二至五，又自有兩卦，這兩卦又伏兩卦。林黄中便倒轉推成四卦，四卦裏又伏四卦。此謂「互體」。這自那「風(於)〔爲〕〔一〕天於土上」，有箇艮之象來。淵。

一卦互換是兩卦，伏兩卦是四卦；反看又是兩卦，又伏兩卦，共成八卦。淵。

問：「易中『互體』之説，共父以爲『雜物撰德，辨是與非，則非其中爻不備』，此是説互體。」先生曰：「今人言互體者，皆以此爲説，但亦有取不得處也，如頤卦、大過之類是也。王輔嗣又言『納甲飛伏』，尤更難理會。納甲是震納庚、巽納辛之類，飛伏是坎伏離、離伏坎、艮伏兑、兑伏艮之類也。此等皆支蔓，不必深泥。」時舉。

## 辭義

易有象辭，有占辭，有象占相渾之辭。節。

「彖辭極精，分明是聖人所作。」魯可幾曰：「彖是總一卦之義。」曰：「也有別説底。如乾彖，却是專説天。」道夫。

凡彖辭、象辭，皆押韻。銖。

〔一〕據左傳改。

象數義多難明。振。

二卦有二中，二陰正，二陽正。言「乾之無中正」者，蓋云不得兼言中正。二五同是中，如四上是陽，不得爲正。蓋卦中以陰居陽，以陽居陰，是位不當；陰陽各居本位，乃是正當。到那「正中」、「中正」，又不可曉。淵。

林安卿問：「伊川云『中無不正，正未必中』，如何？」曰：「如『君子而時中』，則是『中無不正』；若君子有時不中，即『正未必中』。蓋正是骨子好了，而所作事有未恰好處，故未必中也。」義剛。

「中重於正，正未必中。」蓋事之斟酌得宜合理處便是中，則未有不正者。若事雖正，而處之不合時宜，於理無所當，則雖正而不合乎中。此中未有不正，而正未必中也。燾。

「中重於正，正不必中。」一件物事自以爲正，却有不中在。且如饑渴飲食是正；若過些子，便非中節。中節處乃中也。責善，正也，父子之間則不中。泳。

晏亞夫問「中」、「正」二字之義。曰：「中須以正爲先。凡人做事，須是剖決是非邪正，却就是與正處斟酌一箇中底道理。若不能先見正處，又何中之可言？譬如欲行賞罰，須是先看當賞與不當賞，然後權量賞之輕重。若不當賞矣，又何輕重之云乎！」壯祖。

「中重於正，正不必中。」中能度量，而正在其中。可學。

凡事先理會得正，方到得中。若不正，更理會甚中！顯仁陵寢時，要發掘旁近數百家墓，差御史往相度。有一人説：「且教得中。」曾文清説：「只是要理會箇是與不是，不理會中。若還不合如此，雖一家不可發掘，何處理會中？」且如今賞賜人，與之百金爲多，五十金爲少，與七十金爲中。若不合與，則一金不可與，更商量甚中！淵。

易中只言「利貞」，未嘗謂不利貞，亦未嘗言利不貞。必大。

厲，多是在陽爻裏説。淵。

「吉凶悔吝」，聖人説得極密。若是一向疏去，却不成道理。若一向密去，却又不是易底意思。淵。

「吉凶悔吝」，吉過則悔，既悔必吝，吝又復吉，如「動而生陽，動極復靜，靜而生陰，靜極復動」。悔屬陽，吝屬陰。悔是逞快做出事來了，有錯失處，這便生悔，所以屬陽。吝則是那隈隈衰衰，不分明底，所以屬陰。亦猶驕是氣盈，吝是氣歉。淵。

問：「時與位，古易無之。自孔子以來驕〔一〕説出此義。」曰：「易雖説時與位，亦有無時義可説者。」歷舉易中諸卦爻無時義可言者。德明。

〔一〕「驕」，賀疑誤。

仁父問時與義。曰：「『夏日、冬日』，時也；『飲湯、飲水』，義也。許多名目，須也是逐一理會過，少間見得一箇却有一箇落着。不爾，都只恁地鶻突過。」賀孫。

問：「讀易貴知時。今觀爻辭皆是隨時取義。然非聖人見識卓絶，盡得義理之正，則所謂『隨時取義』，安得不差？」曰：「古人作易，只是爲卜筮。今説易者，乃是硬去安排。聖人隨時取義，只事到面前，審驗箇是非，難爲如此安排下也。」德明。

聖人説易，逐卦取義。如泰以三陽在内爲吉，至否又以在上爲吉，大概是要壓他陰。六三所以不能害君子，亦是被陽壓了，但「包羞」而已。「包羞」，是做得不好事，只得慚惶，更不堪對人説。礪。

## 上下經上下繫

上經猶可曉，易解。下經多有不可曉、難解處。不知是某看到末梢懶了，解不得？爲復是難解？礪。

六十四卦，只是上經説得齊整，下經便亂董董地。繫辭也如此，只是上繫好看，下繫便没理會。論語後十篇亦然。孟子末後却劃地好。然而如那般「以追蠡」樣説話，也不可曉。淵。

## 論易明人事

孔子之辭説向人事上者，正是要用得。淵。

須是以身體之。且如六十四卦，須做六十四人身上看；三百八十四爻，又做三百八十四人身上小底事看。易之所説皆是假説，不必是有恁地事。假設如此，則如此；假設如彼，則如彼。假説有這般事來，人處這般地位，便當恁地應。淵。

易中説卦爻，多只是説剛柔。這是半就人事上説去，連那陰陽上面，不全就陰陽上説。卦爻是有形質了，陰陽全是氣。彖辭所説剛柔，亦半在人事上。此四件物事有箇精麤顯微分別。健順，剛柔之精者；剛柔，健順之麤者。淵。

問：「横渠説：『易爲君子謀，不爲小人謀。』蓋自太極一判而來，便已如此了。」曰：「論其極是如此。然小人亦具此理，只是他自反悖了。君子治之，不過即其固有者以正之而已。易中亦有時而爲小人謀，如『包承，小人吉，大人否，亨』。言小人當否之時，能包承君子則吉。但此雖爲小人謀，乃所以爲君子謀也。」廣。

若論陰陽，則須二氣交感，方成歲功。若論君子小人，則一分陰亦不可，須要去盡那小人，盡用那君子，方能成治。賀孫。

漢書：「易本隱以之顯，春秋推見至隱。易與春秋，天人之道也。」易以形而上者，説出在那形而下者上；春秋以形而下者，説上那形而上者去。僩。

## 論後世易象

京房卦氣用六日七分。季通云：「康節亦用六日七分。」但不見康節説處。方子。

京房輩説數，捉他那影象纔發見處，便算將去。且如今日一箇人來相見，便就那相見底時節，算得這箇是好人、不好人，用得極精密。他只是動時便算得，靜便算不得。人問康節：「庭前樹算得否？」康節云：「也算得，須是待他動時，方可。」須臾，一葉落，他便就這裏算出這樹是甚時生，當在甚時死。淵。

京房便有「納甲」之説。參同契取易而用之，不知天地造化，如何排得如此巧。所謂「初三震受庚，上弦兑受丁，十五乾體就，十八巽受辛，下弦艮受丙，三十坤受乙」，這都與月相應。初三昏月在西，上弦昏在南，十五昏在東，十八以後漸漸移來，至三十晦，光都不見了。又曰：「他以十二卦配十二月，也自齊整：復卦是震在坤下，一陽。臨是兑在坤下，二陽。泰是乾在坤下，三陽。大壯是震在乾上，四陽。夬是兑在乾上，五陽。乾是乾在乾上，六陽。姤是乾在巽上，一陰。遯是乾在艮上，二陰。否是乾在坤上，三陰。觀是巽在坤上，四陰。

剥是艮在坤上，五陰。坤是坤在坤上。六陰。」

仲默問：「太玄如何？」曰：「聖人説『天一地二，天三地四，天五地六，天七地八，天九地十』，甚簡易。今太玄説得却支離。太玄如它立八十一首，却是分陰陽。中間一首，半是陰，半是陽。若看了易後，去看那玄，不成物事。」又問：「或云：『易是陰陽不用五。』」曰：「它説『天一地二，天三地四』時，便也是五了。」又言：「揚雄也是學焦延壽推卦氣。」曰：「焦延壽易也不成物事。」又問：「關子明二十七象如何？」曰：「某嘗説，二十七象最亂道。若是關子明有見識，必不做這個。若是它做時，便是無見識。今人説焦延壽卦氣不好，是取太玄，不知太玄卻是學它。」義剛。

問太玄。曰：「天地間只有陰陽二者而已，便會有消長。今太玄有三箇了，如冬至是天元，到三月便是地元，十月便是人元。夏至却在地元之中，都不成物事！」賀孫。

太玄甚拙。歲是方底物，他以三數乘之，皆算不着。

太玄紀日而不紀月，無弦望晦朔。方子。

太玄中高處只是黄老，故其言曰：「老子之言道德，吾有取焉。」方子。

太玄之説，只是老莊。康節深取之者，以其書亦挨旁陰陽消長來説道理。必大。

太玄亦自莊老來，「惟寂惟寞」可見。泳。

問：「太玄中首：『陽氣潛藏於黄宫，性無不在於中。』養首：『藏心於淵，美厥靈根。』程先生云云。」曰：「所謂『藏心於淵』，但是指心之虚静言之也。如此，乃是無用之心，與孟子言仁義之心異。」可學。

自晉以來，解經者却改變得不同，（是）〔如〕〔一〕王弼、郭象輩是也。漢儒解經，依經演繹；晉人則不然，捨經而自作文。方。

潛虚只是「吉凶臧否平，王相休囚死」。閎祖。

日家「四廢」之説，温公潛虚，只此而已。𣈶。

潛虚後截是張行成續，不押韻，見得。閎祖。

歐陽公所以疑十翼非孔子所作者，他童子問中説道，「仰以觀於天文，俯以察於地理」；又説「河出圖，洛出書，聖人則之」，只是説作易一事，如何有許多般樣？又疑後面有許多「子曰」。既言「子曰」，則非聖人自作。這箇自是它曉那前面道理不得了，却只去這上面疑。他所謂「子曰」者，往往是弟子後來旋添入，亦不可知。近來胡五峰將周子通書盡除去了篇名，却去上面各添一個「周子曰」，此亦可見其比。淵。

〔一〕據陳本改。

廖氏論洪範篇，大段闢河圖、洛書之事，以此見知於歐陽公。蓋歐公有無祥瑞之論。歐公只見五代有僞作祥瑞，故併與古而不信。如河圖、洛書之事，論語自有此説，而歐公不信祥瑞，併不信此，而云繫辭亦不足信。且如今世間有石頭上出日月者，人取爲石屏。又有一等石上，分明有如枯樹者，亦不足怪也。河圖、洛書亦何足怪。義剛。

老蘇説易，專得於「愛惡相攻而吉凶生」以下三句。他把這六爻似那累世相讐相殺底人相似，看這一爻攻那一爻，這一畫克那一畫，全不近人情！東坡見他恁地太麄疏，却添得些佛老在裏面。其書自做兩樣：亦間有取王輔嗣之説，以補老蘇之説；亦有不曉他説了，亂填補處。老蘇説底，亦有去那物理上看得着處。淵。

東坡易説「六箇物事，若相咬然」，此恐是老蘇意。其他若佛説者，恐是東坡。揚。

易舉正，亂道。必大。

朱震説卦畫七八爻稱九六，他是不理會得老陰、老陽之變。且如占得乾之初爻是少陽，便是初七，七是少，不會變，便不用了。若占得九時，九是老，老便會變，便占這變爻。此言用九。用六亦如此。淵。

「朱子發解易如百衲襖，不知是説甚麼。以此進讀，教人主如何曉？便曉得，亦如何用？」必大曰：「致堂文字決烈明白，卻可開悟人主。」曰：「明仲説得開，一件義理，他便説成一片。如善畫者，只一點墨，便斡淡得開。如尹和靖，則更說不出。范氏講義於淺處亦說得出，只不會深，不會密，又傷要說義理多。如解孟子首章，總括古今言利之說成一大片，卻於本章之義不曾得分曉。想當時在講筵進讀，人主未必曾理會得。大抵范氏不會辯，如孟子便長於辯。亦不是對他人說話時方辯，但於緊要處反覆論難，自是照管得緊。范氏之說，櫳鎖不牢處多，極有疏漏者。」必大。

問：「籍溪見譙天授問易，天授令先看『見乃謂之象』一句。籍溪未悟，他日又問。天授曰：『公豈不思象之在方録作「於」。道，猶易之有太極耶？』此意如何？」曰：「如此教人，只好聽耳。使某答之，必先教他將六十四卦，自乾坤起，至雜卦，且熟讀。曉得源流，方可及此。」煇。方録云：「先生云：『此不可曉。其實見而未形有無之間爲象，形則爲器也。』」

問：「籍溪見譙天授問易，天授曰：『且看「見乃謂之象」一句。通此一句，則六十四卦，三百八十四爻皆通。』籍溪思之不得。天授曰：『豈不知「易有太極」者乎？』」先生曰：「若做箇說話，乍看似好，但學易工夫，不是如此。學履録云：「他自是一家說，能娛人，其說未是。」不過熟讀精思，自首至尾，章章推究，字字玩索，以求聖人作易之意，庶幾其可。一言半句，如何便了得他！」謨。

譙先生說「見乃謂之象」，有云：「象之在道，乃易之在太極。」其意想是說道，念慮才動處，便有箇做主宰底。然看得繫辭本意，只是説那「動而未形有無之間者幾」底意思。幾雖是未形，然畢竟是有箇物了。淵。

涪人譙定受學於二郭載、子厚。爲象學。其説云：「易有象學、數學。象學非自有所見不可得，非師所能傳也。」譙與原仲書云：「如公所言，推爲文辭則可，若見處則未。公豈不思象之在道，乃易之有太極耶？」後云：「語直傷交，幸冀亮察！」○「見」字本當音現，譙作如字意。○譙作牧牛圖，其序畧云：「學所以明心，禮所以行敬；明心則性斯見，行敬則誠斯至。」草堂劉致中爲作傳，甚詳。方。

先生因説郭子和易，謂諸友曰：「且如揲蓍一事，可謂小小。只所見不明，便錯了。子和有蓍卦辯疑，説前人不是。不知疏中説得最備，只是有一二字錯。更有一段在乾卦疏中。劉禹錫説得亦近。柳子厚曾有書與之辯。」先生揲蓍辯爲子和設。蓋卿。

向在南康見四家易。如劉居士變卦，每卦變爲六十四，卻是按古。如周三教及劉虛谷，皆亂道。外更有戴主簿傳得麻衣易，乃是戴公僞爲之。蓋嘗到其家，見其所作底文，其體皆相同。南軒及李侍郎被他瞞，遂爲之跋。某嘗作一文字辯之矣。」義剛。

或言某人近注易。曰：「緣易是一件無頭面底物，故人人各以其意思去解説得。近見一兩人所注，説得一片道理，也都好。但不知聖人元初之意果是如何。春秋亦然。」廣。

因說趙子欽名彦肅。易說，曰：「以某看來，都不是如此。若有此意思，聖人當初解彖、解象、繫辭、文言之類，必須自說了，何待後人如此穿鑿！今將卦爻來用綫牽，或移上在下，或挈下在上，辛辛苦苦說得出來，恐都非聖人作易之本意。須知道聖人作易，還要做甚用。若如此穿鑿，則甚非『易簡而天下之理得矣』。」又云：「今人凡事所以說得恁地支離者，只是見得不透。如釋氏說空，空亦未是不是，但空裏面須有道理始得。若只說道我見得箇空，而不知他有箇實底道理，卻做甚用得！譬如一淵清水，清泠徹底，看來一如無水相似。他便道此淵只是空底，卻不曾將手去探看，自冷而濕，終不知道有水在裏面。此釋氏之見正如此。今學者須貴於格物。格，至也，須要見得到底。今人只是知得一斑半點，見得些子，所以不到極處也。」又云：「某病後，自知日月已不多，故欲力勉。諸公不可悠悠！天下只是一箇道理，更無三般兩樣。若得諸公見得道理透，使諸公之心便是某心，某之心便是諸公之心，見得不差不錯，豈不濟事耶！」時舉。

因看趙子欽易說，云：「讀古人書，看古人意，須是不出他本來格當。須看古人所以爲此書者何如、初間是如何。若是屈曲之說，卻是聖人做一箇謎與後人猜摶，決不是如此！聖人之意，簡易條暢通達，那尚恁地屈曲纏繞，費盡心力以求之？易之爲書，不待自家意起於此，而其安排已一一有定位。」賀孫。

趙善譽説易云：「乾主剛，坤主柔，剛柔便自偏了。」某云，若如此，則聖人作易，須得用那偏底在頭上則甚？既是乾坤皆是偏底道理，聖人必須作一箇中卦始得。今二卦經傳，又卻都不説那偏底意思是如何。剛，天德也。如生長處，便是剛；消退處，便是柔。如萬物自一陽生後，生長將去，便是剛；長極而消，便是柔。以天地之氣言之，則剛是陽，柔是陰；以君子小人言之，則君子是剛，小人是柔；以理言之，則有合當用剛時，合當用柔時。廣。

林黄中以互體爲四象八卦。德明。

林黄中來見，論：「『易有太極，是生兩儀，兩儀生四象，四象生八卦。』就一卦言之，全體爲太極，内外爲兩儀，内外及互體爲四象，又顛倒取爲八卦。」先生曰：「如此則不是生，卻是包也。始畫卦時，只是箇陰陽奇耦，一生兩，兩生四，四生八而已。方其爲太極，未有兩儀也，由太極而後生兩儀；方其爲兩儀，未有四象也，由兩儀而後生四象；方其爲四象，未有八卦也，由四象而後生八卦。此之謂生。若以爲包，則是未有太極，已先有兩儀；未有兩儀，已先有四象；未有四象，已先有八卦矣！」林又曰：「太極有象。且既曰『易有太極』，則不可謂之無。濂溪乃有『無極』之説，何也？」曰：「有太極，是有此理；無極，是無形器方體可求。兩儀有象，太極則無象。」林又言：「三畫以象三才。」曰：「有三畫方看見似箇三才模樣，非故畫以象之也。」閎祖。

問：「『易，聖人所以立道，窮神則無易矣。』此是指易書？」曰：「然。易中多是說易書，又有一兩處說易理。神，如今人所謂精神發揮，乃是變易之不可測處。易書乃爲易之理寫真。」可學。

關子明易、麻衣易皆是僞書。麻衣易是南康士人作。今不必問其理，但看其言語，自非希夷作。其中有云：「學易者當於羲皇心地上馳騁。」不知心地如何馳騁！可學。

麻衣易是南康戴某所作。太平州刊本第二跋，即其人也。師卦象倒說了。閎祖。

問：「麻衣易是僞書。其論師卦『地中有水，師』，容民蓄衆之象，此一義也；若水行地中，隨勢曲折，如師行而隨地之利，亦一義也。」曰：「易有精有蘊，如『師貞，丈人吉』，此聖人之精，畫前之易，不可易之妙理。至於容民蓄衆等處，因卦以發，皆其蘊也。既謂之蘊，則包含衆義，有甚窮盡！盡推去，盡有也。」大雅。

麻衣易，南康戴主簿撰。麻衣，五代時人。五代時文字多繁絮。此易說，只是今人文字，南軒跋不曾辯得，其書甚謬。李壽翁甚喜之，開板於太平州。周子中又開板於舒州。此文乃不唧𠺕底禪，不唧𠺕底修養法，不唧𠺕底日時法。

麻衣易，南康戴主簿作。某親見其人，甚稱此易得之隱者，問之，不肯言其人。某適到其家，見有一册雜録，乃戴公自作，其言皆與麻衣易説大略相類。及戴主簿死，子弟將所作易圖來看，乃知真戴公所作也。恪。

浩問：「李壽翁最好麻衣易，與關子明易如何？」先生笑曰：「偶然兩書皆是僞書。關子明易是阮逸作，陳無己集中説得分明。麻衣易乃是南康戴主簿作。某知南康時，尚見此人，已垂老，卻也讀書博記。一日訪之，見他案上有册子，問是甚文字，渠云：『是某有見抄録。』因借歸看，内中言語文勢，大率與麻衣易相似，已自捉破。又因問彼處人，麻衣易從何處傳來？皆云：『從前不曾見，只見戴主簿傳與人。』又可知矣。仍是淺陋，内有『山是天上物落在地上』之説，此是何等語！他只見南康有落星寺，便爲此説。若時復落一兩箇，世間人都被壓作粉碎！」先生遂大笑。「後來戴主簿死了，某又就渠家借所作易圖看，皆與麻衣易言語相應。逐卦將來牽合取象，畫取圖子：需卦畫共食之象，以坎卦中一畫作桌，兩陰爻作飲食，乾三爻作三個人，向而食之；訟卦則三人背飲食而坐；蒙卦以筆牽合六爻作小兒之象。大率可笑如此！某遂寫與伯恭，伯恭轉聞壽翁。時壽翁知太平，謂如此，戴簿亦是明易人，卻作書托某津遣來太平相見。時戴已死。」又曰：「李壽翁看杜撰易，渠亦自得杜撰受用。」浩。

晁説之謂：「易占隨日隨時變，但守見辭者，死法也。」振。

「沙隨云：『易三百八十四爻，惟閏歲恰三百八十四日，正應爻數。』余曰：『聖人作易如此，則惟三年方一度可用，餘年皆用不得矣！且閏月必小盡，審如公言，則閏年止有三百八十三日，更剩一爻無用處矣！』」或問：「沙隨何以答？」曰：「它執拗不回，豈肯服也！」僩。

龍圖是假書，無所用。康節之易，自兩儀、四象、八卦，以至六十四卦，皆有用處。礪。

# 朱子語類卷第六十八

## 易四

### 乾上

問：「『乾坤』，古無此二字。作易者特立此以明道，如何？」曰：「作易時未有文字。是有此理，伏羲始發出。」可學。以下總論乾坤。

乾坤只是卦名。乾只是箇健，坤只是個順。純是陽，所以健；純是陰，所以順。至健者惟天，至順者惟地。所以後來取象，乾便爲天，坤便爲地。淵。

乾坤陰陽，以位相對而言，固只一般。然以分言，乾尊坤卑，陽尊陰卑，不可並也。以一家言之，父母固皆尊，母終不可以並乎父。兼一家亦只容有一個尊長，不容並，所謂「尊無二上」也。僩。

易中只是陰陽，乾坤是陰陽之純粹者。然就一年論之，乾卦氣當四月，坤卦氣當十月，不可便道四月十月生底人便都是好人，這箇又錯雜不可知。淵。方子録云：「以卦氣言之，四月是純陽，十月是純陰，然又恁地執定不得。」

江德功言「乾是定理，坤是順理」，近是。鄉。

論乾坤，必先乾而後坤，然又常以静者爲主。故復卦一陽來復，乃自静來。端蒙。

方其有陽，怎知道有陰？方有乾卦，怎知更有坤卦在後？淵。

物物有乾坤之象，雖至微至隱纖毫之物，亦無有無者。子細推之，皆可見。僩。

問黄先之易説，因曰：「伊川好意思固不盡在解經上。然就解經上，亦自有極好意思。如説『乾』字，便云：『乾，健也，健而無息之謂「乾」。夫天，專言之則道也，「天且弗違」是也。分而言之，以形體謂之「天」，以主宰謂之「帝」，以功用謂之「鬼神」，以妙用謂之「神」，以性情謂之「乾」。』」賀孫。以下易傳語。

問：「『乾者天地之性情』，是天之道否？」曰：「性情，是天愛健、地愛順處。」又問「天，專言之則道也」。曰：「所謂『天命之謂性』，此是説道；所謂『天之蒼蒼』，此是形體；所謂『惟皇上帝降衷於下民』，此是謂帝。以此理付之，便有主宰意。」又曰：「『天道虧盈而益謙，地道變盈而流謙』，此是説形體。」又問：「今之郊祀，何故有許多帝？」曰：「而今煞添差了天帝，共成十箇帝了。且如漢時祀太乙，便即是帝。池本云：「問：『今郊祀也祀太乙。』曰：『而今都重了。』」而今又別祀太乙，『一國三公』尚不可，況天而有十帝乎！周禮中說『上帝』，是總說帝；說『五帝』，是五方之帝；說『昊天上帝』，只是說天之象。鄭氏以爲北極，看來非也。北極只是星，如太微是帝之庭，紫微是帝之居。紫微便有太子后妃許多星，帝庭便有宰相執法許多星，又有天市，亦有帝座處，便有權衡稱斗星。」夔孫。

或問：「『以主宰謂之帝』，孰爲主宰？」曰：「自有主宰。蓋天是箇至剛至陽之物，自然如此運轉不息。所以如此，必有爲之主宰者。這樣處要人自見得，非語言所能盡僩録作『到』。也。」因舉莊子「孰綱維是，孰主張是」十數句，曰：「他也見得這道理，如圭峰禪師說『知』字樣。」卓。僩同。

問「以功用謂之鬼神，以妙用謂之神」。曰：「鬼神者，有屈伸往來之迹。如寒來暑往，日往月來，春生夏長，秋收冬藏，皆鬼神之功用，此皆可見也。忽然而來，忽然而往，方如此又如彼，使人不可測知，鬼神之妙用也。」僩。

莊仲問「以功用謂之鬼神，以妙用謂之神」。曰：「鬼神是有一箇漸次形迹。神則忽然如此，忽然不如此，無一箇蹤由。要之，亦不離於鬼神，只是無迹可見。」文蔚。

「以功用謂之鬼神，以妙用謂之神。」鬼神如陰陽屈伸，往來消長，有麁迹可見者。「以妙用謂之神」，是忽然如此，皆不可測。忽然而來，忽然而去，忽然在這裏，忽然在那裏。

「以功用謂之鬼神」，此以氣之屈伸往來言也；「以妙用謂之神」，此言忽然如此，又忽然不如此者。鬼是一定底，神是變而不可知底。端蒙。

功用是有迹底，妙用是無迹底。妙用是其所以然者。義剛。

叔器問「功用謂之鬼神，妙用謂之神」。曰：「功用兼精麤而言，是説造化。妙用以其精者言，其妙不可測。天地是體，鬼神是用。鬼神是陰陽二氣往來屈伸。天地間如消底是鬼，息底是神；生底是神，死底是鬼。以四時言之，春夏便爲神，秋冬便爲鬼。又如晝夜，晝便是神，夜便是鬼。淳録云：「所以鬼夜出。」以人言之，語爲神，默爲鬼；動爲神，靜爲鬼。以氣息言之，呼爲神，吸爲鬼。『昭明、焄蒿、悽愴，此百物之精也，神之著也。』如鬼神之露光處是昭明，其氣蒸上處是焄蒿，使人精神（疎）〔竦〕〔一〕動處淳録作「閃處」。是悽愴。如武帝致李夫人，『其風肅然』是也。」淳録云：「問：『鬼夜出如何？』曰：『間有然者，亦不能皆然。夜屬陰，妖鳥陰類，亦多夜鳴。』」又問：「草木土石有魄而無魂否？」曰：淳録云：「此不可以魂魄論。」「易言『精氣爲物』。若以精氣言，則是有精氣者，方有魂魄。但出底氣便是魂，精便是魄。譬如燒香，燒得出來底汁子便是魄，那成煙後香底便是魂。淳録云：「漿便是魄，煙便是魂。」魂者，魄之光燄；

〔一〕據陳本改。

魄者，魂之根蒂。」安卿問：「體與魂有分別，如耳目是體，聰明便是魄。」曰：「是。魂者氣之神，魄者體之神。淮南子注謂：『魂，陽神也；魄，陰神也。』此語説得好。」安卿問「心之精爽，是謂魂魄」。曰：「只是此意。」又問：「『人生始化曰魄』，如何是始化？」曰：「是胎中初略略成形時。」又問「哉生魄」。曰：「是月十六日初生那黑處。揚子言：『月未望而生魄於西，既望則終魄於東。』他錯説了。後來四子費盡氣力去解，轉不分明。温公又於正文改一字解，也説不出。」義剛。淳録同。

問「以功用謂之鬼神，以妙用謂之神」。曰：「鬼神只是往來屈伸，功用只是論發見者。所謂『神也者，妙萬物而爲言』，妙處即是神。其發見而見於功用者謂之鬼神，至於不測者則謂之神。如『鬼神者，造化之迹』，『鬼神者，二氣之良能』，二説皆妙。所謂『造化之迹』者，就人言之，亦造化之迹也。其生也，氣日至而滋息；物生既盈，氣日反而游散，便是鬼神，所謂『二氣良能』者。鬼神只是以陰陽言。又分言之，則鬼是陰，神是陽。大率往爲陰，來爲陽；屈爲陰，伸爲陽。無一物無往來屈伸之義，便皆鬼神著見者也。」又問：「『齊明盛服，以承祭祀』，卻如何？」曰：「亦只是此往來屈伸之氣。古人到祭祀處，便是招呼得來。如天地山川先祖，皆不可以形求，卻是以此誠意求之，其氣便聚。」又問：「祖先已死，以何而求？」曰：「其氣亦自在。只是以我之氣承接其氣，才致精神以求之，便來格，便有來底道理。古人於祭祀處極重，直是要求得之。商人求諸陽，便先作樂，發散在此之陽氣以求之；周人求諸陰，便焚燎鬱鬯，以陰靜去求之。」徐元震問中庸「體物而不可遺」。曰：「所謂『體物不可遺』者，蓋此理於人初不相離，萬物皆體之，究其極，只是陰陽造化而已。故太極圖言『大哉易乎』，只以陰陽剛柔仁義，及言『原始反終，故知死生之說』而止。人之生死，亦只是陰陽二氣屈伸往來耳。」㽦。

符兄問「以性情言之謂之乾」。曰：「是他天一箇性情如此。火之性情則是箇熱，水之性情則是箇寒，天之性情則是一箇健。健，故不息。惟健乃能不息，其理是自然如此。使天有一時息，則地須落下去，人都墜死。緣他運轉周流，無一時息，故局得這地在中間。今只於地信得他是斷然不息。」蓋卿。方子録云：「天惟健，故不息；不可把不息做健。」下同。

問：「『乾者，天之性情，健而無息之謂乾。』何以合性情言之？」曰：「『性情』二字常相參在此。情便是性之發，非性何以有情？健而不息，非性何以能此？」僩。

「乾者天之性情」，指理而言也。謂之「性情」，該體用動靜而言也。端蒙。

問「乾者天之性情」。曰：「此是以乾之剛健取義，健而不息，便是天之性情。此性如人之氣質。健之體，便是天之性；健之用，便是天之情。『靜也專』，便是性；『動也直』，便是情。」㽦。

問「乾者天之性情」。曰：「此只是論其性體之健，靜專是性，動直是情。大抵乾健，雖靜時亦專，到動時便行之以直；坤主順，只是翕闢。謂如一箇剛健底人，雖在此靜坐，亦專一而有箇作用底意思，只待去作用；到得動時，其直可知。若一柔順人坐時便只恁地靜坐收斂，全無個營爲底意思；其動也，只是闢而已。」又問：「如此，則乾雖靜時，亦有動意否？」曰：「然。」㽦。

問：「『乾坤，天地之性情。』性是性，情是情，何故兼言之？」曰：「『乾，健也』，動靜皆健；『坤，順也』，動靜皆順。靜是性，動是情。」淳。

乾坤是性情，天地是皮殼，其實只是一箇道理。陰陽自一氣言之，只是箇物。若做兩箇物看，則如日月，如男女，又是兩箇物事。學蒙。方子録云：「天地，形而下者。天地，乾坤之皮殼；乾坤，天地之性情。」

問：「以『乾』字爲伏羲之文，『元亨利貞』爲文王之文，固是。不知『履虎尾』、『同人於野亨』之類又何如？」曰：「此恐是少了字，或是就上字立辭，皆不可攷。有羅田宰吴仁傑云：『恐都剩了字。』如『乾坤』之類，皆剩了。」問：「若『乾坤』，則猶可言；『屯蒙』之類，若無卦名，不知其爲何卦。」曰：「他說卦畫，便是名了，恐只是欠了字底是。」榦。以下乾卦。

「元亨利貞」，在這裏都具了。楊宗範卻說「『元亨』屬陽，『利貞』屬陰」，此卻不是。乾之利貞，是陽中之陰；坤之元亨，是陰中之陽。乾後三畫是陰，坤前三畫是陽。淵。

文王本說「元亨利貞」爲大亨利正，夫子以爲四德。梅蘗初生爲元，開花爲亨，結子爲利，成熟爲貞。物生爲元，長爲亨，成而未全爲利，成熟爲貞。節。

致道問「元亨利貞」。曰：「元是未通底，亨、利是收未成底，貞是已成底。譬如春夏秋冬，冬夏便是陰陽極處，其間春秋便是過接處。」恪。

乾之四德，元，譬之則人之首也；手足之運動，則有亨底意思；利則配之胸臟；貞則元氣之所藏也。又曰：「以五臟配之尤明白，且如肝屬木，木便是元；心屬火，火便是亨；肺屬金，金便是利；腎屬水，水便是貞。」道夫。

「元亨利貞」，譬諸穀可見，穀之生，萌芽是元，苗是亨，穟是利，成實是貞。穀之實又復能生，循環無窮。德明。

「元亨利貞」，理也；有這四段，氣也。有這四段，理便在氣中，兩箇不曾相離。若是說時，則有那未涉於氣底四德，要就氣上看也得。所以伊川說：「元者，物之始；亨者，物之遂；利者，物之實；貞者，物之成。」這雖是就氣上說，然理便在其中。伊川這說話改不得，謂是有氣則理便具。所以伊川只恁地說，便可見得物裏面便有這理。若要親切，莫若只就自家身上看，惻隱須有惻隱底根子，羞惡須有羞惡底根子，這便是仁義。仁義禮智，便是元亨利貞。孟子所以只得恁地説，更無説處。仁義禮智，似一箇包子，裏面合下都具了。一理渾然，非有先後，元亨利貞便是如此，不是説道有元之時，有亨之時。淵。

「元亨利貞」無斷處，貞了又元。今日子時前，便是昨日亥時。物有夏秋冬生底，是到這裏方感得生氣，他自有箇小小元亨利貞。淵。

氣無始無終，且從元處説起，元之前又是貞了。如子時是今日，子之前又是昨日之亥，無空闕時。然天地間有箇局定底，如四方是也；有箇推行底，如四時是也。理都如此。元亨利貞，只就物上看亦分明。所以有此物，便是有此氣；所以有此氣，便是有此理。故易傳只説「元者，萬物之始；亨者，萬物之長；利者，萬物之遂；貞者，萬物之成」。不説氣，只説物者，言物則氣與理皆在其中。伊川所説四句自動不得，只爲「遂」字、「成」字説不盡，故某略添字説盡。高。

以天道言之，爲「元亨利貞」；以四時言之，爲春夏秋冬；以人道言之，爲仁義禮智；以氣候言之，爲温凉燥濕；以四方言之，爲東西南北。節。

温底是元，熱底是亨，涼底是利，寒底是貞。節。

「四德之元，猶五常之仁，偏言則一事，專言則包四者。」此段只於易「元者善之長」與論語言仁處看。若「天下之動，貞夫一者也」，則貞又包四者。「周易一書，只説一箇利」，則利又大也。「元者，善之長也」，善之首也。「亨者，嘉之會也」，好底會聚也。義者，宜也，宜即義也；萬物各得其所，義之合也。「幹事」，事之骨也，猶言體物也。看此一段，須與太極圖通看四德之元安在甚處，剥之爲卦在甚處，「乾，天也」一段在甚處，方能通成一片。不然，則不貫通。少間看得如此了，猶未是受用處在。賀孫。

光祖問「四德之元，猶五常之仁，偏言則一事，專言則包四者」。曰：「元是初發生出來，生後方會通，通後方始向成。利者物之遂，方是六七分，到貞處方是十分成，此偏言也。然發生中已具後許多道理，此專言也。惻隱是仁之端，羞惡是義之端，辭遜是禮之端，是非是智之端。若無惻隱，便都没下許多。到羞惡，也是仁發在羞惡上；到辭遜，也是仁發在辭遜上；到是非，也是仁發在是非上。」問：「這猶金木水火否？」曰：「然。仁是木，禮是火，義是金，智是水。」賀孫。

曾兄亦問此。答曰：「元者，乃天地生物之端。乾言：『大哉乾元！萬物資始。』至哉坤元！萬物資生。』乃知元者，天地生物之端倪也。元者生意，在亨則生意之長，在利則生意之遂，在貞則生意之成。若言仁，便是這意思。仁本生意，乃惻隱之心也。苟傷着這生意，則惻隱之心便發。若羞惡，也是仁去那義上發；若辭遜，也是仁去那禮上發；若是非，也是仁去那智上發。若不仁之人，安得更有義禮智！」卓。

「元亨利貞」，其發見有次序。仁義禮智，在裏面自有次序，到發見時隨感而動，卻無次序。淵。

周貴卿問：「『元亨利貞』，以此四者分配四時，卻如何云『乾之德也』？」曰：「他當初只是說大亨利於正，不以分配四時。孔子見此四字好後，始分作四件說。孔子之易與文王之易，略自不同。」義剛。

問：「道鄉謂『四德之中各具四德』。竊嘗思之，謂之『各具四德』，如康節所謂『春之春，春之夏，春之秋，春之冬，夏之春，夏之夏，夏之秋，夏之冬』，則可；謂之能迭相統攝，如春可以包夏，夏亦可以包春，則不可也。」先生復令舉似道鄉之說，曰：「便是他不須得恁地說。」道夫。

問：「『元亨利貞』，乾之四德；仁義禮智，人之四德。然亨卻是禮，次序卻不同，何也？」曰：「此仁禮義智，猶言春夏秋冬也；仁義禮智，猶言春秋夏冬也。」因問李子思易說。曰：「他是胡說。」因問：「或云先生許其說乾坤二卦本於誠敬，果否？」曰：「就他說中，此條稍是。但渠只是以乾卦說『修辭立其誠』，『閑邪存其誠』，坤卦說『敬以直內』，便說是誠敬爾。」銖云：「恐渠亦未曾實識得誠敬。」曰：「固是。且謾說耳。」銖。

論乾之四德，曰：「貞取以配冬者，以其固也。孟子以『知斯二者弗去』爲『知之實』。

弗去之説，乃貞固之意，彼『知』亦配冬也。」壯祖。

言四德，云：「不有其功，常久而不已者也。」不有其功，言化育之無迹處爲貞。因言：「貞於五常爲智。孟子曰：『知斯二者，弗去是也。』既知，又曰『弗去』，有兩義。又文言訓『正固』，又於四時爲冬，冬有始終之義。王氏亦云：『賢有兩：有龜，有蛇，所以朔易亦猶貞也。』又傳曰：『貞，各稱其事。』」方。

問：「『乾元亨利貞』，注云：『見陽之性健而成形之大者爲天，故三奇之卦名之曰乾而擬之於天也。』竊謂卦辭未見取象之意，其『成形之大者爲天』及『擬之於天』二句，恐當於大象言之。下文『天之象皆不易』一句亦然。坤卦放此。」曰：「纔設此卦時，便有此象了，故於此豫言之。又後面卦辭亦有兼象説者，故不得不豫言也。」榦。

或問：「乾卦是聖人之事，坤卦是學者之事，如何？」曰：「也未見得。初九、九二是聖人之德，至九三、九四又卻説學者修業、進德事，如何都把做聖人之事得？」學履。

或言：「乾之六爻，其位雖不同，而其爲德則一。」曰：「某未要人看易，這箇都難説。如乾卦，他爻皆可作自家身上説，惟九二、九五要作自家説不得。兩箇『利見大人』，向來人都説不通。九二有甚麽形影，如何教見大人？某看來易本卜筮之書，占得九二便可見大人，大人不必説人君也。」賀孫。

其他爻象，占者當之。惟九二見龍，人當不得，所以只當把爻做主，占者做客，大人即是見龍。又如九三不説龍，亦不可曉。若説龍時，這亦是龍之在那亢旱處。他所以説「君子乾乾夕惕」，只此意。淵。

占者當不得見龍、飛龍，則占者爲客，利去見那大人。大人即九二、九五之德，見龍、飛龍是也。若潛龍君子，則占者自當之矣。淵。

「利見大人」與程傳説不同。不是卦爻自相利見，乃是占者利去見大人。也須看自家占底是何人，方説得那所利見之人。淵。

問：「程易於九二云：『利見大德之君。』又言：『君亦利見大德之臣以成其功，天下亦利見大德之人以被其澤。』於九五云：『利見在下大德之人。』又言：『天下固利見大德之君。』兩爻互言如此，不審的何所指？」曰：「此當以所占之人之德觀之。若己是有九二之德，占得此九二爻，則爲利見九五大德之君；若常人無九二之德者占得之，則爲只利見此九二之大人耳。己爲九五之君，而有九五之德，占得此九五爻，則爲利見九二大德之人；若九二之人占得之，則爲利見此九五大德之君。各隨所占之人，以爻與占者相爲主賓也。太祖一日問王昭素曰：『「九五，飛龍在天，利見大人」，常人何可占得此卦？』昭素曰：『何害？若臣等占得，則陛下是「飛龍在天」，臣等「利見大人」，是利見陛下也。』此説得最好。」銖曰：「如此看來，易多是假借虛設，故用不窮，人人皆用得也。」曰：「此所謂『理定既實，事來尚虛。存體應用，稽實待虛』。所以三百八十四爻而天下萬事無不可該，無不周遍，此易之用所以不窮也。」銖。

問：「九三不言象，何也？」曰：「九三陽剛不中，居下之上，有强力勞苦之象，不可言龍，故特指言『乾乾惕若』而已，言有乾乾惕厲之象也。」銖。

「君子終日乾乾」矣，至夕猶檢點而惕然恐懼。蓋凡所以如此者，皆所以進德修業耳。銖。

賨問：「『君子終日乾乾』，是法天否？」曰：「才説法天，便添着一件事。君子只是『終日乾乾』，天之行健不息，往往亦只如此。如言存箇天理，不須問如何存他，只是去了人欲，天理自然存。如顔子問仁，夫子告以非禮勿視聽言動。除卻此四者，更有何物須是仁？」德明。

「厲无咎」是一句。他後面有此例，如「頻復，厲无咎」是也。淵。

問：「乾九三，伊川云：『雖言聖人事，苟不設戒，何以爲教？』」淵録云：「發得此意極好。」僩録云：「竊意因時而惕，雖聖人亦常有此心。」曰：「『易之爲書，廣大悉備』，人皆可得而用，初無聖賢之别。伊川有一段云：『君有君之用，臣有臣之用。』説得好。及到逐卦解釋，又卻分作聖人之卦，賢人之卦，更有分作守令之卦者。古者又何嘗有此！不知是如何。以某觀之，無問聖人以至士庶，但當此時便當恁地兢惕。卜得此爻，也當恁地兢惕。」砥。僩録同。

祖道舉乾九三「君子終日乾乾」，「是君子進德不懈，不敢須臾寧否」？曰：「程子云：『在下之人，君德已著。』此語亦是拘了。記得有人問程子，胡安定以九四爻爲太子者。程子笑之曰：『如此，三百八十四爻只做得三百八十四件事了！』此説極是。及到程子解易，卻又拘了。要知此是通上下而言，在君有君之用，臣有臣之用，父有父之用，子有子之用，以至事物莫不皆然。若如程子之説，則千百年間只有箇舜禹用得也。大抵九三一爻才剛而位危，故須著『乾乾夕惕若厲』，方可无咎。若九二，則以剛居中位，易處了。故凡剛而處危疑之地，皆當『乾乾夕惕若厲』，則无咎也。」祖道。

淵與天不争多。淵是那空虚無實底之物；躍是那不着地了，兩脚跳上去底意思。淵。

「或躍在淵」，淵是通處。淵雖下於田，田卻是箇平地。淵則通上下，一躍即飛在天。𤲞。

問：「胡安定將乾九四爲儲君。」曰：「易不可恁地看。易只是古人卜筮之書。如五雖主君位而言，然亦有不可專主君位言者。天下事有那一箇道理，自然是有。若只將乾九四爲儲位説，則古人未立太子者，不成是虚卻此一爻！如一爻只主一事，則易三百八十四爻，乃止三百八十四件事。」去僞。

問：「程易以乾之初九爲舜側微時，九二爲舜佃漁時，九三爲『玄德升聞』時，九四爲歷試時，何以見得？」曰：「此是推説爻象之意，非本指也。讀易若通得本指後，便儘説去，儘有道理可言。」「敢問本指？」曰：「易本因卜筮而有象，因象而有占，占辭中便有道理。如筮得乾之初九，初陽在下，未可施用，其象爲潛龍，其占曰『勿用』。凡遇乾而得此爻者，當觀此象而玩其占，隱晦而勿用可也。它皆倣此，此易之本指也。蓋潛龍則勿用，此便是道理。故聖人爲彖辭、象辭、文言，節節推去，無限道理。此程易所以推説得無窮，然非易本義也。先通得易本指後，道理儘無窮，推説不妨。若便以所推説者去解易，則失易之本指矣。」銖。

問：「易傳乾卦引舜事以證之。當初若逐卦引得這般事來證，大好看。」曰：「便是當時不曾計會得。」久之，曰：「經解説『潔浄精微，易之教也』，不知是誰做，伊川卻不以爲然。據某看，此語自説得好。蓋易之書，誠然是『潔浄精微』。他那句語都是懸空説在這裏，都不犯手。如伊川説得都犯手勢，引舜來做乾卦，乾又那裏有箇舜來！當初聖人作易，又何嘗説乾是舜。他只是懸空説在這裏，都被人説得來事多，失了他『潔浄精微』之意。易只是説箇象是如此，何嘗有實事。如春秋便句句是實。如言『公即位』，便真箇有箇公即位；如言『子弒父，臣弒君』，便真箇是有此事。易何嘗如此，不過只是因畫以明象，因數以推數，因這象數，便推箇吉凶以示人而已，都無後來許多勞攘説話。」僩。

問：「龜山説九五飛龍在天，取『飛』字爲義。『以天位言之，不可階而升；以聖學言之，非力行而至。』」曰：「此亦未盡。乾卦自是聖人之天德，只時與位，有隱顯漸次耳。」德明。

凡占得卦爻，要在互分賓主，各據地位而推。如九五「飛龍在天，利見大人」，若揣自己有大人之德，占得此爻，則如聖人作而萬物咸覩，作之者在我，而覩之者在彼，我爲主而彼爲賓也。自己無大人之德，占得此爻，則利見彼之大人，作之者在彼，而覩之者在我，我爲賓而彼爲主也。僩。

用九不用七，且如得純乾卦皆七數，這卻是不變底。它未當得九，未在這爻裏面，所以只占上面彖辭，用九蓋是説變。淵。

「見羣龍无首」，王弼、伊川皆解不成。他是不見得那用九、用六之説。淵。

問：「乾坤獨言用九、用六，何也？」曰：「此惟歐公説得是。此二卦純陽純陰而居諸卦之首，故於此發此一例。凡占法，皆用變爻占。故凡占得陽爻者，皆用九而不用七；百九十二陽爻之通例也。占得陰爻者，皆用六而不用八。百九十二陰爻之通例也。蓋七爲少陽，九爲老陽，六爲老陰，八爲少陰，老變而少不變。凡占用九、用六者，用其變爻占也。此揲蓍之法。

遇乾而六爻皆變，則爲陰，故有『羣龍无首』之象，即坤『利牝馬之貞』也。言羣龍而卻無頭，剛而能柔，則吉也。遇坤而六爻皆變，則爲陽，故有『利永貞』之象，即乾之『元亨〔一〕利貞』也。此發凡之言。」因問：「坤體貞靜，承天而行，未嘗爲始，而常代終，故自坤而變陽，故爲羣龍而无首〔二〕，有利貞而無元亨，是否？」曰：「坤雖變而爲陽，然坤性依舊在。他本是個無頭底物，如婦從夫，臣從君，地承天，『先迷後得，東北喪朋，西南得朋』，皆是無頭處也。」銖。

問：「『用九，見羣龍无首，吉』，伊川之意似云，用陽剛以爲天下先則凶，无首則吉。」曰：「凡說文字，須有情理方是。『用九』當如歐公說，方有情理。某解易，所以不敢同伊川，便是有這般處。看來當以『見羣龍无首』爲句。蓋六陽已盛，如羣龍然。龍之剛猛在首，故見其无首則吉。大意只是要剛而能柔，自人君以至士庶，皆須如此。若說爲天下先，便只是人主方用得，以下便使不得，恐不如此。」又曰：「如歐說，蓋爲卜筮言，所以須

〔一〕「元亨」，賀疑衍。
〔二〕「故爲羣龍」句，賀疑衍。

着有『用九、用六』。若如伊川説，便無此也得。」礪。

乾吉在无首，坤利在永貞，這只説二用變卦。「乾吉在无首」，言卦之本體，元是六龍，今變爲陰，頭面雖變，渾身却只是龍，只一似無頭底相似。「坤利在永貞」，不知有何關捩子，這坤却不得見他元亨，只得他永貞。坤之本卦，固自有元亨，變卦却無。淵。

「羣龍无首」，便是「利牝馬」者，爲不利牡而却利牝。如「西南得朋，東北喪朋」，皆是無頭底。淵。

伯豐問：「乾用九爻辭，如何便是坤『先迷後得，東北喪朋』之意？」曰：「此只是无首，所以言『利牝馬之貞』，無牡馬。」㽦。

大凡人文字皆不可忽。歐公文字尋常往往不以經旨取之，至於説「用九、用六」，自來却未曾有人説得如此。他初非理會象數者，而此論最得之。且既有六爻，又添用九、用六，因甚不用七、八？蓋九乃老陽，六乃老陰，取變爻也。古人遇乾之坤，即以「見羣龍无首吉」爲占。「見羣龍无首」，却是變乾爲坤，便以坤爲占也。遇坤之乾，即用「利永貞」爲占。坤變爲乾，即乾之「利」也。㽦。

問：「天地生物氣象，如温厚和粹，即天地生物之仁否？」曰：「這是從生處説來。如所謂『大哉乾元！萬物資始。至哉坤元！萬物資生』。那『元』字便是生物之仁，資始是得其氣，資生是成其形。到得亨便是他彰著，利便是結聚，貞便是收斂。既無形迹，又須復生。至如夜半子時，此物雖存，猶未動在；到寅卯便生，巳午便著，申酉便結，亥子丑便實，及至寅又生。他這箇只管運轉，一歲有一歲之運，一月有一月之運，一日有一日之運，一時有一時之運。雖一息之微，亦有四箇段子，恁地運轉。但元只是始初，未至於著，如所謂『怵惕惻隱』，存於人心。自恁惻惻地，未至大段發出。」道夫曰：「他所以謂『滿腔子是惻隱之心』，蓋以其未散也。」曰：「他這箇是事事充滿。如惻隱則皆是惻隱，羞惡則皆是羞惡，辭遜、是非則皆是辭遜、是非，初無不充滿處。但人爲己私所隔，故多空虛處爾。」道夫。

「大哉乾元」，是説天道流行。「各正性命」，是説人得這道理做那性命處，卻不是正説性。如「天命之謂性」、「孟子道性善」，便是就人身上説性。易之所言，卻是説天人相接處。淵。

「乾元統天」，蓋天只是以形體而言。乾元，即天之所以爲天者也。猶言性統形爾。端蒙。

問「乾元統天」。曰：「乾只是天之性情，不是兩箇物事。如人之精神，豈可謂人自是人，精神自是精神！」燾。

問：「『乾元統天』，注作：『健者，能用形者也。』恐説得是否？」曰：「也是。然只是説得乾健，不見得是乾元。蓋云『大哉乾元！萬物資始，乃統天』，則大意主在『元』字上。」學履。

「前輩解經，有只明大義，務欲大指明，而有不貼文義强説者。如程易發明道理大義極精，只於易文義多有强説不通處。」銖因問：「程易説：『大明天道之終始，則見卦之六位各以時成。』不知是説聖人明之耶？説乾道明之耶？」曰：「此處果是説得鶻突。但遺書有一段明説云：『人能明天道之終始，則見卦爻六位皆以時成。』此語證之，可見大明者，指人能明之也。」因問：「乾道終始如何？」曰：「乾道終始，即四德也。始則元，終則貞。蓋不終則無以爲始，不貞則無以爲元。六爻之立，由此而立耳。『以時成』者，言各以其時而成，如潛見飛躍，皆以時耳，然皆四德之流行也。初九、九二之半，即所謂「元」；九二之半與九三，即所謂「亨」；九四與九五之半，即所謂「利」；九五之半與上九，即所謂「貞」。蓋聖人大明乾道之終始，故見六位各以時成，乘此六爻之時以當天運，而四德之所以終而復始，應變而不窮也。」銖。

「大明終始」是就人上説。楊遵道録中言「人能大明乾道之終始」，易傳却無「人」字。某謂文字疑似處，須下語剖析教分曉。方子。

「乘」字，大概只是譬喻。「御」字，龜山説做御馬之「御」，却恐傷於太巧。這段是古人長連地説下去，卻不分曉。伊川傳説得也不分曉。語録中有一段卻分曉，乃是楊遵道所録，云：「人大明天道之終始。」這處下箇「人」字，是緊切底字，讀書須是看這般處。淵。

「時乘六龍以御天」，六龍只是六爻，龍只是譬喻。明此六爻之義，潛見飛躍，以時而動，便是「乘六龍」，便是「御天」。又曰：「聖人便是天，天便是聖人。」礪。

「大明終始」，這一段説聖人之元亨。六位六龍，只與譬喻相似。聖人之六位，如隱顯、進退、行藏。潛龍時便當隱去，見龍時便是他出來。如孔子爲魯司寇時，便是他大故顯了。到那獲麟絶筆，便是他亢龍時。這是在下之聖人。然這卦大概是説那聖人得位底。若使聖人在下，亦自有箇元亨利貞。如「首出庶物」，不必在上方如此。如孔子出類拔萃，便是「首出萬物」；著書立言，澤及後世，便是「萬國咸寧」。淵。

問：「『大哉乾元！萬物資始，乃統天』，是説乾之元；『雲行雨施，品物流形』，是説乾之亨；『大明終始，六位時成，時乘六龍以御天』，是説聖人之元亨；『乾道變化，各正性命，保合大和，乃利貞』，是説乾之利貞；『首出庶物，萬國咸寧』，是説聖人之利貞，此本義之言。但程易云『首出庶物』是『乾道首出庶物而萬彙亨』，『萬國咸寧』是『君道尊臨天位而四海從』，言『王者體天之道，則「萬國咸寧」』。如何？」曰：「恁地説也得，只恐牽强。」銖。

「乾道變化」，似是再説「元亨」。「變化」字，且只大概恁地説，不比繫辭所説底子細。「各正性命」，他那元亨時雖正了，然未成形質，到這裏方成。如那百穀堅實了，方唤做「正性命」。乾道是統説底，四德是説他做出來底。大率天地是那有形了重濁底，乾坤是他性情。其實乾道、天德，互换一般，乾道又言得深些子。天地是形而下者。只是這箇道理，天地是箇皮殼。淵。

乾道便只是天德，不消分別。「乾道變化」是就乾道上説，天德是就他四德上説。淵。

問：「何謂『各正性命』？」曰：「各得其性命之正。」節。

問「保合大和，乃利貞」。曰：「天之生物，莫不各有軀殼。如人之有體，果實之有皮核，有箇軀殼保合以全之。能保合，則真性常存，生生不窮。如一粒之穀，外面有箇殼以裹之。方其發一萌芽之始，是物之元也；及其抽枝長葉，只是物之亨；到得生實欲熟未熟之際，此便是利；及其既實而堅，此便是貞矣。蓋乾道變化發生之始，此是元也；各正性命，小以遂其小，大以遂其大，則是亨矣；能保合矣，全其大和之性，則可利貞。」卓。

「保合大和」，天地萬物皆然。天地便是大底萬物，萬物便是小底天地。文蔚。

問：「『首出庶物，萬國咸寧』，恐盡是聖人事。伊川分作乾道、君道，如何？」曰：「『乾道變化』至『乃利貞』是天，饒録作「乾」。『首出庶物，萬國咸寧』是聖人。」又曰：「『首出庶物』須是聰明睿知，高出庶物之上，以君天下，方得『萬國咸寧』。禮記云：『聰明睿知，足以有臨也。』須聰明睿知皆過於天下之人，方可臨得他。」礪。

乾重卦，上下皆乾，不可言兩天。昨日行，一天也；今日又行，亦一天也。其實一天，而行健不已，有重天之象，此所以爲「天行健」。坤重卦，上下皆坤，不可言兩地。地平則不見其順，必其高下層層，有重地之象，此所以爲「地勢坤」。一作：「所以見地勢之坤順。」天之運轉不窮，所以爲天行健。季札。

厚之問：「健足以形容乾否？」曰：「可。伊川曰：『健而無息謂之乾。』蓋自人而言，固有一時之健，有一日之健。惟無息，乃天之健。」可學。

問「天行健」。曰：「胡安定說得好。其說曰：『天者，乾之形；乾者，天之用。天形蒼然，南極入地下三十六度，北極出地上三十六度，狀如倚杵。其用則一晝一夜，行九十餘萬里，人一呼一吸爲一息，一息之間，天行已八十餘里。人一晝一夜有萬三千六百餘息，故天行九十餘萬里。天之行健可知，故君子法之以『自强不息』云。』」因言：「天之氣運轉不息，故閣得地在中間。」銖未達。先生曰：「如弄椀珠底，只恁運轉不住，故在空中不墜。少有息，則墜矣。」銖。

問：「衞老疑問中『天行健』一段，先生批問他云：『如何見得天之行健？』德明竊謂：『天以氣言之，則一晝一夜周行乎三百六十度之中；以理言之，則「於穆不已」，無間容息，豈不是至健？』」先生曰：「他卻不是如此，只管去『自强不息』上討。」又說邠老社倉宜避去事，舉易之否象曰：「君子以儉德避難，不可榮以禄。」德明。

問：「天運不息，『君子以自强不息』。」曰：「非是説天運不息，自家去趕逐，也要學他如此不息。只是常存得此心，則天理常行，而周流不息矣。」又曰：「天運不息，非特四時爲然；雖一日一時，頃刻之間，其運未嘗息也。」燾。

因説乾健，曰：「而今人只是坐時，便見他健不健了，不待做事而後見也。」又曰：「某人所記，劉元城每與人相見，終坐不甚交談。欲起，屢留之，然終不交談。或問之，元城曰：『人坐久必傾側，久坐而不傾側，必貴人也。故觀人之坐起，可以知人之貴賤。』某後來見草堂先生説，又不如此。元城極愛説話。觀草堂之説與某人所記之語，大抵皆同，多言其平生所履與行己立身之方。是時元城在南京，恣口極談，無所顧忌。南京，四方之衝，東南士大夫往來者無不見之。賓客填門，無不延接。其死之時，去靖康之禍只三四年間耳。元城與了齋死同時。不知二公若留到靖康，當時若用之，何以處也。」僩。

易只消認他經中七段。乾坤二卦分外多了一段。認得這箇了，向後面底，不大故費解説。淵。

致道問「元者善之長」。曰：「『元亨利貞』，皆善也；而元乃爲四者之長，是善端初發見處也。」時舉。

易言「元者善之長」，說最親切，無滲漏。仁義禮智莫非善，這箇却是善之長。仁是有滋味底物事，說做知覺時，知覺卻是無滋味底物事。仁則有所屬，如孝弟、慈和、柔愛皆屬仁。淵。

「元者善之長。」春秋傳記穆姜所誦之語，謂「元者體之長」。覺得「體」字較好，是一體之長也。僩。

「亨者嘉之會。」亨是萬物亨通，到此界分，無一物不美，便是「嘉之會」。㽦。

問「亨者嘉之會」。曰：「此處難下語。且以草木言之，發生到夏時，好處都來湊會。嘉只是好處，會是期會也。」又曰：「貞固是固得恰好。如尾生之信，是不貞之固。須固得好，方是貞。」賜。

問「亨者嘉之會」。曰：「春天萬物發生，未大故齊。到夏，一時發生都齊旺，許多好物皆萃聚在這裏，便是『嘉之會』。」曰：「在人言之，則如何？」曰：「動容周旋皆中禮，便是『嘉之會』。『嘉會足以合禮』，須是嘉其會始得。」淳。

「亨者嘉之會。」「嘉會足以合禮。」蓋言萬物各有好時，然到此亨之時，皆盛大長茂，無不好者，故曰「嘉之會」。會是會集之義也。人之修爲，便處處皆要好，不特是只要一處好而已。須是動容周還皆中乎禮，可也。故曰「嘉會」，嘉其所會也。燾。

問「亨者嘉之會」。曰：「嘉是美，會是聚，無不盡美處是亨。蓋自春至夏，便是萬物暢茂，物皆豐盈，咸遂其美。然若只一物如此，他物不如此，又不可以爲會。須是合聚來皆如此，方謂之會。如『嘉會足以合禮』，則自上文體仁而言，謂君子嘉其會。此『嘉』字說得輕，又不當如前說。此只是嘉其所會。此『嘉』字，當若『文之以禮樂』之『文』字。蓋禮樂之文，則『文』字爲重；到得『文之以禮樂』，便不同。謂如在人，若一言一行之美，亦不足以爲會；直是事事皆盡美，方可以爲會。都無私意，方可以合禮。」䉶。

「利者義之和。」義，疑於不和矣，然處之而各得其所則和。義之和處便是利。

「利者義之和。」義是箇有界分斷制底物事，疑於不和。然使物各得其分，不相侵越，乃所以爲和也。僩。

「義之和」，只是中節。蓋義有箇分至，如「親其親，長其長」，則是義之和；如不親其親而親他人之親，便不是和。礪。

義之和處便是利，如君臣父子各得其宜，此便是義之和處，安得謂之不利！如「君不君，臣不臣，父不父，子不子」，此便是不和，安得謂之利！孔子所以「罕言利」者，蓋不欲專以利爲言，恐人只管去利上求也。去僞。

「利者義之和。」所謂義者，如父之爲父，子之爲子，君之爲君，臣之爲臣，各自有義。

然行得來如此和者，豈不是利？「利」字與「不利」字對，如云「利有攸往」，「不利有攸往」。南升。

施問「利者義之和」。曰：「義之分別，似乎無情；卻是要順，乃和處。蓋嚴肅之氣，義也，而萬物不得此不生，乃是和。」又曰：「『亨者嘉之會。』會，聚也。正是夏，萬物一齊長時。然上句『嘉』字重，『會』字輕；下句『會』字重，『嘉』字輕。」可學。

利，是那義裏面生出來底。凡事處制得合宜，利便隨之，所以云「利者義之和」。蓋是義便兼得利。若只理會利，卻是從中間半截做下去，遺了上面一截義底。小人只理會後面半截，君子從頭來。植。

問：「程子曰：『義安處便爲利。』只是當然便安否？」曰：「是。只萬物各得其分，便是利。君得其爲君，臣得其爲臣，父得其爲父，子得其爲子，何利如之！這『利』字，即易所謂『利者義之和』。利便是義之和處。程子當時此處解得亦未親切，不似這語卻親切，正好去解『利者義之和』句。義初似不和，卻和。截然而不可犯，似不和；分別後，萬物各止其所，卻是和。不和生於不義。義則無不和，和則無不利矣。」砥録云「義則和矣，義則無不利矣。然義，其初截然，近於不和不利，其終則至於各得其宜」云云。

「貞者事之幹。」伊川說「貞」字，只以爲「正」，恐未足以盡貞之義。須是說「正而固」，然亦未推得到知上。看得來合是如此。知是那默運事變底一件物事，所以爲事之幹。淵。

「正」字不能盡「貞」之義，須用連「正固」說，其義方全。「正」字也有「固」字意思，但不分明，終是欠闕。正如孟子所謂「知斯二者弗去是也」。「知斯」是「正」意，「弗去」是「固」意。賀孫。

「易言『貞』字，程子謂『正』字盡他未得，有『貞固』之意。」榦問：「又有所謂『不可貞』者，是如何？」曰：「也是這意思，只是不可以爲正而固守之。」榦。

「體仁」如體物相似。人在那仁裏做骨子，故謂之「體仁」。仁是箇道理，須着這人，方體得他，做得他骨子。「比而效之」之說，卻覺得未是。淵。

「體仁」不是將仁來爲我之體，我之體便都是仁也。僩。

問：「『體仁』，解云『以仁爲體』，是如何？」曰：「說只得如此，要自見得，蓋謂身便是仁也。」學履。

問：「伊川解『體仁』作『體乾之仁』。看來在乾爲元，在人爲仁，只應就人上說仁。又解『利物和義』，作『合於義，乃能利物』，亦恐倒說了。此類恐皆未安。」曰：「然。『君子行此四德』，則體仁是君子之仁也。但前輩之說，不欲辨他不是，只自曉得便了。」學履。

「嘉會」者，萬物皆發見在裏許。直卿云：「猶言萬物皆相見。」處得事事是，故謂之「嘉會」；

一事不是，便不謂之「嘉會」。會是禮發見處，意思卻在未發見之前。利物，使萬物各得其所，乃是義之和處。義自然和，不是義外別討箇和。方子。

「嘉會」雖是有禮後底事，然這意思卻在禮之先。嘉其所會時，未説到那禮在；然能如此，則便能合禮。利物時，未説到和義在；然能使物各得其利，則便能和義。「會」字説道是那萬物一齊發見處，得他盡嘉會便是。如只一事兩事嘉美時，未爲嘉會。「會」字，張葆光用「齊」字説，説得幾句也好。使物各得其宜，何利如之！如此，便足以和義。這「利」字是好底。如孟子所謂戰國時利，是不好底。這箇利，如那「未有仁而遺其親，未有義而後其君」之利。「和」字，也有那老蘇所謂「無利，則義有慘殺而不和」之意。蓋於物不利，則義未和。淵。

問「利物足以和義」。曰：「義斷是非，別曲直，近於不和。然是非曲直辨，則便是利，此乃是和處也。」時舉。

「利物足以和義。」凡説義，各有分別。如君臣父子夫婦兄弟之義，自不同，似不和。然而各正其分，各得其理，便是順利，便是和處。事物莫不皆然。人傑。

問「利物足以和義」。曰：「義便有分別。當其分別之時，覺得來不和。及其分別得各得其所，使物物皆利，卻是和其義。如天之生物，物物有箇分別，如『君君臣臣父父子子』。至君得其所以爲君，臣得其所以爲臣，父得其所以爲父，子得其所以爲子，各得其利，便是和。若君處臣位，臣處君位，安得和乎！」又問：「覺得於上句字義顛倒。」曰：「惟其利於物者，所以和其義耳。」正淳問：「『貞固』字，卻與上文『體仁、嘉會、利物』亦似不同。」曰：「亦是比方。便須用兩字，方説得盡。」𣍵。

伊川説「利物足以和義」，覺見他説得糊塗。如何喚做和合於義？四句都説不力。淵。

「利物足以和義」，此數句最難看。老蘇論此謂慘殺爲義，必以利和之。如武王伐紂，義也。若徒義，則不足以得天下之心，必散財發粟，而後可以和其義。若如此説，則義在利之外，分截成兩段了！看來義之爲義，只是一箇宜。其初則甚嚴，如「男正位乎外，女正位乎内」，直是有内外之辨；君尊於上，臣恭於下，尊卑大小，截然不可犯，似若不和之甚。然能使之各得其宜，則其和也孰大於是！至於天地萬物無不得其所，亦只是利之和爾。此只是就義中便有一個和。既曰「利者義之和」，卻説「利物足以和義」，蓋不如此，不足以和其義也。「嘉會足以合禮。」嘉，美也；會，是集齊底意思。許多嘉美一時鬭湊到此，故謂之會。亨屬夏，如春生之物，自是或先或後，或長或短，未能齊整。纔到夏，便各各一時茂盛，此所謂「嘉之會」也。嘉其所會，便動容周旋無不中禮。就「亨者嘉之會」觀之，「嘉」字是實，「會」字是虛。「嘉會足以合禮」，則「嘉」字卻輕，「會」字卻重。「貞固足以幹事」，幹如木之幹，事如木之枝葉。「貞固」者，正而固守之。貞固在事，是與做箇骨子，所以爲事之幹。欲爲事而非此貞固，便植立不起，自然倒了。謨。

問文言四德一段。曰：「『元者善之長』以下四句，說天德之自然。『君子體仁足以長人』以下四句，說人事之當然。元只是善之長。萬物生理皆始於此，衆善百行皆統於此，故於時爲春，於人爲仁。亨是嘉之會。此句自來說者多不明。嘉，美也；會，猶齊也。嘉會，衆美之會，猶言齊好也。春天發生萬物，未大故齊。到夏時，洪纖高下，各各暢茂。蓋春方生育，至此乃無一物不暢茂。其在人，則『禮儀三百，威儀三千』，事事物物，大大小小，一齊到恰好處，所謂動容周旋皆中禮，故於時爲夏，於人爲禮。周子遂喚作「中」。利者，爲義之和。萬物至此，各遂其性，事理至此，無不得宜，故於時爲秋，於人爲義。貞者乃事之幹。萬物至此，收斂成實，事理至此，無不的正，故於時爲冬，於人爲智。此天德之自然。其在君子所當從事於此者，則必『體仁乃足以長人，嘉會足以合禮，利物足以和義，貞固足以幹事』。此四句倒用上面四箇字，極有力。體者，以仁爲體，仁爲我之骨，我以之爲體。仁皆從我發出，故無物不在所愛，所以能長人。『嘉會足以合禮』者，言須是美其所會也。欲其所會之美，當美其所會。蓋其厚薄親疏、尊卑小大相接之體，各有節文，無不中節，即所會皆美，所以能合於禮也。『利物足以和義』者，使物物各得其利，則義無不和。蓋義是斷制裁割底物，若似不和。然惟義能使事物各得其宜，不相妨害，自無乖戾，而各得其分之和，所以爲義之和也。蘇氏説『利者義之和』，却説義慘殺而不和，不可徒義，須着些利則和。如此，則義是一物，利又是一物；義是苦物，恐人嫌，須着些利令甜，此不知義之言也。義中自有利，使人而皆義，則不遺其親，不後其君，自無不利，非和而何？『貞固足以幹事。』貞，正也，知其正之所在，固守而不去，故足以爲事之幹。幹事，言事之所依以立，蓋正而能固，萬事依此而立。在人則是智，至靈至明，是是非非，確然不可移易，不可欺瞞，所以能立事也。幹，如板築之有楨幹。今人築牆，必立一木於土中爲骨，俗謂之『夜叉木』，無此則不可築。横曰楨，直曰幹。無是非之心，非知也。知得是是非非之正，緊固確守不可移易，故曰『知』，周子則謂之『正』也。」銖。

「故曰『乾，元亨利貞』。」他把「乾」字當君子。淵。

# 朱子語類卷第六十九

## 易五

### 乾下

文言上不必大故求道理，看來只是協韻説將去。「潛龍勿用，何謂也」以下，大概各就他要説處便説，不必言專説人事、天道。伊川説「乾之用」、「乾之時」、「乾之義」，也難分別。到了，時似用，用似義。淵。

問：「程易『乾之用』、『乾之時』、『乾之義』，看來恐可移易説。」曰：「凡説經，若移易得，便不是本意。看此三段，只是聖人反復贊咏乾之德耳。如『潛龍勿用，陽在下也』，便是第二段。『陽氣潛藏』，便是上段『龍德而隱者也』。聖人反復發明以示人耳。」銖。

問：「伊川分『乾之時』、『乾之義』，如何？」曰：「也是覺得不親切。聖人只是敷演其義，又兼要押韻，那裏恁地分別！」礪。

庸言庸行，盛德之至。到這裏不消得恁地，猶自「閑邪存誠」，便是「無射亦保」，雖無厭斁，亦當保也。保者，持守之意。淵。

常言既謹，常行既信，但用閑邪，怕他入來。此正是「無射亦保」之意。僩。

問：「『閑邪』，莫是爲防閑抵拒那外物，使不得侵近否？」曰：「固是。凡言邪，皆自外至者也。然只視聽言動無非禮，便是閑。」端蒙。

九二處得其中，都不著費力。「庸言之信，庸行之謹，閑邪存其誠，善世而不伐，德博而化」而已。若九三則剛而不中，過高而危，故有「乾乾」之戒。人傑。

「利見大人，君德也。」兩處説這箇「君德」，却是要發明大人即是九二。孔子怕人道別是箇大人，故如此互相發。使三百八十四爻皆恁地湊著，豈不快活！人只爲中間多有湊不著底，不可曉。淵。

「利見大人，君德也。」夫子怕人不把九二做大人，別討一箇大人，所以去這裏説箇「君德也」。兩處皆如此説。「龍德正中」以下皆君德，言雖不當君位，却有君德，所以也做大人。伊川却説得這箇大人做兩樣。淵。

黄有開問：「乾之九二是聖人之德，坤之六二是賢人之德，如何？」曰：「只謂乾九二是見成底，不待修爲。如『庸言之信，庸行之謹，善世不伐，德博而化』，此即聖人之德也。

坤六二『直方大，不習無不利』，須是『敬以直内，義以方外』，如此方能『德不孤』，即是大矣。此是自直與方，以至於大，修爲之序如此，是賢人之德也。嘗謂乾之一卦，皆聖人之德，非是自初九以至上九漸漸做來。蓋聖人自有見成之德，所居之位有不同爾。德無淺深，而位有高下，故然。昔者聖人作易以爲占筮，故設卦假乾以象聖人之德。如『勿用』、『無咎』、『利見大人』、『有悔』，皆是占辭。若人占遇初九，則是潛龍之時，此則當勿用；如『見龍在田』之時，則宜見大人。所謂大人，即聖人也。」

問：「九二説聖人之德已備，何故九三又言『進德修業，知至至之』？」曰：「聖人只逐爻取象，此不是言修德節次，是言居地位節次。六爻皆是聖人之德，只所處之位不同。初爻言『不易乎世，不成乎名』至『潛龍也』，已是説聖人之德了，只是潛而未用耳。到九二，却恰好其化已能及人矣，又正是臣位，所以處之而安。到九三，居下卦之上，位已高了，那時節無可做，只得恐懼、進德、修業，乾乾、惕息、恐懼，此便是伊周地位。寓録無此七字。九四位便乖，這處進退不由我了。『或躍在淵』，伊川謂『淵者龍之所安』，恐未然。田是平所在，縱有水，淺。淵是深處不可測。躍，已離乎行而未至乎飛。行尚以足，躍則不以足。一跳而起，足不踏地，跳得便上天去，不得依舊在淵裏，皆不可測。下離乎行，上近乎飛。『上不在天，下不在田，中不在人，故或之。或之者，疑之也』，不似九二安穩自在。此時進退不得，皆不由我，只聽天矣。以聖人言之，便是舜歷試，文王三分天下有二，湯、武鳴條、牧野時。寓録云：「九三是伊周地位，已自離了。」到上九，又亢了。看來人處大運中，無一時閑。寓録云：「跳得時，便做。有德無位，做不徹，亦不失爲潛龍。」吉凶悔吝，一息不曾停，如大車輪一般，一恁滚將去。聖人只隨他恁地去，看道理如何。這裏，則將這道理處之；那裏，則將那道理處之。」淳。寓同。

「進德修業」，這四箇字煞包括道理。德是就心上説，業是就事上説，忠信是自家心中誠實。「修辭立其誠」，是説處有真實底道理。「進德修業」最好玩味。淵。

「忠信所以進德。」忠信，實也。然從知上來，吾心知得是非端的是如此，心便實，實便忠信。吾心以爲實然，從此做去，即是進德。修辭處立誠，又是進德事。銖。

問：「忠信進德，莫只是實理否？」曰：「此説實理未得，只是實心。有實心，則進德自無窮。」學履。

「忠信所以進德。」實便光明，如誠意之潤身。方子。

「忠信進德」，便是意誠處。至「如惡惡臭，如好好色」，然後有地可據，而無私累牽擾之患，其進德孰禦！道夫。

德者，得之於心，如得這孝之德在自家心裏。行出來方見，這便是行。忠信是真實如此。淵。

忠信是根，有此根便能發生枝葉。業是外面有端緒者。震。

「忠信所以進德」，忠信說實理。信，如「吾斯之未能信」。忠信進德，就心上說；居業，就事上說。端蒙。

彦忠云：「先生云：『修辭便是「遜以出之」』。如子貢問衛君之事，亦見得遜處。』」端蒙。

問：「『修辭立其誠』，何故獨說辭？得非只舉一事而言否？」曰：「然。也是言處多，言是那發出來處。人多是將言語做没緊要，容易說出來。若一一要實，這工夫自是大。『立其誠』，便是那後面『知終終之，可與存義也』。」僩。

問：「九二『閑邪存誠』，與九三『修辭立誠』，相似否？」曰：「他地位自别。閑邪存誠，不大段用力；修辭立誠，大段著氣力。」又問：「『進德修業欲及時』如何？」曰：「『君子進德修業』，不但爲一身，亦欲有爲於天下。及時，是及時而進。」夔孫。

問：「居業當兼言行言之，今獨曰『修辭』，何也？」曰：「此只是上文意。人多因言語上，便不忠信。」不忠信，首先是言語。因言：「忠信進德，便只是大學誠意之說。『如惡惡臭，如好好色』，有此根本，德方可進。修辭，只是『言顧行，行顧言』之意。」必大。

或問：「修業，德亦有進否？」曰：「進德只就心上言，居業是就事上言。忠信，『如惡惡臭，如好好色』，直是事事物物皆見得如此，純是天理，則德日進。不成只如此了却。『修辭立誠』，就事上理會，『所以居業也』。進則日見其新，居則常而不厭。」賀孫。

問：「『進德修業』，進德只一般說，至修業，却又言『居業』，何也？」曰：「未要去理會『居』字、『修』字，且須理會如何是德，如何是業。」曰：「德者，本於内而言；業者，見於外而言。」曰：「『内、外』字近之。德者，得之於心者也；業，乃事之就緒者也，如古人所謂『業已如此』是也。且如事親之誠心，真箇是得之於吾心，而後見於事親之際，方能有所就緒。然却須是忠信，方可進德。蓋忠信，則無一事不誠實，猶木之有根，其生不已。」佐。

「忠信所以進德」，只是著實，則德便自進。居，只是常常守得，常常做去；業，只是這箇業。今日「修辭立其誠」，明日又「修辭立其誠」。淵。

林安卿問「修業」、「居業」之別。曰：「二者只是一意。居，守也。逐日修作是修，常常如此是守。」義剛。

亞夫問「進德修業」，復云「居業」，所以不同。曰：「德則日進不已。業如屋宇，未修則當修之，既修則居之。」蓋卿。

「進德修業」，進是要日新又新，德須是如此，業却須著居，修業便是要居他。居，如人之居屋，只住在這裏面，便是居。不成道修些箇了，便了。修辭便是立誠，如今人持擇言語，丁一確二，一字是一字，一句是一句，便是立誠。若還脱空亂語，誠如何立？伊川説這箇做兩字，明道只做一箇説。明道説這般底，説得條直。淵。

伊川云：「『忠信所以進德』，聖人之事；『敬以直内』，賢人之事。」一便恁地剛健，一便恁地柔順。賀孫。

或問「乾是聖人之事，坤是賢人之事」。曰：「此但指乾之君子忠信進德處，與坤之『敬以直内，義以方外』處。」問：「如此，則賢者更不可做乾之事？」曰：「忠信進德，這箇『如惡惡臭，如好好色』，表裏無一毫不實處。及修辭立誠，見得精粗本末，直恁地做將去，有那剛健底意思。若『敬以直内，義以方外』，便是謹守。」

「忠信所以進德，修辭立其誠所以居業」，如何是乾德？只是健底意思，恁地做去。寓録云：「硬立脚做去。」「敬以直内，義以方外」，如何是坤德？只是順底意思，恁地收斂。寓録云：「恁地收斂做去。」淳。

「忠信所以進德」，是乾健工夫，蓋是剛健粹精，兢兢業業，日進而不自已，如活龍然，精彩氣焰自有不可及者。「直内方外」，是坤順工夫，蓋是固執持守，依文按本底做將去，所以爲學者事也。又云：「説易只是陰陽，説乾坤只是健順，如此議論，更無差錯。」人傑。

「忠信進德，修辭立誠」，與「敬以直内，義以方外」，分屬乾坤，蓋取健順二體。修辭立誠，自有剛健主立之體；敬義便有静順之體。進修便是箇篤實，敬義便是箇虚静，故曰「陽實陰虚」。𥳅。

問：「『忠信所以進德，修辭立誠』，這是知得此理後，全無走作了，故直拔恁地勇猛剛健做將去，便是乾道。資敬義夾持之功，不敢有少放慢，這是坤道。」曰：「意思也是恁地。但乾便帶了箇知底意思，帶了箇健底意思。所謂『進德』，又是他心中已得這箇道理了。到坤，便有箇順底意思，便只蒙乾之知，更不説箇『知』字，只説敬義夾持做去底已後事。」道夫問：「『敬以直内』，若無『義以方外』，也不得。然所謂『義以方外』者，只是見得這箇道理合當恁地，便只斬截恁地做將去否？」曰：「見不分曉，則圓後糊塗，便不方了。『義以方外』，只那界限便分明，四面皆恁平正。」道夫。

履之問：「『忠信進德，修辭立誠以居業，乾道也；「敬以直内，義以方外」，坤道也。』乾道恐是有進修不已之意，坤道是安静正固之意否？」曰：「大略也是如此。但須識得『忠信所以進德』是如何。」仲思曰：「恐只是『發已自盡，循物無違』。」曰：「此是言應事接物者，却又依舊是『修辭立其誠』了。」伯羽曰：「恐是存主誠實，以爲進德之地。」曰：「如何便能忠信？仲思所説，固只是見於接物。蜚卿所説，也未見下落處。」直卿曰：「恐作内外分説，如中庸所謂『大德敦化，小德川流』。」曰：「也不必説得恁地高。這只是『如惡惡臭，如好好色』，則其獨自謹。」○「乾固是健，然硬要他健也不得。譬如不健底人，只有許多精力，如何强得？」○「乾從知處説，坤從守處説。生知者是合下便見得透，忠信便是他，更無使之忠信者。」○「大凡人學，須是見到自住不得處，方有功。所以聖人説得恁地寬，須是人自去裏面尋之，須是知得，方能忠信。『誠之者，人之道。』看『誠之』字，全只似固執意思。然下文必先説擇善，而後可固執也。」伯羽。

問：「『忠信進德，修辭立誠，乾道也；「敬以直内，義以方外」，坤道也。』修辭恐是顏子『非禮勿言』之類。敬義是確守貞一，如『仲弓問仁』之類。修省言辭等處，是剛健進前，一刀兩斷功夫，故屬乎陽，而曰乾道。敬義夾持，是退步收斂，確實静定工夫，故曰坤道。不知可作如此看否？」曰：「如此看得極是。」又問：「程子又云：『修省言辭，乃是體當自家「敬以直内，義以方外」之實事。』恐此所謂乾道坤道處，亦不可作兩事看。」曰：「固皆是修己上事。但若分言，則須如此分别。大抵看道理，要看得他分合各有著落，方是仔細。」銖。

問「君子進德修業」。曰：「乾卦連致知、格物、誠意、正心都説了。坤卦只是説持守。坤卦是箇無頭物事，只有後面一節，只是一箇持守柔順貞固而已，事事都不能爲首，只是循規蹈矩，依而行之。乾父坤母，意思可見。乾如創業之君，坤如守成之君。乾如蕭何，坤如曹參。所以『坤元亨，利牝馬之貞』，都是説箇順底道理。」又云：「『先迷後得』，先迷者，無首也，前面一項事他都迷不曉，只知順從而已。後獲者，迷於先而獲於後也。乾則『不言所利』，坤則『利牝馬之貞』，每每不同。所以康節云：『乾無十，坤無一。』乾至九而止，奇數也；坤數偶，無奇數也。」用之云：「『乾無十』者，有坤以承之；『坤無一』者，有乾以首之。」曰：「然。」僩。

「坤只説得持守一邊事。如乾九三言『忠信所以進德，修辭立其誠，所以居業』，便連致知、持守都説了。坤從首至尾皆去却一箇頭，如云『後得主而有常』，『或從王事，無成有終』，皆是無頭。」文蔚曰：「此見聖人賢人之分不同處。」曰：「然。」文蔚。

用之問：「忠信進德，有剛健不已底意思，所以屬乾道。敬義是持守底意思，所以屬之坤道。」曰：「乾道更多得上面半截，坤只是後面半截。忠信進德，前面更有一段工夫也。」子蒙。

伊川説「内積忠信」，「積」字説得好。某「實其善」之説雖密，不似「積」字見得積在此而未見於事之意。學履。

「内積忠信」，一言一動，必忠必信，是積也。「知至至之」，全在「知」字；「知終終之」，在著力守之。賀孫。

伊川解「修辭立誠」作「擇言篤志」，説得來寬。不如明道説云：「修其言辭，正爲立己之誠意。」乃是體當自家「敬以直内，義以方外」之實事。學履。

明道論「修辭立其誠，所以居業」，説得來洞洞流轉。若伊川以「篤志」解「立其誠」，則緩了。高。

「擇言」是「修辭」，「篤志」是「立誠」。大率進德修業，只是一事，進德是就心上説，修業是就事上説。道夫。

問：「『内積忠信』，是誠之於内；『擇言篤志』，是誠之於外否？」曰：「『内積忠信』是實心，『擇言篤志』是實事。」又問：「『知至至之』是致知，『知終終之』是力行，固是如此。然細思，恐知至與知終屬致知，至之、終之屬力行，二者自相兼帶。」曰：「程子云『知至至之』主知，『知終終之』主行。然某却疑似亦不必如此説。只將『忠信所以進德，修辭立其誠所以居業』説，自得。蓋無一念之不誠，所以進其德也。德謂之『進』，則是見得許多，又進許多。無一言之不實，所以居其業也。業謂之『居』，便是知之至此，又有以居之也。」道夫。

「内積忠信，所以進德也；擇言篤志，所以居業也。」擇言便是修省言辭，篤志便是立誠。「知至至之」，便是知得進前去。又曰：「『知至』便是真實知得『如惡惡臭，如好好色』。『至之』便是真箇求到『如惡惡臭，如好好色』之地。『知終』便是知得進到這處了；

如何保守得，便終保守取，便是『終之』。如『修辭立其誠』，便是『知終終之』。『可與幾』，是未到那裏，先見得箇事幾，便是見得到那裏。『可與存義』，便是守得箇物事在。一箇是進，一箇是居。進，如『日知其所亡』，只管進前去；居，如『月無忘其所能』，只管日日恁地做。」賀孫。

問：「本義云：『忠信，主於心者，無一念之不實。』既無不實，則是成德，恐非進德之事。」曰：「『忠信所以進德。』忠信者，無一毫之不實。若有一毫之不實，如捕風捉影，更無下工處，德何由進。須是表裏皆實，無一毫之僞，然後有以爲進德之地，德方日新矣。」又問：「『修辭』云『無一言之不實』，此易曉。『居業』如何實？」曰：「日日如此行，從生至死，常如此用工夫，無頃刻不相似。」池録云：「本義説見於事者。」又曰：「『知崇禮卑』，亦是此意。『知崇』，進德之事也；『禮卑』，居業之事也。」池録云：「進謂日見其新，居謂常而不厭。」僩。

問：「文言六爻，皆以聖人明之，有隱顯而無淺深。但九三一爻，又似説學者事。豈聖人亦有待於學邪？所謂『忠信進德，修辭立誠』，在聖人分上如何？」曰：「聖人亦是如此進德，亦是如此居業。只是在學者則勉强而行之，在聖人則自然安而行之。知至知終，亦然。」又問：「如『庸言之信，庸行之謹』，在聖人則自然如此，爲『盛德之至』；『閑邪存其誠』，在聖人則爲『無斁亦保』，是此意否？」曰：「謹信存誠，是裏面工夫，無迹；忠信進德，修辭居業，是外面事，微有迹在。聖人分位，皆做得自別。」銖。

蜚卿舉聖賢所説忠信處，以求其同異。曰：「公所舉許多忠信，只是一箇，但地頭不同。」直卿問：「乾之『忠信』與他處所謂『忠信』，正猶夫子之『忠恕』，與子思所謂『違道不遠』之『忠恕』相似。」曰：「不然。此非有等級，但地頭各別耳。正如伊川所謂『無妄之謂誠，不欺其次也』。不欺也是誠，但是次於無妄耳。」先生復問：「昨所説如何？」曰：「先生昨舉『如好好色，如惡惡臭』，説『忠信所以進德』。」曰：「只是如此，何不以此思之？適所舉忠信，只是對人言之者。乾之忠信，是專在己上言之者。乾卦分明是先見得這箇透徹，便一直做將去，如『忠信所以進德』，至『可與存義』，也都是徑前做去，有勇猛嚴厲、斬截剛果之意。須是見得，方能恁地。又如『樂則行之，憂則違之，確乎其不可拔』，亦是這般剛決意思。所以生知者，分明是合下便見得透，故其健自然如此，更著力不得。坤卦則未到這地位，『敬以直内，義以方外』，未免緊帖把捉，有持守底意，不似乾卦見得來透徹。」道夫

問：「易傳云：『内積忠信，所以進德也。』『積』字又也似用力，如何？」曰：「正是用力，不用力如何得！乾卦雖如此，亦是言學。但乾是先知得透，故勇猛嚴厲，其進莫之能禦。」

履之問：「易之『忠信』，莫只是實理？」曰：「此説實理未得，只是實心。有實心，則進德自無窮已。」又曰：「實心便是學者之關中、河内，必先有此，而後可以有爲。若無此，則若存

若亡而已，烏能有得乎？『有諸己之謂信』，意正謂此。」又曰：「程子謂：『一心之中如有兩人焉，將爲善，有惡以間之；爲不善，又有愧恥之心。此正交戰之驗。』程子此語，正是言意不誠、心不實處。大凡意不誠，分明是吾之賊。我要上，他牽下來；我要前，他拖教去後。此最學者所宜察。」道夫。

問「君子進德修業。忠信所以進德，修辭立誠所以居業」。曰：「這『忠信』二字，正是中庸之『反諸身而誠』、孟子之『反身而誠』樣『誠』字。是知得真實了，知得決然是如此，更攧撲不碎了，只欠下手去做。『忠信』是知得到那真實極至處，『修辭立誠』是做到真實極至處。若不是真實知得，進箇甚麽？前頭黑淬淬地，如何地進得去？既知得，若不真實去做，那箇道理也只懸空在這裏，無箇安泊處；所謂『忠信』，也只是虛底道理而已。這裏極難說，須是合中庸『反諸身而誠』與孟子『反身而誠』諸處看。舊又見先生說：「孟子『有諸己之謂信』，亦是易中所謂『忠信』，非『主忠信』之『忠信』也。」若看不透，且休，待他時看。而今正是這『忠信所以進德』一節看未得，所以那『修辭立誠』一段也看未得。」又問：「所以只說『修辭』者，只是工夫之一件否？」曰：「言是行之表，凡人所行者無不發出來，也是一件大事。」又曰：「『忠信』是始，『修辭立誠』是終。『知至至之』是忠信進德之事，『知終終之』是居業之事。」問：「『至之』是已至其處否？」曰：「未在。是知得那至處，方有箇向望處，正要行進去。

『知終終之』是已至其處，終之而不去。」又問：「『忠信所以進德』，至『居業也』，可以做聖人事否？」曰：「不可。所以進德，正是做工夫處。聖人則不消説忠信了，只説得至誠。」問：「如此則皆是學者事？」曰：「然。這裏大概都是學者事。」問：「頃見某人言，乾卦是聖人事，坤卦是賢人事，不知是否？」曰：「某不見得如此，便是這物事勞攘。如説他是聖人事，又有説學者處。如初九云『潛龍勿用，子曰』云云，也可以做聖人事。九二曰云云，也可以做聖人説。及至九三，便説得勞攘，只做得學者事矣。」問：「内卦以德、學言，外卦以時、位言，此却定。」曰：「然。」僩。

問：「『忠信所以進德，修辭立其誠所以居業。』疑忠信是指言行發於外者而言，如『爲人謀而不忠，與朋友交而不信』，皆是發見於外者，如何却言『進德』？『修辭立誠』與忠信果何異？又指爲『居業』，何也？」曰：「忠信是心中朴實頭見得道理如此，故其德日進而不已，猶孟子所謂『有諸己』者是也，故指進德而言。『修辭立誠』，却是就言語上説。」又問：「『立誠』不就制行上説，而特指『修辭』，何也？」曰：「人不誠處，多在言語上。」柄。

「君子進德」至「存義也」。忠信，猶言實其善之謂，非「主忠信」、「與朋友交而有信」之「忠信」。能實其爲善之意，自是住不得，德不期進而自進，猶饑之欲食，自是不可已。進德則所知所行，自進而不已；居業則只在此住了不去。只看「進」字、「居」字可見。進者，日新而不已；居者，一定而不易。「忠信進德，修辭立誠居業」，工夫之條件也；「知至至之可與幾，知終終之可與存義」，工夫之功程也。此一段，只是説「終日乾乾」而已。學履。

敬之問：「『忠信』至『存義也』，上面『忠信』與『修辭立誠』，未是工夫，到下面方是工夫否？」曰：「『忠信所以進德，修辭立其誠所以居業』，如何未是工夫？只上面『忠信』與『修辭立誠』，便是材料；下面『知至，知終』，惟有實了，方會如此。大抵以忠信爲本。忠信只是實，若無實，如何會進？如播種相似，須是實有種子下在泥中，方會日日見發生。若把箇空殼下在裏面，如何會發生？即是空道理，須是實見得。若徒將耳聽過，將口説過，濟甚事？忠信所以爲實者，且如孝，須實是孝，方始那孝之德一日進一日；如弟，須實是弟，方始那弟之德一日進一日。若不實，却自無根了，如何會進？今日覺見恁地去，明日便漸能熟。明日方見有一二分，後日便見有三四分，意思自然覺得不同。『立其誠』，誠依舊便是上面忠信。『修辭』是言語照管得到，那裏面亦須照管得到。『居業』是常常如此，不少間斷。德是得之於心，業是見之於事。『進德』是自覺得意思日强似一日，日振作似一日，不是外面事，只是自見得意思不同。業是德之事也，德則欲日進，業要終始不易，居是存而不失之意。『可與幾』是見得前面箇道理，便能日進向前去。『存義』是守這箇義，只是這箇道理，常常存在這裏，『可』是心肯意肯之義。譬如昨日是無奈何勉强去爲善，今日是心肯意肯要去爲善。」賀孫。

問「忠信進德」一段。曰：「『忠信』是心中所發，真見得道理如此，『如惡惡臭、好好色』一般。『修辭立誠』是就事上説，欲無一言之不實也。」問：「修辭也是舉一端而言否？」曰：「言者行之表，故就言上説。」又云：「『知至至之』是屬『忠信進德』上説，蓋真見得這道理，遂求以至之。『知終終之』是屬『修辭立誠』上説，蓋事是已行到那地頭了，遂守之而不失。」又云：「『忠信進德』是見箇『修辭立誠』底道理，『修辭立誠』是行箇『忠信進德』底道理。」學履。

問「忠信所以進德」。曰：「『忠信』，某嘗説是『如好好色，如惡惡臭』，是決定徹底恁地，這便會進。人之所以一脚進前，一脚退後，只是不曾真實做，如何得進？『知至至之』是見得恁地，一向做去，故『可與幾』。『忠信進德』與『知至至之，可與幾也』，這幾句都是去底字；『修辭立誠』與『知終終之，可與存義』，都是住底字。『進德』是『日日新』，『居業』是日日如此。」又云：「『進德』是營度方架這屋相似，『居業』是據見成底屋而居之。『忠信』二字與别處説不同。」因舉「破釜甑，燒廬舍，持三日粮，示士卒必死，無還心」，「如此方會厮殺。忠信便是有這心，如此方會進德」。夔孫。

問「忠信所以進德」一段。曰：「這『忠信』如『反身而誠』，『如惡惡臭，如好好色』，恁地底地位，是主學者而言。在聖人則爲至誠，忠信不足以言之也。忠信是真箇見得這道理決然是如此，既見得如此，便有箇進處。不然，則黑淬淬地，進箇甚麼！此其所以進德。『修辭立誠』便是真箇做得，如此去做，所以曰『居業』。然而『忠信』便是見得『修辭立誠』底許多道理，『修辭立誠』便是居那『忠信』底許多道理。蓋是見得分明，方有箇進處，若不曾見得，則從何處進？分明黑淬淬地，進箇甚麼？然見得箇道理是如此，却不去做，便是空見得，如不曾見相似。『知至至之』如『忠信進德』底意思，蓋是見得在那裏，如望見在那裏相似，便要到那裏，所以曰『可與幾也』。『知終終之』如『修辭立誠』底意思，蓋已是在這裏做，決要做到那裏，所以曰『可與存義』。若只見得不去行時，也如何存得許多道理？惟是見得而又能行，方可以存義也。」又問：「『知至至之，知終終之』，恐是大率立箇期限如此。」曰：「這只是箇始終。」燾。

符問「知至至之，可與幾也；知終終之，可與存義也」。曰：「『忠信所以進德也，修辭立其誠所以居業也』，方説『知至至之，可與幾也；知終終之，可與存義也』。『知至』是知得到至處，『至之』謂意思也隨他到那處，這裏便可與理會幾微處。『知終』是知得到終處，『終之』謂意思也隨他到那裏，這裏便可與存義。『存』謂存主，今日也存主在這裏，明日也存主在這裏。」賀孫。

「知至至之」，知謂進德者也；「知終終之」，此知謂居業者也。進德者，「日日新，又日新」，進進而不已也；居業者，日日守定在此也。然必内有忠信，方能修辭，心不在時，如何修得？於乾言「忠信」者，有健而無息之意；於坤言「敬」者，有順而有常之意。祖道。

「知至」雖未做到那裏，然已知道業可居，心心念念做將去。「修辭立其誠」以終他，終便是居了。「進德」、「知至」、「可與幾」是一類事。這般處説得精，便與那「崇德廣業」、「知崇禮卑」一般。若是那「始條理、終條理」底，説得麄。淵。

「知至至之」，主在「至」上；「知終終之」，主在「終」上。至是要到那處而未到之辭。如去長安，未到長安，却先知道長安在那裏，從後行去，這便是進德之事。進德是要日新又新，只管要進去，便是要至之，故説道「可與幾」。未做到那裏，先知得如此，所以説「可與幾」。「進」字貼著那「幾」字，「至」字又貼著那「進」字，「終」則只是要守。業只是這業，今日如此，明日又如此，所以下箇「居」字。壯祖録云：「『知終終之』，是居業意。『修辭立其誠』，今日也只做此事，明日也只做此事，更無住底意，故曰『可與存義』也。」「終」者只這裏終，「居」字貼著那「存」字，「終」字又貼著那「居」字。德是心上説，義是那業上底道理。淵。

用之問「知至至之，可與幾也；知終終之，可與存義也」。曰：「上『至』字是至處，下『至』字是到那至處。『知終』是終處，『終之』是終之而不去，蓋求必終於是，而守之不去也。先知爲幾，如人欲往長安，雖未到長安，然已知長安之所在，所謂『可與幾也』。若已到彼，則不謂之『幾』。幾者先知之謂也，存者守而勿失。既知得箇道理如此，則堅守之而勿失，所謂『可與存義也』。」僩。

林問：「『知至』與『知終』，『終』字『至』字，其義相近，如何？」曰：「這處人都作兩段滚將去，所以難得分曉。『知至』與『至之』，『知終』與『終之』，分作四截説。『知至』是知得到處，『知終』是終其到處。『至之』是須著行去到那處，『終之』是定要守到那處。上兩箇『知』字却一般。」舉遺書所謂「『知至至之』，主知也；『知終終之』，主終也」，「均一知也，上却主知，下却主終。要得守，故如此」。寓。

「知至至之。」「知至」則「知」字是輕，「至」字是到那處。「至之」則「至」字是實，「之」字是虛。如知得要到臨安，是「知至」，須是行到那裏，方是「至之」。大學「知至」，「知」字重，「至」字輕。賀孫。

「知至」是要知所至之地，「至之」便是至那地頭了。「知終」是知得合如此，「終之」便須下終底工夫。「幾」字是知之初，方是見得事幾，便須是至之。「存義」是守得定，方存得這義。礪。

「知至至之」，知其可至而行至之也；「知終終之」，知其可住而止之。祖道。

問：「『「知至至之」，致知也；「知終終之」，力行也。』雖是如此，知至、知終皆致知事，至之、終之皆力行事。然『知至至之』主於知，故『可與幾』；『知終終之』主於行，故『可與存義』，如何？」曰：「『知至至之』者，言此心所知者，心真箇到那所知田地；雖行未到，而心已到，故其精微幾密一齊在此，故曰『可與幾』。『知終終之』者，既知到極處，便力行進到極處；此真實見於行事，故天下義理都無走失，故曰『可與存義』。所謂知者，不似今人略知得而已，其所知處，此心真箇一一到那上也。『知至至之』，進德之事。以知得端的如此，此心自實。從此實處去，便是做進德處也。」銖。

「可與幾，可與存義」，是旁人說，如「可與立，可與權」之「可與」同。礪。

「可與存義也」，「存」字似不甚貼「義」字，然亦且作「存」字看，所以伊川云：「守之在後。」端蒙。

乾忠信進德，修省言辭立誠，是終身事。「知至」以下是節次，「知終終之」，用力處也。坤「直方大」是「浩然」。「不習无不利」，「不疑其所行」，乃是「不動心」。方。

體無剛柔，位有貴賤。因他這貴賤之位隨緊慢說，有那難處，有那易處。九三處一卦之盡，所以說得如此。九二位正中，便不恁地。淵。

問：「乾卦內卦以德學言，外卦以時位言否？」曰：「此正說文言六段，蓋雖言德學，而時位亦在其中，非德學何以處時位？此是『子曰』以下分說，其後却錯雜說了。」僩。

「上下無常非爲邪，進退無恒非離羣」，是不如此，只要得及時。又云：「如此說也好。」淵。

「君子進德修業欲及時」者，進德修業，九三已備，此則欲其及時以進耳。銖。

「飛龍在天，利見大人」。文言分明言：「同聲相應，同氣相求。水流濕，火就燥，雲從龍，風從虎，聖人作而萬物覩。」他分明是以聖人爲龍，以作言飛，以萬物覩解「利見大人」，只是言天下利見夫大德之君也。今人却別做一說，恐非聖人本意。道夫。

天下所患無君，不患無臣。有是君，必有是臣。雖使而今無，少間也必有出來。「雲從龍，風從虎」，只怕不是真箇龍虎。若是真龍虎，必生風致雲也。僩。

看來大人只是這大人，無不同處。伊川之病在那二五相見處，卦畫如何會有相見之理！只是說人占得這爻，利於見大人。「萬物覩」之「覩」，便是「見」字。且如學聚、問辨說箇君德，前一處也說君德。蓋說道雖非君位而有君德。下面說許多大人者，言所以爲大人者如此。今却說二五相見，却揍不著他這語脈。且如「先迷，後得主利，西南得朋，東北喪朋」，只是說先時不好，後來却好，西南便合著，東北便合不著。豈是說卦爻？只是說占底人。常觀解易底，惟是東坡會做文字了，都揍著他語脈。如「渙其羣，元吉」，諸家皆云涣散了，却成羣，都不成語句，唯東坡説道，涣散他小小羣，聚合成一大羣。如那天下混一之際，破散他小羣成一大羣，如此方成文理。淵。

問：「乾皆聖人事，坤皆賢人事否？」曰：「怕也恁地殺斷説不得。如乾初九，似説聖人矣，九二學聚、問辨，則又不然。上九又説『賢人在下位』，則又指五爲賢矣。看來聖人不恁地死殺説，只逐義隨事説道理而已。」

味道問：「聖人於文言，只把做道理説？」曰：「有此氣，便有此理。」又問：「文言反覆説，如何？」曰：「如言『潛龍勿用，陽在下也』，又『潛龍勿用，下也』，只是一意重疊説。伊川作兩意，未穩也。」植。

問「乾元用九，天下治也」。曰：「九是天德，健中便自有順，用之則天下治。如下文『乃見天則』，則，便是天德。與上文『見羣龍无首』，又別作一樣看。」礪。

「乾元者始而亨」一段，「始而亨」是生出去，「利貞」是收斂聚，方見性情。所以言「元亨，誠之通；利貞，誠之復」。礪。

「元亨」是大通，「利貞」是收斂性情。道夫。

問：「一陽動於下，乃天地生物之心，如何利貞處乃爲乾之性情？」曰：「元亨者，發見流行之處，利貞乃其本體無所作用之實。性情猶言情狀，於其收斂無所作用，方見他情狀真實。」銖。

問「利貞者，性情也」。曰：「此只是對『元亨』説，此性情只是意思體質。蓋『元亨』是動物，用在外；『利貞』是静，而伏藏於内。」畚。

「利貞者，性情也」，是乾元之性情。始而亨時，是乾之發作處，共是一箇性情。到那利貞處，一箇有一箇性情，百穀草木皆有箇性情了。元亨方是他開花結子時，到這利貞時，方見得他底性情。就這上看乾之性情，便見得這是那「利貞誠之復」處。淵。

正淳問「利貞者性情」。曰：「此是與元亨相對説。性情如言本體。人傑録云：「性情猶情性，是説本體。」元亨是發用處，利貞是收斂歸本體處。體却在下，用却在上。蓋春便生，夏便長茂條達，秋便有箇收斂撮聚意思，直到冬方成。」問「復見天地心」。曰：「天地之心，別無可做，『大德曰生』，只是生物而已。謂如一樹，春榮夏敷，至秋乃實，至冬乃成。雖曰成實，若未經冬，便種不成。直是受得氣足，便是將欲相離之時，却將千實來種，便成千樹，如『碩果不食』是也。方其自小而大，各有生意。到冬時，疑若樹無生意矣，不知却自收斂在下，每實各具生理，更見生生不窮之意。這箇道理直是自然，全不是安排得。只是聖人便窺見機緘，發明出來。伊川易傳解四德，便只就物上説：『元者萬物之始，亨者萬物之長，利者萬物之遂，貞者萬物之成。』解得『遂』字最好。通書曰：『元亨誠之通，利貞誠之復。』通即發用，復即本體也。」畣。人傑録少異。

「不言所利」，是説得不似坤卦「利牝馬之貞」，但説利貞而已。淵。

「不言所利」，明道説云：「不有其功，常久而不已者，乾也。」此語説得好。淵。

問：「乾『不言所利』，程易謂『無所不利』，故不言利，如何？」曰：「是也。乾則無所不利，坤只『利牝馬之貞』，則有利不利矣。」銖。

「『大哉乾乎！』陽氣方流行，固已包了全體，陰便在裏了，所以説『剛健中正』。然不可道這裏却夾雜些陰柔，所以却説『純粹精』。」淵。

「剛健中正，純粹精也。」觀其文勢，只是言此四者又純粹而精耳。程易作六德解，未安。銖。

問：「乾『剛健中正』，或謂乾剛無柔，不得言中正。先生嘗言：『天地之間，本一氣之流行而有動静耳。以其流行之統體而言，則但謂之「乾」而無所不包。以動静分之，然後有陰陽剛柔之别。』所謂『流行之統體』，指乾道而言耶？」曰：「『大哉乾元！萬物資始。』『乾道變化，各正性命。』只乾便是氣之統體，物之所資始，物之所正性命，豈非無所不包？但自其氣之動而言，則爲陽；自其氣之静而言，則爲陰。所以陽常兼陰，陰不得兼陽，陽大陰小，陰必附陽，皆是此意也。」銖。

「剛健中正」，爲其嫌於不中正，所以説箇「中正」。陽剛自是全體，豈得不中正！這箇因近日趙善譽者著一件物事説道，只乾坤二卦便偏了。乾只是剛底一邊，坤只是柔底一邊。某説與他道：「聖人做一部易，如何却將兩箇偏底物事放在疋頭？如何不討箇混淪底放在那裏？」注中便是破他説。淵。

德者，行之本。「君子以成德爲行」，言德，則行在其中矣。道夫。

問：「『行而未成』，如何？」曰：「只是事業未就。」又問：「乾六爻皆聖人事，安得有未成？伊川云『未成是未著』，莫是如此否？」曰：「雖是聖人，畢竟初九行而未成。」問：「此只論事業，不論德否？」曰：「不消如此費力。且如伊尹居有莘之時，便是『行而未成』。」文。

「學聚、問辨」，聖人説得寬。這箇便是下面所謂「君德」。兩處説君德，皆如此。淵。

乾之九三，以過剛不中而處危地，當「終日乾乾，夕惕若」，則「雖危无咎矣」。聖人正意只是如此。若旁通之，則所謂「對越在天」等説，皆可通。大抵易之卦爻，上自天子，下至庶人，皆有用處。若謂乾之九三君德已著，爲危疑之地，則只做得舜禹事使。人傑。

問：「『先天而天弗違，後天而奉天時。』聖人與天爲一，安有先後之殊？」曰：「只是聖人意要如此，天便順從，先後相應，不差毫釐也。」因説：「人常云，如鷄覆子，啐啄同時，不知是如此否？」時舉云：「家間養雞，時舉爲兒童日，候其雞之出，見他母初未嘗啄。蓋氣數才足，便自横迸裂開。有時見其出之不利，因用手略助之，則其子下來便不長進，以此見得這裏一毫人力有不能與。」先生笑而然之。時舉。

又問：「『天，專言之則道也。』又曰：『天地者，道也。』不知天地即道耶？抑天地是形，所以爲天地乃道耶？」曰：「伊川此句，某未敢道是。天地只以形言。『先天而天弗違』，如『禮雖先王未之有，而可以義起』之類。雖天之所未爲，而吾意之所爲自與道契，天亦不能違也。『後天而奉天時』，如『天叙有典，天秩有禮』之類。雖天之所已爲，而理之所在，吾亦奉而行之耳。蓋大人無私，以道爲體。此一節只是釋大人之德。其曰『與天地合其德，與日月合其明，與四時合其序，與鬼神合其吉凶』，將天地對日月鬼神説，便只是指形而下者言。」銖。淳録：「問：『程子曰：「天，專言之則道也，天且弗違是也。」又曰：「天地者，道也。」此語何謂？』曰：『程子此語，某亦未敢以爲然。「天且弗違」，此只是上文。』曰：『「知性則知天」，此「天」便是「專言之則道」者否？』曰：『是。』」

問：「胡文定公云：『舜「先天而天弗違」，「志壹則動氣也」。孔子「後天而奉天時」，「氣壹則動志也」。』如何？」先生曰：「『先天而弗違』者，舜先作韶樂而鳳凰來儀；『後天而奉天時』者，孔子因獲麟而作春秋。『志壹動氣，氣壹動志』，皆借孟子之言，形容天地感格之意。」謨。

乾卦有兩箇「其惟聖人乎」，王肅本却以一箇做「愚人」，此必其自改得恁地亂道。如中庸，王肅作「小人反中庸」，這却又改得是。賀孫。

## 坤

「主利」，不是謂坤主利萬物，是占者主利。砥。

「利牝馬之貞」，言利於柔順之正，而不利於剛健之正。利是箇虛字。「西南得朋」，固是好了；「東北喪朋」，亦自不妨爲有慶。坤比乾，都是折一半用底。淵。

「利牝馬之貞」，本無四德底意，彖中方有之。彖中說四德自不分曉。前數說「元亨」處，却說得分明，後面幾句無理會。「牝馬地類，行地無疆」，便是那「柔順利貞，君子攸行」。本連下面，緣他趂押韻後，故說在此。這般底，難十分理會。「先迷失道」，却分曉，只是說坤道。池本無「先迷」至此十二字。「先迷後得，東北西南」，大概是陰滅池本有「爲」字。陽一半。就前後言，没了前一截；就四方言，没了東北一截。陽却是全體安貞之吉，他這分段只到這裏。若更妄作以求全時，便凶了。在人亦當如此。伊川說「東北喪朋」處，但不知這處添得許多字否？此是用王輔嗣說。

又論坤卦「利牝馬之貞」，曰：「乾卦『元亨利貞』，便都好；到坤只一半好。全好，故云『利永貞』；一半好，故云『利牝馬之貞』，即是亦有不利者。只『西南得朋，東北喪朋』，雖伊川亦解做不好。殊不知『西南得朋』乃以類行，豈是不好！至於東北，是坤卦到西南則好，到東北實是喪朋，亦非是凶。只是自然不容不喪朋，雖然喪朋，却終有慶耳。」西南得地，與類行，自是好。東北不得地，自然喪朋。然其終亦如此等説，恐難依舊説。𥫗。

「牝馬之貞」，伊川只爲泥那四德，所以如此説不通。淵。

問：「牝馬取其柔順健行之象。坤順而言健，何也？」曰：「守得這柔順，亦堅確，故有健象。柔順而不堅確，則不足以配乾矣。」問：「『柔順利貞，君子攸行』，如何？」曰：「『柔順利貞』，坤之德也。君子而能柔順堅正，則其所行雖先迷而後得，雖『東北喪朋』，反之西南，則得朋而有慶。蓋陽大陰小，陽得兼陰，陰不得兼陽。坤德常只得乾之半，故常減於乾之半也。」

問：「『君子有攸往』，何也？」曰：「此是虚句，意在下句。伊川只見象傳辭押韻，有『柔順利貞，君子攸行』之語，遂解云：『君子所行，柔順而利且貞。』恐非也。蓋言君子有所往，『先迷後得主利』也。」問「東北喪朋，西南得朋」。曰：「陰不比陽，陰只理會得一半，不似陽兼得陰，故無所不利。陰半用，故得於西南，喪於東北。『先迷後得』亦然。自王輔嗣以下，皆不知此，多錯解了！」銖。

乾主義，坤便主利。占得這卦，便主利這事。不是坤道主利萬物，乃是此卦占得時，主有利。淵。

「陰體柔躁」，只爲他柔，所以躁，剛便不躁。躁是那欲動而不得動之意，剛則便動矣。柔躁不能自守，所以説「安貞吉」。淵。

資乾以始，便資坤以生，不争得霎時間。乾底亨時，坤底亦亨。生是生物，池本云：「坤之所生。」即乾之所始者。淵。

徐煥云：「天之行健，一息不停。而坤不能順動以應其行，則造化生生之功，或幾乎息矣！」此語亦無病。萬物資乾以始而有氣，資坤以生而有形。氣至而生，生即坤元，徐説亦通。淵。

「未有乾行而坤止」，此説是。且如乾施物，坤不應，則不能生物。既會生物，便是動。若不是他健後，如何配乾，只是健得來順。淵。

東北非陰之位。陰柔至此，既喪其朋，自立脚不得，必須歸本位，故終有慶。又曰：「牝是柔順，故先迷而喪朋。然馬健行，却後得而有慶。牝馬不可分爲二，今姑分以見其義。」礪。

「『東北喪朋，乃終有慶。』既言『終有慶』，則有慶不在今矣。爲他是箇柔順底物，東北陽方，非他所安之地。如慢水中魚，去急水中不得，自是喪朋。喪朋於東北，則必反於西南，是終有慶也。正如『先迷後得』，爲他柔順，故先迷；柔順而不失乎健，故後得，所以卦下言『利牝馬之貞』。喪朋先迷，便是牝；有慶後得，便是馬。將『牝馬』字分開，却形容得這意思。」文蔚曰：「大抵柔順中正底人，做越常過分底事不得。只是循常守分時，又却自做得他底事。」曰：「是如此。」文蔚。

問：「坤言『地勢』，猶乾言『天行』。『天行健』，猶言『地勢順』。然大象，乾不言『乾』而言『健』，坤不言『順』而言『坤』，説者雖多，究竟如何？」曰：「此不必論，只是當時下字時偶有不同。必欲求説，則穿鑿，却反晦了當理會底。」問：「『地勢』猶言高下相因之勢，以其順且厚否？」曰：「高下相因只是順，若厚，又是一箇道理。然惟其厚，所以上下只管相因去，只見得他順。若是薄底物，高下只管相因，則側陷了，不能如此之無窮矣。惟其高下相因無窮，所以爲至順也。君子體之，惟至厚爲能載物。天行甚健，故君子法之以自强不息；地勢至順，故君子體之以厚德載物。」銖。

地之勢常有順底道理，且如這箇平地，前面便有坡陁處，突然起底，也自順。淵。

陰爻稱六，與程傳之説大不同。這只就四象看，便見得分曉。陰陽一段只説通例，此兩物相無不得。且如天晴幾日後，無雨便不得。十二箇月，六月是陰，六月是陽。一日中，陽是晝，陰是夜。淵。

坤六爻雖有重輕，大概皆是持守、收斂、畏謹底意。礪。

問：「履霜堅冰，何以不著占辭？」曰：「此自分曉。占者目前未見有害，却有未萌之禍，所宜戒謹。」礪。

問「履霜堅冰至」。曰：「陰陽者，造化之本，所不能無，但有淑慝之分。蓋陽淑而陰慝，陽好而陰不好也。猶有晝必有夜，有暑必有寒，有春夏必有秋冬。人有少必有老，其消長有常，人亦不能損益也。但聖人參天地，贊化育，於此必有道。故觀『履霜堅冰至』之象，必有謹微之意，所以扶陽而抑陰也。」銖。

「直方大」，是他陰爻居陰位，無如此之純粹。爻辭云「直方大」者，言占者「直方大」，則「不習无不利」，却不是説坤德直方大也。且如「元亨利貞」，象裏面説底，且隨他説做一箇事；後面説底四事，又儘隨他説去。如某之説爻，無許多勞攘。淵。

問：「坤之道『直方大』，六二純正，能得此以爲德否？」曰：「不可説坤先有是道，而後六二得之以爲德。坤是何物？六二是何物？畢竟只是一箇坤。只因這一爻中正，便見得『直方大』如此。」學履。

六二不當説正〔一〕，要説也説得行，不若除了。淵。

問：「坤六二，聖人取象，何故説得恁地大？都與坤德不相似。」曰：「如何見得不相似？」曰：「以陰陽反對觀之，『直方大』者，皆非陰之屬也。」曰：「坤六爻中，只此一爻最重。六五雖居尊位，然却是以陰居陽。六二以陰居陰，而又居下卦，所以如此。」問：「坤之順，恐似此處順，只是順理，不是『柔順』之『順』。」曰：「也是柔順，只是他都有力。『乾行健』，固是有力。坤雖柔順，亦是決然恁地。順，不是柔弱放倒了，所以聖人亦説：『坤至柔，而動也剛，至静而德方。』」榦。

問：「六四『括囊』，注云：『六四重陰不中，故其象占如此。』『重陰不中』，何以見其有括囊之象？」曰：「陰而又陰，其結塞不開，即爲括囊矣。」又問：「占者必當括囊則无咎，何也？」曰：「當『天地閉，賢人隱』之時，若非括囊，則有咎矣。」榦。

「坤六四爻，不止言大臣事。凡得此爻，在位者便當去，未仕者便當隱。」伯豐因問比干事。曰：「此又别是一義，雖凶无咎。」㽦。

問：「坤二五皆中爻。二是就盡得地道上説，五是就著見於文章事業上説否？」曰：

〔一〕賀疑此句有誤。

「不可説盡得地道，他便是坤道也。二在下，方是就工夫上説。文言云『不疑其所行』，是也。五得尊位，則是就他成就處説，所以云：『美在其中，而暢於四支，發於事業，美之至也！』」學履。

「黄裳元吉」，不過是在上之人能以柔順之道。黄，中色，裳是下體之服。能似這箇，則無不吉。淵。

「黄裳元吉」，這是那居中處下之道。乾之九五，自是剛健底道理。坤之六五，自是柔順底道理。各隨他陰陽，自有一箇道理。其爲九六不同，所以在那五處亦不同。這箇五之柔順，從那六裏來。淵。

問：「『黄裳元吉』，伊川解作聖人示戒，並舉女媧、武后之事。今考本爻無此象，這又是象外立教之意否？」曰：「不曉這意。若伊川要立議論教人，可向别處説，不可硬配在易上説。此爻何曾有這義！都是硬入這意，所以説得絮了。」因舉云：「邵溥謂伊川因宣仁垂簾事，有怨母后之意，故此爻義特爲他發。固是他後生妄測度前輩，然亦因此説而後發也。」學履。

問：「坤上六，陰極盛而與陽戰，爻中乃不言凶。且乾之上九猶言『有悔』，此却不言，何耶？」曰：「戰而至於俱傷，『其血玄黄』，不言而凶可知矣。」時舉。

子耕問「龍戰于野」。曰：「乾無對，只是一箇物事，至陰則有對待。大抵陰常虧於陽。」人傑。

問：「乾上九只言『亢』，坤上六却言『戰』，何也？」曰：「乾無對待，只有乾而已，故不言坤。坤則不可無乾。陰體不足，常虧欠，若無乾，便没上截。大抵陰陽二物，本别無陰，只陽盡處便是陰。」䕫。

問：「如乾初九，『潛龍』是象，『勿用』是占辭；坤六五，『黄裳』是象，『元吉』是占辭，甚分明。至若坤初六『履霜堅冰至』，六二『直方大，不習无不利』，六三『含章可貞，或從王事，無成有終』，上六『龍戰于野，其血玄黄』，皆是舉象，而占意已見於象中。此又别是一例，如何？」曰：「象占例不一。有占意只見於象中者，亦自可見。如乾初九，坤六四，此至分明易見者。如『直方大』，惟直方故能大，所謂『敬義立而德不孤』。六二有『直方大』之象，占者有此德而得此爻，則『不習而无不利矣』，言不待學習，而無不利也。故謂『直方大』爲象，『不習无不利』爲占辭，亦可。然『直方』，故能大，故『不習无不利』。象既如此，占者亦不離此意矣。六三陰居陽位，本是陰帶些陽，故爲含章之象，又貞以守，則爲陰象矣。『或從王事』者，以居下卦之象，不終含藏，故有或時出從王事之象。『無成有終』者，不居其成而能有終也。在人臣用之，則爲不居其成而能有終之象；在占者用之，則爲始進無成，而能有終也，此亦占意已見於象中者。六四「重陰不中」，故有括囊之象。『无咎无譽』，亦是象中已見占意。」因問程易云：「六四近君而不得於君，爲『上下間隔之時』，與『重陰不中』，二説如何？」曰：「只是『重陰不中』，故當謹密如此。」銖。

「用六永貞，以大終也。」陽爲大，陰爲小，如大過、小過之類，皆是以陰陽而言。坤六爻皆陰，其始本小，到此陰皆變爲陽矣。所謂「以大終也」，言始小而終大也。文蔚。

「坤至柔，而動也剛。」坤只是承天，如一氣之施，坤則盡能發生承載，非剛安能如此？僩。

問：「『坤至柔而動也剛，至静而德方。』程傳云：『坤道至柔而動則剛，坤體至静而德則方。』柔與剛相反，静與方疑相似？」曰：「静無形，方有體。方謂生物有常，言其德方正一定，確然不易，而生物有常也。静言其體，則不可得見；方言其德，則是其著也。」銖。

陰陽皆自微至著，不是陰便積著，陽便合下具足。此處亦不説這箇意。「履霜堅冰」，只是説從微時便須著慎來，所以説「蓋言慎也」，「由辨之不早辨」。李光祖云：「不早辨他，直到得郎當了，却方辨，剗地激成事來。」此説最好！淵。

「敬以直内」最是緊切工夫。賀孫。

「敬以直内」是持守工夫，「義以方外」是講學工夫。升卿。

「敬以直内，義以方外。」直，是直上直下，胸中無纖毫委曲；方，是割截方整之意。方，疑是齊。德明。

「敬以直内，義以方外」，只是此二句。格物致知是「義以方外」。夔孫。

「敬以直内」，便能「義以方外」，非是别有箇義。敬譬如鏡，義便是能照底。德明。

敬立而内自直，義形而外自方。若欲以敬要去直内，以義要去方外，即非矣。銖。

問「義形而外方」。曰：「義是心頭斷事底。心斷於内，而外便方正，萬物各得其宜。」寓。

先之問「敬以直内，義以方外」。曰：「説只恁地説，須自去下工夫，方見得是如此。『敬以直内』是無纖毫私意，胸中洞然，徹上徹下，表裏如一。『義以方外』是見得是處決定是恁地，不是處決定不恁地，截然方方正正。須是自將去做工夫。聖門學者問一句，聖人答他一句，便領略將去，實是要行得。如今説得儘多，只是不曾就身己做看。某之講學所以異於科舉之文，正是要切己行之。若只恁地説過，依舊不濟事。若實是把做工夫，只是『敬以直内，義以方外』八箇字，一生用之不窮！」賀孫。

問：「『君子敬以直内，義以方外』，伊川謂『主一之謂敬，無適之謂一』，而不涵義之意，則須於應事接物間無往而不主一，則義亦在其中矣。如此則當明敬中有義，義自敬中出之意方好。」曰：「亦不必如此說。『主一之謂敬』，只是心專一，不以他念亂之。每遇事，與至誠專一做去，即是主一之義。但既有敬之名，則須還他『敬』字；既有義之名，則須還他『義』字。二者相濟則無失，此乃理也。若必欲駢合謂義自敬中出，則聖人何不只言『敬』字便了？既又言『義』字，則須與尋『義』字意始得。」大雅。

景紹問「敬義」。曰：「敬是立己之本，義是處事截然方正，各得其宜。」道夫曰：「『敬以直内，義以方外』，莫是合内外之道否？」曰：「久之則内外自然合。」又問：「『敬以直内』後，便能『義以方外』，還是更用就上做工夫？」曰：「雖是如此，也須是先去『敬以直内』，然後能『義以方外』。」景紹曰：「敬與誠如何？」曰：「敬是戒慎恐懼之義，誠是實然之理。如實於爲善，實於不爲惡，便是誠。只如敬，亦有誠與不誠。有人外若謹畏，内實縱弛，這便是不誠於敬。只不誠，便不是這箇物。」道夫。

問：「前所說『敬義誠』三者，今思之，『敬以直内，義以方外』，是箇交相養之理；至於誠，則合一矣。」曰：「誠只是實有此理。如實於爲敬，實於爲義，皆是誠。不誠則是無此，所以中庸謂『不誠無物』。」因問：「舊嘗聞有人問『不誠無物』，先生答曰：『秉彝不存，謂之無人可也；中和不存，謂之無禮樂可也。』還是先生所言否？」曰：「不記有無此語。只如此說，也卻無病。」道夫。

「『敬以直内，義以方外，敬義立而德不孤』，此在坤六二之爻，論六二之德。聖人本意謂人占得此爻，若『直方大』，則不習而无不利。夫子遂從而解之，以敬解直，以義解方。又須敬義皆立，然後德不孤，將不孤來解『大』字。然有敬而無義不得，有義而無敬亦不得。只一件，便不可行，便是孤。必大録云：「敬而無義，則做出事來必錯了。只義而無敬，則無本，何以爲義？皆是孤也。」須是敬義立，方不孤。施之事君則忠於君，事親則悦於親，交朋友則信於朋友，皆不待習而无一之不利也。」又問：「方是如何？」曰：「方是處此事皆合宜，截然區處得，如一物四方在面前，截然不可得而移易之意。若是圓時，便轉動得。」㽦。

坤六二末乃言「不疑所行」。不疑，方可入乾知處。方。

# 朱子語類卷第七十

## 易六

### 屯

屯是陰陽未通之時，蹇是流行之中有蹇滯，困則窮矣。賀孫。

「屯『利建侯』，此占恐與乾卦『利見大人』同例，亦是占者與爻相爲主賓也。」曰：「然。但此亦大概如此，到占得時又看如何。若是自卜爲君者得之，則所謂建侯者，乃己也。若是卜立君者得之，則所謂建侯者，乃君也。此又看其所遇如何。緣易本不是箇綳定底文字，所以曰『不可爲典要』。」問：「占者固如此，恐作易者須有定論？」曰：「也只是看一時間，見得箇意思如何耳。」榦。

問：「『剛柔始交而難生』，程傳以雲雷之象爲始交，謂震始交於下，坎始交於中，如何？」曰：「『剛柔始交』，只指震言，所謂『震一索而得男』也。此三句各有所指：『剛柔始交而難生』，是以二體釋卦名義；『動乎險中，大亨貞』，是以二體之德釋卦辭；『雷雨之動滿盈，天造草昧，宜建侯而不寧』，是以二體之象釋卦辭。只如此看，甚明。緣後來説者交雜混了，故覺語意重複。」銖。

「剛柔始交而難生」，龜山解云：「剛柔始交是震，難生是坎。」砉。

「雷雨之動滿盈」，亦是那鬱塞底意思。淵。

「天造草昧，宜建侯而不寧。」孔子又是别發出一道理，説當此擾攘之時不可無君，故須立君。礪。

「宜建侯而不寧」，不可道建侯便了，須更自以爲不安寧，方可。淵。

問：「本義云『此以下釋「元亨利貞」用文王本意』，何也？」曰：「文王本意説『乾元亨利貞』，只是説乾道大通而至正，故筮得者，其占當得大通，而利於正固。至孔子方作四德説，後人不知，將謂文王作易，便作四德説，即非也。如屯卦所謂『元亨利貞』者，以其能動即可以亨，而在險則宜守正。故筮得之者，其占爲大亨而利於正，初非謂四德也。故孔子釋此彖辭只曰：『動乎險中，大亨貞。』是用文王本意釋之也。」銖。

問：「屯需二象，皆陰陽未和洽成雨之象。然屯言『君子以經綸』，需乃言『飲食宴樂』，何也？」曰：「需是緩意，在他無所致力，只得飲食宴樂。屯是物之始生，象草木初出地之狀。其初出時，欲破地面而出，不無齟齬艱難，故當爲經綸，其義所以不同也。」時舉。

問：「屯象云『利建侯』，而本義取初九陽居陰下爲成卦之主，何也？」曰：「此象辭一句，蓋取初九一爻之義。初九一爻，蓋成卦之主也。一陽居二陰之下，有以賢下人之象，有爲民歸往之象，陰從陽也。故宜立君。故象曰：『以貴下賤，大得民也。』此意甚好。」因問：「程傳只言宜建侯輔助，如何？」曰：「易只有三處言『利建侯』，屯兩言之，豫一言之，皆言『立君』。左氏分明有『立君』之説，衛公子元遇屯，則可見矣。」但它又説名「元」是有元之象。或問「元者善之長」。曰：「公子元夢康叔謂己曰『元』，『康叔名之，可謂長矣』云云。」又問：「象傳言『宜建侯而不寧』，豈以有動而遇險之象耶？」曰：「聖人見有此象，故又因以爲戒曰宜立君，而又不可遽謂安寧也。」然此是押韻。銖。

問：「初九『利建侯』，注云：『占者如是，則利建以爲侯。』此爻之占與卦辭異。未知其指盤桓難進者處陰之下欲進不能耶？將所居得正，不肯輕進耶？」曰：「卦辭通論一卦，所謂侯者，乃屬他人，即爻之初九也。爻辭專言一爻，所謂侯者，乃其自己，故不同也。」榦。

問：「初九以陽在下而居動體，上應六四陰柔險陷之爻，固爲盤桓之象。然六二『屯如邅如，乘馬班如』，亦似有盤桓意？」曰：「盤桓只是欲進而難進貌，若六二則有險難矣。蓋乘初九之剛，下爲陽逼，故爲所難，而邅回不進。」又問：「『匪寇，婚媾』，程傳『設匪逼於寇難，則往求於婚媾』，此説如何？」曰：「某舊二十許歲時，讀至此，便疑此語有病，只是別無它説可據，只得且隨它説，然每不滿。後來方見得不然。蓋此四字文義，不應必如此費力解也。六二乘初九之剛，下爲陽所逼，然非爲寇也，乃來求己爲婚媾耳。此婚媾與己，皆正指六四也。」又問：「六四『求婚媾』，此婚媾，疑指初九之陽，婚媾是陰，何得陽亦可言？」曰：「婚媾通指陰陽。但程傳謂六二往求初九之婚媾，恐未然也。」又問：「『十年乃字』，十年只是指數窮理極而言耶？」曰：「易中此等取象不可曉。如説『十年』、『三年』、『七日』、『八月』等處，皆必有所指。但今不可穿鑿，姑闕之可也。」銖。

耿氏解易「女子貞不字」，作嫁笄而字。「貞不字」者，謂未許嫁也，却與婚媾之義相通，亦説得有理。伊川作字育之「字」。

「十年乃字」，耿南仲亦如此説。淵。

問「即鹿無虞」。曰：「虞，只是虞人。六三陰柔在下而居陽位，陰不安於陽，則貪求；陽欲乘陰，即妄行，故不中不正。又上無正應，妄行取困，所以爲『即鹿無虞』，陷入林中之象。沙隨盛稱唐人郭京易好，近寄得來，説『鹿』當作『麓』，象辭當作：『即麓無虞，何以從禽也？』」問：「郭據何書？」曰：「渠云曾得王輔嗣親手與韓康伯注底易本，『鹿』作『麓』，『以從禽』上有『何』字。然難考據，恐是亂説。」銖。

# 蒙

伊川說「蒙亨」，髣髴是指九二一爻說，所以云「剛中」也。淵。

「山下有險」是卦象，「險而止」是卦德。蒙有二義，「險而止」，險在內，止在外，自家這裏先自不安穩了，外面更去不得，便是蒙昧之象。若「見險而能止」，則爲蹇，却是險在外，自家這裏見得去不得，所以不去，故曰「知矣哉」！嘗說八卦着這幾箇字，形容最好。看如「險止」、「健順」、「麗人」、「說動」，都包括得盡，喚做「卦之情」。淵。

「山下有險」，蒙之地也。山下已是險峻處，又遇險，前後去不得，故於此蒙昧也。蒙之意，也只是心下鶻突。燾。

問：「本義云：『九二以可亨之道，發人之蒙，而又得其時之中。如下文所指之事，皆以亨行，而當其可。』何以見其當其可？」曰：「下文所謂二五以志相應，而初筮則告之，再三瀆則不告，皆時中也。『初筮告以剛中』者，亦指九二有剛中之德，故能告而有節。夫能告而有節，即所謂『以剛而中』也。」問：「『匪我求童蒙，童蒙求我』，我指二，童蒙指五，五柔暗而二剛明，五來求二，二不求五也。但占者若是九二之明，則爲人求我，而亨在人；占者若是九五之暗，則爲我求人，而亨在我。與乾九二、九五『利見大人』之占同例否？」

曰：「某作如此說，却僅勝近世人硬裝一件事說得來窒礙費氣力，但亦恐是如此耳。」因問：「『初筮告，再三瀆，瀆則不告』，若作占者說，則如何？」曰：「人來求我，我則當視其可否而告之。蓋視其來求我之發蒙者，有初筮之誠則告之，再三煩瀆，則不告之也。我求人，則當致其精一以叩之。」蓋我而求人以發蒙，則常盡初筮之誠，而不可有再三之瀆也。銖曰：「發此一例，即所謂『稽實待虛』。」曰：「然。」銖。

卦中說「剛中」處最好看。剛故能「包蒙」，不剛則方且爲物所蒙，安能「包蒙」！剛而不中，亦不能「包蒙」。如上九過剛而不中，所以爲「擊蒙」。六三說「勿用取女」者，大率陰爻又不中不正，合是那一般無主宰底女人。「金夫」不必解做剛夫。此一卦緊要是九二一爻爲主，所以治蒙者，只在兩箇陽爻。而上九過剛，故只在此九二爲主。而二與五應，亦助得那五去治蒙。大抵蒙卦除了初爻，統說治蒙底道理。其餘三四五皆是蒙者，所以唯九二一爻爲治蒙之主。淵。

「蒙以養正，聖功也。」蓋言蒙昧之時，先自養教正當了，到那開發時，便有作聖之功。若蒙昧之中已自不正，他日何由得會有聖功！淵。

問「山下出泉」。曰：「古人取象，也只是看大意略如此髣髴，不皆端的。若解要到親切，便都没去處了。如『天在山中』，山中豈有天？如『地中有山』，便只是平地了。」淳。

「果行育德」，又是别説一箇道理。「山下出泉」，却是箇流行底物事，暫時被他礙住在這裏。觀這意思，却是説自家當恁地做工夫。卦中如此者多。淵。

以象言之，果者，泉之必通；育者，静之時也。季通云：「育德，是艮止也。」端蒙。

或自家是蒙，得他人發；或他人是蒙，得自家發。節。

卦辭有平易底，有難曉底。「利用刑人，用説桎梏。」粗説時，如今人打人棒也，須與他脱了那枷，方可，一向枷他不得。若一向枷他，便是「以往吝」。這只是説治蒙者當寬慢，蓋法當如此。淵。

「不利爲寇。」寇只是要去害他，故戒之如此。淵。

問：「『擊蒙，不利爲寇』，如本義只是就自身克治上説，是如何？」曰：「事之大小都然。治身也恁地。若治人做得太甚，亦反成爲寇。占得此爻，凡事不可過當。如伊川作用兵説，亦是。但只做得一事用，不如且就淺處説去，却事事上有用。若便説深了，則一事用得，别事用不得。」學履。

問「利用禦寇，上下順也」。曰：「上九一陽，而衆陰隨之，如人皆從順於我，故能禦寇。便如適來説孔子告陳恒之事，須是得自家屋裏人從我，方能去理會外頭人。若自家屋裏人不從時，如何去禦得寇！便做不得，所以象曰：『上下順也。』」燾。

## 需

需主事，孚主心。需其事，而心能信實，則「光亨」。以位乎尊位而中正，故所爲如此。「利涉大川」，而能需，則往必有功。「利涉大川」，亦蒙上文「有孚，光亨貞吉」。淵。

問需卦大指。曰：「需者，寧耐之意。以剛遇險，時節如此，只當寧耐以待之。且如涉川者，多以不能寧耐，致覆溺之禍，故需卦首言『利涉大川』。」銖問：「乾陽上進之物，前遇坎險，不可遽進以陷於險，故爲需？」曰：「遇此時節，當隨遠隨近，寧耐以待之，直至『需于泥』，已甚狼當矣；然能敬慎，亦不至敗。至於九五需得好，只是又難得這般時節。當此時，只要定以待之耳。至上六居險之極，又有三陽並進，六不當位，又處陰柔，亦只得敬以待之則吉。」又問：「『不當位』，如何？」曰：「凡初上二爻，皆無位。二士，三卿大夫，四大臣，五君位。上六之不當位，如父老不任家事而退閑，僧家之有西堂之類。」銖。

「以正中」，「以中正」，也則一般，這只是要協韻。淵。

「利涉大川」，利涉是乾也，大川是坎也。「往有功」，是乾有功也。或云，以乾去涉大川。燾。

需，待也。「以飲食宴樂」，謂更無所爲，待之而已。待之須有至時，學道者亦猶是也。人傑。

後世策士之言，只説出奇應變。聖人不恁地，合當需時便需。淵。

問：「『敬慎不敗』，本義以爲發明占外之意，何也？」曰：「言象中本無此意，占者不可無此意，所謂『占外意』也。」銖。

問「敬慎」。曰：「『敬』字大，『慎』字細小。如人行路，一直恁地去，便是敬。前面險處，防有喫跌，便是慎。慎是惟恐有失之之意。如『思慮』兩字，思是恁地思去，慮是怕不恁地底意思。」夔孫。

「穴」是陷處，唤做「所安」處不得。分明有箇「坎，陷也」一句。柔得正了，需而不進，故能出於坎陷。四又坎體之初，有出底道理。到那上六，則索性陷了！淵。

伯豐問「需于酒食，貞吉」。曰：「需只是待。當此之時，别無作爲，只有箇待底道理。然又須是正，方吉。」㽦。

坎體中多説酒食，想須有此象，但今不可考。淵。

王弼説初上無位，如言乾之上九「貴而無位」，需之「不當位」。然乾之上九不是如此；需之不當，却有可疑。二四上是陰位，不得言不當。淵。

# 訟

訟，攻責也。而今訟人，攻責其短而訟之；自訟，則反之於身亦如此。僩。

問訟卦大指。因言：「大凡卦辭取義不一。如訟『有孚窒，惕中吉』，蓋取九二中實，坎『爲加憂』之象；中實爲有孚，坎險爲窒，坎爲加憂，爲惕。九二居下卦之中，故曰有信而見窒，能懼而得中也。『終凶』，蓋取上九終極於訟之象；『利見大人』，蓋取九五剛健中正居尊之象；『不利涉大川』，又取以剛乘險、以實履陷之象，此取義不一也。然亦有不必如此取者，此特其一例也。」曰：「卦辭如此，辭極齊整。蓋所取諸爻義，皆與爻中本辭協。亦有雖取爻義，而與爻本辭不同者，此爲不齊整處也。」又問卦變之義。曰：「此訟卦變自遯而來，爲剛來居二。此是卦變中二爻變者。蓋四陽二陰自遯來者十四卦，訟即初變之卦，剛來居二，柔進居三，故曰『剛來而得中』。」又問：「細讀本義所釋卦辭，若看得分明，則彖辭之義亦自明。只須略提破此是卦義，此是卦象、卦體、卦變，不必更下注脚矣。」曰：「某當初作此文字時，正欲如此。蓋彖辭本是釋經之卦辭。若看卦辭分明，則彖辭亦已可見。但後來要重整頓過未及，不知而今所解，能如此本意否？」又問：「觀訟一卦之體，只是『訟不可成』：初六，『不永所事』；九二，『不克訟』；六三，守舊居正，非能訟者；九四，『不克訟』，而能復就正理，渝變心志，安處於正；九五，聽『訟元吉』；上九雖有鞶帶之錫，而不免終朝之褫，首尾皆是不可訟之意。故象曰：『終凶，訟不可成。』此句豈即本義所指卦體耶？」曰：「然。」因問：「易最難點。如訟九四『不克訟，句。復即命，句。渝，句。安貞，句。吉』。六三『食舊德，句。貞，句。厲終吉』。句。」曰：「『厲』自是一句，『終吉』又是一句。易辭只是元排此幾句在此。伊川作變其不安者爲安貞，作一句讀，恐不甚自然。」又曰：「如訟『上剛下險』是屬上句，『險而健訟』是屬下句。」銖。

「不利涉大川」，是上面四畫陽，載不起，壓了這般重。淵。

問：「訟彖云：『剛來而得中也。』大抵上體是剛，下體是柔，剛下而變柔，則爲剛來。今訟之上體既是純剛，安得謂之剛來邪？」曰：「此等須要畫箇圖子看，便好。訟卦本是遯卦變來。遯之六二上爲訟之六三，其九三下爲九二，乃爲訟卦。此類如『柔來而文剛』，『分剛上而文柔』，與夫『剛自外來而爲主於內』，皆是如此。若畫圖子起，便極好看，更不待說。若如先儒說，則多牽强矣。」時舉。

天自向上去，水自向下來，必是有訟。淵。

「作事謀始」，言觀此等象，便當每事謀之於其始。淵。

王弼言「有德司契」，是借這箇「契」字說。言自家執這箇契在此，人來合得，我便與他。自家先定了，這是「謀始」、「司契」底意思。淵。

問「不永所事，小有言，終吉」。曰：「此爻是陰柔之人。也不會十分與人訟，那人也無十分傷犯底事，但只略去訟之，才辨得明便止，所以終吉也。」燾。

九二正應在五，五亦陽，故爲窒塞之象。淵。

問：「九二『不克訟，歸而逋其邑，人三百户，無眚』，解者牽强。」曰：「如此解時，只得說小邑。常以爲易有象數者以此。何故不言二百户？以其有定數也。聖人之象，便依樣子，又不似數之類，只曰：『不克訟，歸逋竄也。』」振。

「三百户」，必須有此象，今不可考。王輔嗣說「得意忘象」，是要忘了這象。伊川又說「假象」，是只要假借此象。今看得不解得恁地全無那象，只是不可知，只得且從理上說。乾爲馬，却說龍；坤爲牛，却說馬；離爲龜，却說牛，做得箇例來括他，方得。見說已做了例，又却不曾見得。淵。

問「食舊德，從上吉也」。曰：「是自做不得，若隨人做，方得吉之道。」

「復即命，渝」，言復就命，而變其不順之命。淵。

「訟元吉」，便似乾之「利見大人」，有占無象者。爻便是象。「訟元吉」，九五便是。淵。

# 師

「吉无咎」，謂如一件事自家做出來好，方得无罪咎；若做得不好，雖是好事，也則有咎。「无咎吉」，謂如一件事元是合做底，自家做出來又好。如所謂「戰則克，祭則受福」，戰而臨事懼，好謀成，祭而恭敬齊肅，便是无咎；克與受福，便是吉。如行師之道既已正了，又用大人率之，如此則是都做得是，便是吉了，還有甚咎？淵。

師彖辭，亦是說得齊整處。銖。

「在師中吉」，言以剛中之德在師中，所以吉。淵。

問：「潘謙之說師九二，欲互說『在師中，吉』，『懷萬邦也』；『王三錫命』，『承天寵也』，何如？」曰：「聖人作易象，只是大概恁地，不是恁地子細解釋。」礪。

問：「『師或輿尸』，伊川說訓爲『衆主』，如何？」曰：「從來有『輿尸血刃』之說，何必又牽引別說？某自小時未曾識訓詁，只讀白本時，便疑如此說。後來從鄉先生學，皆作『衆主』說，甚不以爲然。今看來，只是兵敗，輿其尸而歸之義。小年更讀左傳『形民之力，而無醉飽之心』，意欲解釋『形』字是割剥之意，『醉飽』是厭足之意，蓋以爲割剥民力而無厭足之心。後來見注解皆以『形』字訓『象』字意，云象民之力，而無已甚，某甚覺不然。但被

『形』字無理會，不敢改他底。近看貞觀政要，有引用處皆作『刑民』，又看家語亦作『刑民』字，方知舊來看得是。此是祭公箴穆公之語，須如某説，其語方切。」礪。

問：「易爻取意義，如師之五『長子帥師』，乃是本爻有此象，又却説『弟子輿尸』，何也？」曰：「此假設之辭也。若言弟子輿尸，則凶矣。」問：「此例恐與『家人嗃嗃』而繼以『婦子嘻嘻』同。」曰：「然。」榦。

問：「程傳云：『長子謂九二以中正之德合於上，而受任以行。』夫以九之居二，中則是矣，豈得爲正？」曰：「此只是錯了一字耳，莫要泥他。」時舉。

「開國承家」，爲是坤有土之象。然屯之「利建侯」，却都無坤，止有震，此又不可曉。淵。

「『開國承家，小人勿用』，舊時説只作論功行賞之時，不可及小人，今思量看理去不得。他既一例有功，如何不及他得！看來『開國承家』一句，是公共得底，未分别君子小人在。『小人勿用』，則是勿更用他與之謀議經畫爾。漢光武能用此義，自定天下之後，一例論功行封。其所以用之在左右者，則鄧禹、耿弇、賈復數人，他不與焉。」因問：「古之論功行封，真箇是裂土地與之守，非如後世虚帶爵邑。若使小人參其間，則誠有弊病。」曰：「勢不容不封他得。但聖人别有以處之，未見得如何。如舜封象，則使吏治其國，若是小人，亦自有以處之也。」先生云：「此義方思量得如此，未曾改入本義，且記取。」學履。

# 比

李問：「比卦，大抵占得之，多是人君爲人所比之象。」曰：「也不必拘。若三家村中推一箇人作頭首，也是爲人所比。也須自審自家才德可以爲之比否。所以『原筮，元永貞』也。」學履。

「筮」字，説做占決，亦不妨，然亦不必説定不是「龜筮」之「筮」。淵。

問「不寧方來，後夫凶」。曰：「別人自相比了，已既後於衆人，却要强去比他，豈不爲人所惡？是取凶也。『後夫』猶言後人。春秋傳有云：『先夫當之矣。』亦是占中一義。」砦。

「後夫」，不必如伊川説。左傳齊崔卜娶妻卦云：「入于其宫，不見其妻，凶。」人以爲凶，他云：「前夫當之矣。」彼云「前夫」，則此云「後夫」，正是一樣語。陽便是夫，陰便是婦。礪。

「後夫」，只是説後來者。古人亦曾説「先夫當之」，也有唤作夫婦之「夫」底。淵。

「後夫凶」，言九五既爲衆陰所歸，若後面更添一箇陽來，則必凶。古人如袁紹、劉馥、劉繇、劉備之事，可見兩雄不並棲之義。淵。

「比，吉也」，「也」字羨。當云：「比吉。比，輔也，下順從也。」「比輔也」，解「比」字；「下順從也」，解「吉」字。廣。

伊川言「建萬國以比民」，言民不可盡得而比，故建諸侯，使比民，而天子所親者諸侯而已，這便是它比天下之道。淵。

「終來有他」，說將來，似「顯比」，便有那周遍底意思。淵。

問「比之匪人」。曰：「初應四，四是外比於賢，爲比得其人。二應五，五爲『顯比』之君，亦爲比得其人。惟三乃應上，上爲『比之无首』者，故爲『比之匪人』也。」時舉。

問：「伊川解『顯比，王用三驅失前禽』，所謂來者撫之，去者不追，與『失前禽』而殺不去者，所譬頗不相類，如何？」曰：「田獵之禮，置旃以爲門，刈草以爲長圍。田獵者自門驅而入，禽獸向我而出者皆免，惟被驅而入者皆獲。故以前禽比去者不追，獲者譬來則取之，大意如此，無緣得一一相似。伊川解此句不須疑。但『邑人不誡吉』一句似可疑，恐易之文義不如此耳。」洽。

比九五「邑人不誡」，蓋上之人顯明其比道，而不必人之從己；而其私屬亦化之，不相戒約而自然從己也。礪。

「邑人不誡」，如有聞無聲，言其自不消相告戒，又如「歸市者不止，耕者不變」相似。淵。

易第六爻在上爲首，自下又爲尾，兩用。比上六象曰「比之无首，无所終也」，是也。

## 小畜

小畜言以巽之柔順而畜三陽，畜他不住。大畜則以艮畜乾，畜得有力，所以唤作「大畜」。「小畜亨」，是説陽緣陰畜他不住，故陽得自亨。横渠言：「易爲君子謀，不爲小人謀。」凡言亨，皆是説陽。到得説陰處，便分曉説道「小人吉」。「亨」字便是下面「剛中而志行乃亨」。淵。

問：「見人説此卦，作巽體順，是小人以柔順小術畜君子，故曰『小畜』，如何？」曰：「易不可專就人上説，且就陰陽上看分明。巽畜乾，陰畜陽，故謂之『小』。若配之人事，則爲小人畜君子也得，爲臣畜君也得，爲因小小事畜止也得，不可泥定一事説。」學履。

問「密雲不雨，自我西郊」。曰：「此是以巽畜乾，巽順乾健，畜他不得，故不能雨。凡雨者，皆是陰氣盛，凝結得密，方濕潤下降爲雨。且如飯甑，蓋得密了，氣鬱不通，四畔方有温汗。今乾上進，一陰止他不得，所以象中云『尚往也』，是指乾欲上進之象。到上九，則以卦之始終言。畜極則散，遂爲『既雨既處』。陰德盛滿如此，所以有『君子征凶』之戒。」學履。

「密雲不雨，尚往也」，是陰包他不住，陽氣更散，做雨不成，所以尚往也。礪。

問：「『風行天上，小畜』，象義如何？」曰：「『天在山中，大畜』，蓋山是堅剛之物，故能力畜其三陽；風是柔軟之物，止能小畜之而已耳。」時舉。

「風行天上，小畜，君子以懿文德」，言畜他不住，且只逐些子發泄出來，只以大畜比之便見得。大畜說：「多識前言往行以畜其德。」小畜只是做得這些箇文德，如威儀、文辭之類。淵。

問：「『初九復自道，何其咎？吉。』此爻與四相應，正爲四所畜者，乃云『復自道』，何邪？」曰：「易有不必泥爻義看者，如此爻只平看自好。『復自道』，便吉；復不自道，便凶，自無可疑者矣。」時舉。

「復自道」之「復」與「復卦」之「復」不同。復卦言已前不見了這陽，如今復在此。「復自道」，是復他本位，從那道路上去，如「無往不復」之「復」。淵。

小畜但能畜得九三一爻而已。九三是迫近他底，那兩爻自牽連上來。淵。

孚有在陽爻，有在陰爻。伊川謂：「中虛，信之本；中實，信之質。」淵。

「富以其鄰」與「上合志」，是説上面巽體同力畜乾。鄰，如東家取箇，西家取箇，取上下兩畫也。此言五居尊位，便動得那上下底。「攣如」，手把攣住之象。「既雨既處」，言便做畜得住了。做得雨後，這氣必竟便透出散了。「德積」是説陰德，婦人雖正亦危，月才滿便虧，君子到此亦行不得。這是那陰陽皆不利之象。淵。

問：「小畜以一陰而畜五陽，而九五乃云『富以其鄰』，是與六四之陰并力而畜下三陽，不知九五何故反助陰耶？」曰：「九五、上九皆爲陰所畜，又是同巽之體，故反助之也。」又曰：「上九爻辭殊不可斷。若人占得此爻，則吉凶未可知。然易占法有活法。聖人因事教人，如有是德而得是爻則爲吉，無是德而得是爻則不應，須如此看乃活。如『輿説輻，夫妻反目』一爻，可謂不好。然能以剛自守，則雖得此爻，而凶不應矣。」銖。

「上九雖是陰畜陽，至極處，和而爲雨。必竟陰制陽是不順，所以雖正亦厲。」礪。

「小畜上九，疑是太甲、伊尹之事當之。注云：『陰既盛而亢陽，則君子亦不可以有行。』恐當云『君子於此宜静而不宜動，故征則凶也』，方與上意不相害。」曰：「作伊周之事説亦得。作易本意，只説陰畜陽到極處。」問：「既如此，則何故又曰『君子征凶』？」曰：「便是易本意只言陰畜陽。若以事言之，則伊尹之於太甲、周公之於成王固如此。如武后之於高宗亦然。」問：「武后事，恐不可謂之『既雨』。」曰：「它也自和。」問：「恐不可謂之

『婦貞』。」曰：「易中之意，言婦雖貞猶厲，而況於不貞乎！蓋易文本是兩下説在那裏，不可執定看。」榦。

「十六日，月雖闕未多，却圓似生明之時，畢竟是漸闕去。月初雖小於生魄時，却是長底時節。」問：「占得此爻則如何？」曰：「這當看所值之時何如，大意大抵不得便宜。」月幾望：小畜上六，歸妹六五，中孚六四。

## 履

「履虎尾」，言履危而不傷之象。便是後履前之意，隨着他後去。淵。

履，上乾下兑，以陰躡陽，是隨後躡他，如踏他脚跡相似。所以云「履虎尾」，是隨後履他尾，故於卦之三四爻發虎尾義，便是陰去躡他陽背脊後處。伊川云「履藉」，説得生受。礪。

問：「履以兑遇乾，和説以躡剛强之後，所以有履虎尾而不傷之象。但彖言『剛中正，履帝位而不疚』，正指九五而言。而九五爻辭乃曰『夬履貞厲』，有危象焉，何也？」曰：「『夬，決也。』九五以剛中正履帝位，而下又以和説應之，故其所行果決，自爲無所疑礙，所以雖正亦厲。蓋曰雖使得正，亦危道也，爲戒深矣！」銖。時舉録見下。

叔重問：「『剛中正，履帝位而不疚，光明。』此是指九五而言。然九五爻辭云『夬履貞厲』，與象似相反，何邪？」曰：「九五是以剛居上，下臨柔説之人，故決然自爲而無所疑，不自知其過於剛耳。」時舉。

問：「履，如何都做『禮』字説？」曰：「『定上下，辨民志』，便也是禮底意思。」又曰：「禮主卑下。履也是那踐履處，所行若不由禮，自是乖戾，所以曰『履以和行』。謙又更卑下，所以節制乎禮。」又曰：「禮是自家恁地卑下，謙是就應物而言。」又曰：「『履和而至』以下，每句皆是反説。履出於人情之自然，所以和者，疑於不然而却至。『謙尊而光』，若秦人尊君卑臣，則雖尊而不光，惟謙，則尊而又光。」

伊川這一卦説却大象，并「素履」、「履道坦坦」處，却説得好。

「履道」，道即路也。淵。

「武人爲于大君」，必有此象。但六三陰柔，不見得有武人之象。淵。

履三四爻，正是躡他虎尾處。陽是進底物事。四又上躡五，亦爲虎尾之象。砥。

「志行也」，只是説進將去。淵。

「夬履」是做得忒快，雖合履底，也有危厲。淵。

「夬履貞厲」，正東坡所謂「憂治世而危明主也」。學履。

「視履考祥」，居履之終，視其所履而考其祥，做得周備底，則大吉。若只是半截時，無由考得其祥，後面半截却不好，未可知。旋，是那團旋來，却到那起頭處。淵。

## 泰

論陰陽各有一半。聖人於泰否，只爲陽説道理。看來聖人出來做，須有一箇道理，使得天下皆爲君子。世間人多言君子小人常相半，不可太去治他，急迫之却爲害。不然。如舜湯舉伊尹、皋陶，不仁者遠，自是小人皆不敢爲非，被君子夾持得，皆革面做好人了。淵。

問：「看否泰二卦，見得泰無不否，若是有手段底，則是稍遲得。」曰：「自古自治而入亂者易，由亂而入治者難。治世稍不支捂，便入亂去。亂時須是大人休否，方做得。」學履。

問：「『財成輔相』字如何解？」曰：「裁成，猶裁截成就之也。裁成者，所以輔相也。」一作：「輔相者，便只是於裁成處，以補其不及而已。」又問：「裁成何處可見？」曰：「眼前皆可見。且如君臣父子兄弟夫婦，聖人便爲制下許多禮數倫序，只此便是裁成處。至大至小之事皆是。固是萬物本自有此理，若非聖人裁成，亦不能如此齊整，所謂『贊天地化育而與之參』也。」一作：「此皆天地之所不能爲而聖人能之，所以贊天地之化育，而功與天地參也。」又問：「輔相裁成，學者日用處有否？」曰：「饑食渴飲，冬裘夏葛，耒耜罔罟，皆是。」淵。

「財成」是截做段子底，「輔相」是佐助他底。天地之化，儱侗相續下來，聖人便截作段子。如氣化一年一周，聖人與他截做春夏秋冬四時。淵。

問：「『財成輔相』，無時不當然，何獨於泰時言之？」曰：「泰時則萬物各遂其理，方始有裁成輔相處。若否塞不通，一齊都無理會了，如何裁成輔相得？」學履。燾録作：「天地閉塞，萬物不生，聖人亦無所施其力。」

「泰初九云：『占者陽剛，則其征吉矣。』當云：『占者陽剛而得其類，則征吉矣。』『以其彙』，亦是占辭。」曰：「『以其彙』屬上文。嘗見郭璞易林亦如此做句，便是那時人已自恁地讀了。蓋『拔茅連茹』者，物象也；『以其彙』者，人也。」榦。

問：「『包荒得尚于中行，以光大也。』以九二剛中有光大之德，乃能包荒邪？爲是『包荒得尚于中行』，所以光大邪？」曰：「易上如説『以中正也』，皆是以其中正方能如此。此處也只得做以其光大説。若不是一箇心胸明闊底，如何做得！」礪。

「勿恤其孚」，只作一句讀。孚，只是信，蓋言不卹後來信與不信爾。義剛。

「于食有福。」食，如「食舊德」之「食」，赤壁賦「吾與子之所共食」之「食」。礪。

「富以其鄰」，言以其富厚之力而能用其鄰。「不富以其鄰」，言不待富厚之力而能用其鄰。淵。

「帝乙歸妹」，今人只做道理譬喻推説。看來須是帝乙嫁妹時占得此爻。淵。

「自邑告命」，是倒了。邑是私邑，却倒來命令自家。雖便做得正，人君到此也則羞吝。淵。

方泰極之時，只得自治其邑。程先生説民心離散，自其親近者而告命之，雖正亦吝。然此時只得如此，雖吝却未至於凶。礪。

且如「城復于隍」，須有這箇城底象、隍底象、邑底象。城、隍、邑皆土地，在坤爻中自有此象。淵。

「城復于隍」，隍是河。（握）〔掘〕〔一〕其土以爲城，又因以固城也。「勿用師」，師是兵師，凡坤有衆與土之象。礪。

問：「泰卦『無平不陂，無往不復』，與『城復于隍』。」因言：「否、泰相乘如此，聖人因以垂戒。」曰：「此亦事勢之必然。治久必亂，亂久必治，天下無久而不變之理。」子善遂言：「天下治亂，皆生於人心。治久則人心放肆，故亂因此生；亂極則人心恐懼，故治由此

〔一〕據陳本改。

起。」曰：「固是生於人心，然履其運者，必有變化持守之道可也。如明皇開元之治自是好了；若但能把捉，不至如天寶之放肆，則後來亦不應如此狼狽。」銖因言：「觀聖人立象、係[二]辭，當好時便須有戒懼收斂底意；當不好時，便須有艱難守正底意。徹首徹尾，不過敬而已。卦中無全好者，亦無全不好者。大率敬即好，不敬即不好。」先生頷之。銖。

# 否

「否之匪人」，言没了這人道。淵。

問：「否『之匪人』三字，説者多牽强。本義云：『與泰相反，故曰「匪人」，言非人道也。』程易却云『天地不交而萬物不生，故無人道』，如何？」曰：「説者云，此三字衍，蓋與『比之匪人』語同而字異，遂錯誤於此，今强解不通也。」又問：「『初六拔茅茹，以其彙，貞吉亨。』蓋三陰在下，各以類進。然惡未形，故戒其能正，則吉而亨，蓋能正則變爲君子矣。程易作君子在下説，云『當否之時，君子在下，以正自守』，如何？」曰：「程氏亦作君子之象説，某覺得牽强，不是此意。」又問：「九四『有命无咎，疇離祉』。三陰已過而陽得亨，則

[二]「係」，似當作「繫」。

否過中而將濟之時，與泰九三『無平不陂，無往不復』相類。」曰：「泰九三時，已有小人，便是可畏如此，故艱貞則无咎。否下三爻，君子尚畏它；至九四，即不畏之矣，故有『有命疇離祉』之象占也。」又問：「九五『其亡其亡，繫于苞桑』，如何？」曰：「有戒懼危亡之心，則便有苞桑繫固之象。蓋能戒懼危亡，則如繫于苞桑，堅固不拔矣。如此說，則象占乃有收殺，非是『其亡其亡』，而又『繫于苞桑』也。」銖。

「拔茅茹」，「貞吉亨」，這是吉凶未判時。若能於此改變時，小人便是做君子。君子小人只是箇正、不正。初六，是那小人欲爲惡而未發露之時；到六二「包承」，則已是打破頭面了，然尚自承順那君子，未肯十分做小人在；到六三，便全做小人了，所以包許多羞恥。大凡小人做了罪惡，他心下也自不穩當，此便是「包羞」之說。淵。

「包承」，龜山以「包承小人」爲一句，言否之世，當包承那小人，如此却不成句。龜山之意，蓋欲解洗他從蔡京父子之失也。淵。

「包承」，也是包得許多承順底意思。學履。

「包羞」之說，是有意傷善而未能之意。他六二尚自包承，到這六三，已是要害君子。然做事不得，所以包許多羞恥。淵。

否九四雖是陽爻，猶未離乎否體。只緣他是陽，故可以有爲，然須有命方做得。又曰：「『有命』，是有箇機會，方可以做。占者便須是有箇築着磕着時節，方做得事成，方无咎。」礪。

否九四「有命无咎，疇離祉」，這裏是吉凶未判，須是有命方得无咎。故須得一箇幸會，方能轉禍爲福。否本是陰長之卦。九五「休否」，上九「傾否」，又自大故好。蓋陰之與陽，自是不可相無者。今以四時寒暑而論，若是無陰陽，亦做事不成。但以善惡及君子小人而論，則聖人直是要消盡了惡，去盡了小人，蓋亦抑陰進陽之義。學履録作「助陽之意」。某於坤卦曾略發此意。今有一様人議論，謂君子小人相對，不可大故去他；若要盡去他，則反激其禍。且如舜、湯舉皋陶、伊尹，不仁者遠。所謂去小人，非必盡滅其類。只是君子道盛，小人自化，雖有些小無狀處，亦不敢發出來，豈必勦滅之乎！文蔚。學履録略。

九四則否已過中。上三爻是説君子，言君子有天命而无咎。大抵易爲君子謀。且如否内三爻是小人得志時，然不大段會做得事。初則如此，二又如此，三雖做得些箇，也不濟事。到四，則聖人便説他那君子得時，否漸次反泰底道理。五之「苞桑」，繫辭中説得條暢，盡之矣。上九之「傾否」，到這裏便傾了否，做泰。淵。

九五以陽剛得位，可以休息天下之否。然須常存得危亡之心，方有苞桑之固。不知聖人於否泰只管説「包」字如何，須是象上如何取其義。今曉他不得，只得説堅固。嘗見林謙之與張欽夫講易林，以爲有象。欽夫云：「看孔子説『公用射隼于高墉之上』，只是以道理解了，便是無用乎象，遂著書説此。」看來不如此。蓋當時人皆識得象，却有未曉得道理處。故聖人不説象，却就上發出道理説，初不是懸空説出道理。凡天下之物須是就實事上説，方有着落。又曰：「聖人分明是見有這象，方就上面説出來。今只是曉他底不得，未説得也未要緊，不可説道他無此象。呂大臨以『酬爵不舉』解『不盡人之歡』。酬爵不舉是實事如此，『不盡人之歡』，便是就上説出這話來。」礪。

## 同人

「同人于野亨，利涉大川」，是兩象一義。「利君子貞」，是一象。淵。

「乾行也」，言須是這般剛健之人，方做得這般事。若是柔弱者，如何會出去外面同人，又去涉險！淵。

易雖抑陰，然有時把陰爲主，如同人是也。然此一陰雖是一卦之主，又却柔弱，做主不得。淵。

「類族辨物」，言類其族，辨其物。且如青底做一類，白底做一類，恁地類了時，同底自同，異底自異。淵。

問：「『類族辨物』，如伊川説云：『各以其類族辨物之同異也。』則是就類族上辨物否？」曰：「『類族』是就人上説，『辨物』是就物上説。天下有不可皆同之理，故隨他頭項去分別。『類族』，如分姓氏，張姓同作一類，李姓同作一類。『辨物』，如牛類是一類，馬類是一類。就其異處以致其同，此其所以爲同也。伊川之説不可曉。」學履。

問：「六二與九五，柔剛中正上下相應，可謂盡善。却有『同人于宗吝』與『先號咷』之象，如何？」曰：「以其太好，兩者時位相應，意趣相合，只知欸密，却無至公大同之心，未免係於私，故有吝。觀『二人同心，其利斷金；同心之言，其臭如蘭』，固是他好處。然於好處猶有失，以其係於私暱，而不能大同也。大凡悔者自凶而之吉，吝者自吉而趨凶。」又問：「『伏戎于莽，升其高陵』，如何？」曰：「只是伏于高陵之草莽中，三歲不敢出。與九四『乘其墉』，皆爲剛盛而高。三欲同於二，而懼九五之見攻，故升高伏戎欲敵之，而五陽方剛不可奪，故『三歲不興』，而象曰不能行也。四欲同於二，而爲三所隔，故乘墉攻之，而以居柔，遂自反而弗克，而象曰『義弗克也』。程傳謂升高陵，有升高顧望之意，此説雖巧，恐非本意。程傳説得『通天下之志』處極好，云：『文明則能燭理，故能明大同之義；剛健則能克己，故能盡大同之道。』此説甚善。大凡説書，只就眼前説出底便好，崎嶇尋出底便不好。」問：「『大師克相遇』，本義無説，何也？」曰：「舊説只用大師克勝之，方得相遇。或云大師之克，見二陽之强，則非也。」銖曰：「二五本自同心，而爲三四所隔，故『先號咷』，先謂理直也。淵録云：「以中直也。言其理直而不得伸，所以先號咷。」大師克而後相遇，則後笑矣。蓋亦義理之同，物終不得而間之，故相遇也。」先生頷之。又問「同人于郊」。曰：「郊是荒寂無人之所，言不能如『同人于野』，曠遠無私，荒僻無與同。蓋居外無應，莫與同者，亦可以无悔也。」銖。

伯豐問：「同人三四，皆有争奪之義。」曰：「只是争六二一陰爻，却六二自與九五相應。三以剛居剛，便迷而不返；四以剛居柔，便有反底道理。繫辭云：『近而不相得則凶。』如初上則各在事外，不相干涉，所以無争。」𦈡。

問「同人于郊」。曰：「『同人于野』，是廣大無我之意。『同人于郊』，是無可與同之人也。取義不同，自不相悖。」時舉。

## 大有

「『應乎天而時行』，程説以爲應天時而行，何如？」曰：「是以時而行，是有可行之時。」礪。

「火在天上，大有。」凡有物須是自家照見得，方見得有。若不照見，則有無不可知，何名爲有！淵。

問：「『君子以遏惡揚善，順天休命。』竊以爲天之所以命我者，此性之善也。人惟蔽於非心邪念，是以善端之在人心，日以湮微。君子儻能遏止非心邪念於未萌，則善端始自發揚，而天之所以命我者，始無所不順。如此而爲『順天休命』，若何？」曰：「天道喜善而惡惡，遏惡而揚善，非『順天休命』而何？吾友所説，却似嫌他説得大，要束小了説。」蓋卿。

問：「初九『无交害，匪咎。艱則无咎』。」曰：「此爻本最吉，不解有咎。然須説『艱則无咎』。蓋易之書大抵教人戒慎恐懼，無有以爲易而處之者。雖至易之事，亦必以艱難處之，然後无咎也。」僩。

古人於「亨」字，作「享」、「烹」字通用。如「公用亨于天子」，分明是「享」字。易中解作「亨」字，便不是。㽦。

問：「上九『自天祐之，吉无不利』。」曰：「上九以陽剛居上，而能下從六五者，蓋陽從陰也。大有唯六五一陰，而上下五陽應之。上九能下從六五，則爲『履信思順而尚賢』。蓋五之交孚，信也；而上能履之，謙退不居，思順也；志從於五，尚賢也。『天之所助者順，人之所助者信』，所以有『自天祐之，吉无不利』之象。若無繫辭此數句，此爻遂無收殺。以此見聖人讀易，見爻辭有不分明處，則於繫辭傳説破，如此類是也。」又問「遏惡揚善，順天休命」。「由天命有善而無惡。當大有時，遏止其惡，顯揚其善，反之於身，亦莫不然。非止用人，用人乃其一事耳。」又問：「『公用亨于天子』，『亨』只當作『享』字看，與『王用亨于西山』同。」曰：「『公用亨于天子』，已有左氏所引可證。如隨之『王用亨于西山』，亦必是『祭享』之『享』無疑。」又問：「『匪其彭』，只當依程傳作盛貌。」曰：「程説爲優。王弼作下比九三分權之臣，蓋以彭爲旁，言專心承五，常匪其旁。」因説：「王荆公上韓魏公啓云：『時當大有，更懷下比之嫌。』用此事譏魏公也。」銖。

## 謙

謙便能亨，又爲「君子有終」之象。淵。

「虧盈益謙」是自然之理。淵。

「變盈流謙」，揚子雲言：「山殺瘦，澤增高。」此是説山上之土爲水漂流下來，山便瘦，澤便高。淵。

鬼神言「害」言「福」，是有些造化之柄。淵。

鬼神説「害」説「福」。如言「與鬼神合其吉凶」，則鬼神便説箇「吉凶」字。淵。

問：「謙彖云云。鬼神是造化之跡，既言天地之道，又言鬼神，何邪？」曰：「天道是就寒暑往來上説，地道是就地形高下上説，鬼神是就禍福上説，各自主一事而言耳。」因云：「上古之時，民心昧然不知吉凶之所在，故聖人作易教之卜筮，使吉則行之，凶則避之，此是開物成務之道。故繫辭云：『以通天下之志，以定天下之業，以斷天下之疑。』正謂此也。初但有占而無文，往往如今之环珓相似耳。但如今人因火珠林起課者，但用其爻而不用其辭，則知古者之占，往往不待辭而後見吉凶。至文王、周公方作彖爻之辭，使人得此爻者，便觀此辭之吉凶。至孔子，又恐人不知其所以然，故又復逐爻解之，謂此爻所以吉者，謂以中正也；此爻所以凶者，謂不當位也，明明言之，使人易曉耳。至如文言之類，却是就上面發明道理。非是聖人作易，專爲説道理以教人也。須見聖人本意，方可學易。」時舉。

謙之爲義，不知天地人鬼何以皆好尚之。蓋太極中本無物，若事業功勞，又於我何有？觀天地生萬物而不言所利，可見矣。賀孫。

問「謙尊而光，卑而不可踰」。曰：「恐程先生之説，非周易本文之意。『尊』字是對『卑』字説，言能謙，則位處尊而德愈光，位雖卑而莫能踰。如古之賢聖之君，以謙下人，則位尊而愈光；若驕奢自大，則雖尊而不光。」子蒙。

「謙尊而光，卑而不可踰。」以尊而行謙，則其道光；以卑而行謙，則其德不可踰。尊對卑言，伊川以謙對卑説，非是。但聖人九卦之引此一句，看來大綱説。僩。

「裒多益寡」便是謙，「稱物平施」便是「裒多益寡」。淵。

問：「謙『裒多益寡』。看來謙雖是若放低去，實是損高就低，使教恰好，不是一向低去。」曰：「大抵人多見得在己者高，在人者卑。謙則抑己之高而卑以下人，便是平也。」學履。

「鳴謙」在六二，又言「貞」者，言謙而有聞，須得其正則吉。蓋六二以陰處陰，所以戒他要貞。謙而不貞，則近於邪佞。上六之鳴却不同。處謙之極而有聞，則失謙本意。蓋謙本不要人知，況在人之上而有聞乎！此所以「志未得」。淵。

「撝謙」，言發揚其謙。蓋四是陰位，又在上卦之下、九三之上，所以更當發撝其謙。「不違則」，言不違法則。淵。

六四「撝謙」，是合如此，不是過分事，故某解其象云：「言不爲過。」礪。

叔重因問：「程易説『利用侵伐』，蓋以六五柔順謙卑，然君道又當有剛武意，故有『利用侵伐』之象。然上六亦言『利用行師』，如何？」曰：「便是此等有不通處。」時舉。

用之問：「謙上六象曰：『志未得也。』如何？」曰：「爲其志未得，所以『行師征邑國』，蓋以未盡信從故也。」又問：「謙之五、上專説征伐，何意？」曰：「『坤爲地』、『爲衆』。凡説國邑征伐處，多是因坤。聖人元不曾着意，只是因有此象，方説此事。」文蔚。

問：「謙上六『志未得也』。」曰：「『志未得』，所以行師，亦如六五之意。」問：「謙上六何取象於行師？」曰：「『坤爲衆』，有坤卦處，多言師，如泰上六『城復于隍，勿用師』之類。坤爲土，土爲國，故云『征邑國也』。以此見聖人于易不是硬做，皆是取象。因有這象，方就上面説。」礪。

問：「謙是不與人争，如何五、上二爻皆言『利用侵伐』、『利用行師』？象曰：『利用侵伐，征不服也。』若以其不服而征，則非所以爲謙矣。」曰：「老子言：『大國以下小國，則取小國；小國以下大國，則取大國。』又言：『抗兵相加，哀者勝矣。』孫子曰：『始如處女，敵人開户；後如脱兔，敵不及拒！』大抵謙自是用兵之道，只退處一步耳，所以『利用侵伐』也。蓋自初六積到六五、上六，謙亦極矣，自宜人人服之。尚更不服，則非人矣，故『利用侵伐』也。如『必也臨事而懼』，皆是此意。」銖。

## 豫

「建侯行師」，順動之大者。立箇國君，非舉動而何！淵。

刑罰不清，民不服。只爲舉動不順了，致得民不服。便是徒配了他，亦不服。淵。

「豫之時義」，言豫之時底道理。

「雷出地奮」，止是象其聲而已。「薦上帝，配祖考」，大概言之。淵。

先王作樂，無處不用。然用樂之大者，尤在於「薦上帝，配祖考」也。僩。

問「作樂崇德」。曰：「先王作樂，其功德便自不可掩也。」時舉。

問：「『作樂崇德』是自崇其德，如大韶、大武之類否？」曰：「是。」礪。

叔重問：「豫初六與九四爲應。九四『由豫，大有得』，本亦自好。但初六恃有强援，不勝其豫，至於自鳴，所以凶否？」曰：「九四自好，自是初六自不好，怎柰他何？」又問：「『雷出地奮，豫，先王以作樂崇德。』」先生謂：「象其聲者謂雷，取其義者爲和。『崇德』謂著其德，『作樂』所以發揚其德也。」時舉。

「介于石」，言兩石相摩擊而出火之意。言介然之頃，不待終日，而便見得此道理。淵。

「盱豫，悔」，言覷着六四之豫，便當速悔，遲時便有悔。「盱豫」是句。淵。

問：「六三云：『上視於四，而下溺於豫。』下溺之義未曉。」曰：「如此人趨時附勢以得富貴，而自爲樂者也。」榦。

「由豫」，猶言「由頤」。淵。

## 隨

伊川說「說而動，動而說」，不是。不當說「說而動」。凡卦皆從內說出去，蓋卦自內生，「動而説」，却是。若説「説而動」，却是自家説他後他動，不成隨了。我動彼説，此之謂隨。淵。

動而説成隨，巽而止成蠱。節。

「天下隨時」處，當從王肅説。淵。

問：「程先生云『澤隨雷動，君子當隨時宴息』，是否？」曰：「既曰雷動，何不言君子以動作，却言『宴息』？」范益之曰：「宴息乃所以養其明。」曰：「不是。蓋其卦震下兑上，乃雷入地中之象。雷隨時藏伏，故君子亦嚮晦入宴息。此是某所見如此，不知舊人曾如此看否？」子蒙。

問：「初九『官有渝，貞吉，出門交有功』。官是『主』字之義，是一卦之主。首變得正便吉，不正便凶。」曰：「是如此。」又曰：「這必是變了。只是要『出門交有功』，却是變。」礪。

「官有渝」，隨之初主有變動，然尚未深。淵。

「小子」、「丈夫」，程説是。淵。

「王用亨于西山」，言誠意通神明，神亦隨之，如「況於鬼神乎」之意。淵。

## 蠱

「皿蟲」爲「蠱」，言器中盛那蟲，教他自相併，便是那積蓄到那壞爛底意思。一似漢唐之衰，弄得來到那極弊大壞時，所以言「元亨」。蓋極弊則將復興，故言「元亨」。「巽而止，蠱」，那不是巽而止能治蠱。「巽而止」，所以爲蠱。趙德莊説，下面人只務巽，上面人又懶惰不肯向前；上面一向剛，下面一向柔，倒塌了，這便是蠱底道理。淵。必大録云：「上頭底只管剛，下頭底只管柔，又只巽順，事事不向前，安得不蠱！舊聞趙德莊如此説。」

問：「蠱是壞亂之象，雖亂極必治，如何便會『元亨』？」曰：「亂極必治，天道循環，自是如此。如五胡亂華，以至於隋，亂之極，必有唐太宗者出。又如五季必生太祖，若不如此，便無天道了，所以彖只云：『蠱元亨而天下治也。』」礪。

「先甲」、「後甲」，言先甲之前三日，乃辛也。是時前段事已過中了。是那欲壞之時，便當圖後事之端，略略撐住則箇。雖終歸於弊，且得支吾幾時。淵。

問：「『蠱剛上柔下』有數義：剛在上而柔在下，爲卦體。下卑巽而上苟止，所以爲蠱，此卦義。又自卦變言之，自賁、井、既濟來，皆剛上而柔下，此卦變。」曰：「是。龜山説，『巽而止』乃治蠱之道，言當柔順而止，不可堅正必爲。此説非惟不成道理，且非易彖文義。『巽而止，蠱』，猶『順以動，豫』，『動而說，隨』，皆言卦義。某本義之説，蓋是趙德莊説。趙云：『剛在上，柔在下，下卑巽而上苟止，所以蠱壞。』此則文義甚協。」又問：「先甲，辛也；後甲，丁也。辛有新意，丁有丁寧意，其説似出月令注。」曰：「然。但古人祭祀亦多用先庚、先甲。先庚，丁也；後庚，癸也，如用丁亥、辛亥之類。」又問：「『有子，考无咎』與『意承考』之『考』，皆是指父在。父在而得云『考』何？」曰：「古人多通言，如康誥『大傷厥考心』，可見。」又問：「九三『幹父之蠱，小有悔，无大咎』，言『小有悔』，則无大悔矣；言『无大咎』，則不免有小咎矣。但象曰『終无咎』，則以九三雖過剛不中，然在巽體不爲無順而得正，故雖悔而无咎。至六四則不然，以陰居柔，不能有爲。寬裕以治蠱，將日深而不可治，故往則見吝。言自此以往，則有吝也。」曰：「此兩爻説得『悔』、『吝』二字最分明。九三有悔而无咎，由凶而趨吉也；六四雖目下無事，然却終吝，由吉而趨凶也。元祐間，劉莘老、劉器之之徒，必欲盡去小人，却是未免有悔。至其他諸公欲且寬裕無事，莫大段整頓。不知目前雖遮掩掩延得過，後面憂吝却多，可見聖人之深戒！」又問：「上九『不事王侯，高尚其事』，占與戒皆在其中，如何？」曰：「有此象，則其占當如此，又戒其必如此乃可也。若得此象而不能從，則有凶矣。當此時節，若能斷然『不事王侯，高尚其事』，不半上落下，或出或入，則其志真可法則矣。只爲人不能如此也。」銖。

「剛上而柔下，巽而止，蠱」，此是言致蠱之由，非治蠱之道。龜山之説非是。又嘗見龜山在朝與陳幾叟書，及有一人赴召請教於龜山，龜山云：「不要拆壞人屋子。」皆是此意思。及胡文定論時政，説得便自精神索性。堯夫詩云：「安得淳厚又秀慧，與之共話天下事！」必大。

「巽而止，蠱」，是事事不理會，積沓到後面成一大弊，故謂之「蠱」，非謂制蠱之道，當巽而止。龜山才質困弱，好説一般不振底話，如云「包承小人」；又語某人云「莫拆了人屋子」，其意謂屋弊不可大段整理他，只得且撐拄過。其説「巽止」之義，蓋亦如此意爾，豈不大害哉！端蒙。

汪聖錫曾言，某人別龜山，往赴召，龜山送之曰：「且緩下手，莫去拆倒人屋子。」因言，龜山解蠱卦，以「巽而止」爲治蠱之道，所以有此説。大凡看易須先看成卦之義。「險而健」則成訟，「巽而止」則成蠱。蠱，艮上而巽下。艮剛居上，巽柔居下，上高亢而不下交，下卻巽而不能救，此所以蠱壞也。「巽而止」，只是巽順便止了，便無所施爲，如何治蠱？「蠱元亨而天下治」，須是大善以亨，方能治蠱也。德明。

問：「『巽而止，蠱』，莫是遇事巽順，以求其理之所止，而後爲治蠱之道？」曰：「非也。大抵資質柔巽之人，遇事便不能做事，無奮迅之意，所以事遂至於蠱壞了。蠱，只是事之壞了者。」祖道。

「蠱元亨而天下治」，言蠱之時如此，必須是大善亨通，而後天下治。淵。

問：「『蠱，君子以振民育德』，如何？」曰：「當蠱之時，必有以振起聳動民之觀聽，而在己進德不已。必須有此二者，則可以治蠱矣。」銖。

問：「『幹父之蠱』，程傳云：『初居內而在下，故取子幹父蠱之象。』本義云：『蠱者，前人已壞之事，故諸爻皆以子幹父蠱爲言。』柄謂，若如此説，惟初爻爲可通，若他爻則説不行矣。本義之説，則諸爻皆可通也。」曰：「是如此。」柄。

「幹母之蠱」，伊川説得是。淵。

「不事王侯」，無位之地，如何出得來？更幹箇甚麽？淵。

問：「蠱上九傳『知止足之道，退而自保者』，與『量能度分，安於不求知者』，何以別？」曰：「知止足，是能做底；量能度分，是不能做底。」淳。

## 臨

問：「臨，不特是上臨下之謂臨，凡進而逼近者，皆謂之臨否？」曰：「然。此是二陽自下而進上，則知凡相逼近者皆爲臨也。」學履。

問：「『至于八月』，有兩説：前説自復一陽之月，至遯二陰之月，陰長陽遯之時；後説自泰至觀，觀二陽在上，四陰在下，與臨相反，亦陰長陽消之時。二説孰長？」曰：「前説是周正八月，後説是夏正八月。恐文王作卦辭時，只用周正紀之，不可知也。」又問：「二爻皆云『咸臨』，二陽徧臨四陰，故有咸臨之象。程易作咸感之義，如何？」曰：「陰必從陽，謂咸爲感亦是，但覺得牽强些。此等處皆曉未得。如『至臨』與『敦臨』，亦相似，難分別，今只得如此説。此易所以未易看也。」銖。

「剛浸而長」以下三句解「臨」字。「大亨以正」，便是「天之道也」，解「亨」字。亦是惟其如此，所以如此。須用説「八月有凶」者，蓋要反那二陽。二陽在下，四、五皆以正應臨之，上無所臨，却還去臨那二陽。三近二陽，也去臨他。如小人在上位，却把甘言好語臨在下之君子。「至臨」，言其相臨之切；「敦臨」，有敦厚之意。淵。

易中言「天之命也」，「天之道也」，義只一般，但取其成韻耳，不必强分析。賀孫。

問：「臨初九以剛居正，九二以剛居中，六四、六五以柔順臨下，故有相感應之道，所以謂之『咸臨』否？」曰：「是。」又問：「六四以陰居正，柔順臨下，又有正應，臨之極善，故謂之『至臨』。」曰：「『至臨无咎』，未是極好。只是與初相臨得切至，故謂之『至』。上六『敦臨』，自是積累至極處，有敦篤之義。艮上九亦謂之『敦艮』，復上六爻不好了，所以只於五爻謂之『敦復』。居臨之時，二陽得時上進，陰不敢與之爭，而志與之應。所謂『在内』者，非謂正應，只是卦内與二陽應也。」又曰：「此便是好卦，不獨説道理，自是好讀。所謂『卦有小大，辭有險易』，此便是大底卦。」礪。

# 觀

盥，非灌之義。盥本爲薦而不薦，是欲蓄其誠意以觀示民，使民觀感而化之義。「有孚顒若」，便是那下觀而化，却不是説人君身上事。「聖人以神道設教」，是聖人不犯手做底，即是「盥而不薦」之義。「順而巽，中正以觀天下」，謂以此觀示之也。淵。

問：「『盥而不薦』，是取未薦之時誠意渾全而未散否？」曰：「祭祀無不薦者，此是假設來説。薦，是用事了；盥，是未用事之初。云『不薦』者，言常持得這誠敬如盥之意常在。若薦，則是用出，用出則纔畢便過了，無復有初意矣。詩云：『心乎愛矣，遐不謂矣。中心藏之，何日忘之！』楚辭云：『思公子兮未敢言。』正是此意。説出這愛了，則都無事可把持矣。惟其不説，但藏在中心，所以常見其不忘也。」學履。

問「盥而不薦」。曰：「這猶譬喻相似，蓋無這事。且如祭祀，纔盥便必薦，那有不薦底！但取其潔之義耳。」燾。

用之問：「『盥而不薦』，伊川以爲灌鬯之初，誠敬猶存；至薦羞之後，精意懈怠。本義以爲『致其潔清而不輕自用』。其義不同。」曰：「盥，只是浣手，不是灌鬯，伊川承先儒之誤。若云薦羞之後誠意懈怠，則先王祭祀，只是灌鬯之初猶有誠意，及薦羞之後，皆不成禮矣。」問：「若爾，則是聖人在上，視聽言動，皆當爲天下法而不敢輕，亦猶祭祀之時，致其潔清而不敢輕用否？」曰：「然。」問：「『有乎顒若』，先生以爲孚信在中而尊嚴，故下觀而化之。伊川以爲天下之人孚信，顒然而仰之。恐須是孚信尊嚴，方得下觀而化。」曰：「然。」又問「觀、觀」之義。曰：「自上示下曰『觀』，去聲。自下觀上曰『觀』。平聲。故卦名之『觀』去聲，而六爻之『觀』皆平聲。」問「觀我生」、「觀其生」之別。曰：「我者，彼我對待之言，是以彼觀此。『觀其生』，是以此自觀。六三之『觀我生進退』者，事君則觀其言聽計從，治民則觀其政教可行，膏澤可下，可以見自家所施之當否而爲進退。九五之『觀我生』，如觀風俗之美惡，臣民之從違，可以見自家所施之善惡。上九之『觀其生』，則是就自家視聽言動應事接物處自觀。九五、上九『君子无咎』，蓋爲君子有剛陽之德，故无咎；小人無此德，自當不得此爻。如初六『童觀』，小人之道也，君子則吝。小人自是如此，故无咎。此二爻，君子小人正相對說。」僩。

問：「『有乎顒若』承上文『盥而不薦』，蓋『致其潔清而不輕自用，則孚信在中，而顒然可仰』。一説下之人信而仰之。二説孰長？」曰：「從後説，則合得象辭『下觀而化』之義。」或曰：「前説似好。」曰：「當以象辭爲定。」又問：「六三『觀我生進退』，不觀九五，而觀己所行通塞以爲進退否？」曰：「看來合是觀九五。大率觀卦二陽在上，四陰仰之。九五爲主，六三『觀我生進退』者，觀九五如何而爲進退也。初六、六二以去五之遠，觀貴於近。所觀不明不大。六四却見得親切，故有觀光利用之象。六三處二、四之間，固當觀九五以爲進退也。」子善遂問：「如此，則『我』字乃是指九五而言，易中亦有此例，如頤之初九曰『舍爾靈龜，觀我朵頤』，是也。」曰：「此『我』乃是假外而言耳。」又問：「觀卦四陰長而二陽消，正八月之卦，而名卦係辭，不取此義，何也？」曰：「只爲九五中正以觀示天下，事都别了。以此見易不可執一看，所謂『不可爲典要，惟變所適』也。」此説「我」字，與本義不同，當考。銖。

「觀天之神道」，只是自然運行底道理，四時自然不忒。「聖人神道」，亦是説他有教人自然觀感處。淵。

問：「觀六爻，一爻勝似一爻，豈所據之位愈高，則所見愈大邪？」曰：「上二爻意自别。下四爻是所據之位愈近，則所見愈親切底意思。」學履。

問「觀卦陰盛，而不言凶咎」。曰：「此卦取義不同。蓋陰雖盛於下，而九五之君乃當正位，故只取爲觀於下之義，而不取陰盛之象也。」時舉。

「觀我」是自觀，如「視履考祥」底語勢。「觀其」亦是自觀，却從別人說。易中「其」字不說別人，只是自家，如「乘其墉」之類。淵。

「觀我生」，如月受日光；「觀其生」，只是日光。礪。

# 朱子語類卷第七十一

## 易七

### 噬嗑

彖辭中「剛柔分」以下，都掉了「頤中有物」，只說「利用獄」。爻亦各自取義，不說噬頤中之物。淵。

張元德問：「易中言『剛柔分』兩處，一是噬嗑，一是節。此頗難解。」曰：「據某所見，只是一卦三陰三陽謂之『剛柔分』。」洽録云：「分，猶均也。」曰：「易中三陰三陽卦多，獨於此言之，何也？」曰：「偶於此言之，其他卦別有義。」洽録云：「『剛柔分』，語意與『日夜分』同。」又問：「復卦『剛反』作一句否？」曰：「然。此二字是解『復亨』，下云『動而以順行』，是解『出入无疾』以下。大抵彖辭解得易極分明，子細尋索，儘有條理。」時舉。洽同。

問：「諸卦象皆順說，獨『雷電噬嗑』倒說，何耶？」曰：「先儒皆以爲倒寫二字。二字相似，疑是如此。」僩。

「『雷電噬嗑』與雷電豐似一般。」曰：「噬嗑明在上，動在下，是明得事理，先立這法在此，未見犯底人，留待異時而用，故云『明罰勑法』。豐威在上，明在下，是用這法時，須是明見下情曲折，方得，不然，威動於上，必有過錯也，故云『折獄致刑』。此是伊川之意，其説極好。」學履。

「噬膚滅鼻。」膚，腹腴拖泥處；滅，浸没也。謂因噬膚而没其鼻於器中也。「噬乾胏，得金矢」，荆公已嘗引周禮「鈞金」之説。按：「噬膚滅鼻」之説，與本義不同。僩。

問：「九四『利艱貞』，六五『貞厲』，皆有艱難正固危懼之意，故皆爲戒占者之辭。」曰：「亦是爻中元自有此道理。大抵纔是治人，彼必爲敵，不是易事。故雖是時、位、卦德得用刑之宜，亦須以艱難正固處之。至於六三『噬腊肉遇毒』，則是所噬者堅韌難合。六三以陰柔不中正而遇此，所以遇毒而小吝。然此亦是合當治者，但難治耳。治之雖小吝，終无咎也。」銖。

問：「噬嗑『得金矢』，不知古人獄訟要鈞金束矢之意如何？」曰：「不見得。想是詞訟時，便令他納此，教他無切要之事，不敢妄來。」又問：「如此則不問曲直，一例出此，則實有冤枉者亦懼而不敢訴矣。」曰：「這箇須是大切要底事。古人如平常事，又別有所在。」如劑石之類。學履。

# 賁

伊川說「乾坤變爲六子」，非是。卦不是逐一卦畫了，旋變去，這話難說。伊川說兩儀四象，自不分明。卦不是旋取象了方畫，須是都畫了這卦，方只就已成底卦上面取象，所以有剛柔、來往、上下。淵。

先儒云：「『天文也』上有『剛柔相錯』四字。」恐有之，方與下文相似，且得分曉。礪。

問：「君子『明庶政，无敢折獄』，本義云『明庶政』是明之小者，無折獄是明之大者，此專是就象取義。伊川說此，則又就賁飾上說。不知二說可相備否？」曰：「『明庶政』是就離上說。無折獄是就艮上說。離明在内，艮止在外，則是事之小者，可以用明。折獄是大事，一折便了，有止之義。明在内不能及他，故止而不敢折也。大凡就象中說，則意味長。若懸空說道理，雖說得去，亦不甚親切也。」學履。

「『山下有火，賁』，内明外止。雖然内明，是箇止殺底明，所以不敢用其明以折獄。此與旅相似而相反，賁内明外止，旅外明内止，其象不同如此。」問：「苟明見其情罪之是非，亦何難於折獄？」曰：「是他自有箇象如此。遇着此象底，便用如此。然獄亦自有十三八棒便了底，亦有須待囚訊鞠勘，録問結證而後了底。書曰：『要囚，服念五六日，至于旬時，丕蔽要囚。』周禮秋官亦有此數句，便是有合如此者。若獄未是而決之，是所謂『敢折獄』也；若獄已具而留之不決，是所謂『留獄』也。『不留獄』者，謂囚訊結證已畢，而即決之也。」僩。

問「明庶政，无敢折獄」。曰：「此與旅卦都説刑獄事，但爭艮與離之在内外，故其説相反。止在外，明在内，故明政而不敢折獄；止在内，明在外，故明謹用刑而不敢留獄。」又曰：「麄言之，如今州縣治獄，禁勘審覆，自有許多節次，過乎此而不決，便是留獄；不及乎此而決，便是敢於折獄。尚書要囚至于旬時，他須有許多時日。此一段與周禮秋官同意。」礪。

六四「白馬翰如」，言此爻無所賁飾，其馬亦白也，言無飾之象如此。學履。

問「賁于丘園，束帛戔戔」。曰：「此兩句只是當來卦辭，非主事而言。看如何用，皆是這箇道理。」或曰：「『賁于丘園』，安定作『敦本』説。」曰：「某之意正要如此。」或以「戔戔」爲盛多之貌。曰：「非也。『戔戔』者，淺小之意。凡『淺』字、『箋』字皆從『戔』。」或問：「淺小是儉之義否？」曰：「然。所以下文云：『吝，終吉。』吝者雖不好看，然終却吉。」去僞。

問：「『賁于丘園』，是在艮體，故安止於丘園，而不復有外賁之象。」曰：「雖是止體，亦是上比於九，漸漸到極處。若一向賁飾去，亦自不好，須是收斂方得。」問：「敦本務實，莫是反朴還淳之義否？」曰：「賁取賁飾之義，他今却來賁田園爲農圃之事。當賁之時，似若鄙吝。然儉約終得吉，吉則有喜，故象云『有喜』也。」礪。

問「賁于丘園」。曰：「當賁飾華盛之時，而安于丘園樸陋之事，其道雖可吝，而終則有吉也。」問：「『六五之吉』，何以有喜？」曰：「終吉，所以有喜。」又問「白賁无咎」。曰：「賁飾之事太盛，則有咎。所以處太盛之終，則歸于白賁，勢當然也。」僩。

「賁于丘園，束帛戔戔」，是箇務農尚儉。「戔戔」是狹小不足之意。以字義考之，從「水」則爲「淺」，從「貝」則爲「賤」，從「金」則爲錢。如所謂「束帛戔戔」，六五居尊位，却如此敦本尚儉，便似吝嗇。如衞文公、漢文帝雖是吝，却終吉，此在賁卦有反本之義。到上九便「白賁」，和束帛之類都没了。畚。

「賁于丘園」是箇務實底。學履作「務農尚本之義」。「束帛戔戔」是賁得不甚大，所以説「吝」。兩句是兩意。淵。

問：「伊川解『賁于丘園』，指上九而言，看來似好。蓋賁三陰皆受賁于陽，不應此又獨異，而作敦本務實説也。」曰：「如何丘園便能賁人？『束帛戔戔』，他解作裁剪之象，尤艱曲説不出。這八字只平白在這裏，若如所説，則曲折多，意思遠。舊説指上九作高尚隱于丘園之賢，而用束帛之禮聘召之。若不用某說，則此說似近。他將丘園作上九之象，『束帛戔戔』作裁剪紛裂之象，則與象意大故相遠也。」學履。

問：「六五是柔中居尊，敦本尚實，故有『賁于丘園』之象。然陰性吝嗇，故有『束帛戔戔』之象。戔戔，淺小貌。人而如此，雖可羞吝，然禮奢寧儉，故得終吉。此與程傳指丘園爲上九者如何？」曰：「舊說多作以束帛聘在外之賢。但若如此說，則與『吝終吉』文義不協。今程傳所指亦然。蓋『戔戔』自是淺小之意，如從『水』則爲『淺』，從『人』則爲『俴』，從『貝』則爲賤，皆淺小意。程傳作剪裁，已是迂回；又說丘園，更覺牽强。如本義所說，却似與『吝終吉』文義稍協。」又問：「『白賁无咎，上得志也』，何謂『得志』？」曰：「居卦之上，在事之外，不假文飾，而有自然之文，便自優游自得也。」銖曰：「如本義說六五、上九兩爻，却是賁極反本之意。」曰：「六五已有反本之漸，故曰『丘園』，又曰『束帛戔戔』。至上九『白賁』，則反本而復於無飾矣，蓋皆賁極之象也。」銖。

伊川此卦傳大有牽强處。「束帛」解作「剪裁」，恐無此理。且如今將「束帛」之說教人解，人決不思量從剪裁上去。義剛。

「白賁无咎」，據「剛上文柔」，是不當說自然。而卦之取象，不恁地拘，各自說一義。淵。

# 剥

問：「『上以厚下安宅』，『安宅』者，安於禮義而不遷否？」曰：「非也。厚下者乃所以安宅。宅如山附於地，惟其地厚，所以山安其居而不摇。人君厚下以得民，則其位亦安而不摇，猶所謂『本固邦寧』也。」僩。

問：「剥之初與二『蔑貞凶』，是以陰蔑陽，以小人蔑君子之正道，凶之象也。不知只是陽與君子當之則凶爲復，陰與小人亦自爲凶？」曰：「自古小人滅害君子，終亦有凶。但此爻象，只是説陽與君子之凶也。」礪。

或問：「『碩果不食』，伊川謂『陽無可盡之理，剥於上則生於下，無間可容息也』。變於上則生於下，乃剥復相因之理。畢竟須經由坤，坤卦純陰無陽；如此陽有斷滅也，何以能生於復？」曰：「凡陰陽之生，一爻當一月，須是滿三十日，方滿得那腔子，做得一畫成。今坤卦非是無陽，陽始生甚微，未滿那腔子，做一畫未成。非是坤卦純陰，便無陽也。然此亦不是甚深奥事，但伊川當時解不曾分明道與人，故令人做一件大事看。」文蔚。

「小人剥廬」，是説陰到這裏時，把他這些陽都剥了。此是自剥其廬舍，無安身己處。衆小人託這一君子爲芘覆，若更剥了，是自剥其廬舍，便不成剥了。淵。

「舊見二十家叔説，懷，字公立。『廬』，如周禮『秦無廬』之『廬』，音『廬』，蓋戟柄也。謂小人自剥削其戟柄，僅留其鐵而已，果何所用？如此説，方見得小象『小人剥廬終不可用』一句，意亦自好。」又問：「『變化』二字，舊見本義云：『變者，化之漸；化者，變之成。』夜來聽得説此二字，乃謂『化是漸化，變是頓變』，似少不同。」曰：「如此等字，自是難説。『變者，化之漸；化者，變之成』，固是如此。然易中又曰『化而裁之謂之變』，則化又是漸。蓋化如正月一日，漸漸化至三十日，至二月一日，則是正月變爲二月矣。然變則又化，是化長而變短。此等字，須當通看乃好。」銖。

## 復

問：「剥一陽盡而爲坤。程云：『陽未嘗盡也。』」曰：「剥之一陽未盡時，不曾生；纔盡於上，這些子便生於下了。」卓。

問：「一陽復於下，是前日既退之陽已消盡，而今别生否？」曰：「前日既退之陽已消盡，此又是别生。伊川謂『陽無可盡之理，剥於上則生於下，無閒可容息』，説得甚精。且以卦配月：則剥九月，坤十月，復十一月。剥一陽尚存，復一陽已生。坤純陰，陽氣闕了三十日，安得謂之無盡？」曰：「恐是一月三十日，雖到二十九日，陽亦未盡否？」曰：「只有一夜，亦是盡，安得謂之無盡？嘗細推之，這一陽不是忽地生出。纔立冬，便萌芽，下面有些氣象。上面剥一分，下面便萌芽一分；上面剥二分，下面便萌芽二分；積累到那復處，方成一陽。坤初六，便是陽已萌了。」淳。

問伊川所説剥卦。曰：「公説關要處未甚分明。他上纔消，下便生。且如復卦是一陽，有三十分，他便從三十日頭逐分累起。到得交十二月冬至，他一爻已成。消時也如此。只伊川説欠得幾句説漸消漸長之意。」直卿問：「『冬至子之半』，如何是一陽方生？」賀孫云：「『冬至子之半』是已生成一陽，不是一陽方生。」曰：「冬至方是結算那一陽，冬至以後又漸生成二陽，過一月却成臨卦。坤卦之下，初陽已生矣。」賀孫。

「爲嫌於無陽也。」自觀至剥，三十日剥方盡。自剥至坤，三十日方成坤。三十日陽漸長，至冬至，方是一陽，第二陽方從此生。陰剥，每日剥三十分之一，一月方剥得盡；陽長，每日長三十分之一，一月方長得成一陽。陰剥時，一日十二刻，亦每刻中漸漸剥，全一日方剥得三十分之一。陽長之漸，亦如此長。直卿舉「冬至子之半」。先生曰：「正是及子之半，方成一陽。子之半後，第二陽方生。陽無可盡之理，這箇才剥盡，陽當下便生，不曾斷續。伊川説這處未分曉，似欠兩句在中間，方説得陰剥陽生不相離處。」虞復之云：「恰似月弦望，便見陰剥陽生，逐旋如此。陰不會一上剥，陽不會一上長也。」寓。

「剥上九一畫分爲三十分，一日剥一分，至九月盡，方盡。然剥於上，則生於下，無間可息。至十月初一日便生一分，積三十分而成一畫，但其始未著耳。至十一月，則此畫已成，此所謂『陽未嘗盡』也。」道夫問：「陰亦然。今以夬、乾、姤推之，亦可見矣。但所謂『聖人不言』者，何如？」曰：「前日劉履之説，蔡季通以爲不然。某以爲分明是如此。但聖人所以不言者，這便是一箇參贊裁成之道。蓋抑陰而進陽，長善而消惡，用君子而退小人，這便可見此理自是恁地。雖堯舜之世，豈無小人！但有聖人壓在上面，不容他出而有爲耳，豈能使之無邪！」劉履之曰：「蔡季通嘗言：『陰不可以抗陽，猶地之不足以配天，此固然之理也。而伊川乃謂「陰亦然，聖人不言耳」。元定不敢以爲然也。』」道夫。

問：「十月何以爲陽月？」先生因詰諸生，令思之。云：「程先生於易傳雖發其端，然終説得不透徹。」諸生答皆不合，復請問。先生曰：「剥盡爲坤，復則一陽生也。復之一陽，不是頓然便生，乃是自坤卦中積來。且一月三十日，以復之一陽分作三十分，從小雪後便一日生一分。上面趲得一分，下面便生一分，到十一月半，一陽始成也。以此便見得天地無休息處。」時舉。

義剛曰：「十月爲陽月，不應一月無陽。一陽是生於此月，但未成體耳。」曰：「十月陰極，則下已陽生。謂如六陽成六段，而一段又分爲三十小段，從十月積起，至冬至積成一爻。不成一陽是陡頓生，亦須以分毫積起。且如天運流行，本無一息間斷，豈解一月無陽！且如木之黄落時，萌芽已生了。不特如此，木之冬青者，必先萌芽而後舊葉方落。若論變時，天地無時不變。如楞嚴經第二卷首段所載，非惟一歲有變，月亦有之；非惟月有變，日亦有之；非惟日有變，時亦有之，但人不知耳。此説亦是。」義剛。

問：「坤爲十月。陽氣剥於上，必生於下，則此十月陽氣已生，但微而未成體，至十一月一陽之體方具否？」曰：「然。凡物變之漸，不惟月變日變，而時亦有變，但人不覺爾。十一月不能頓成一陽之體，須是十月生起云云」。學履。

味道舉十月無陽。曰：「十月坤卦皆純陰。自交過十月節氣，固是純陰，然潛陽在地下，已旋生起來了。且以一月分作三十分，細以時分之，是三百六十分。陽生時，逐旋生，生到十一月冬至，方生得就一畫陽。這一畫是卦中六分之一，全在地下；二畫又較在上面則箇；至三陽，則全在地上矣。四陽、五陽、六陽，則又層層在上面去。不解到冬至時便頓然生得一畫，所以莊子之徒説道：『造化密移，疇覺之哉？』」又曰：「一氣不頓進，一形不頓虧，蓋見此理。陰陽消長亦然。如包胎時十月具，方成箇兒子。」植。賀孫録見下。

「陽無驟生之理，如冬至前一月中氣是小雪，陽已生三十分之一分。到得冬至前幾日，須已生到二十七八分，到是日方始成一畫。不是昨日全無，今日一旦便都復了，大抵剥盡處便生。莊子云：『造化密移，疇覺之哉？』這語自說得好。又如列子亦謂：『運轉無已，天地密移，疇覺之哉？』凡一氣不頓進，一形不頓虧，亦不覺其成，不覺其虧。蓋陰陽浸消浸盛，人之一身自少至老，亦莫不然。」賀孫。植問：「不頓進，是漸生；不頓虧，是漸消。陰陽之氣皆然否？」曰：「是。」

問：「十月是坤卦，陽已盡乎？」曰：「陰陽皆不盡。至此則微微一綫路過，因而復發耳。」大雅。

「七日」，只取七義。猶「八月有凶」，只取八義。淵。

問「朋來无咎」。曰：「復卦一陽方生，疑若未有朋也。然陽有剛長之道，自一陽始生而漸長，礪録云：「畢竟是陽長，將次並進。」以至于極，則有朋來之道而无咎也。『反復其道，七日來復，天行也』，消長之道自然如此，故曰『天行』。處陰之極，亂者復治，往者復還，凶者復吉，危者復安，天地自然之運也。」問「六二『休復之吉，以下仁也』」。曰：「初爻爲仁人之體，六二爻能下之，謂附下於仁者。學莫便於近乎仁，既得仁者而親之，資其善以自益，則力不勞而學美矣，故曰『休復吉』。上六『迷復凶，至于十年不克征』，這是箇極不好底爻，故其終如此。凡言『十年』、『三年』、『五年』、『七月』、『八月』、『三月』者，想是象數中自有箇數如此，故聖人取而言之。『至于十年不克征』，『十年勿用』，則其凶甚矣！」僩。

問：「復卦『剛反』當作一句？」曰：「然。此二字是解『復亨』。下云『動而以順行』，是解『出入無疾』以下。大抵彖辭解得易極分明，子細尋索，儘有條理。」

聖人説「復其見天地之心」，到這裏微茫發動了，最可以見生氣之不息也，只如此看便見。天只有箇春夏秋冬，人只有箇仁義禮智，此四者便是那四者。所以孟子説四端猶四體，闕一不可。人若無此四者，便不足爲人矣。心是一箇運用底物，只是有此四者之理，更無别物，只此體驗可見。

問：「『復其見天地之心。』生理初未嘗息，但到坤時藏伏在此，至復乃見其動之端否？」曰：「不是如此。這箇只是就陰陽動静、闔闢消長處而言。如一堆火，自其初發以至漸漸發過，消盡爲灰。其消之未盡處，固天地之心也。然那消盡底，亦天地之心也。但那箇不如那新生底鮮好，故指那接頭再生者言之，則可以見天地之心親切。如云『利貞者，性情也』。一元之氣，亨通發散，品物流形。天地之心盡發見在品物上，但叢雜難看；及到利貞時，萬物悉已收斂，那時只有箇天地之心，丹青著見，故云『利貞者，性情也』，正與『復其見天地之心』相似。康節云：『一陽初動處，萬物未生時。』蓋萬物生時，此心非不見也。但天地之心悉已布散叢雜，無非此理呈露，倒多了難見。若會看者，能於此觀之，則所見無非天地之心矣。惟是復時萬物皆未生，只有一箇天地之心昭然著見在這裏，所以易看也。」僩。

問：「天地之心雖静，未嘗不流行，何爲必於復乃見？」曰：「三陽之時，萬物蓄新，只見物之盛大，天地之心却不可見。惟是一陽初復，萬物未生，冷冷静静；而一陽既動，生物之心闖然而見，雖在積陰之中，自藏掩不得。此所以必於復見天地之心也。」銖曰：「邵子所謂『玄酒味方淡，大音聲正稀』，正謂此否？」曰：「正是此意，不容別下注脚矣。」又問：「『天心無改移』謂何？」曰：「年年歲歲是如此，月月日日是如此。」又問：「純坤之月，可謂至静。然昨日之静，所以養成今日之動；故一陽之復，乃是純陰養得出來。在人，則主静而後善端始復；在天地之化，則是終則有始，貞則有元也。」曰：「固有此意，但不是此卦大義。大象所謂『至日閉關』者，正是於已動之後，要以安静養之。蓋一陽初復，陽氣甚微，勞動他不得，故當安静以養微陽。如人善端初萌，正欲静以養之，方能盛大。若如公説，却是倒了。」銖。

「復見天地心。」動之端，静中動，方見生物心。尋常吐露見於萬物者，盡是天地心。只是冬盡時，物已成性，又動而將發生，此乃可見處。方。

問「復見天地之心」之義。曰：「十月純陰爲坤卦，而陽未嘗無也。以陰陽之氣言之，則有消有息；以陰陽之理言之，則無消息之間。學者體認此理，則識天地之心。故在我之心，不可有間斷也。」過。

問「復見天地之心」。曰：「天地所以運行不息者，做箇甚事？只是生物而已。物生於春，長於夏，至秋萬物咸遂，如收斂結實，是漸欲離其本之時也。及其成，則物之成實者各具生理，所謂『碩果不食』是已。夫具生理者，固各繼其生，而物之歸根復命，猶自若也。如說天地以生物爲心，斯可見矣。」又問：「既言『心性』，則『天命之謂性』，『命』字有『心』底意思否？」曰：「然。流行運用是心。」人傑。

「天地生物之心，未嘗須臾停。然當氣候肅殺草木搖落之時，此心何以見？」曰：「天地此心常在，只是人看不見，故必到復而後始可見。」僩。

天地之心未嘗無，但静則人不得而見爾。道夫。

伊川言「一陽復於下，乃天地生物之心」一段，蓋謂天地以生生爲德，自「元亨利貞」乃生物之心也。但其静而復，乃未發之體；動而通焉，則已發之用。一陽來復，其始生甚微，固若静矣。然其實動之機，其勢日長，而萬物莫不資始焉。此天命流行之初，造化發育之始，天地生生不已之心於是而可見也。若其静而未發，則此之心體雖無所不在，然却有未發見處。此程子所以以「動之端」爲天地之心，亦舉用以該其體爾。端蒙。

問：「『一陽復於下，乃天地生物之心也』，先儒皆以静爲見天地之心。竊謂十月純坤，不爲無陽。天地生物之心未嘗間息，但未動耳，因動而生物之心始可見。」曰：「十月陽氣收斂，一時關閉得盡。天地生物之心，固未嘗息，但無端倪可見。惟一陽動，則生意始發露出，乃始可見端緒也。言動之頭緒於此處起，於此處方見得天地之心也。」因問：「在人則喜怒哀樂未發時，而所謂中節之體已各完具，但未發則寂然而已，不可見也。特因事感動，而惻隱、羞惡之端始覺因事發露出來，非因動而漸有此也。」曰：「是。」銖。

問：「程子言：『先儒皆以静爲見天地之心，不知動之端乃天地之心。』動處如何見得？」曰：「這處便見得陽氣發生，其端已兆於此。春了又冬，冬了又春，都從這裏發去。事物間亦可見，只是這裏見得較親切。」鄭兄舉王輔嗣説「寂然至無，乃見天地心」。曰：「他説『無』，是胡説！若静處説無，不知下面一畫作甚麼？」寓問：「動見天地之心，固是。不知在人可以主静言之否？」曰：「不必如此看。這處在天地則爲陰陽，在人則爲善惡。『有不善未嘗不知，知之未嘗復行』。不善處便是陰，善處便屬陽。上五陰下一陽，是當沉迷蔽錮之時，忽然一夕省覺，便是陽動處。齊宣王『興甲兵，危士臣，構怨於諸侯』，可謂極矣，及其不忍觳觫，即見善端之萌。肯從這裏做去，三王事業何患不到！」寓。

居甫問「復見天地之心」。曰：「復未見造化，而造化之心於此可見。」某問：「静亦是心，而心未見？」曰：「固是。但又須静中含動意始得。」曰：「王弼説此，似把静作無。」

曰：「渠是添一重說話，下自是一陽，如何說無？上五陰亦不可說無。說無便死了，無復生成之意，如何見其心？且如人身上，一陽善也，五陰惡也；一陽君子也，五陰小人也。只是『有不善未嘗不知，知之未嘗復行』。且看一陽對五陰，是惡五而善一。纔復，則本性復明，非天心而何！」可學。與上條同聞。

問：「復以動見天地之心，而主靜觀復者又何謂？」曰：「復固是動，主靜是所以養其動，動只是這靜所養底。一陽動，便是純坤月養來。」曰：「此是養之於未動之前否？」曰：「此不可分前後，但今日所積底，便爲明日之動；明日所積底，便爲後日之動，只管恁地去。『觀復』是老氏語，儒家不說。老氏愛說動靜。『萬物並作，吾以觀其復』，謂萬物有歸根時，吾只觀他復處。」淳。

問：「程子以『動之端』爲天地之心。動乃心之發處，何故云『天地之心』？」曰：「此須就卦上看。上坤下震，坤是靜，震是動。十月純坤，當貞之時，萬物收斂，寂無蹤跡，到此一陽復生便是動。然不直下『動』字，却云『動之端』，端又從此起。雖動而物未生，未到大段動處。凡發生萬物，都從這裏起，豈不是天地之心！康節詩云：『冬至子之半，大雪，子之初氣。冬至，子之中氣。天心無改移；一陽初動處，萬物未生時。玄酒味方淡，大音聲正希。此言如不信，更請問庖羲！』可謂振古豪傑！」淳。

問「冬至子之半」。曰：「康節此詩最好，某於本義亦載此詩。蓋立冬是十月初，小雪是十月中，大雪十一月初，冬至十一月中，小寒十二月初，大寒十二月中。『冬至子之半』，即十一月之半也。人言夜半子時冬至，蓋夜半以前，一半已屬子時，今推五行者多不知之。然數每從這處起，略不差移，此所以爲天心。然當是時，一陽方動，萬物未生，未有聲臭氣味之可聞可見，所謂『玄酒味方淡，大音聲正希』也。」

漢卿問「一陽初動處，萬物未生時」。曰：「此在貞、元之間，才見孺子入井，未做出惻隱之心時節。」因言：「康節之學，不似濂溪、二程。康節愛説箇循環底道理，不似濂溪、二程説得活。如『無極而太極，太極本無極』；『體用一源，顯微無間』，康節無此説。」方子。廣録見下。

問：「康節所謂『一陽初動後，萬物未生時』，這箇時節，莫是程子所謂『有善無惡，有是無非，有吉無凶』之時否？」先生良久曰：「也是如此。是那怵惕惻隱方動而未發於外之時。」正淳云：「此正康節所謂『一動一静之間』也。」曰：「然。某嘗謂康節之學與周子、程子所説小有不同。康節於那陰陽相接處看得分曉，故多舉此處爲説，不似周子説『無極而太極』，與『五行一陰陽，陰陽一太極』，如此周遍。若如周子、程子之説，則康節所説在其中矣。康節是指貞、元之間言之，不似周子、程子説得活，『體用一源，顯微無間』。」廣。

賀孫録别出。

漢卿問：「『一陽初動處，萬物未生時』，以人心觀之，便是善惡之端，感物而動處。」曰：「此是欲動未動之間，如怵惕惻隱於赤子入井之初，方怵惕惻隱而未成怵惕惻隱之時。故上云『冬至子之半』，是康節常要就中間説。『子之半』則是未成子，方離於亥而爲子方四五分。是他常要如此説，常要説陰陽之間，動静之間，便與周、程不同。周、程只是『五行一陰陽，陰陽一太極，太極本無極』，只是體用動静，互换無極。康節便只要説循環，便須指消息動静之間，便有方了，不似二先生。」賀孫。

天地之心，動後方見；聖人之心，應事接物方見。「出入」、「朋來」，只做人説，覺不勞攘。淵。

論「復見天地之心」。「程子曰：『聖人無復，故未嘗見其心。』且堯、舜、孔子之心，千古常在，聖人之心周流運行，何往而不可見？若言天地之心，如春生發育，猶是顯著。此獨曰『聖人無復，未嘗見其心』者，只爲是説復卦。繫辭曰：『復小而辨於物。』蓋復卦是一陽方生於群陰之下，如幽暗中一點白，便是『小而辨』也。聖人贊易，而曰：『復見天地之心。』今人多言惟是復卦可以見天地之心，非也。六十四卦無非天地之心，但於復卦忽見一陽來復，故即此而贊之爾。論此者當知有動静之心，有善惡之心，各隨事而看。今人乍見孺子將入於井，因發動而見其惻隱之心；未有孺子將入井之時，此心未動，只静而已。衆人物欲昏蔽，便是惡底心；及其復也，然後本然之善心可見。聖人之心純於善而已，所以謂『未嘗見其心』者，只是言不見其有昏蔽忽明之心，如所謂幽暗中一點白者而已。但此等語話，只可就此一路看去；纔轉入别處，便不分明，也不可不知。」謨。

問：「『聖人無復，未嘗見其心。』天地之氣，有消長進退，故有復；聖人之心純乎天理，故無復。」曰：「固是。」又問：「『鼓舞萬物而不與聖人同憂。』天地則任其自然，聖人贊化育，則不能無憂。」曰：「聖人也安得無憂？但聖人之憂憂得恰好，不過憂耳。」夔孫。

舉「聖人無復，故不見其心」一節，語學者曰：「聖人天地心，無時不見。此是聖人因贊易而言一陽來復，於此見天地之心尤切，正是大黑暗中有一點明。」可學。

國秀問：「舊見蔡元思説，先生説復卦處：『静極而動，聖人之復；惡極而善，常人之復。』是否？」曰：「固是。但常人也有静極而動底時節，聖人則不復有惡極而善之復矣。」僩。

上云「見天地之心」，以動静言也；下云「未嘗見聖人之心」，以善惡言也。道夫。

復雖一陽方生，然而與衆陰不相亂。如人之善端方萌，雖小，而不爲衆惡所遏底意思相似。學履。饒録作：「雖小，而衆惡却遏他不得。」

問：「『一陽復』，在人言之，只是善端萌處否？」曰：「以善言之，是善端方萌處；以惡言之，昏迷中有悔悟向善意，便是復。如睡到忽然醒覺處，亦是復氣象。又如人之沉滯，道不得行，到極處，忽小亨；道雖未大行，已有可行之兆，亦是復。這道理千變萬化，隨所在無不渾淪。」淳。

敬子問：「今寂然至靜在此，若一念之動，此便是復否？」曰：「恁地說不盡。復有兩樣，有善惡之復，有動靜之復，兩樣復自不相須，須各看得分曉。終日營營，與萬物並馳，忽然有惻隱、是非、羞惡之心發見，此善惡爲陰陽也。若寂然至靜之中，有一念之動，此動靜爲陰陽也。二者各不同，須推教子細。」僩。

「伊川與濂溪說『復』字亦差不同。」用之云：「濂溪說得『復』字就歸處說，伊川就動處說。」曰：「然。濂溪就坤上說，就回來處說。如云『利貞者誠之復』，『誠心，復其不善之動而已矣』，皆是就歸來處說。伊川却正就動處說。如『元亨利貞』，濂溪就『利貞』上說『復』字，伊川就『元』字頭說『復』字。以周易卦爻之義推之，則伊川之說爲正。然濂溪、伊川之說，道理只一般，非有所異，只是所指地頭不同。以復卦言之，下面一畫便是動處。伊川云『下面一爻，正是動，如何說靜得？雷在地中，復』云云，看來伊川說得較好。王弼之說與濂溪同。」僩。

問：「『陽始生甚微，安靜而後能長。』故復之象曰：『先王以至日閉關。』人於迷途之復，其善端之萌亦甚微，故須莊敬持養，然後能大。不然，復亡之矣。」曰：「然。」又曰：「古人所以四十强而仕者，前面許多年亦且養其善端。若一下便出來與事物衮了，豈不壞事！」賀孫。

「陽氣始生甚微，必安靜而後能長。」問曰：「此是靜而後能動之理，如何？ 如人之天理亦甚微，須是無私欲撓之，則順發出來。」曰：「且如此看。」又問：「『安靜』二字，還有分別否？」曰：「作一字看。」端蒙。

叔重問：「『先王以至日閉關』，程傳謂陽之始生至微，當安靜以養之，恐是十月純坤之卦，陽已養於至靜之中，至是方成體爾。」曰：「非也。養於既復之後。」又問「復見天地之心」。曰：「要說得『見』字親切，蓋此時天地之間無物可見天地之心。只有一陽初生，净净潔潔，見得天地之心在此。若見三陽發生萬物之後，則天地之心散在萬物，則不能見得如此端的。」雉。

掩身事齋戒，月令夏至、冬至，君子皆「齋戒，處必掩身」。及此防未然。此二句兼冬至、夏至。閉關息商旅，所以養陽氣也。絶彼柔道牽。所以絶陰氣。易姤之初六「繫于金柅」是也。銖。

問：「『無祇悔』，『祇』字何訓？」曰：「書中『祇』字，只有這『祇』字使得來別。看來只得解做『至』字。又有訓『多』爲『祇』者，如『多見其不知量也』，『多，祇也』。『祇』與『只』同。」僩。

先生舉易傳語「惟其知不善，則速改以從善而已」，曰：「這般說話好簡當。」文蔚。

問：「上六『迷復』，至下『十年不克征』，如何？」曰：「過而能改，則亦可以進善。迷而不復，自是無說，所以無往而不凶。凡言『三年』、『十年』、『三歲』，皆是有箇象，方說。若三歲猶是有箇期限，到十年，便是無說了。」礪。

## 无妄

无妄本是「無望」。這是没理會時節，忽然如此得來面前，朱英所謂「無望之福」是也。桑樹中箭，柳樹出汁。淵。

「史記『无妄』作『无望』。」問：「若以爲『无望』，即是願望之『望』，非誠妄之『妄』。」曰：「有所願望，即是妄。但『望』字說得淺，『妄』字說得深。」必大。

「剛自外來」，說卦變；「動而健」，說卦德；「剛中而應」，說卦體；「大亨以正」，說「元亨利貞」。自文王以來說做希望之「望」。這事只得倚閣在這裏，難爲斷殺他。淵。

伊川易傳似不是本意。「剛自外來」，是所以做造无妄；「動而健」，是有卦後說底。淵。

「往」字說得不同。淵。

問：「『雖無邪心，苟不合正理，則妄也。』既無邪，何以不合正？」曰：「有人自是其心全無邪，而却不合於正理，如賢智者過之。他其心豈曾有邪？却不合正理。佛氏亦豈有邪心者！」夔孫。

因論易傳「雖無邪心，苟不合正理，則妄也，乃邪心也」，或以「子路使門人爲臣」事爲證。先生曰：「如鬻拳强諫之類是也。」或云：「王荆公亦然。」曰：「温公忠厚，故稱荆公『無姦邪，只不曉事』。看來荆公亦有邪心夾雜，他却將周禮來賣弄，有利底事便行之。意欲富國强兵，然後行禮義；不知未富强，人才風俗已先壞了！向見何一之有一小論，稱荆公所以辦得盡行許多事，緣李文靖爲相日，四方言利害者盡皆報罷，積得許多弊事，所以激得荆公出來一齊要整頓過。荆公此意便是慶曆范文正公諸人要做事底規模。然范文正公等行得尊重，其人才亦忠厚。荆公所用之人，一切相反。」僩。

或問：「『物與无妄』，衆說不同。」文蔚曰：「是『各正性命』之意。」先生曰：「然。一物與他一箇无妄。」文蔚。

或說无妄。曰：「卦中未便有許多道理。聖人只是說有許多爻象如此，占着此爻則有此象。无妄是箇不指望偶然底卦，忽然而有福，忽然而有禍。如人方病，忽然勿藥而愈，是所謂『无妄』也。據諸爻名義，合作『無望』，不知孔子何故説歸『無妄』。人之卜筮，如決杯珓，如此則吉，如此則凶，杯珓又何嘗有許多道理！如程子之説，説得道理儘好，儘開闊；只是不如此，未有許多道理在。」又曰：「无妄一卦雖云禍福之來也無常，然自家所守者，不可不利於正。不可以彼之無常，而吾之所守亦爲之無常也，故曰『无妄，元亨利貞，其匪正，有眚』。若所守匪正，則有眚矣。眚即災也。」問：「伊川言『災自外來，眚自内作』，是否？」曰：「看來只一般，微有不同耳。災，是禍偶然生於彼者；眚，是過誤致然。書曰『眚災肆赦』，春秋曰『肆大眚』，皆以其過誤而赦之也。」僩。

問：「『不耕穫，不菑畬』，伊川説爻辭與小象却不同，如何？」曰：「便是曉不得。爻下説『不耕而穫』，到小象又却説耕而不必求穫，都不相應。某所以不敢如此説。他爻辭分明説道『不耕穫』了，自是有一樣時節都不須得作爲。」又曰：「看來无妄合是『無望』之義，不知孔子何故使此『妄』字。如『无妄之災』，『无妄之疾』，都是没巴鼻恁地。」又曰：「无妄自是大亨了，又却須是貞正始得。若些子不正，則『行有眚』，『眚』即與『災』字同。不是自家做得，只有些子不是，他那裏便有災來。」問：「『眚』與『災』如何分？」曰：「也只一般。尚書云『眚災肆赦』，春秋『肆大眚』，眚似是過誤，災便直自是外來。」又曰：「此不可大段做道理看，只就逐象上説，見有此象，便有此義，少間自有一時築着磕着。如今人問杯珓，杯珓上豈曾有道理！自是有許多吉凶。」礪。

「不耕穫」一句，伊川作三意説：不耕而穫，耕而不穫，耕而不必穫。看來只是也不耕，也不穫，只見成領會他物事。淵。

問「不耕穫，不菑畬」。曰：「言不耕不穫，不菑不畬，無所爲於前，無所冀於後，未嘗略起私意以作爲，唯因時順理而已。程傳作『不耕而穫，不菑而畬』，不唯添了『而』字，又文勢牽强，恐不如此。」又問「无妄之災」。曰：「此卦六爻皆是无妄，但六三地頭不正，故有『无妄之災』，言無故而有災也。如行人牽牛以去，而居人反遭捕詰之擾，此正『无妄之災』之象。」又問：「九五陽剛中正以居尊位，无妄之至，何爲而有疾？」曰：「此是不期而有此，但聽其自爾，久則自定，所以『勿藥有喜』而無疾也。大抵无妄一卦固是无妄，但亦有無故非意之事，故聖人因象示戒。」又問：「史記作『無望』，謂無所期望而有得，疑有『不耕穫，不菑畬』之意。」曰：「此出史記春申君傳，正説李園事。正是説無巴鼻，而有一事正合『无妄之災』、『无妄之疾』。亦見得古人相傳，尚識得當時此意也。」銖。

「『不耕穫，不菑畬』，如易傳所解，則當言『不耕而穫，不菑而畬』，方可。又如云『極言无妄之義』，是要去義理上説，故如此解。易之六爻，只是占吉凶之辭，至彖象方説義理。

六二在无妄之時，居中得正，故吉。其曰『不耕穫，不菑畬』，是四字都不做，謂雖事事都不動作，亦自『利有攸往』。史記『无妄』作『無望』，是此意。六三便是『无望之災』，或繫之牛，行人之得』，何與邑人事？而『邑人之災』。如諺曰『閉門屋裏坐，禍從天上來』，是也。此是占辭。如『飛龍在天，利見大人』，若庶人占得此爻，只是利去見大人也。然吉凶以正勝，有雖得凶而不可避者，縱貧賤窮困死亡，却無悔吝。故横渠云『不可避凶趨吉，一以正勝』，是也。又如占得坤六二爻，須是自己『直方大』，方與爻辭相應，便『不習无不利』。若不直方大，却反凶也。」必大録此下云：「如春秋時，南蒯占得坤六五爻，以爲大吉，示子服惠伯。惠伯曰『忠信之事則可，不然必敗』一段，説得極好。蓋南蒯所占雖得吉爻，然所爲却不黄裳，即是大凶。」醬。

問「不耕穫，不菑畬，未富」之義。曰：「此有不可曉。然既不耕穫，不菑畬，自是未富。只是聖人説占得此爻，雖是未富，但『利有攸往』耳。雖是占爻，然義理亦包在其中。易傳中説『未』字，多費辭。」醬。

## 大畜

「能止健」，都不説健而止，見得是艮來止這乾。淵。

「篤實」便有「輝光」，艮止便能篤實。淵。

「九三一爻，不爲所畜，而欲進與上九合志同進，俱爲畜極而通之時，故有『良馬逐』，『何天之衢亨』之象。但上九已通達無礙，只是滔滔去。九三過剛鋭進，故戒以艱貞閑習。蓋初、二兩爻皆爲所畜，獨九三一爻自進耳。」子善問：「九六爲正應，皆陰皆陽則爲無應，獨畜卦不爾，何也？」曰：「陽遇陰，則爲陰所畜。九三與上九皆陽，皆欲上進，故但以同類相求也。小畜亦然。」先生因言：「某作本義，欲將文王卦辭只大綱依文王本義畧説，至其所以然之故，却於孔子彖辭中發之。且如大畜『利貞，不家食吉，利涉大川』，只是占得大畜者爲利正，不家食而吉，利於涉大川。至於剛上尚賢等處，乃孔子發明，各有所主，爻象亦然。如此，則不失文王本意，又可見孔子之意，但今未暇整頓耳。」又曰：「大畜下三爻取其能自畜而不進，上三爻取其能畜彼而不使進。然四能止之於初，故爲力易。五則陽已進而止之則難，但以柔居尊，得其機會可制，故亦吉，但不能如四之元吉耳。」銖。

「何天之衢亨」，或如伊川説，衍一「何」字，亦不可知。礪。

## 頤

頤，須是正則吉。何以觀其正不正？蓋「觀頤」是觀其養德是正不正，「自求口實」是又觀其養身是正不正，未説到養人處。「觀其所養」，亦只是説君子之所養，養浩然之氣模樣。淵。

「自養」則如爵禄下至於飲食之類，是説「自求口實」。淵。

問：「『觀頤，觀其所養』，作所養之道；『觀其自養』，作所以養生之術。」曰：「所養之道，如學聖賢之道則爲正，黄老申商則爲非，凡見於修身行義，皆是也。所養之術，則飲食起居皆是也。」又問：「伊川把『觀其所養』作觀人之養，如何？」曰：「這兩句是解『養正則吉』。所養之道與養生之術正，則吉；不正，則不吉。如何是觀人之養！不曉程説是如何。」學履。

「頤卦最難看。」銖問：「本義言『「觀頤」謂觀其所養之道，「自求口實」謂觀其所養之術』，與程傳以『觀頤』爲所以養人之道，『求口實』謂所以自養之道，如何？」先生沉吟良久，曰：「程傳似勝。蓋下體三爻皆是自養，上體三爻皆是養人。不能自求所養，而求人以養己則凶，故上三爻皆凶；求於人以養其下，雖不免於顛拂，畢竟皆好，故下三爻皆吉。」又問：「『虎視眈眈』，本義以爲『下而專也』。蓋『賴其養以施於下』，必有下專之誠，方能无咎。程傳作欲立威嚴，恐未必然。」曰：「頤卦難看，正謂此等。且『虎視眈眈』，必有此象，但今未曉耳。」銖曰：「音辯載馬氏云：『眈眈，虎下視貌。』則當爲『下而專』矣。」

曰：「然。」又問：「『其欲逐逐』，如何？」曰：「求養於下以養人，必當繼繼求之，不厭乎數，然後可以養人而不窮。不然，則所以養人者必無繼矣。以四而賴養於初，亦是顛倒。但是求養以養人，所以雖顛而吉。」先生又曰：「六五『居貞吉』，猶洪範『用静吉，用作凶』，所以『不可涉大川』。六五不能養人，反賴上九之養，是已拂其常矣，故守常則吉，而涉險阻則不可也。」直卿因云：「頤之六爻，只是『顛拂』二字。求養於下則爲顛，求食於上則爲拂。六二比初而求上，故『顛頤』當爲句，『拂經于丘頤』句。『征凶』即其占辭也。六三『拂頤』，雖與上爲正應，然畢竟是求於上以養己，所以有『拂頤』之象，故雖正亦凶也。六四『顛頤』，固與初爲正應，然是賴初之養以養人，故雖顛亦吉。六五『拂經』，即是比于上，所以有『拂經』之象；然是賴上九之養以養人，所以居正而吉。但不能自養，所以『不可涉大川』耳。」銖。

或云：「諺有『禍從口出，病從口入』，甚好。」曰：「此語，前輩曾用以解頤之象：『慎言語，節飲食。』」廣。

問：「伊川解下三爻養口體，上三爻養德義，如何？」曰：「看來下三爻是資人以爲養，上三爻是養人也。六四、六五雖是資初與上之養，其實是他居尊位，藉人以養，而又推以養人，故此三爻似都是養人之事。伊川説亦得，但失之疏也。」學履。義剛録云：「下三爻是資人以養己，養己所以養人也。」

頤六四一爻，理會不得。雖是恁地解，畢竟曉不得如何是「施於下」，又如何是「虎」。礪。

六五「拂經，居貞，吉，不可涉大川」。六五陰柔之才，但守正則吉，故不可以涉患難。

六四「顛頤，吉，虎視眈眈，其欲逐逐」，此爻不可曉。僩。

## 大過

問：「大過既『棟橈』，不是好了，又如何『利有攸往』？」曰：「看彖辭可見。『棟橈』是以卦體『本末弱』而言，卦體自不好了。却因『剛過而中，巽而説行』，如此，所以『利有攸往乃亨』也。大抵彖傳解得卦辭，直是分明。」學履。洽同。

問：「大過、小過，先生與伊川之説不同。」曰：「然。伊川此論，正如以反經合道爲非相似，殊不知大過自有大過時節，小過自有小過時節。處大過之時，則當爲大過之事；處小過之時，則當爲小過之事。如堯舜之禪受，湯武之放伐，此便是大過之事；『喪過乎哀，用過乎儉』，此便是小過之事。只是在事雖是過，然適當其時，便是合當如此做，便是合義。如堯舜之有朱均，豈不能多擇賢輔而立其子，且恁地平善過。然道理去不得，須是禪授方合義。湯武豈不能出師以恐嚇〔一〕紂，且使其悔悟脩省。然道理去不得，必須放伐而後已。此所以事雖過，而皆合理也。」僴。

易傳大過云：「道無不中，無不常。」聖人有小過，無大過，看來亦不消如此說。聖人既說有「大過」，直是有此事。雖云「大過」，亦是常理，始得。因舉晉州蒲事云：「舊常不曉胡文定公意，以問范伯達丈，他亦不曉。後來在都下，見其孫伯逢，問之。渠云：『此處有意思，但是難説出。如左氏分明有「稱君無道」之說。厲公雖有罪，但合當廢之可也，而欒書、中行偃弒之，則不是。然畢竟厲公有罪，故難說，後必有曉此意者。』」賜。

「澤滅木。」澤在下而木在上，今澤水高漲，乃至浸没了木，是爲大過。又曰：「木雖爲水浸，而木未嘗動，故君子觀之而『獨立不懼，遯世無悶』。」礪。

小過是收斂入來底，大過是行出來底，如「獨立不懼，遯世无悶」是也。淵。

「藉用白茅」，亦有過慎之意。此是大過之初，所以其過尚小在。淵。

問：「大過『棟橈』，是初、上二陰不能勝四陽之重，故有此象。九三是其重剛不中，自不能勝其任，亦有此象。兩義自不同否？」曰：「是如此。九三又與上六正應，亦皆不好，

〔一〕「嚇」下似脱「桀」字。

不可以有輔，自是過於剛强，輔他不得。九四『棟隆』，只是隆，便『不橈乎下』。『過涉滅頂』，『不可咎也』，恐是他做得是了，不可以咎他，不似伊川説。易中『无咎』有兩義，如『不節之嗟』无咎，王輔嗣云，是他自做得，又將誰咎？至『出門同人』无咎，又是他做得好了，人咎他不得，所以亦云『又誰咎也』。此處恐不然。」又曰：「四陽居中，如何是大過？二陽在中，又如何是小過？這兩卦曉不得。今且只逐爻略曉得，便也可占。」礪。

大過陽剛過盛，不相對值之義，故六爻中無全吉者。除了初六是過於畏慎无咎外，九二雖無不利，然老夫得女妻，畢竟是不相當，所以象言「過以相與也」。九四雖吉，而又有他則吝。九五所謂「老婦」者，乃是指客爻而言。老婦而得士夫，但能「无咎無譽」，亦不爲全吉。至於上六「過涉滅頂，凶，无咎」，則是事雖凶，而義則无咎也。銖。

「過涉滅頂，凶。」「不可咎也。」東漢諸人不量深淺，至於殺身亡家，此是凶。然而其心何罪？故不可咎也。夔孫。

## 坎

「水流不盈」，纔是説一坎滿便流出去，一坎又滿，又流出去。「行險而不失其信」，則是説決定如此。淵。

坎水只是平，不解滿，盈是滿出來。淵。

六三「險且枕」，只是前後皆是枕，便如枕頭之「枕」。礪。

問「來之坎坎」。曰：「經文中疊字如『兢兢業業』之類，是重字。來之自是兩字，各有所指，謂下來亦坎，上往亦坎，之，往也。進退皆險也。」又問：「六四舊讀『樽酒簋貳』，句。『貳用缶』，句。本義從之，其説如何？」曰：「既曰『樽酒簋貳』，又曰『用缶』，亦不成文理。貳，益之也。六四近尊位而在險之時，剛柔相際，故有但用薄禮，益以誠心，進結自牖之象。」問：「『牖非所由之正，乃室中受明之處，豈險難之時，不容由正以進耶？』」曰：「非是不可由正。蓋事變不一，勢有不容不自牖者。『終无咎』者，始雖不甚好，然於義理無害，故終亦无咎。『无咎者，善補過』之謂也。」又問：「上六『徽纆』二字，云：『三股曰徽，兩股曰纆。』」曰：「據釋文如此。」銖。

「樽酒簋」做一句，自是説文如此。礪。

問「納約自牖」。曰：「不由户而自牖，以言艱險之時，不可直致也。」季札。

「納約自牖」，雖有向明之意，然非是路之正。淵。

「坎不盈，祇既平」，「祇」字他無説處，看來只得作「抵」字解。復卦亦然。不盈未是平，但將來必會平。二與五雖是陷于陰中，畢竟是陽會動，陷他不得。如「有孚維心亨」，如「行有尚」，皆是也。礪。

「坎不盈，中未大也。」曰：「水之爲物，其在坎只能平，自不能盈，故曰『不盈』。盈，高之義。『中未大』者，平則是得中，不盈是未大也。」學履。

## 離

離便是麗，附著之意。易中多説做麗，也有兼説明處，也有單説明處。明是離之體。麗，是麗著底意思。「離」字，古人多用做麗著説。然而物相離去，也只是這字。「富貴不離其身」，東坡説道剩箇「不」字，便是這意。古來自有這般兩用底字，如「亂」字又唤做治。淵。

「離」字不合單用。淵。

火中虚暗，則離中之陰也；水中虚明，則坎中之陽也。道夫。

問：「離卦是陽包陰，占利『畜牝牛』，便也是宜畜柔順之物。」曰：「然。」礪。

彖辭「重明」，自是五、二兩爻爲君臣重明之義。大象又自説繼世重明之義，不同。同。

六二中正，六五中而不正。今言「麗乎正」，「麗乎中正」，次第説六二分數多。此卦唯這爻較好，然亦未敢便恁地説，只得且説「未詳」。淵。本義今無「未詳」字。

問「明兩作，離」。曰：「若做兩明，則是有二箇日，不可也，故曰『明兩作，離』，只是一箇日相繼之義。『明兩作』，如坎卦『水洊至』，非以『明兩』爲句也。」「明」字便是指日而言。學履。

「明兩作」，猶言「水洊至」。今日明，來日又明。若説兩明，却是兩箇日頭。淵。

「明兩作，離。」作，起也。如日然，今日出了，明日又出，是之謂「兩作」。蓋只是這一箇明，兩番作，非「明兩」，乃「兩作」也。僩。

叔重説離卦，問：「『火體陰而用陽』，是如何？」曰：「此言三畫卦中陰而外陽者也。坎象爲陰，水體陽而用陰，蓋三畫卦中陽而外陰者也。惟六二一爻，柔麗乎中而得其正，故『元吉』。至六五，雖是柔麗乎中，而不得其正，特借『中』字而包『正』字耳。」又問「日昃之離」。曰：「死生常理也，若不能安常以自樂，則不免有嗟戚。」曰：「生之有死，猶晝之必夜，故君子當觀日昃之象以自處。」曰：「人固知常理如此，只是臨時自不能安耳。」又問「九四『突如其來如』」。曰：「九四以剛迫柔，故有突來之象。『焚』、『死』、『棄』，言無所用也。『離爲火』，故有『焚如』之象。」或曰：「『突如其來如』與『焚如』，自當屬上句。『死如、棄如』，自當做一句。」曰：「説時亦少通，但文勢恐不如此。」時舉。

九四有侵陵六五之象，故曰「突如其來如」。火之象，則有自焚之義，故曰「焚如，死如，棄如」，言其焚死而棄也。學履。

「焚」、「死」、「棄」，只是説九四陽爻突出來逼拶上爻。「焚如」是「不戢自焚」之意。「棄」是死而棄之之意。淵。

「焚如，死如，棄如」，自成一句，恐不得如伊川之説。礪。

六五介于兩陽之間，憂懼如此，然處得其中，故不失其吉。淵。

問：「郭沖晦以爲離六五乃文明盛德之君，知天下之治莫大於得賢，故憂之如此，如『堯以不得舜爲己憂，舜以不得禹、皋陶爲己憂』。是否？」曰：「離六五陷於二剛之中，故其憂如此。只爲孟子説得此二句，便取以爲説，金録云：「恐不是如此，於上下爻不相通。」所以有牽合之病。解釋經義，最怕如此。」謨。去僞同。

「有嘉折首」是句。淵。

# 朱子語類卷第七十二

## 易八

### 咸

「否、泰、咸、恒、損、益、既濟、未濟,此八卦首尾皆是一義。如咸皆是感動之義之類。咸内卦艮,止也,何以皆説動?」曰:「艮雖是止,然咸有交感之義,都是要動,所以都説動。卦體雖是動,然才動便不吉。動之所以不吉者,以内卦屬艮也。」僴。

咸就人身取象,看來便也是有些取象説。咸上一畫如人口,中三畫有腹背之象,下有人脚之象。艮就人身取象,便也似如此。上一陽畫有頭之象,中二陰有口之象,所以「艮其輔」,於五爻言之。内卦以下亦有足象。礪。

問:「本義以爲柔上剛下,乃自旅來。旅之六五,上而爲咸之上六;旅之上九,下而爲咸之九五,此謂『柔上剛下』,與程傳不同。」先生問:「所以不同,何也?」銖曰:「易中自有卦變耳。」曰：「須知程子説有不通處，必著如卦變説，方見得下落。此等處，當録出看。」銖。

「山上有澤，咸」，當如伊川説，水潤土燥，有受之義。又曰：「上若不虚，如何受得？」又曰：「上兑下艮，兑上缺，有澤口之象；兑下二陽畫，有澤底之象；艮上一畫陽，有土之象；下二陰畫中虚，便是滲水之象。」礪。

問：「『君子以虚受人』，伊川注云：『以量而容之，擇合而受之。』以量，莫是要著意容之否？」曰：「非也。以量者，乃是隨我量之大小以容人，便是不虚了。」又問：「『貞吉悔亡』，易傳云：『貞者，虚中無我之謂。』本義云：『貞者，正而固。』不同，何也？」曰：「某尋常解經，只要依訓詁説字。如『貞』字作『正而固』，仔細玩索，自有滋味。若曉得正而固，則虚中無我亦在裏面。」又問：「『憧憧往來，朋從爾思』，莫是此感彼應，憧憧是添一箇心否？」曰：「『往來固是感應。憧憧，是一心方欲感他，一心又欲他來應。如正其義，便欲謀其利；明其道，便欲計其功。又如赤子入井之時，此心方怵惕要去救他，又欲他父母道我好，這便是憧憧底病。」僩。

厚之問「憧憧往來，朋從爾思」。曰：「往來自不妨，天地間自是往來不絶。只不合著憧憧了，便是私意。」德明録云：「如暑往寒來，日往月來，皆是常理。只著個『憧憧』字，便鬧了。」又問：「明道云『莫若廓然而大公，物來而順應』，如何？」曰：「『廓然大公』，便不是『憧憧』；『物來順應』，便不是『朋從爾思』。此只是『比而不周，周而不比』之意。這一段，舊看易惑人，近來看得節目極分明。」可學。

往來是感應合當底，憧憧是私。感應自是當有，只是不當私感應耳。淵。

「憧憧往來，朋從爾思。」聖人未嘗不教人思，只是不可憧憧，這便是私了。感應自有箇自然底道理，何必思他？若是義理，却不可不思。淵。

問：「咸傳之九四，説虚心貞一處，全似敬。」曰：「蓋嘗有語曰：『敬，心之貞也。』」方。

易傳言感應之理，咸九四盡矣。方。

問：「伊川解屈伸往來一段，以屈伸爲感應。屈伸之與感應若不相似，何也？」曰：「屈則感伸，伸則感屈，自然之理也。今以鼻息觀之：出則必入，出感入也；入則必出，入感出也，故曰：『感則有應，應復爲感，所感復有應。』屈伸非感應而何？」洽。

或問易傳説感應之理，曰：「如日往則感得那月來，月往則感得那日來；寒往則感得那暑來，暑往則感得那寒來。一感一應，一往一來，其理無窮。感應之理是如此。」曰：「此以感應之理言之，非有情者。」云：「『有動皆爲感』，似以有情者言。」曰：「父慈，則感得那子愈孝；子孝，則感得那父愈慈，其理亦只一般。」文蔚。

「周易傳言『有感必有應』，是如何？」曰：「凡在天地間，無非感應之理，造化與人事皆是。且如雨暘，雨不成只管雨，便感得箇暘出來；暘不成只管暘，暘已是應處，又感得雨來。是『感則必有應，所應復爲感』。寒暑晝夜，無非此理。如人夜睡，不成只管睡至曉，須著起來；一日運動，向晦亦須常息。凡一死一生，一出一入，一往一來，一語一默，皆是感應。中人之性，半善半惡，有善則有惡。古今天下，一盛必有一衰。聖人在上，兢兢業業，必日保治。及到衰廢，自是整頓不起；終不成一向如此，必有興起時節。唐貞觀之治，可謂甚盛。至中間武后出來作壞一番，自恁地塌塌底去。至五代，衰微極矣！國之紀綱，國之人才，舉無一足恃。一旦聖人勃興，轉動一世，天地爲之豁開！仁宗時，天下稱太平，眼雖不得見，想見是太平。然當時災異亦數有之，所以馴至後來之變，亦是感應之常如此。」又問：「感應之理，於學者工夫有用處否？」曰：「此理無乎不在，如何學者用不得？『精義入神，以致用也；利用安身，以崇德也』，亦是這道理。研精義理於內，所以致用於外；利用安身於外，所以崇德於內。橫渠此處説得更好：『「精義入神」，事豫吾內，求利吾外；「利用安身」，素利吾外，致養吾內。』此幾句親切，正學者用功處。」寓。

林一之問「凡有動皆爲感，感則必有應」。曰：「如風來是感，樹動便是應；樹拽又是感，下面物動又是應。如晝極必感得夜來，夜極又便感得晝來。」曰：「感便有善惡否？」

曰：「自是有善惡。」曰：「何謂『心無私主，則有感皆通』？」曰：「心無私主，不是溟涬没理會，也只是公。善則好之，惡則惡之；善則賞之，惡則刑之，此是聖人至神之化。心無私主，如天地一般，寒則徧天下皆寒，熱則徧天下皆熱，便是『有感皆通』。」曰：「心無私主最難。」曰：「只是克去己私，便心無私主。若心有私主，只是相契者應，不相契者則不應。如好讀書人，見讀〔一〕書便愛；不好讀書人，見書便不愛。」淳。

器之問程子説感通之理。曰：「如晝而夜，夜而復晝，循環不窮。所謂『一動一静，互爲其根』，皆是感通之理。」木之問：「所謂『天下之理，無獨必有對』，便是這話否？」曰：「便是。天下事那件無對來？陰與陽對，動與静對，一物便與一理對。君可謂尊矣，便與民爲對。人説碁盤中間一路無對，某説道，便與許多路爲對。」因舉「寒往則暑來，暑往則寒來」與屈伸消長之説。邵氏擊壤集云：「上下四方謂之宇，古往今來謂之宙。」因説：「易咸感處，伊川説得未備。往來，自還他有自然之理。惟正静爲主，則吉而悔亡。至於憧憧則私爲主，而思慮之所及者朋從，所不及者不朋從矣。是以事未至則迎之，事已過則將之，全掉脱不下。今人皆病於無公平之心，所以事物之來，少有私意雜焉，則陷於所偏重

〔一〕「讀」字似衍。

矣。」木之。

趙致道問感通之理。曰：「感，是事來感我；通，是自家受他感處之意。」時舉。

問：「程子說『感應』，在學者日用言之，則如何？」曰：「只因這一件事，又生出一件事，便是感與應。因第二件事，又生出第三件事，第二件事又是感，第三件事又是應。如王文正公平生儉約，家無姬妾。自東封後，真宗以太平宜共享，令直省官爲買妾，公不樂。有沈倫家鬻銀器花（藍）〔籃〕〔一〕火筒之屬，公嚬蹙曰：『吾家安用此！』其後姬妾既具，乃復呼直省官，求前日沈氏銀器而用之。此買妾底便是感，買銀器底便是應。」淳。

繫辭解咸九四，據爻義看，上文說「貞吉悔亡」，「貞」字甚重。程子謂：「聖人感天下，如雨暘寒暑，無不通，無不應者，貞而已矣。」所以感人者果貞矣，則吉而悔亡。蓋天下本無二理，果同歸矣，何患乎殊塗！果一致矣，何患乎百慮！所以重言「何思何慮」也。如日月寒暑之往來，皆是自然感應如此。日不往則月不來，月不往則日不來，寒暑亦然。往來只是一般往來，但憧憧之往來者，患得患失，既要感這箇，又要感那箇，便自憧憧忙亂，用其私心而已。「屈伸相感，而利生焉」者，有晝必有夜，設使長長爲晝而不夜，則何以

〔一〕據文義改。

息？夜而不晝，安得有此光明？春氣固是和好，只有春夏而無秋冬，則物何以成？一向秋冬而無春夏，又何以生？屈伸往來之理，所以必待迭相爲用，而後利所由生。春秋冬夏，只是一箇感應，所應復爲感，所感復爲應也。春夏是一箇大感，秋冬則必應之，而秋冬又爲春夏之感。以細言之，則春爲夏之感，夏則應春而又爲秋之感；秋爲冬之感，冬則應秋而又爲春之感，所以不窮也。尺蠖不屈，則不可以伸；龍蛇不蟄，則不可以藏身。今山林冬暖，而蛇出者往往多死，此即屈伸往來感應必然之理。夫子因「往來」兩字，説得許多大。又推以言學，所以内外交相養，亦只是此理而已。横渠曰：「事豫吾内，求利吾外；素利吾外，致養吾内。」此下學所當致力處。過此以上，則不容計功。所謂「窮神知化」，乃養盛自至，非思勉所及，此則聖人事矣。謨。

或説「貞吉悔亡，憧憧往來，朋從爾思」，云：「一往一來，皆感應之常理也。加憧憧焉，則私矣。此以私感，彼以私應，所謂『朋從爾思』，非有感必通之道矣。」先生然之。又問：「『往來』，是心中憧憧然往來，猶言往來於懷否？」曰：「非也。下文分明説『日往則月來，月往則日來』；『寒往則暑來，暑往則寒來』，安得爲心中之往來？伊川説微倒了，所以致人疑。一往一來，感應之常理也，自然如此。」又問：「是憧憧於往來之間否？」曰：「亦非也。這箇只是對那日往則月來底説。那箇是自然之往來，此憧憧者是加私意，不好底往來。『憧憧』，只是加一箇忙迫底心，不能順自然之理，猶言『助長』、『正心』，與計獲相似。方往時，又便要來；方來時，又便要往，只是一箇忙。」又曰：「方做去時是往，後面來底是來。如人耕種，下種是往，少間禾生是來。」問：「『憧憧往來』，如霸者，以私心感人，便要人應。自然往來，如王者，我感之也，無心而感；其應我也，無心而應，周徧公溥，無所私係。是如此否？」曰：「也是如此。」又問：「此以私而感，恐彼之應者非以私而應，只是應之者有限量否？」曰：「也是以私而應。如自家以私惠及人，少間被我之惠者則以我爲恩，不被我之惠者則不以我爲恩矣。王者之感，如云：『王用三驅失前禽。』去者不以爲恩，獲者不以爲怨，如此方是公正無私心。」又問：「『天下何思何慮』？人固不能無思慮，只是不可加私心欲其如此否？」曰：「也不曾教人不得思慮，只是道理自然如此。感應之理，本不消思慮。空費思量，空費計較，空費安排，都是枉了，無益於事，只順其自然而已。」因問：「某人在位，當日之失便是如此，不能公平其心，『翕，受敷施』。每廣坐中見有這邊人，即加敬與語，其他皆不顧；以至差遣之屬，亦有所偏重，此其所以收怨而召禍也。」曰：「這事便是難說。今只是以成敗論人，不知當日事勢有難處者。若論大勢，則九分九釐，須還時節。或其人見識之深淺，力量之廣狹，病却在此。以此而論，却不是。前輩有云：『牢籠之事，吾不爲也。』若必欲人人面分上説一般話，或慮其人不好，他日或爲吾患，遂委曲牢籠之，此却是憧憧往來之心。與人説話，或偶然與這人話未終，因而不暇及其他，如何逐人面分問勞他得！李文靖爲相，嚴毅端重，每見人不交一談。或有諫之者，公曰：『吾見豪俊跅弛之士，其議論尚不足以起發人意。今所謂通家子弟，每見我，語言進退之間，尚周章失措。此等有何識見，而足與語，徒亂人意耳！』王文正、李文穆皆如此，不害爲賢相，豈必人人皆與之語耶？宰相只是一箇進賢退不肖，若著一毫私心便不得。前輩嘗言：『做宰相只要辨一片心，辨一雙眼。心公則能進賢退不肖，眼明則能識得那箇是賢，那箇是不肖。』此兩言説盡做宰相之道。只怕其所好者未必真賢，其所惡者未必真不肖耳。若真箇知得，更何用牢籠！且天下之大，人才之衆，可人人牢籠之耶？」或問：「如一樣小人，涉歷既多，又未有過失，自家明知其不肖，將安所措之？」曰：「只恐居其位不久。若久，少間此等小人自然退聽，不容他出來也。今之爲相者，朝夕疲精神於應接書簡之間，更何暇理會國事！世俗之論，遂以此爲相業。然只是牢籠人住在那裏，今日一見，明日一請，或住半年、周歲，或住數月，必不得已而後與之。其人亦以爲宰相之顧我厚，令我得好差遣而去。賢愚同滯，舉世以爲當然。有一人焉，略欲分別善惡，杜絶干請，分諸闕於部中，已得以免應接之煩，稍留心國事，則人争非之矣！且以當日所用之才觀之，固未能皆賢，然比之今日爲如何？今日之謗議者，皆昔之遭擯棄之人也，其論固何足信！此下逸兩句。若牢籠得一人，則所謂小人者，豈止此一人！與一人，則千百皆怨矣。且吾欲牢籠之，能保其終不畔己否？已往之事，可以鑒矣。如公之言，却是憧憧往來之心也。其人之失處，却不在此，却是他未能真知賢不肖之分耳。」或曰：「如某人者，也有文采，也廉潔，豈可棄之耶？」曰：「公欲取賢才耶？取文采耶？且其廉，一己之事耳，何足以救其利口覆邦家之禍哉？今世之人，見識一例低矮，所論皆卑。某嘗說，須是盡吐瀉出那肚裏許多鏖糟惡濁底見識，方略有進處。譬如人病傷寒，在上則吐，在下則瀉，如此方得病除。」或曰：「近日諸公多有爲持平之說者，如何？」曰：「所謂近時惡濁之論此是也，不成議！論某嘗說，此所謂平者，乃大不平也，不知怎生平得。」僩問：「胡文定說，元祐某人建議，欲爲調停之說者云：『但能内君子而外小人，天下自治，何必深治之哉？』此能體天理人欲者也。此語亦似持平之論，如何？」曰：「文定未必有此論。然小人亦有數般樣，若一樣可用底，也須用。或有事勢危急，翻轉後，其禍不測。或只得隱忍，權以濟一時之急耳，然終非常法也。明道當初之意便是如此，欲使諸公用熙豐執政之人，與之共事，令變熙豐之法。或他日事翻，則其罪不獨在我。他正是要使術，然亦拙謀。諺所謂『掩目捕雀』，我却不見雀，不知雀却看見我。你欲以此術制他，不知他之術更高你在。所以後來温公留章子厚，欲與之共變新法，卒至簾前悖詈，得罪而去。章忿叫曰：『他日不能陪相公喫劒得！』便至如此，無可平之理，盡是拙謀。某嘗說，今世之士，所謂巧者，是大拙，無有能以巧而濟者，都是枉了，空費心力。只有一箇公平正大行將去，其濟不濟，天也。古人間有如此用術而成者，都是偶然，不是他有意智。要之，都不消如此，決定無益。張子房號爲有意智者，以今觀之，可謂甚疏。如勸帝與項羽和而反兵伐之，此成甚意智！只是他命好，使一番了，第二番又被他使得勝。」又曰：「古人做得成者，不是他有智，只是偶然。只有一箇『正其誼不謀其利，明其道不計其功』。其他費心費力，用智用數，牢籠計較，都不濟事，都是枉了。」又曰：「本朝以前，宰相見百官，皆以班見。國忌拈香歸來，回班以見。宰相見時有刻數，不知過幾刻，便喝『相公尊重』！用屏風攔斷。也是省事，攔截了幾多干請私曲底事。某舊見陳魏公、湯進之爲相時，那時猶無甚人相見，每見不過五六人，十數人，他也隨官之崇卑做兩番請。今則不勝其多，爲宰相者每日只了得應接，更無心理會國事。如此者謂之有相業有精神。秦會之也是會做，嚴毅尊重，不妄發一談。其答人書，只是數字。今宰相答人書，剗地委曲詳盡，人皆翕然稱之。只是不曾見已前事，只見後來習俗，遂以爲例。其有不然者，便羣起非之矣！温公作相日，有一客位榜，分作三項云：『訪及諸君，若覩朝政闕遺，庶民疾苦，欲進忠言，請以奏牘聞於朝廷，某得與同僚商議，擇可行者取旨行之。若但以私書寵喻，終無所益。若光身有過失，欲賜規正，則可以通書簡，分付吏人傳入，光得内自省訟，佩服改行。至於理會官職差遣，理雪罪名，凡于身計，並請一面進狀，光得與朝省衆官公議施行。若在私第垂訪，不請語及。』此皆前輩做處。」又曰：「伊川云：『狥俗雷同，不喚做「隨時」；惟嚴毅特立，乃「隨時」也。』而今人見識低，只是狥流俗之論，流俗之論便以爲是，是可歎也！公們只是見那向時不得差遣底人説他，自是怨他；若教公去做看，方見得難。且如有兩人焉，自家平日以一人爲賢，一人爲不肖。若自家執政，定不肯捨其賢而舉其不肖，定是舉其賢而捨其不肖。若舉此一人，則彼一人怨，必矣，如何盡要他説好得！只怕自家自認不破，賢者却以爲不肖，不肖者却以爲賢，如此則乖。若認得定，何害？又有一樣人底，半間不界，可進可退，自家却以此爲賢，以彼爲不肖，此尤難認，便是難。」又曰：「『舜有大功二十』，『以其舉十六相而去四凶也』。若如公言，却是舜有大罪二十矣！」僩。

問：「咸之九五傳曰：『感非其所見而説者。』此是任貞一之理則如此？」曰：「武王不泄邇，不忘遠，是其心量該遍，故周流如此，是此義也。」方。

## 恒

恒是箇一條物事，徹頭徹尾，不是尋常字。古字作「恆」，其説象一隻船兩頭靠岸，可見徹頭徹尾。值。

履之問：「常非一定之謂，『一定則不能恒矣』。」曰。「物理之始終變易，所以爲恒而不窮。然所謂不易者，亦須有以變通，乃能不窮。如君尊臣卑，分固不易，然上下不交也不得。父子固是親親，然所謂『命士以上，父子皆異宫』，則又有變焉。惟其如此，所以爲恒。論其體則終是恒。然體之常，所以爲用之變；用之變，乃所以爲體之恒。」道夫。

恒，非一定之謂，故晝則必夜，夜而復晝；寒則必暑，暑而復寒，若一定，則不能常也。其在人，「冬日則飲湯，夏日則飲水」；「可以仕則仕，可以止則止」；今日道合便從，明日不合則去。又如孟子辭齊王之金而受薛宋之餽，皆隨時變易，故可以爲常也。道夫。

能常而後能變，能常而不已，所以能變；及其變也，常亦只在其中。伊川却説變而後能常，非是。僩。

正便能久。「天地之道，恒久而不已」，這箇只是説久。淵。

物各有箇情。有箇人在此，決定是有那羞惡、惻隱、是非、辭讓之情。性只是箇物事；情却多般，或起或滅，然而頭面却只一般。長長恁地，這便是「觀其所恒，而天地萬物之情可見」之義。「乃若其情」，只是去情上面看。淵。

叔重説："『浚恒貞凶』，恐是不安其常，而深以常理求人之象，程氏所謂『守常而不能度勢』之意。"曰："未見有不安其常之象，只是欲深以常理求人耳。"時舉。

問："『恒其德貞，婦人吉，夫子凶。』德，指六，謂常其柔順之德，固貞矣。然此婦人之道，非夫子之義。蓋婦人從一而終，以順爲正，夫子則制義者也。若從婦道，則凶。"曰："固是如此。然須看得象占分明。六五有『恒其德貞』之象，占者若婦人則吉，夫子則凶。大底看易，須是曉得象占分明。所謂吉凶者，非爻之能吉凶，爻有此象，而占者視其德而有吉凶耳。且如此爻，不是既爲婦人，又爲夫子，只是有『恒其德貞』之象，而以占者之德爲吉凶耳。又如恒固能亨而無咎，然必占者能久於其道，方亨而無咎。又如九三『不恒其德』，非是九三能『不恒其德』，乃九三有此象耳。占者遇此，雖正亦吝。若占者能恒其德，則無羞吝。"銖。

## 遯

問："遯卦『遯』字，雖是逃隱，大抵亦取遠去之意。天上山下，相去甚遼絶，象之以君子遠小人，則君子如天，小人如山。相絶之義，須如此方得。所以六爻在上，漸遠者愈善也。"曰："恁地推亦好。此六爻皆是君子之事。"學履。

問：「『遯亨，遯而亨也』，分明是説能遯便亨。下更説『剛當位而應，與時行也』，是如何？」曰：「此其所以遯而亨也。陰方微，爲他剛當位而應，所以能知時而遯，是能『與時行』。不然，便是與時背也。」礪。

問：「『小利貞，浸而長也』，是見其浸長，故設戒令其貞正，且以寬君子之患，然亦是他之福。」曰：「是如此。此與否初、二兩爻義相似。」同。

問：「『小利貞』，以彖辭『小利貞，浸而長也』之語觀之，則小當爲陰柔小人。如「小往大來」、「小過」、「小畜」之「小」。言君子能遯則亨，小人則利於守正，不可以浸長之故，而浸迫於陽也。此與程傳『遯者，陰之始長，君子知微，故當深戒。而聖人之意未遽已，故有「與時行，小利貞」之教』之意不同。」曰：「若如程傳所云，則於『剛當位而應，與時行也』之下，當云『止而健，陰進而長，故小利貞』。今但言『小利貞，浸而長也』，而不言陰進而長，則小指『陰小』之『小』可知。況當遯去之時，事勢已有不容正之者；程説雖善，而有不通矣。」又問：「『遯尾厲，勿用有攸往』者，言不可有所往，但當晦處静俟耳。此意如何？」曰：「程傳作『不可往』，謂不可去也。言『遯已後矣，不可往，往則危。往既危，不若不往之爲無灾』。某竊以爲不然。遯而在後，尾也。既已危矣，豈可更不往乎！若作占辭看，尤分明。」先生又言：「『執之用黄牛之革，莫之勝説。』此言象而占在其中，六二亦有此德也。説，吐活反。九四：『君子吉，小人否。』否，方九反。」銖。

伊川說「小利貞」云，尚可以有爲。陰已浸長，如何可以有爲？所說王允、謝安之於漢晉，恐也不然。王允是算殺了董卓，謝安是乘王敦之老病，皆是他衰微時節，不是浸長之時也。兼他是大臣，亦如何去！此爲在下位有爲之兆者，則可以去。大臣任國安危，君在與在，君亡與亡，如何去！又曰：「王允不合要盡殺梁州兵，所以致敗。」礪。

「遯尾厲」，到這時節去不迭了，所以危厲，不可有所往，只得看他如何。賢人君子有這般底多。淵。

問：「『畜臣妾吉』，伊川云待臣妾之道。君子之待小人，亦不如是。如何？」曰：「君子小人，更不可相對，更不可與相接。若臣妾，是終日在自家脚手頭，若無以係之，則望望然去矣。」又曰：「易中詳識物情，備極人事，都是實有此事。今學者平日只在燈牕下習讀，不曾應接世變；一旦讀此，皆看不得。某舊時也如此，即管讀得不相入，所以常說易難讀。」礪。

問：「九五『嘉遯』，以陽剛中正，漸向遯極，故爲嘉美。未是極處，故戒以貞正則吉。」曰：「是如此。便是『剛當位而應』處，是去得恰好時節。小人亦未嫌自家，只是自家合去，莫見小人不嫌，却與相接而不去，便是不好，所以戒他貞正。」礪。

# 大壯

問：「大壯『大者正』與『正大』不同。上『大』字是指陽，下『正大』是説理。」曰：「亦緣上面有『大者正』一句，方説此。」學履。

大壯「利貞」，利於正也。所以大者，以其正也。既正且大，則天地之情不過於此。燾。

問：「『雷在天上，大壯，君子以非禮弗履』，伊川云云，其義是否？」曰：「固是。君子之自治，須是如雷在天上，恁地威嚴猛烈，方得。若半上落下，不如此猛烈果決，濟得甚事！」僩。

或問：「伊川『自勝者爲强』之説如何？」曰：「雷在天上，是甚威嚴！人之克己能如雷在天上，則威嚴果決以去其惡，而必於爲善。若半上落下，則不濟事，何以爲君子？須是如雷在天上，方能克去非禮。」燾。

此卦如「九二貞吉」，只是自守而不進；九四「藩決不羸，壯於大輿之輹」，却是有可進之象，此卦爻之好者。蓋以陽居陰，不極其剛，而前遇二陰，有藩決之象，所以爲進，非如九二前有三、四二陽隔之，不得進也。又曰：「『喪羊于易』，不若作『疆埸』之『易』。漢食貨志『疆埸』之『埸』正作『易』。蓋後面有『喪羊于易』，亦同此義。今本義所注，只是從前所説如此，只且仍舊耳。上六取喻甚巧，蓋壯終動極，無可去處，如羝羊之角掛於藩上，不能退、遂。然『艱則吉』者，畢竟有可進之理，但必艱始吉耳。」銖。

問：「大壯本好，爻中所取却不好；睽本不好，爻中所取却好。如六五對九二，處非其位；九四對上九，本非相應，都成好爻。不知何故？」曰：「大壯便是過了，纔過便不好。如睽卦之類，却是。易之取爻，多爲占者而言。占法取變爻，便是到此處變了。所以困卦雖是不好，然其間利用祭祀之屬，却好。」問：「此正與『羣龍无首』、『利水貞』一般。」曰：「然。却是變了，故如此。」榦。

此卦多説羊，羊是兑之屬。季通説，這箇是夾住底兑卦，兩畫當一畫。淵。

# 晉

「康侯」，似説「寧侯」相似。「用錫馬」之「用」，只是箇虚字，説他得這箇物事。淵。

「晝日」，是那上卦離也。晝日爲之是此意。淵。

問：「初六『晉如、摧如』，象也；『貞吉』，占辭。」曰：「『罔孚裕无咎』，又是解上兩句。恐『貞吉』説不明，故又曉之。」又問：「『受兹介福於其王母』，『指六五』，以爲『享先妣之吉占』，何也？」曰：「恐是如此。蓋周禮有享先妣之禮。」又問「衆允悔亡」。曰：「『衆允』，象也；『悔亡』，占也。」又問：「『晉其角，維用伐邑』，本義作『伐其私邑』，程傳以爲『自治』，如何？」曰：「便是程傳多不肯説實事，皆以爲取喻。伐邑，如墮費、墮郈之類是也。大抵今人説易，多是見易中有此一語，便以爲通體事當如此。不知當其時節地頭，其人所占得者，其象如何。若果如今人所説，則易之説有窮矣！又如『摧如』、『愁如』，易中少有此字。疑此爻必有此象，但今不可曉耳。」銖。

「晉六三，如何見得爲衆所信處？既不中正，衆方不信。雖能信之，又安能『悔亡』？」曰：「晉之時，二陰皆欲上進，三處地較近，故二陰從之以進。」問：「如何得『悔亡』？」曰：「居非其位，本當有悔。以其得衆，故悔可亡。」榦。

問：「六五『悔亡，失得勿恤，往吉，无不利』。伊川以爲：『六以柔居尊位，本當有悔。以大明而下皆順附，故其悔亡。下既同德順附，當推誠委任，盡衆人之才，通天下之志，勿復自任其明，恤其失得。如此而往，則吉而无不利。』此説是否？」曰：「便是伊川説得太深。據此爻，只是占者占得此爻，則不必恤其失得，而自亦無所不利耳。如何説得人君既得同德之人而委任之，不復恤其失得！如此，則蕩然無復是非，而天下之事亂矣！假使其所任之人或有作亂者，亦將不恤之乎？雖以堯、舜之聖，皋、夔、益、稷之賢，猶云『屢省乃成』，如何説既得同心同德之人而任之，則在上者一切不管，而任其所爲！豈有此理！

且彼所爲既失矣，爲上者如何不恤得？聖人無此等説話。聖人所説卦爻，只是略略説過。以爲人當著此爻，則大勢已好，雖有所失得，亦不必慮，而自無所不利也。聖人説得甚淺，伊川説得太深；聖人所説短，伊川解得長。」久之，又云：「『失得勿恤』，只是自家自作教是，莫管他得失。如士人發解做官，這箇却必不得，只得盡其所當爲者而已。如仁人『正其誼不謀其利，明其道不計其功』相似。」僩。

「失得勿恤」，此説失也不須問他，得也不須問他，自是好，猶言「勝負兵家之常」云爾。此卦六爻，無如此爻吉。淵。

「晉上九，剛進之極，以伐私邑，安能吉而无咎？」曰：「以其剛，故可伐邑。若不剛，則不能伐邑矣。但易中言『伐邑』，皆是用之於小；若伐國，則其用大矣。如「高宗伐鬼方」之類。『維用伐邑』，則不可用之於大可知。雖用以伐邑，然亦必能自危厲，乃可以吉而无咎。過剛而能危厲，則不至於過剛矣。」榦。

看伯豐與廬陵問答内晉卦伐邑説，曰：「晉上九『貞吝』，吝不在克治。正以其克治之難，而言其合下有此吝耳。『貞吝』之義，諸義只云貞固守此則吝，不應於此獨云於正道爲吝也。」當。

# 明夷

明夷，未是説闇之主，只是説明而被傷者，乃君子也。上六方是説闇。君子出門庭，言君子去闇尚遠，可以得其本心而遠去。文王、箕子大概皆是「晦其明」。然文王「外柔順」，是本分自然做底。箕子「晦其明」，又云「艱」，是他那佯狂底意思，便是艱難底氣象。爻説「貞」而不言「艱」者，蓋言箕子，則艱可見，不必更言之。淵。

君子「用晦而明」，晦，地象；明，日象。晦則是不察察。若晦而不明，則晦得没理會了。故外晦而内必明，乃好。學履。

「明夷初、二二爻不取爻義。」曰：「初爻所傷地遠，故雖傷而尚能飛。」問：「初爻比二爻，似二爻傷得淺，初爻傷得深。」曰：「非也。初尚能飛，但垂翼耳。」榦。

問明夷。曰：「下三爻皆説明夷是明而見傷者。六四爻，説者却以爲是姦邪之臣先蠱惑其君心，而後肆行於外。殊不知上六是暗主，六五却不作君説。六四之與上六既非正應，又不相比。又況下三爻皆説明夷是好底，何獨此爻却作不好説？故某於此爻之義未詳。但以意觀之，六四居暗地尚淺，猶可以得意而遠去，故雖入於幽隱之處，猶能『獲明夷之心，於出門庭也』，故小象曰：『獲心意也。』上六『不明晦』，則是合下已是不明，故『初登於天』可以『照四國』，而不免『後入於地』，則是始於傷人之明，而終於自傷以墜其命矣。呂原明以爲唐明皇可以當之，蓋言始明而終暗也。」銖。

## 家人

問：「家人象辭，不盡取象。」曰：「注中所以但取二、五，不及他象者，但只因象傳而言耳。大抵象傳取義最精。象中所取，却恐有假合處。」榦。

問「風自火出」。曰：「謂如一爐火，必有氣衝上去，便是『風自火出』。然此只是言自內及外之意。」燾。學履録云：「是火中有風，如一堆火在此，氣自薰蒸上出。」

「王假有家」，言到這裏，方且得許多物事。有妻有妾，方始成箇家。淵。

問「王假有家」。曰：「『有家』之『有』，只是如『夙夜浚明有家』、『亮采有邦』之『有』。謂有三德者，則夙夜浚明於其家；有六德者，則亮采於其邦。『有』是虛字，非如『奄有四方』之『有』也。」銖。

或問：「易傳云，正家之道在於『正倫理，篤恩義』。今欲正倫理，則有傷恩義；欲篤恩義，又有乖於倫理，如何？」曰：「須是於正倫理處篤恩義，篤恩義而不失倫理，方可。」柄。

睽

睽，皆言始異終同之理。淵。

問「君子以同而異」。曰：「此是取兩象合體爲同，而其性各異，在人則是『和而不同』之意。蓋其趨則同，而所以爲同則異。如伯夷、柳下惠、伊尹三子所趨不同，而其歸則一。象辭言睽而同，大象言『同而異』。在人則出處語默雖不同，而同歸於理；講論文字爲説不同，而同於求合義理；立朝論事所見不同，而同於忠君。本義所謂『二卦合體』者，言同也；『而性不同』者，言異也。『以同而異』語意與『用晦而明』相似。大凡讀易到精熟後，顛倒説來皆合；不然，則是死説耳。」又問：「睽卦無正應，而同德相應者何？」曰：「無正應，所以爲睽，當睽之時，當合者既離，其離者却合也。」銖。

問：「『君子以同而異』，作『理一分殊』看，如何？」曰：「『理一分殊』，是理之自然如此，這處又就人事之異上説。蓋君子有同處，有異處，如所謂『周而不比』、『羣而不黨』是也。大抵易中六十四象，下句皆是就人事之近處説，不必深去求他。此處伊川説得甚好。」學履。

過舉程子睽之象「君子以同而異」，解曰：「不能大同者，亂常咈理之人也；不能獨異者，隨俗習非之人也。要在同而能異爾。」「又如今之言地理者，必欲擇地之吉，是同也；不似世俗專以求富貴爲事，惑亂此心，則異矣。如士人應科舉，則同也；不曲學以阿世，則異矣。事事推去，斯得其旨。」過。

馬是行底物，初間行不得，後來却行得。大率睽之諸爻都如此，多説先異而後同。淵。

問：「睽『見惡人』，其義何取？」曰：「以其當睽之時，故須見惡人，乃能无咎。」榦。

「天」，合作「而」，剃鬚也。篆文「天」作「𠑹」，「而」作「𠑹」。淵。

「宗」，如「同人于宗」之「宗」。淵。

「載鬼一車」等語所以差異者，爲他這般事是差異底事，所以却把世間差異底明之。世間自有這般差異底事。淵。

## 蹇

「蹇，利西南」，是説坤卦分曉。但不知從何插入這坤卦來，此須是箇變例。聖人到這裏，看見得有箇做坤底道理。大率陽卦多自陰來，陰卦多自陽來。震是坤第一畫變，坎是第二畫變，艮是第三畫變。易之取象，不曾確定了他。淵。

蹇無坤體，只取坎中爻變，如沈存中論五姓一般。「蹇利西南」，謂地也。據卦體艮下坎上，無坤，而繇辭言地者，往往只取坎中爻變，變則爲坤矣。沈存中論五姓，自古無之，後人既如此呼喚，即便有義可推。淵。

潘謙之書曰：「蹇與困相似。『君子致命遂志』，『君子反身修德』，亦一般。」殊不知不然。象曰：「澤無水，困。」是盡乾燥，處困之極，事無可爲者，故只得「致命遂志」。若「山上有水，蹇」，則猶可進步，如山下之泉曲折多艱阻，然猶可行，故教人以「反身修德」，豈可以困爲比？只觀「澤無水，困」，與「山上有水，蹇」，二句便全不同。學履。僩同。

問「往蹇來譽」。曰：「『來往』二字，唯程傳言『上進則爲往，不進則爲來』，説得極好。今人或謂六四『往蹇來連』，是來就三；九三『往蹇來反』，是來就二；上六『往蹇來碩』，是來就五，亦説得通。但初六『來譽』，則位居最下，無可來之地，其説不得通矣。故不若程傳好，只是不往爲佳耳。不往者，守而不進。故不進則爲來。諸爻皆不言吉，蓋未離乎蹇中也。至上六『往蹇來碩，吉』，却是蹇極有可濟之理。既是不往，惟守於蹇，則必得見九五之大人與共濟，蹇而有碩大之功矣。」銖。

問：「蹇九五，何故爲『大蹇』？」曰：「五是爲蹇主。凡人臣之蹇，只是一事。至大蹇，須人主當之。」礪。

問「大蹇朋來」之義。曰：「處九五尊位，而居蹇之中，所以爲『大蹇』，所謂『遺大投艱於朕身』。人君當此，則須屈羣策，用羣力，乃可濟也。」學履。僩同。

## 解

先生舉「無所往，其來復吉」。程傳以爲「天下之難已解，而安平無事，則當修復治道，正紀綱，明法度，復先代明王之治」。「夫禍亂既平，正合修明治道，求復三代之規模，却只便休了！兩漢以來，人主還有理會正心、誠意否？須得人主如窮閻陋巷之士，治心修身，講明義理，以此應天下之務，用天下之才，方見次第。」因言：「神廟，大有爲之主，勵精治道，事事要理會過，是時却有許多人才。若專用明道爲大臣，當大段有可觀。明道天資高，又加以學，誠意感格，聲色不動，而事至立斷。當時用人參差如此，亦是氣數舛逆。」德明。

「天地解而雷雨作。」陰陽之氣閉結之極，忽然迸散出做這雷雨。只管閉結了，若不解散，如何會有雷雨作。小畜所以不能成雷雨者，畜不極也。雷便是如今一箇爆杖。淵。

六居三，大率少有好底。「負且乘」，聖人到這裏，又見得有箇小人乘君子之器底象，故又於此發出這箇道理來。淵。

問「解而拇，朋至斯孚」。曰：「四與初皆不得正。四能『解而拇』者，以四雖陰位而才則陽，與初六陰柔則爲有間，所以能解去其拇，故得陽剛之朋類至而相信矣。」銖。

「射隼于高墉」，聖人説易，大概是如此，不似今人説底。向來欽夫書與林艾軒云：「聖人説易，却則恁地。」此却似説得易了。淵。

## 損

「二簋」與「簋貳」字不同，可見其義亦不同。淵。

「懲忿」如救火，「窒欲」如防水。大雅。

問：「『懲忿、窒慾』，忿怒易發難制，故曰『懲』，懲是戒於後。慾之起則甚微，漸漸到熾處，故曰『窒』，窒謂塞於初。古人説『情竇』，竇是罅隙，須是塞其罅隙。」曰：「懲也不專是戒於後，若是怒時，也須去懲治他始得。所謂懲者，懲於今而戒於後耳。窒亦非是真有箇孔穴去塞了，但遏絶之使不行耳。」又曰：「『山下有澤，損，君子以懲忿、窒慾』；『風雷，益，君子以見善則遷，有過則改』。觀山之象以懲忿，觀澤之象以窒慾。慾如汙澤然，其中穢濁解汙染人，須當填塞了。如風之迅速以遷善，如雷之奮發以改過。」廣

云：「觀山之象以懲忿，是如何？」曰：「人怒時，自是恁突兀起來。故孫權曰：『令人氣湧如山！』」廣。

問：「『山下有澤，損，君子以懲忿、窒慾』；『風雷，益，君子以見善則遷，有過則改』。」曰：「伊川將來相牽合説，某不曉。看來人自有遷善時節，自有改過時節，不必只是一件事。某看來，只是懲忿如摧山，窒慾如填壑，遷善如風之迅，改過如雷之烈。」又曰：「聖人取象，亦只是箇大約彷彿意思如此。若纔著言語窮他，便有説不去時。如後面小象，若更教孔子添幾句，也添不去。」僩。

「酌損之」，在損之初下，猶可以斟酌也。淵。

問：「損卦三陽皆能益陰，而二與上二爻，則曰：『弗損，益之。』初則曰：『酌損之。』何邪？」曰：「這一爻難解，只得用伊川説。」又云：「易解得處少，難解處多，今且恁地説去。到那占時，又自別消詳有應處，難立爲定説也。」學履。

「三人行，損一人」，三陽損一。「一人行，得其友」，一陽上去换得一陰來。淵。

「或益之十朋之龜」爲句。淵。

「得臣无家」，猶言化家爲國相似。得臣有家，其所得也小矣，无家則可見其大。淵。

問：「損卦下三爻皆損己益人，四五兩爻是損己從人，上爻有爲人上之象，不待損己而自有以益人。」曰：「下三爻無損己益人底意；只是盛到極處，去不得，自是損了。四爻『損其疾』，只是損了那不好了，便自好。五爻是受益，也無損己從人底意。」礪。

# 益

問：「『木道乃行』，程傳以爲『木』字本『益』字之誤，如何？」曰：「看來只是『木』字。渙卦說『乘木有功』，中孚說『乘木舟虛』，以此見得只是『木』字。」又問「或擊之」。曰：「『或』字，衆無定主之辭，言非但一人擊之也。『立心勿恒』，『勿』字只是『不』字，非禁止之辭。此處亦可疑，且闕之。」銖。

「木道乃行」，不須改「木」字爲「益」字，只「木」字亦得。見一朋友說，有八卦之金木水火土，有五行之金木水火土。如「乾爲金」，易卦之金也；兑之金，五行之金也。「巽爲木」，是卦中取象。震爲木，乃東方屬木，五行之木也，五行取四維故也。去僞。

「某昨日思『風雷，益，君子以遷善、改過』。遷善如風之速，改過如雷之猛！」祖道曰：「莫是才遷善，便是改過否？」曰：「不然，『遷善』字輕，『改過』字重。遷善如慘淡之物，要使之白；改過如黑之物，要使之白，用力自是不同。遷善者，但見是人做得一事强似我，心有所未安，即便遷之。儒用録云：「只消當下遷過就他底。」若改過，須是大段勇猛始得。」又曰：「公所說蒙與蠱二象，却有意思。如『山下有澤，損，君子以懲忿、窒慾』，必是降下山以塞其澤，便是此象。六十四卦象皆如此。」祖道。儒用同。

問「遷善、改過」。曰：「風是一箇急底物，見人之善，己所不及，遷之如風之急；雷是一箇勇決底物，己有過，便斷然改之，如雷之勇，決不容有些子遲緩！」賜。

「元吉无咎」，吉凶是事，咎是道理。蓋有事則吉，而理則過差者，是之謂吉而有咎。淵。

「享于帝吉」是「祭則受福」底道理。淵。

「益之，用凶事」，猶書言「用降我凶德，嘉績於朕邦」。淵。

伊川說易亦有不分曉處甚多。如「益之，用凶事」，說作凶荒之「凶」，直指刺史郡守而言。在當時未見有這守令，恐難以此說。某謂「益之，用凶事」者，言人臣之益君甚難，必以危言鯁論恐動其君而益之。雖以中而行，然必用圭以通其信。若不用圭以通之，又非忠以益於君者也。

「中行」與「依」，見不得是指誰。淵。

「利用遷國」，程昌寓守壽春，虜人來，占得此爻，遷來鼎州。後平楊么有功。淵。方子錄云「守蔡州」。

益損二卦說龜，一在二，一在五，是顛倒說去。未濟與既濟說「伐，鬼方」，亦然。不知如何。未濟，看來只陽爻便好，陰爻便不好。但六五、上九二爻不知是如何。蓋六五以得中故吉，上九有可濟之才，又當未濟之極，可以濟矣。却云不吉，更不可曉。學蒙。

大抵損益二卦，諸爻皆互换。損好，益卻不好。如損六五却成益六二。損上九好，益上九却不好。淵。

## 夬

用之説夬卦云："聖人於陰消陽長之時亦如此戒懼，其警戒之意深矣！"曰："不用如此説，自是無時不戒慎恐懼，不是到這時方戒懼。不成説天下已平治，可以安意肆志！只才有些放肆，便弄得靡所不至！"僩。

"揚于王庭，孚號有厲。"若合開口處，便雖有劍從自家頭上落，也須著説。但使功罪各當，是非顯白，於吾何慊！道夫。

夬卦中"號"字，皆當作"户羔反"。唯"孚號"，古來作去聲，看來亦只當作平聲。僩。

"壯于前趾"，與大壯初爻同。此卦大率似大壯，只争一畫。淵。

王子獻卜，遇夬之九二，曰"惕號，莫夜有戎，勿恤"，吉。卜者告之曰："必夜有驚恐，後有兵權。"未幾，果夜遇寇，旋得洪帥。淵。

問九三"壯于頄"。曰："君子之去小人，不必悻悻然見於面目，至於遇雨而爲所濡濕，雖爲衆陽所愠，然志在決陰，必能終去小人，故亦可得无咎也。蓋九三雖與上六爲應，而實以剛居剛，有能決之象；故『壯于頄』則有凶，而和柔以去之，乃无咎，如王允之於董卓，温嶠之於王敦是也。」又曰：「彖云『利有攸往，剛長乃終』，今人以爲陽不能無陰，中國不能無夷狄，君子不能無小人，故小人不可盡去。今觀『剛長乃終』之言，則聖人豈不欲小人之盡去耶？但所以決之者自有道耳。」又問：「夬卦辭言『孚號』，九二言『惕號』，上九言『無號』，取象之義如何？」曰：「卦有兑體，『兑爲口』，故多言『號』也。」又問：「以五陽決一陰，君子盛而小人衰之勢，而卦辭則曰『告自邑，不利即戎』；初九『壯于前趾』，則『往不勝』；九二『惕號』，則『有戎勿恤』；『壯于頄』則凶，『牽羊』則『悔亡』，『中行无咎』。豈去小人之道，須先自治而嚴厲戒懼，不可安肆耶？」曰：「觀上六一爻，則小人勢窮，無號有凶之時，而君子去之之道，猶當如此嚴謹，自做手脚，蓋不可以其勢衰而安意自肆也，其爲戒深矣！」銖。

九三「壯于頄」，看來舊文本義自順，不知程氏何故欲易之。「有愠」也是自不能堪。正如顔杲卿使安禄山，受其衣服，至道間與其徒曰：「吾輩何爲服此？」歸而借兵伐之，正類此也。卦中與復卦六四有「獨」字。此卦諸爻皆欲去陰，獨此一爻與六爲應，也是惡模樣。礪。

伊川改九三爻次序，看來不必改。淵。

這幾卦都説那臀，不可曉。淵。

「牽羊悔亡」，其説得於許慎之。淵。

莧、陸是兩物。莧者，馬齒莧；陸者，章陸，一名商陸，皆感陰氣多之物。藥中用商陸治水腫，其子紅。淵録云：「其物難乾。」學履。

「中行无咎」，言人能剛決自勝其私，合乎中行，則得无咎。无咎，但能「補過」而已，未是極至處。這是説那微茫間有些箇意思斷未得，釋氏所謂「流注想」，荀子所謂「偷則自行」，便是這意思。照管不著，便走將去那裏去。爻雖無此意，孔子作象，所以裨爻辭之不足，如「自我致寇」、「敬慎不敗」之類甚多。「中行无咎」，易中却不恁地看。言人占得此爻者，能中行則无咎，不然則有咎。淵。

「中行无咎，中未光也。」事雖正而意潛有所係吝，荀子所謂「偷則自行」，佛家所謂「流注不斷」，皆意不誠之本也。淵。

## 姤

不是説陰漸長爲「女壯」，乃是一陰遇五陽。淵。

大率姤是一箇女遇五陽，是箇不正當底，如「人盡夫也」之事。聖人去這裏，又看見得那天地相遇底道理出來。淵。

姤是不好底卦，然「天地相遇，品物咸章，剛遇中正，天下大行」，却又甚好。蓋「天地相遇」，又是別取一義。「剛遇中正」，只取九五；或謂亦以九二言，非也。銖。

問：「『姤之時義大矣哉！』本義云：『幾微之際，聖人所謹。』與伊川之説不同，何也？」曰：「上面説『天地相遇』，至『天下大行也』，正是好時節，而不好之漸已生於微矣，故當謹於此。」學履。

「金柅」，或以爲止車物，或以爲絲衮，不可曉。廣。

又不知此卦如何有魚象。或説：「『離爲鼈，爲蟹，爲蠃，爲蚌，爲龜』，魚便在裏面了。」不知是不是。此條未詳。淵。

「包無魚」，又去這裏見得箇君民底道理。陽在上爲君，陰在下爲民。淵。

「有隕自天」，言能回造化，則陽氣復自天而隕，復生上來，都換了這時節。淵。

## 萃

大率人之精神萃於己，祖考之精神萃於廟。淵。

「順天命」，説道理時，彷彿如伊川説，也去得，只是文勢不如此。他是説豐萃之時，若不「用大牲」，則便是那「以天下儉其親」相似。也有此理，這時節比不得那「利用禴」之事。他這象辭散漫説，説了「王假有廟」，又説「利見大人」，又説「用大牲，吉」。大率是聖人觀象，節節地看見許多道理，看到這裏見有這箇象，便説出這一句來；又看見那箇象，又説出那一箇理來。然而觀象，則今不可得見是如何地觀矣。淵。

問「澤上於地，萃，君子以除戎器，戒不虞」。曰：「大凡物聚衆盛處，必有争，故當預爲之備。又澤本當在地中，今却上出於地上，則是水盛長，有潰決奔突之憂，故取象如此。」僩。

不知如何地説箇「一握」底句出來。淵。

「孚乃利用禴」説，如伊川固好。但若如此，却是聖人説箇影子，却恐不恁地，想只是説祭。升卦同。淵。

問：「九五『萃有位』。以陽剛居中正，當萃之時而居尊位，安得又有『匪孚』？」曰：「此言有位而無德，則雖萃而不能使人信。故人有不信，當修其『元永貞』之德，而後『悔亡』也。」又曰：「『王假有廟』，是祖考精神聚於廟。又爲人必能聚己之精神，然後可以至於廟而承祖考。今人擇日祀神，多取神在日，亦取聚意也。」銖。

問：「九五一爻亦似甚好，而反云『未光也』，是如何？」曰：「見不得。讀易，似這樣且恁地解去，若强説，便至鑿了。」學履。

## 升

升，「南征吉」。巽坤二卦拱得箇南，如看命人「虚拱」底説話。礪。

「地中生木，升，君子以順德，積小以高大。」木之生也，無日不長；一日不長，則木死矣！人之學也，一日不可已；一日而已，則心必死矣！人傑。

「『地中生木，升。』汪（文）〔丈〕[一]嘗云：『曾考究得樹木之生，日日滋長；若一日不長，便將枯瘁，便是生理不接。學者之於學，不可一日少懈。』」「大抵德須日日要進，若一日不進便退。近日學者才相疏，便都休了。」畬。

問：「升萃二卦，多是言祭享。萃固取聚義，不知升何取義？」曰：「人積其誠意以事鬼神，有升而上通之義。」又曰：「六五『貞吉升階』，與萃九五『萃有位』，『匪孚，元永貞，悔亡』，皆謂有其位必當有其德。若無其德，則萃雖有位而人不信，雖有升階之象，而不足以

〔一〕據陳本改。

升矣。」銖。

元德問「王用亨于岐山」。云：「只是『享』字。古文無『享』字。所謂亨、享、亨，只是通用。」又曰：「『乾，元亨利貞』，屯之『元亨利貞』，只一般。聖人借此四字論乾之德，本非四件事也。」時舉。

「亨于岐山」與「亨于西山」，只是説祭山川，想不到得如伊川説。淵。

# 朱子語類卷第七十三

## 易九

### 困

「困卦難理會，不可曉。易中有數卦如此。繫辭云：『卦有小大，辭有險易。辭也者，各指其所之。』困是箇極不好底卦，所以卦辭也做得如此難曉。如蹇、剥、否、睽皆是不好卦，林録云：「却不好得分明，故易曉。」只有剥卦分明是剥，所以分曉。困卦林云：「雖是極不好卦。」是箇進退不得、窮極底卦，所以難曉。林録云：「所以卦辭亦恁地不好，難曉。」其大意亦可見。」又曰：「看易，不當更去卦爻中尋求道理當如何處置這箇。與人卜筮以決疑惑，若道理當爲，固是便爲之；若道理不當爲，自是不可做，何用更占？却是有一樣事，或吉或凶，成兩岐道理，處置不得，所以用占。若是放火殺人，此等事終不可爲，不成也去占！又如做官贓污邪僻，由徑求進，不成也去占！」僩。學履録略。

「不失其所亨」，這句自是説得好。淵。

李敬子問「致命遂志」。曰：「『致命』，如論語『見危授命』與『士見危致命』之義一般，是送這命與他。自家但遂志循義，都不管生死，不顧身命，猶言致死生於度外也。」僩。池本云：「『澤無水，困』，君子道窮之時，但當委致其命，以遂吾之志而已。致命，猶送這命與他，不復爲我之有。雖委致其命，而志則自遂，無所回屈。伊川解作『推致其命』，雖説得通，然論語中『致命』字，都是委致之『致』。『事君能致其身』，與『士見危致命』、『見危授命』，皆是此意。『授』亦『致』字之意，言將這命授與之也。」

問：「『臀困於株木』，如何？」曰：「在困之下，至困者也。株木不可坐，臀在株木上，其不安可知。」又問：「伊川將株木作初之正應，不能庇他，如何？」曰：「恐説『臀』字不去。」學履。

問：「『困於酒食』，本義作『饜飫於所欲』，如何？」曰：「此是困於好底事。在困之時，有困於好事者，有困於不好事者。此爻是好爻，當困時，則爲困於好事。如『感時花濺淚，恨別鳥驚心』，花鳥好娛戲底物，這時却發人不好底意思，是因好物而困也。酒食饜飫亦如此。」又問：「象云『中有慶也』，是如何？」曰：「他下面有許多好事在。」學履。

問「朱紱方來，利用享祀」。曰：「以之事君，則君應之；以之事神，則神應之。」燾。

「朱紱，赤紱。」若如伊川説，使書傳中説臣下皆是赤紱則可。詩中却有「朱芾斯皇」一句是説方叔，於理又似不通。某之精力只推得到這裏。淵。

問：「困二五皆『利用祭祀』，是如何？」曰：「他得中正，又似取無應而心專一底意思。」學履。

「祭祀、享祀」，想只説箇祭祀，無那自家活人却享他人祭之説！淵。

六三陽之陰，上六陰之陰，故將六三言之，則上六爲妻。淵。

## 井

井象只取巽入之義，不取木義。淵。

井是那掇不動底物事，所以「改邑不改井」。淵。

「汔至，亦未繘井羸其瓶，凶。」「汔至」作一句。「亦未繘井羸其瓶」是一句。意謂幾至而止，如綆未及井而瓶敗，言功不成也。學履。

「『木上有水，井。』説者以爲木是汲器，則後面却有瓶，瓶自是瓦器，此不可曉。怕只是説水之津潤上行，至那木之杪，這便是井水上行之象。」問：「恐是桔槔之類？」曰：「亦恐是如此。」又云：「禾上露珠，便是下面水上去。大抵裏面水氣上，則外面底也上。」淵。

用之問「木上有水，井」。曰：「巽在坎下，便是木在下面，漲得水上上來。如桶中盛得兩斗水，若將大一斗之木沈在水底，則木上之水亦長一斗，便是此義。如草木之生，津潤皆上行，直至樹末，便是『木上有水』之義。雖至小之物亦然。如菖蒲葉，每晨葉尾皆有水，池本作「皆潮水珠」。如珠顆；雖藏之密室亦然，非露水也。」池本云：「或云：『嘗見野老說，芋葉尾每早亦含水珠，須日出照乾則無害。若太陽未照，爲物所挨落，則芋實焦枯無味，或生蟲。此亦菖蒲潮水之類爾。』曰：『然。』」問：「如此，則『井』字之義與『木上有水』何預？」曰：「『木上有水』便如井中之水。水本在井底，却能汲上來給人之食，故取象如此。」用之又問：「程子汲水桶之說，是否？」曰：「不然。『木上有水』，是木穿水中，漲上那水。若作汲桶，則解不通矣，且與後面『羸其瓶凶』之說不相合也。」僩。學履同而略。又注云：「後親問先生。先生云：『不曾說木在下面漲得水來。這箇話是別人說，不是義理如此。』」

鮒，程沙隨以爲蝸牛，如今廢井中多有之。淵。

九三「可用汲」以上三句是象，下兩句是占。大概是說理，決不是說汲井。淵。

若非王明，則無以收拾人才。淵。

「收」，雖作去聲讀，義只是收也。淵。

## 革

問：「革二女『志不相得』，與睽『不同行』有異否？」曰：「意則一，但變韻而叶之爾。」學履。

易言「順乎天而應乎人」，後來人盡説「應天順人」，非也。佐。

問：「革之象不曰『澤在火上』，而曰『澤中有火』。蓋水在火上，則水滅了火；不見得水決則火滅，火炎則水涸之義。曰『中有火』，則二物並在，有相息之象否？」曰：「亦是恁地。」學履。

「澤中有火。」水能滅火，此只是説陰盛陽衰。火盛則克水，水盛則克火。此是「澤中有火」之象，便有那四時改革底意思。君子觀這象，便去「治曆明時」。林艾軒説因革卦得曆法，云：「曆須年年改革，不改革，便差了天度。」此説不然。天度之差，蓋緣不曾推得那曆元定，却不因不改而然。曆豈是那年年改革底物？「治曆明時」，非謂曆當改革。蓋四時變革中，便有箇「治曆明時」底道理。淵。

「澤中有火，革」，蓋言陰陽相勝復，故聖人「治曆明時」。向林艾軒嘗言聖人於革著治曆者，蓋曆必有差，須時改革方得。此不然。天度固必有差，須在吾術中始得。如度幾年當差一分，便就此添一分去，乃是。又云：「曆數微眇，如今下漏一般。漏管稍澀，則必後天；稍闊，則必先天，未子而子，未午而午。」淵。

「澤中有火」自與「治曆明時」不甚相干。聖人取象處，只是依稀地說，不曾確定指殺，只是見得這些意思便說。淵。

「革言三就」，言三番結裹成就，如第一番商量這箇是當革不當革，說成一番，又更如此商量一番，至於三番然後說成了，却不是三人來說。淵。

問：「革下三爻，有謹重難改之意，上三爻則革而善。蓋事有新故，革者，變故而爲新也。下三爻則故事也。未變之時，必當謹審於其先，上三爻則變而爲新事矣，故漸漸好。」曰：「然。」又云：「乾卦到九四爻謂『乾道乃革』，也是到這處方變了。」學履。

「未占有孚」，伊川於爻中「占」字，皆不把做「卜筮尚其占」說。淵。

或問：「『大人虎變』是就事上變，『君子豹變』是就身上變？」曰：「豈止是事上？也從裏面做出來。這箇事却不只是空殼子做得。文王『其命維新』，也是他自新後如此。堯『克明俊德』，然後『黎民於變』。『大人虎變』，正如孟子所謂『所過者化，所存者神，上下與天地同流，豈曰小補之哉』！補，只是箇裏破，補這一些。如世人些小功，只是補。如聖人直是渾淪都換過了。如鑪鞴相似，補底只是錮露，聖人却是渾淪鑄過。」或曰：「孟子說得恁地，想見做出來，應是新人耳目。」曰：「想亦只是從『五畝之宅樹之以桑』起。看他三四次，只恁地説。」又曰：「如那『如其禮樂，以俟君子』意思，孟子都無，這便是氣麄處。」又曰：「未見得做得與做不得，只説著，教人歡喜！」胡泳。僩録云：「因説革卦，曰：『革是更革之謂。到這裏，須盡翻轉更變一番，所謂「上下與天地同流，豈曰小補之哉」？「小補之」者，謂扶衰救弊，逐些補緝，如錮鑑家事相似。若是更革，則須徹底重新鑄造一番，非止補其罅漏而已。湯武順天應人，便是如此。孟子所説王政，其效之速如此，想見做出來好看。只是太麄些，又少些「如其禮樂以俟君子」底意思。』或曰：『不知他如何做？』曰：『須是從五畝之宅，百畝之田，雞豚桑麻處做起。兩三番如此説，想不過只是如此做。』」

鄭少梅解革卦以爲風爐，亦解得好。初爻爲爐底，二爻爲爐眼，三、四、五爻是爐腰處，上爻是爐口。

## 鼎

「正位凝命」，恐伊川説得未然。此言人君臨朝，也須端莊安重，一似那鼎相似，安在這裏不動，然後可以凝住那天之命，如所謂「協於上下，以承天休」！淵。

用之解「鼎顛趾，利出否，无咎」。或曰：「據此爻，是凡事須用與他翻轉了，却能致福。」曰：「不然。只是偶然如此。此本是不好底爻，却因禍致福，所謂不幸中之幸。蓋

『鼎顛趾』，本是不好，却因顛仆而傾出鼎中惡穢之物，所以反得利而無咎，非是故意欲翻轉鼎趾而求利也。」或言：「浙中諸公議論多是如此，云凡事須是與他轉一轉了，却因轉處與他做教好。」曰：「便是浙中近來有一般議論如此。若只管如此存心，未必真有益，先和自家心術壞了！聖賢做事，只說箇『正其誼不謀其利，明其道不計其功』。凡事只如此做，何嘗先要安排扭捏，須要著些權變機械，方唤做做事？又況自家一布衣，天下事那裏便教自家做？知他臨事做出時如何？却無故平日將此心去扭捏揣摩，先弄壞了！聖人所說底話，光明正大，須是先理會箇光明正大底綱領條目。且令自家心先正了，然後於天下之事先後緩急，自有次第，逐旋理會，道理自分明。今於『在明明德』未曾理會得，便要先理會『新民』工夫；及至『新民』，又無那『親其親、長其長』底事，却便先萌箇計功計獲底心，要如何濟他，如何有益，少間盡落入功利窠窟裏去！固是此理無外，然亦自有先後緩急之序。今未曾理會得正心、修身，便先要治國、平天下；未曾理會自己上事業，便先要『開物成務』，都倒了。孔子曰『可與立，未可與權』，亦是甚不得已，方說此話。然須是聖人，方可與權。若以顏子之賢，恐也不敢議此『磨而不磷，涅而不緇』。而今人纔磨便磷，纔涅便緇，如何更說權變功利？所謂『未學行，先學走』也。而今諸公只管講財貨源流是如何，兵又如何，民又如何，陳法又如何。此等事，固當理會。只是須識箇先後緩急之序，先其大者急者，而後其小者緩者，今都倒了這工夫。『子路問君子。子曰：「修己以敬。」曰：「如斯而已乎？」曰：「修己以安人。」』『顔淵問仁。子曰：「克己復禮。」』『仲弓問仁。子曰：「出門如見大賓，使民如承大祭。己所不欲，勿施於人。」』曾子將死，宜有切要之言。及孟敬子問之，惟在於辭氣容貌之間。此數子者，皆聖門之高第，及夫子告之，與其所以告人者，乃皆在於此。是豈遺其遠者大者，而徒告以近者小者耶？是必有在矣。某今病得一生九死，已前數年見浙中一般議論如此，亦嘗竭其區區之力，欲障其末流，而徒勤無益。不知瞑目以後，又作麽生。可畏！可歎！」僩。

「得妾以其子。」得妾是無緊要，其重却在以其子處。「顛趾利出否」，伊川説是。「得妾以其子，无咎」。彼謂子爲王公在喪之稱者，恐不然。淵。

問：「『鼎耳革』是如何？」曰：「他與五不相應。五是鼎耳，鼎無耳，則動移不得。革，是换變之義。他在上下之間，與五不相當，是鼎耳變革了，不可舉移，雖有雉膏而不食。此是陽爻，陰陽終必和，故有『方雨』之吉。」學履。

「刑剭」，班固使來。若作「形渥」，却只是澆濕渾身。淵。

六五「金鉉」，只爲上已當玉鉉了，却下取九二之應來當金鉉。蓋推排到這裏，無去處了。淵。

# 震

「震亨」止「不喪匕鬯」，作一項看。後面「出可以爲宗廟社稷」，又做一項看。震便自是亨。「震來虩虩」，是恐懼顧慮而後，便「笑言啞啞」。「震驚百里」，便「不喪匕鬯」，文王語已是解「震亨」了。孔子又自説長子事。文王之語簡重精切，孔子之言方始條暢。須拆開看，方得。礪。

言人常似那震來時虩虩地，便能「笑言啞啞」，到得「震驚百里」時，也「不喪匕鬯」。這箇相連做一串説下來。淵。

震，未便説到誠敬處，只是説臨大震懼而不失其常。主器之事，未必彖辭便有此意，看來只是傳中方説。

「震來虩虩」，是震之初，震得來如此。淵。

「億喪貝」，有以「億」作「噫」字解底。淵。

震六二不甚可曉。大概是喪了貨貝，又被人趕上高處去，只當固守便好。六五是「生於憂患，而死於安樂」。上六不全好，但能恐懼於未及身之時，可得无咎，然亦不免他人語言。厲。

# 艮

「艮其背」，「背」字是「止」字。彖中分明言「艮其止，止其所也」。從周録云：「極解得好。」又言：「『艮其背』一句是腦，故彖中言『是以不獲其身，行其庭，不見其人』，四句只略對。」方子。

「艮其背」，背只是言止也。人之四體皆能動，惟背不動，取止之義。各止其所，則廓然而大公。德明。

「艮其背」便「不獲其身」，「不獲其身」便「不見其人」。「行其庭」，對「艮其背」，只是對得輕。身是動物，不道動都是妄，然而動斯妄矣，不動自无妄。淵。

因說「不獲其身」，曰：「如君止於仁，臣止於忠，但見得事之當止，不見此身之爲利爲害。才將此身預其間，則道理便壞了！古人所以殺身成仁、舍生取義者，只爲不見身，方能如此。」學履。

「艮其背」，渾只見得道理合當如此，入自家一分不得，著一些私意不得。「不獲其身」，不干自家事。這四句須是說，艮其背了，靜時不獲其身，動時不見其人。所以彖辭傳中說「是以不獲其身」，至「无咎也」。周先生所以說「定之以仁義中正而主靜」。這依舊只是就「艮其背」邊説下來，不是內不見己，外不見人。這兩卦各自是一箇物，不相秋采。淵。

趙共甫問「艮其背，不獲其身」。曰：「不見有身也。」「行其庭，不見其人」。曰：「不見有人也。」曰：「不見有身，不見有人，所見者何物？」曰：「只是此理。」過。

「時止則止，時行則行」。止固是止，池本：「行固非止。」然行而不失其正，池本作「理」。乃所以爲止也。僩。

問：「艮之象，何以爲光明？」曰：「定則明。凡人胸次煩擾，則愈見昏昧；中有定止，則自然光明，莊子所謂『泰宇定而天光發』是也。」學履。

艮卦是箇最好底卦。「動静不失其時，其道光明」。又「剛健篤實輝光，日新其德」，皆艮之象也。艮居外卦者八，而皆吉。厲録云：「居八卦之上，凡上九爻，皆好。」惟蒙卦半吉半凶。如賁之上九「白賁无咎，上得志也」；大畜上九「何天之衢，道大行也」；蠱上九「不事王侯，志可則也」；頤上九「由頤厲吉，大有慶也」；損上九「弗損益之，大得志也」；艮卦「敦艮之吉，以厚終也」。蒙卦上九「擊蒙，不利爲寇，利禦寇」，雖小不利，然卦爻亦自好。蓋上九以剛陽居上，擊去蒙蔽，只要恰好，不要太過。太過則於彼有傷，而我亦失其所以擊蒙之道。如人合喫十五棒，若只決他十五棒，則彼亦無辭，而足以禦寇。若再加五棒，則太過而反害人矣。爲寇者，爲人之害也；禦寇者，止人之害也。如人有疾病，醫者用藥對病，則彼足以祛病，而我亦得爲醫之道。若藥不對病，則反害他人，而我亦失爲醫之道矣。所以象曰「利用禦寇，上下順也」。惟如此，則上下兩順而無害也。僩。

八純卦都不相與，只是艮卦是止，尤不相與。內不見己，是內卦；外不見人，是外卦，兩卦各自去。淵。

守約問易傳「艮其背」之義。曰：「此説似差了，不可曉。若據夫子説『止其所也』，只是物各有所止之意。伊川又却於解『艮其止，止其所也』，又自説得分明。恐上面是失點檢。」木之。

「易傳云：『能使天下順治，非能爲物作則也，惟止之各於其所而已。』此説甚當。至謂『艮其背』爲『止於所不見』，竊恐未然。據象辭，自解得分曉。」曰：「『艮其止，止其所也。』上句『止』字，便是『背』字，故下文便繼之云『是以不獲其身』，更不再言『艮其背』也。『止』，是當止之處。下句『止』字是解『艮』字，『所』字是解『背』字，蓋云止於所當止也。『所』，即至善之地，如君之仁、臣之敬之類。『不獲其身』是無與於己，『不見其人』是亦不見人。無己無人，但見是此道理，各止其所也。『艮其背』是止於止，『行其庭不見其人』是止於動。故曰：『時止則止，時行則行。』」伯豐問：「如舜禹不與如何？」曰：「亦近之。」繼曰：「未似。若遺書中所謂『百官萬務，金革百萬之衆，飲水曲肱，樂在其中。萬變皆在人，其實無一事』，是此氣象。大概看易，須謹守彖象之言，聖人自解得精密平易。後人看得不子細，好用自己意，解得不是。若是虛心去熟看，便自見，如乾九五文言『同聲相應，同氣相求，水流濕，火就燥，雲從龍，風從虎，聖人作而萬物覩』。夫子因何於此說此數句？只是解『飛龍在天，利見大人』。『覩』字分明解出『見』字。『聖人作』，便是『飛龍在天』；『萬物覩』，便是人見之。如占得此爻，則利於見大人也。九二『見龍在田』，亦是在下賢德已著之人，雖未爲世用，然天下已知其文明。亦是他人利見之，非是此兩爻自利相見。凡易中『利』者，多爲占得者設。蓋活人方有利不利，若是卦畫，何利之有？屯卦言『利建侯』，屯只是卦，如何去『利建侯』？蓋是占得此卦者之利耳。晉文公占得屯豫，皆得此辭，後果能得國。若常人占得，亦隨高下自有箇主宰道理。但古者占卜立君，卜大遷，是事體重者，故爻辭以其重者言之。」又問：「屯何以『利建侯』？」曰：「屯之初爻，以貴下賤，有得民之象，故其爻辭復云『利建侯』。」又問：「如何便是爻辭與所占之事相應？」曰：「自有此道理。如世之抽籤者，尚多有與所占之事相契。」又曰：「何以見得易專爲占筮之用？如『王用亨于岐山』，『于西山』，皆是『亨』字。古字多通用。若卜人君欲祭山川，占得此即吉。『公用亨於天子』，若諸侯占得此卦，則利於近天子耳。凡占，若爻辭與所占之事相應，即用爻辭斷之。萬一占病，却得『利建侯』，又須別於卦象上討義。」正淳謂：「二五相應，二五不相應，如何？」曰：「若得應爻，則所祈望之人，所指望之事，皆相應，如人臣即有得君之義。不相應，則亦然。昔敬夫爲魏公占得睽之蹇，六爻俱變。此二卦名義自是不好。李壽翁斷其占云：『用兵之人，亦不得用兵；講和之人，亦不成講和。睽上卦是離，「離爲甲冑，爲戈兵」，有用兵之象，却變爲坎，坎險阻在前，是兵不得用也。「兑爲口舌」又「悦也」，是講和之象，却變爲艮。艮，止也，是議和者亦無所成。』未幾，魏公既敗，湯思退亦敗，皆如所占。」僴。人傑録見下。

伯豐問：「兼山所得於程門者云：『艮内外皆止，是内止天理，外止人欲。又如門限然，在外者不得入，在内者不得出。』此意如何？」曰：「何故恁地説？」因論：「『艮其背』，彖云『止其所』，便是解『艮其背』。蓋人之四肢皆能運轉，惟背不動，『止其所』之義也。程傳解作『止於所不見』，恐未安。若是天下之事皆止其所，己何與焉？人亦何與焉？此所謂『不獲其身，行其庭不見其人也』。」問：「莫是舜『有天下而不與』之意否？」曰：「不相似，如所謂『百官萬務，金革百萬之衆，飲水曲肱，樂在其中。萬變皆在人，其實無一事』是也。」又云：「『艮其背』，静而止也；『行其庭』，動而止也。萬物皆止其所，只有理而已。『不獲其身』，不見其人也。」因論：「彖、象、文言解得易直是分曉精密，但學者虚心讀之，便自可見。如『利見大人』，文言分明解『聖人作而萬物覩』之類是也。爻辭只是占得此卦爻之辭，看作何用。謂如屯卦之『利建侯』，屯自是卦畫，何嘗有建侯意思？如晉文公占之，便有用也。又如『王用亨于岐山』，『亨』字合作『享』字，是王者有事於山川之卦。以此推之，皆可見矣。」人傑。

「不獲其身」，不得其身也，猶言討自家身己不得。又曰：「欲出於身。人才要一件物事，便須以身己去對副他。若無所欲，則只恁地平平過，便似無此身一般。」又曰：「伊川解『艮其背』一段，若别做一段看，却好。只是移放易上説，便難通。須費心力口舌，方始説得出。」又曰：「『上下敵應不相與』，猶言各不相管，只是各止其所。」又曰：「明道曰：『與其非外而是内，不若内外之兩忘也。』説得最好。便是『不獲其身，行其庭不見其人』，不見有物，不見有我，只見其所當止也。如『爲人君止於仁』，不知下面道如何，只是我當止於仁；『爲人臣止於敬』，不知上面道如何，只是我當止於敬，只認我所當止也。以至父子兄弟夫婦朋友，大事小事，莫不皆然。從伊川之説，到『不獲其身』處，便説不來；至『行其庭不見其人』，越難説。只做止其所止，更不費力。」賀孫。

「『艮其背，不獲其身』，只是道理所當止處，不見自家身己。李録云：「也不知是疼，不知是痛，不知是利，不知是害。」不見利，不見害，不見痛痒，只見道理。如古人殺身成仁，舍生取義，皆是見道理所當止處，故不見其身。『行其庭不見其人』，只是見得道理合當恁地處置，李録云：

「只見道理，不見那人。」皆不見是張三與是李四。」襲録云：「但見義理之當止，不見吾之身。但見義理之當爲，不知爲張三、李四。」問：「易傳説『艮其背』是『止於所不見』。」曰：「伊川之意，如説『閑邪存誠』，如所謂『制之於外，以安其内』，如所謂『姦聲亂色，不留聰明；淫樂慝禮，不接心術』。襲録云：「凡可欲者，皆置在背後之意。『外物不接，内欲不萌之際。』欽夫謂當去『之際』二字。」今按易傳已無「之際」二字。此意亦自好，但易之本意未必是如此。伯恭又錯會伊川之意，謂『止於所不見』者，眼雖見而心不見，恐無此理，伊川之意却不如此。」劉公度問：「老子所謂『不見可欲，使心不亂』，是程子之意否？」曰：李録有「不然」字。「老子之意，是要得使人不見，故温公解此一段，認得老子本意。李録云：「温公解云：『「不見可欲」，是防閑民使之不見，與上文「不貴難得之貨」相似。』」『聖人之治虚其心』，是要得人無思無欲；李録云：「是使之無思算，無計較。」『實其腹』是要得人充飽，李録云：「是使之充飽無餒。」『弱其志』是要得人不争，李録，「要得」並作「使之」。『强其骨』是要得人作勞，後人解得皆過高了。」從周。李録云：「温公之説，止於如此，後人推得太高。此皆是言聖人治天下事，與易傳之言不同。」㬊録云：「通書云『背非見也』，亦似伊川説。『止非爲也』，亦不是易本意。語録中有云：『周茂叔謂：「看一部華嚴經，不如看一艮卦。」下面注云：「各止其所。」他這裏却看得「止」字好。』」方子、淵、蓋卿録互有詳略。

「易傳『艮其背』一段，只是非禮勿視聽言動，則止於所不見，無欲以亂其心。『不獲其身』者，蓋外既無非禮之視聽言動，則内自不見有私己之欲矣。『外物不接』便是『姦聲亂色，不留聰明；淫樂慝禮，不接心術；慢惰邪僻之氣，不設於身體』之意。」又曰：「『艮其背，不獲其身；行其庭，不見其人』，易中只是説『艮其止，止其所』。人之四肢百骸皆能動作，惟背不能動，止於背，是止得其當止之所。明道答横渠定性書舉其語，是此意。伊川説却不同，又是一説。不知伊川解『艮其止，止其所也』，又説得分曉；却解『艮其背』，又自有異，想是照顧不到。周先生通書之説，却與伊川同也。」或問：「『不見可欲，此心不亂』，與『艮其背』之説何如？」曰：「老氏之説，非爲自家不見可欲。看他上文，皆是使民人如此。如『虚其心』，亦是使他無思無欲；『實其腹』，亦是使他飽滿。」温公注如此解，蔡丈説不然。又曰：「『艮其背』，看伊川説，只是非禮勿視聽言動。今人又説得深，少間恐便走作，如釋、老氏之説屏去外物也。」又因説「止於所不見」，曰：「非禮之事物，須是常去防閑他。不成道我恁地了，便一向去事物裏面袞！」賀孫。亦與上條同聞。

問：「『艮其背，不獲其身』，是静中之止；『行其庭，不見其人』，是動中之止。伊川云：『内欲不萌，外（欲）〔物〕〔一〕不接，如是而止，乃得其正。』似只説得静中之止否？」曰：「然。此段分作兩截，『艮其背，不獲其身』，爲静之止；『行其庭，不見其人』，爲動之止。

〔一〕據易傳改。

總說則『艮其背』是止之時，當其所而止矣，所以止時自不獲其身，行時自不見其人。此三句乃『艮其背』之效驗，所以彖辭先說『止其所也，上下敵應，不相與也』，却云『是以不獲其身，行其庭，不見其人也』。」又問：「止有兩義，『得所止』之『止』，是指義理之極；『行止』之『止』，則就人事所爲而言。」曰：「然。『時止』之『止』，『止』字小；『得其所止』之『止』，『止』字大。此段工夫全在『艮其背』上。人多是將『行其庭』對此句說，便不是了。『行其庭』是輕說過。緣『艮其背』既盡得了，則『不獲其身，行其庭不見其人』矣。」學履。

問：「伊川解『外物不接，内欲不萌』，此說如何？」曰：「只『外物不接』，意思亦難理會。尋常如何說這句？」「某詳伊川之意，當與人交之時，只見道理合當止處，外物之私意不接於我。」曰：「某嘗問伯恭來，伯恭之意亦如此。然據某所見，伊川之說只是非禮勿視聽言動底意思。」問：「先生如何解『行其庭不見其人』？」曰：「如在此坐，只見道理，不見許多人，是也。」曰：「如此，則與非禮勿視聽言動之意不協。」曰：「固是不協。伊川此處說，恐有可疑處。看彖辭『艮其止，止其所也』，此便是釋『艮其背』之文。「艮其止」便是引「艮其背」經文。或「背」字誤作「止」字，或「止」字誤作「背」字，或以「止」字解「背」字，不可知。伊川於此下解云：『聖人所以能使天下順治，非能爲物作則也，惟止之各於其所而已。』此意却最解得分明。『艮其背』恐當只如此說。萬物各有所止，著自家私意不得。『艮其背，不獲其身』，只見道理，不見自家；『行其庭，不見其人』，只見道理，不見他人也。」洽。

問：「伊川『艮其背』傳，看來所謂止者，正謂應事接物之時，各得其所也。今云『止於所不見』，又云『不交於物』，則是無所見，無所交，方得其所止而安。若有所見，有所交時，是全無可止之處矣。」曰：「這處無不見底意思。周先生也恁地說，是它偶看這一處錯了，相傳如此。但看孔子釋彖之辭云：『艮其止，止其所也。』蓋此一句即是說『艮其背』。人身皆動，惟背不動，這便是所當止處。此句，伊川却說得好。若移此處說它腦子，便無許多勞攘。」夔孫。

問：「易傳云：『止於其所不見，則無欲以亂其心。』又云：『外物不接，內欲不萌。』如是而止，乃得止之道。』竊恐外物無有絶而不接之理，若拘拘然務絶乎物，而求以不亂其心，是在我都無所守，而外爲物所動，則奈何？」曰：「此一段亦有可疑，外物豈能不接？但當於非禮勿視、勿聽、勿言、勿動四者用力。」佐。

「艮云：『外物不接，內欲不萌。』」始須如此。視箴中。知言説瞽而養之，終「耳順」、「從心」，此亦是始終之道。方。

問：「伊川曰『止於所不見』，則須遺外事物，使其心如寒灰槁木而後可，得無與釋氏所謂『面壁工夫』者類乎？竊謂背者，不動也。『艮其背』者，謂止於不動之地也。心能不爲事物所動，則雖處紛拏之地，事物在前，此心淡然不爲之累，雖見猶不見。如好色美物，人固有觀之而若無者，非以其心不爲之動乎？易所謂『行其庭不見其人』者，意或以此。」先生批云：「『艮其背』，下面象傳云：『艮其止，止其所也。』解得也極分明。程傳於此說亦已得之，不知前面何故却如此說。今移其所解傳文之意上解經文，則自無可疑矣。經作『背』，傳作『止』，蓋以『止』解『背』義，或是一處有誤字也。」枅。

咸艮皆以人身爲象，但艮卦又差一位。榦。

「艮其腓」，「咸其腓」，二卦皆就人身上取義，而皆主静。如「艮其趾」，能止其動，便无咎。「艮其腓」，腓亦是動物，故止之。「不拯其隨」，是不能拯止其隨限而動也，所以「其心不快」。限，即腰所在。初六「咸其拇」，自是不合動。六二「咸其腓」，亦是欲隨股而動，動則凶；若不動則吉。砥。

「艮其限」，是截做兩段去。淵。

## 漸

「山上有木」，木漸長則山漸高，所以爲漸。學履。

漸九三爻雖不好，「夫征不復，婦孕不育」，却「利禦寇」。今術家擇日，利婚姻底日，不宜用兵；利相戰底日，不宜婚嫁，正是此意。蓋用兵則要相殺相勝，婚姻則要和合，故用不同也。學履。僩同。

卦中有兩箇「孕婦」字，不知如何取象？不可曉。淵。

「順相保也」，言須是上下同心協力相保聚，方足以禦寇。僩。

## 歸妹

歸妹未有不好，只是説以動帶累他。淵。

兩「終」字，伊川説未安。淵。

「月幾望」，是説陰盛。淵。

## 豐

「豐，亨，王假之。」須是王假之了，方且「勿憂，宜日中」。若未到這箇田地，更憂甚底？王亦未有可憂。「宜照天下」，是貼底閑句。淵。

或問：「豐『宜日中』，『宜照天下』，人君之德如日之中，乃能盡照天下否？」曰：「易，如此看不得。只是如日之中，則自然照天下，不可將作道理解他。『日中則昃，月盈則食，天地盈虛，與時消息。而況於人乎？況於鬼神乎？』自是如此。物事到盛時必衰，雖鬼神有所不能違也。」問：「此卦後面諸爻不甚好。」曰：「是他忒豐大了。這物事盛極，去不得了，必衰也。人君於此之時，當如奉盤水，戰兢自持，方無傾側滿溢之患。若才有纖毫驕矜自滿之心，即敗矣。所以此處極難。崇寧中羣臣創爲『豐亨豫大』之説。當時某論某人曰：『當豐亨豫大之時，而爲因陋就簡之説。君臣上下動以此藉口，於是安意肆志，無所不爲，而大禍起矣！』」僩。

「『天地盈虛，與時消息。而況於人乎？況於鬼神乎？』天地是舉其大體而言，鬼神是舉其中運動變化者，通上徹下而言，如雨風露雷草木之類，皆是。」曰：「『驟雨不終朝』，自不能久，而況其小者乎？」又曰：「豐卦彖許多言語，其實只在『日中則昃，月盈則食，天地盈虛，與時消息』數語上。這盛得極，常須謹謹保守得日中時候方得；不然，便是偃仆傾壞了。」又曰：「這處去危亡只是一間耳。須是兢兢如奉盤水，方得。」又曰：「須是謙抑貶損，方可保得。」又曰：「這便是康節所謂『酩酊離披時候』，如何不憂危謹畏！宣政間有以奢侈爲言者，小人却云，當『豐亨豫大』之時，須是恁地侈泰方得，所以一面放肆，如何得不亂？『王假之，尚大也』，只是王者至此一箇極大底時節，所尚者大事耳。」

仲思問「動非明，則無所之；明非動，則無所用」。曰：「徒明不行，則明無所用，空明而已；徒行不明，則行無所向，冥行而已。」伯羽。

問：「豐九四近幽暗之君，所以有『豐其蔀，日中見斗』之象。亦是他本身不中正所致，故象云：『位不當也。』」曰：「也是如此。」學蒙。

「豐其屋，天際翔也」，似説「如翬斯飛」樣。言其屋高大，到於天際，却只是自蔽障闊。或作「自是自障礙」。學蒙。淵同。

九三爻解得便順。九四、上六二爻不可曉。看來聖人會得九四、上六爻文義，又與三爻不同。

## 旅

不知聖人特地做一箇卦説這旅則甚。淵。

「明慎用刑而不留獄」，却只是火在山上之象，又不干旅事。淵。

「資斧」有做「齎斧」説底。這資斧在巽上説，也自分曉。然而旅中亦豈可無備禦底物事？次第這便是。淵。

旅六五「上逮也」，不得如伊川説。「一矢亡」之「亡」字，如「秦無亡矢遺鏃」之「亡」，不是如伊川之説。易中凡言「終吉」者，皆是初不甚好也。又曰：「而今只如這小小文義，亦無人去解析得。」學蒙。

## 巽

巽卦是於「重巽」上取義。「重巽」所以爲「申命」。淵。

問「重巽」「重」字之義。曰：「只是重卦。八卦之象皆是如此。」問：「『申』字是兩番降命令否？」曰：「非也。只是丁寧反復説，便是『申命』。巽，風也。風之吹物，無處不入，無物不鼓動。詔令之入人，淪肌浹髓，亦如風之動物也。」僩。學履録云：「如命令之丁寧告戒，無所不至也。」

問：「巽順以入於物，必極乎下，有命令之象。而風之爲物，又能鼓舞萬類，所以君子觀其象而申命令。」曰：「風，便也是會入物事。」因言丘墓中棺木能翻動，皆是風吹。蓋風在地中氣聚；出地面，又散了。

九二得中，所以過於巽爲善。「用史巫紛若，吉。」看來是箇盡誠以祭祀之吉占。

九三「頻巽」，不比「頻復」。復是好事，所以頻復爲无咎。巽不是甚好底事。九三別無伎倆，只管今日巽了明日巽，自是可吝。

六四「田獲三品」，伊川主張作「巽於上下」説，説得較牽强。

「无初有終」，也彷彿是伊川說。始未善是「无初」，更之而善是「有終」。自「貞吉悔亡」以下，都是這一箇意思。一如坤卦「先迷後得」以下，都只是一箇意思。淵。

九五「先庚三日，後庚三日」，不知是如何。看來又似設此爲卜日之占模樣。蠱之「先甲三日」是辛，「後甲三日」是丁。此卦「先庚三日」亦是丁，「後庚三日」是癸。據丁與辛，皆是古人祭祀之日。但癸日不見用處。

「先庚、後庚」，是說那後面變了底一截。淵。

## 兑

「兑說」，若不是「剛中」，便成邪媚。下面許多道理，都從這箇「剛中柔外」來。「說以先民」，如「利之而不庸」。「順天應人」，革卦就革命上說，兑卦就說上說，後人都做「應天順人」說了。到了「順天應人」，是言順天理，應人心。胡致堂管見中辨這箇也好。淵。

說若不「剛中」，便是違道干譽。淵。

兑巽卦爻辭皆不端的，可以移上移下。如剥卦之類，皆確定移不得，不知是如何。如「和兑」、「商兑」之類，皆不甚親切。爲復是解書到末梢，會懶了看不子細；爲復聖人別有意義？但先儒解亦皆如此無理會。

九五只是上比於陰，故有此戒。

## 渙

問：「萃言『王假有廟』，是卦中有萃聚之象，故可以爲聚祖考之精神，而爲享祭之吉占。渙卦既散而不聚，本象不知何處有可立廟之義？將是卦外立義，謂渙散之時，當聚祖考之精神邪？爲復是下卦是坎，有幽隱之義，因此象而設立廟之義邪？」曰：「坎固是有鬼神之義。然此卦未必是因此爲義，且作因渙散而立廟說。大抵這處都見不得。」學履。

此卦只是卜祭吉，又更宜涉川。「王乃在中」，是指廟中，言宜在廟祭祀，伊川說得那道理多了。他見得許多道理了，不肯自做他說，須要寄搭放在經上。淵。

渙是散底意思。物事有當散底：號令當散，積聚當散，羣隊當散。淵。

渙卦亦不可曉。只以大意看，則人之所當渙者莫甚於己私；其次須便渙散其小小羣隊，合成其大；其次便渙散其號令與其居積，以用於人；其次便渙去患害。但六四一爻未見其大好處，今爻辭却說得恁地浩大，皆不可曉。

「剛來不窮」，是九三來做二；「柔得位而上同」，是六二上做三。此說有些不穩，却爲是六三不喚做得位。然而某這箇例，只是一爻互換轉移，無那隔蓦兩爻底。淵。

問：「『剛來而不窮』，窮是窮極。來處乎中，不至窮極否？」曰：「是居二爲中。若在下，則是窮矣。」學履。

「渙奔其机」，以卦變言之，九二，自三來居二，得中而不窮，所以爲安，如机之安也。六三，是自二往居三，未爲得位，以其上同於四，所以爲得位。象辭如此說，未密。若云六三上應上九爲上同，恐如此跳過了不得。此亦是依文解義說。終是不見得九來居二之爲安，二之於三爲得位，是如何。學蒙。

「奔其机」，也只是九來做二。人事上說時，是來就那安處。淵。

「渙其躬，志在外也」，是舍己從人意思。

老蘇云：「渙之九四曰：『渙其羣，元吉。』夫羣者，聖人之所欲渙以混一天下者也。」此說，雖程傳有所不及。如程傳之說，則是羣其渙，非「渙其羣」也。蓋當人心渙散之時，各相朋黨，不能混一。惟九四能渙小人之私羣，成天下之公道，此所以元吉也。老蘇天資高，又善爲文章，故此等說話皆達其意。大抵渙卦上三爻是以渙濟渙也。道夫。

「渙其羣」，乃取老蘇之說，是散了小小底羣隊，併做一箇。東坡所謂「合小以爲大，合大以爲一」。又曰：「如太祖之取蜀，取江南，皆是『渙其羣』、『渙有丘』之義。但不知四爻如何當得此義。」

「涣其羣」，言散小羣做大羣，如將小物事幾把解來合做一大把。東坡説這一爻最好，緣他會做文字，理會得文勢，故説得合。淵。

「涣汗其大號。」號令當散，如汗之出，千毛百竅中，迸散出來。這箇物出不會反，却不是説那號令不當反，只是取其如汗之散出，自有不反底意思。淵。

「涣汗其大號」，聖人當初就人身上説一「汗」字爲象，不爲無意。蓋人君之號令，當出乎人君之中心，由中而外，由近而遠，雖至幽至遠之處，無不被而及之。亦猶人身之汗，出於中而浹於四體也。道夫。

散居積，須是在他正位方可。淵。

「涣王居，无咎」。象只是節做四字句，伊川泥其句，所以説得「王居无咎」差了。上九象亦自節了字，則此何疑！

## 節

「説以行險」，伊川之説是也。説則欲進，而有險在前，進去不得，故有止節之義。又曰：「節，便是阻節之意。」

「天地節而四時成。」天地轉來，到這裏相節了，更没去處。今年冬盡了，明年又是春夏秋冬，到這裏厮匝了，更去不得。這箇折做兩截，兩截又折做四截，便是春夏秋冬。他是自然之節，初無人使他。聖人則因其自然之節而節之，如「修道之謂教」、「天秩有禮」之類，皆是。天地則和這箇都無，只是自然如此。聖人法天，做這許多節，指出來。淵。

「户庭」是初爻之象，「門庭」是第二爻之象。户庭，未出去；在門庭，則已稍去矣。就爻位上推，户庭主心，門庭主事。淵。

問：「君子之道，貴乎得中。節之過雖非中道，然愈於不節者，如何便會凶？九二『不出門庭』，雖是失時，亦未失爲恬退守節者，乃以爲凶，何也？」先生沉思良久，曰：「這處便使局定不得。若以占言之，且只寫下，少間自有應處，眼下皆未見得。若以道理言之，則有可爲之時，乃不出而爲之，這便是凶之道，不是別更有凶。」又曰：「『時乎時，不再來！』如何可失！」

「安節」是安穩自在，「甘節」是不辛苦喫力底意思。甘便對那苦。「甘節」與「禮之用，和爲貴」相似。不成人臣得「甘節吉」時，也要節天下！大率人一身上，各自有箇當節底。淵。

「節卦大抵以當而通爲善。觀九五中正而通，本義云：『坎爲通。』豈水在中間，必流而不止邪？」曰：「然。」又問：「觀節六爻，上三爻在險中，是處節者也。故四在險初，而節則亨；五在險中，而節則甘；上在險終，雖苦而无悔，蓋節之時當然也。下三爻在險外，是未至於節，而預知所節之義。初知通塞，故无咎；二可行而反節；三見險在前當節，而又以陰居剛，不中正而不能節，所以三爻凶而有咎。不知是如此否？」曰：「恁地說也說得。然九二一爻看來甚好，而反云凶，終是解不穩。」學履。

## 中孚

問：「中孚，『孚』字與『信』字恐亦有别？」曰：「伊川云：『存於中爲孚，見於事爲信。』說得極好。」因舉字說：「『孚』字從『爪』，從『子』，如鳥抱子之象。今之『乳』字一邊從『孚』，蓋中所抱者實有物也。中間實有物，所以人自信之。」學履。

中孚、小過兩卦，鶻突不可曉。小過尤甚。如云「弗過防之」，則是不能過防之也，四字只是一句。至「弗過，遇之」與「弗遇，過之」，皆是兩字爲絶句，意義更不可曉。學蒙。

中孚與小過都是有飛鳥之象。中孚是箇卵象，是鳥之未出殼底。孚，亦是那孚膜意思。所以卦中都說「鳴鶴」、「翰音」之類。「翰音登天」，言不知變者，蓋說一向恁麽去，不知道去不得。這兩卦十分解不得，且只依稀地說。「豚魚吉」，這卦中，他須見得有豚魚之象，今不可考。占法則莫須是見豚魚則吉，如鳥占之意象。若十分理會著，便須穿鑿。淵。

「柔在内，剛得中」，這箇是就全體看，則中虛；就二體看，則中實。他都見得有孚信之意，故喚作「中孚」。伊川這二句説得好。他只遇著這般齊整底，便恁地説去。若遇不齊整底，便説不去。淵。

問：「『澤上有風，中孚。』風之性善入，水虛而能順承，波浪洶湧，惟其所感，有相信從之義，故爲中孚。」曰：「也是如此。風去感他，他便相順，有相孚之象。」又曰：「『澤上有風，中孚。』須是澤中之水，海即澤之大者，方能信從乎風。若溪湍之水，則其性急流就下，風又不奈他何。」

「議獄緩死」，只是以誠意求之。「澤上有風」，感得水動。「議獄緩死」，則能感人心。淵。

問：「中孚是誠信之義，『議獄緩死』，亦誠信之事，故君子盡心於是。」曰：「聖人取象有不端確處。如此之類，今也只得恁地解，但是不甚親切。」

「九二爻自不可曉。看來『我有好爵，吾與爾靡之』，是兩箇都要這物事。所以『鶴鳴子和』，是兩箇中心都愛，所以相應如此。」因云：「『潔浄精微』之謂易，自是懸空説箇物在這裏，初不惹著那實事。某嘗謂，説易如水上打毬，這頭打來，那頭又打去，都不惹著水方得。今人説，都打入水裏去了！」胡泳録云：「讀易，如水面打毬，不沾著水，方得。若著水，便不活了。今人都要按從泥裏去，如何看得！」學履。

「鶴鳴子和」，亦不可曉。「好爵爾靡」，亦不知是説甚底。繫辭中又説從别處去。淵。

問：「中孚六三，大義是如何？」曰：「某所以説中孚、小過皆不可曉，便是如此。依文解字看來，只是不中不正，所以歌泣喜樂都無常也。」學履。

## 小過

中孚有卵之象。小過中間二畫是鳥腹，上下四陰爲鳥翼之象。鳥出乎卵，此小過所以次中孚也。學蒙。

小過大率是過得不多。如大過便説「獨立不懼」，小過只説這「行」、「喪」、「用」，都只是這般小事。伊川説那禪讓征伐，也未説到這箇。大概都是那過低過小底。「飛鳥遺音」，雖不見得遺音是如何，大概且恁地説。淵。

小過是過於慈惠之類，大過則是剛嚴果毅底氣象。淵。

「小過，小者過而亨」，不知「小者」是指甚物事？學蒙。

「『飛鳥遺之音』，本義謂『致飛鳥遺音之應』，如何？」曰：「看這象，似有羽蟲之孽之意，如賈誼『鵩鳥』之類。」學履。

「山上有雷，小過」，是聲在高處下來，是小過之義。「飛鳥遺之音」，也是自高處放聲下來。學履。小過是小事，又是過於小。如「行過乎恭，喪過乎哀，用過乎儉」，皆是過於小，退後一步，自貶底意思。燾。

「行過恭，用過儉」，皆是宜下之意。學履。

初六「飛鳥以凶」，只是取其飛過高了，不是取「遺音」之義。學蒙。

三父，四祖，五便當妣。過祖而遇妣，是過陽而遇陰。然而陽不可過，則不能及六五，却反回來六二上面。淵。

九四「弗過遇之」，過遇，猶言加意待之也。上六「弗遇過之」，疑亦當作「弗過遇之」，與九三「弗過防之」，文體正同。淵。

九四「弗過遇之」一句曉不得，所以下兩句都没討頭處。又曰：「此爻小象恐不得如伊川説，以『長』字爲上聲。『勿用永貞』，便是不可長久。『勿用永貞』，是莫常常恁地」。又曰：「莫一向要進。」

「終不可長也」，爻義未明，此亦當闕。僩。

「密雲不雨」，大概是做不得事底意思。淵。

「弋」是俊壯底意，却只弋得這般物事。淵。

問叶韻。曰：「小過初六『不可如何也』，六二『臣不可過也』，九三『凶如何也』，自是叶了。九四又轉韻。若仍從平聲，『位不當也』，『終不可長也』，便是叶了。六五『已上也』，『上』字作平聲；上六『已亢也』，便也是平聲。疑自「當」字以下不然，蓋十一唐中，「上」字無平聲。若從側聲，但『終不可長也』，『長』字作音『仗』，則『當』字、『上』字、『亢』字皆叶矣。」皆在四十一漾韻中。

## 既濟

「亨小」當作「小亨」。大率到那既濟了時，便有不好去，所以説「小亨」。如唐時貞觀之盛，便向那不好去。淵。

既濟是已濟了，大事都亨，只小小底正在亨通，若能戒懼得常似今日便好；不然，便一向不好去。伊川意亦是如此，但要説做「亨小」，所以不分曉。又曰：「若將濟，便是好，今已濟，便只是不好去了。」學蒙。

「初吉終亂」，便有不好在末後底意思。淵。

「高宗伐鬼方」，疑是高宗舊日占得此爻，故聖人引之，以證此爻之吉凶。如「箕子之明夷利貞」，「帝乙歸妹」，皆恐是如此。又曰：「漢去古未遠，想見卜筮之書皆存。如漢文帝之占『大横庚庚』，都似左傳時人説話。」又曰：「『夏啓以光』，想是夏啓曾占得此卦。」學蒙。

問：「『三年克之，憊也』，言用兵是不得已。以高宗之賢，三年而克鬼方，亦不勝其憊矣！」曰：「言兵不可輕用也。」學履。

問：「既濟上三爻皆漸漸不好去，蓋出明而入險，四有衣袽之象。」曰：「『有所疑也』，便是不好底端倪自此已露。」「五『殺牛』，則已自過盛；上『濡』首，則極而亂矣。不知如何？」曰：「然。時運到那裏都過了，康節所謂『飲酒酩酊，開花離披』時節，所以有這樣不好底意思出來。」學履。

六四以柔居柔，能慮患豫防，蓋是心低小底人，便能慮事。柔善底人心不麄，慮事細密。剛果之人心麄，不解如此。淵。

既濟初九「義无咎也」，「咎」字上聲。六二「以中道也」，「道」亦上聲，音「斗」。九三換平聲，「憊」字通入「備」字，改作平聲，則音「皮」。六四「有所疑」，九五「不如西隣之時」，又「吉大來也」，「來」字音「黎」。上六「何可久也」？久與「己」通，「己」字，平聲爲朞。

## 未濟

取狐爲象，上象頭，下象尾。淵。

問：「未濟所以亨者，謂之『未濟』，便是有濟之理。但尚遲遲，故謂之『未濟』；而『柔得中』，又自有亨之道。」曰：「然。『小狐汔濟』，『汔』字訓『幾』，與井卦同。既曰『幾』，便是未濟。未出坎中，不獨是説九二爻，通一卦之體，皆是未出乎坎險，所以未濟。」學履。本注云：「士毅本記此段尤詳，但今未見黄本。」

「不續終也」，是首濟而尾濡，不能濟。蓋不相接續去，故曰「不續終也」。狐尾大，「濡其尾」，則濟不得矣。學履。

易不是説殺底物事，只可輕輕地説。若是確定一爻吉，一爻凶，便是揚子雲太玄了，易不恁地。兩卦各自説「濡尾」、「濡首」，不必拘説在此言首，在彼言尾。大概既濟是那日中衙晡時候，盛了，只是向衰去。未濟是五更初時，只是向明去。聖人當初見這箇爻裏有這箇意思，便説出這一爻來，或是從陰陽上説，或是從卦位上説。他這箇説得散漫，不恁地逼拶他，他這箇説得疏。到他密時，盛水不漏；到他疏時，疏得無理會。若只要就名義上求他，便是今人説易了，大失他易底本意。周公做這爻辭，只依稀地見這箇意，便説這

箇事出來，大段散漫。趙子欽尚自嫌某説得疏，不知如今煞有退削了處。譬如箇燈籠安

四箇柱，這柱已是礙了明。若更剔去得，豈不更是明亮！所以説「不可爲典要」，可見得他散漫。淵。

未濟與既濟諸爻頭尾相似。中間三四兩爻，如損益模樣，顛倒了他。「曳輪濡尾」，在既濟爲无咎，在此卦則或吝，或貞吉，這便是不同了。淵。

「曳輪濡尾」，是只争些子時候，是欲到與未到之間。不是不欲濟，是要濟而未敢輕濟。如曹操臨敵，意思安閑，如不欲戰。老子所謂「猶若冬涉川」之象。涉則必竟涉，只是畏那寒了，未敢便涉。淵。

初六「亦不知極也」，「極」字猶言「極則」。又曰：「猶言『界至』也。」

「亦不知極也」，「極」字未詳，考上下韻亦不叶，或恐是「敬」字，今且闕之。僩。

未濟九四與上九，「有」字皆不可曉，只得且依稀如此説。又曰：「益損二卦説龜，一卦在二爻，一卦在五爻，是顛倒。此卦與既濟説『伐鬼方』，亦顛倒，不知是如何。」學蒙。

看來未濟只陽爻便好，陰爻便不好。但六五、上九兩爻不如此。六五謂其得中，故以爲吉。上九有可濟時之才，又當未濟之極，可以濟矣，亦云不吉，更曉不得。學蒙。

問：「未濟上九，以陽居未濟之極，宜可以濟，而反不善者，竊謂未濟則當寬静以待。

九二、九四以陽居陰，皆當静守。上九則極陽不中，所以如此。」曰：「也未見得是如此。大抵時運既當未濟，雖有陽剛之才亦無所用。况又不得位，所以如此。」學履。

問：「居未濟之時，未可動作，初六柔不能固守而輕進，故有『濡尾』之吝。九二陽剛得中得正，曳其輪而不進，所以貞吉。」曰：「也是如此，大概難曉。某解也且備禮，依衆人解説。」又曰：「坎有輪象，所以説輪。大概未濟之下卦，皆是未可進用。『濡尾曳輪』，皆是此意。六三未離坎體，也不好。到四、五已出乎險，方好。上九又不好。」又曰：「『濡首』分明是狐過水而濡其首。今象却云『飲酒濡首』，皆不可曉。嘗有人著書以彖、象、文言爲非聖人之書。只是而今也著與孔子分疏。」本云：「只是似這處貴分疏，所以有是説。」

既濟、未濟所謂「濡尾」、「濡首」，分明是説野狐過水。今孔子解云「飲酒濡首」，亦不知是如何。只是孔子説，人便不敢議，他人便恁地不得。厲。

# 朱子語類卷第七十四

## 易十

### 上繫上

#### 第一章

繫辭，或言造化以及易，或言易以及造化，不出此理。

上、下繫辭說那許多爻，直如此分明。他人說得分明，便淺近。聖人說來却不淺近，有含蓄。所以分在上、下繫，也無甚意義。聖人偶然去這處說，又去那處說。嘗說道，看易底不去理會道理，却只去理會這般底，譬如讀詩者不去理會那四字句押韻底，却去理會十五國風次序相似。淵。

問：「第一章第一節，蓋言聖人因造化之自然以作易。」曰：「論其初，則聖人是因天理之自然而著之於書。此是後來人説話，又是見天地之實體，而知易之書如此。如見天之尊，地之卑，却知得易之所謂乾坤者如此；如見天之高，地之下，却知得易所分貴賤者如此。」又曰：「此是因至著之象以見至微之理。」

「天尊地卑」至「變化見矣」，是舉天地事理以明易。自「是故」以下，却舉易以明天地間事。人傑。「天尊地卑，乾坤定矣」，觀天地則見易也。僩。

「天尊地卑」，上一截皆説面前道理，下一截是説易書。聖人做這箇易，與天地準處如此。如今看面前，天地便是他那乾坤，卑高便是貴賤。聖人只是見成説這箇，見得易是準這箇。若把下面一句説做未畫之易也不妨。然聖人是從那有易後説來。淵。

「天尊地卑，乾坤定矣」，上句是説天地造化實體，以明下句是説易中之事。「天尊地卑」，故易中之乾坤定矣。楊氏説得深了。易中固有屈伸往來之乾坤處，然只是説乾坤之卦。在易則有乾坤，非是因有天地而始定乾坤。𥈭。

「天尊地卑」章，上一句皆説天地，下一句皆説易。如貴賤是易之位，剛柔是易之變化，類皆是易，不必專主乾坤二卦而言。「方以類聚，物以羣分。」方只是事，訓「術」，訓「道」。善有善之類，惡有惡之類，各以其類而聚也。謨。

「卑高以陳，貴賤位矣」，此只是上句説天地間有卑有高，故易之六爻有貴賤之位也，故曰「列貴賤者存乎位」。䕫。

問「方以類聚，物以羣分」。曰：「物各有類，善有善類，惡有惡類，吉凶於是乎出。」又曰：「方以事言，物以物言。」礪。人傑録云：「方，猶事也。」

「方以類聚，物以羣分」，楊氏之説爲「方」字所拘，此只是「物有本末，事有終始」之意。隨其善惡而類聚羣分，善者吉，惡者凶，而吉凶亦由是而生耳。伊川説是。亦是言天下事物各有類分，故存乎易者，吉有吉類，凶有凶類。䕫。

問「方以類聚，物以羣分」。曰：「方，向也。所向善，則善底人皆來聚；所向惡，則惡底人皆來聚。物，又是通天下之物而言。是箇好物事，則所聚者皆好物事也；若是箇不好底物事，則所聚者皆不好底物事也。」燾。

「在天成象，在地成形，變化見矣。」上是天地之變化，下是易之變化。蓋變化是易中陰陽二爻之變化，故曰：「變化者，進退之象也。」變化，只進退便是。如自坤而乾則爲進，自乾而坤則爲退。進退在已變未定之間，若已定，則便是剛柔也。䕫。

問：「不知『變化』二字以成象、成形者分言之，不知是袞同説？」學履録云：「問：『不知是變以成象，化以成形；爲將是「變化」二字同在象形之間？』曰：『不必如此分。』」曰：「莫分不得。『變化』二字，下章説得最分曉。」文蔚曰：「下章云：『變化者，進退之象。』如此則變是自微而著，化是自盛而衰。」曰：「固是。變是自陰而陽，化是自陽而陰。易中說變化，惟此處最親切。如言『剛柔者，立本者也；變通者，趨時者也』。剛柔是體，變通不過是二者盈虛消息而已，此所謂『變化』。故此章亦云：『剛柔者，晝夜之象也；變化者，進退之象也。』『剛柔者晝夜之象』，所謂『立本』；『變化者進退之象』，所謂『趨時』。又如言：『吉凶者，失得之象；悔吝者，憂虞之象。』悔吝便是吉凶底交互處，悔是吉之漸，吝是凶之端。」文蔚。

問：「變化是分在天地上說否？」曰：「難爲分說。變是自陰而陽，自靜而動；化是自陽而陰，自動而靜。漸漸化將去，不見其迹。」又曰：「橫渠云：『變是倏忽之變，化是逐旋不覺化將去。』恐易之意不如此說。」既而曰：「適間說『類聚羣分』，也未見說到物處。易只是說一箇陰陽變化，陰陽變化，便自有吉凶。下篇說得變化極分曉。『剛柔者，晝夜之象也。』剛柔便是箇骨子，只管恁地變化。」礪。

「摩」，是那兩箇物事相摩戛；「盪」，則是圜轉推盪將出來。「摩」，是八卦以前事；「盪」，是八卦以後爲六十四卦底事。「盪」，是有那八卦了，團旋推盪那六十四卦出來。漢書所謂「盪軍」，是團轉去殺他、磨轉他底意思。淵。

問：「『剛柔相摩，八卦相盪。』竊謂六十四卦之初，剛柔兩畫而已。兩而四，四而八，八而十六，十六而三十二，三十二而六十四，皆是自然生生不已，而謂之『摩、盪』，何也？」

曰：「摩如物在一物上面摩旋底意思，亦是相交意思。如今人磨子相似，下面一片不動，上面一片只管摩旋推盪不曾住。自兩儀生四象，則老陽老陰不動，而少陰少陽則交；自四象生八卦，則乾、坤、震、巽不動，而兑、離、坎、艮則交；自八卦而生六十四卦，皆是從上加去。下體不動，每一卦生八卦，故謂之『摩、盪』。」銖。

「剛柔相摩，八卦相盪」，方是説做這卦。做這卦了，那「鼓之以雷霆」，與風雨日月寒暑之變化，皆在這卦中；那成男成女之變化，也在這卦中。見造化關捩子才動，那許多物事都出來。易只是模寫他這箇。淵。

「鼓之以雷霆，潤之以風雨」，此已上是將造化之實體對易中之理。此下便是説易中却有許多物事。㽦。

「乾道成男，坤道成女」，通人物言之，如牡馬之類。在植物亦有男女，如有牡麻，及竹有雌雄之類，皆離陰陽剛柔不得。㽦。

「乾知大始，坤作成物。」知者，管也。乾管却大始，大始即物生之始。乾始物而坤成之也。謨。

或問：「『乾知大始，坤作成物，乾以易知，坤以簡能。』如何是知？」曰：「此『知』字訓『管』字，不當解作知見之『知』。大始是『萬物資始』，乾以易，故管之；成物是『萬物資生』，坤以簡，故能之。大抵談經只要自在，不必泥於一字之間。」蓋卿。

「乾知大始」，知，主之意也，如知縣、知州。乾爲其初，爲其萌芽。「坤作成物」，坤管下面一截，有所作爲。「乾以易知」，「乾，陽物也」，陽剛健，故作爲易成。「坤以簡能」，坤因乾先發得有頭腦，特因而爲之，故簡。節。

「『乾以易知，坤以簡能。』他是從上面『乾知大始，坤作成物』處説來。」文蔚曰：「本義以『知』字作『當』字解，其義如何？」曰：「此如説『樂著大始』，大始就當體而言。言乾當此大始，然亦自有知覺之義。」文蔚曰：「此是那性分一邊事。」曰：「便是他屬陽。『坤作成物』，却是作那成物，乃是順乾。『乾以易知，坤以簡能』，易簡在乾坤。『易則易知，簡則易從』，却是以人事言之。兩箇『易』字又自不同，一箇是簡易之『易』，一箇是難易之『易』。要之，只是一箇字，但微有毫釐之間。」因論：「天地間只有一箇陰陽，故程先生云：『只有一箇感與應。』所謂陰與陽，無處不是。且如前後，前便是陽，後便是陰；又如左右，左便是陽，右便是陰；又如上下，上面一截便是陽，下面一截便是陰。」文蔚曰：「先生易説中謂『伏羲作易，驗陰陽消息兩端而已』，此語最盡。」曰：「『陰陽』雖是兩箇字，然却只是一氣之消息，一進一退，一消一長。進處便是陽，退處便是陰；長處便是陽，消處便是陰。只是這一氣之消長，做出古今天地間無限事來。所以陰陽做一箇説亦得，做兩箇説亦得。」

文蔚。

問：「『乾知』是知，『坤作』是行否？」曰：「是。」又問：「通乾坤言之，有此理否？」曰：「有。」「如何是『易簡』？」曰：「他行健，所以易，易是知阻難之謂，人有私意便難。簡，只是順從而已，若外更生出一分，如何得簡？今人多是私意，所以不能簡易。易，故知之者易；簡，故從之者易。『有親』者，惟知之者易，故人得而親之。此一段通天人而言。」祖道。

「乾以易知。」乾惟行健，其所施爲自是容易，觀造化生長則可見。只是這氣一過時，萬物皆生了，可見其易。要生便生，更無凝滯；要做便做，更無等待，非健不能也。僩。

乾德剛健，他做時便通透徹達，攔截障蔽他不住。人剛健者亦如此。「乾以易知」，只是說他恁地做時，不費力。淵。

「坤以簡能」，坤最省事，更無勞攘，他只承受那乾底生將出來。他生將物出來，便見得是能。陰只是一箇順，若不順，如何配陽而生物！淵。

「易簡」，一畫是易，兩畫是簡。泳。

問「乾坤易簡」。曰：「『易簡』，只看『健順』可見。」又曰：「且以人論之，如健底人則遇事時便做得去，自然覺易，易只是不難。又如人，稟得性順底人，及其作事便自省事，自然是簡，簡只是不繁。然乾之易，只管得上一截事，到下一截却屬坤，故易。坤只是承乾，故不著做上一截事，只做下面一截，故簡。如『乾以易知，坤以簡能』，知便是做起頭，能便是做了。只觀『隤然』、『確然』，亦可見得易簡之理。」畬。

伯豐問「簡易」。曰：「只是『健順』。如人之健者，做事自易；順承者，自簡靜而不繁。只看下繫『確然』、『隤然』，自分曉。易者只做得一半，簡者承之。又如乾『恒易以知險』，坤『恒簡以知阻』，因登山而知之。高者視下，可見其險；有阻在前，簡靜者不以爲難。」人傑。

伯謨問「乾坤簡易」。曰：「易只是要做便做，簡是都不入自家思惟意思，惟順他乾道做將去。」又問：「『乾健，『德行常易以知險』；坤順，『德行常簡以知阻』。」曰：「自上臨下爲險，自下升上爲阻。故乾無自下升上之義，坤無自上降下之理。」賀孫。

問「乾坤易簡」。曰：「『簡』字易曉，『易』字難曉。他是健了，饒本云：「逐日被他健了。」自然恁地不勞氣力。才從這裏過，要生便生，所謂『因行不妨掉臂』，是這樣說話。繫辭有數處說『易簡』，皆是這意，子細看便見。」又問：「健，不是他要恁地，是實理自然如此。在人，則順理而行便自容易，不須安排。」曰：「順理自是簡底事。所謂易，便只是健，健自是易。」學蒙。

「乾以易知，坤以簡能」以上，是言乾坤之德。「易則易知」以下，是就人而言，言人兼體乾坤之德也。「乾以易知」者，乾健不息，惟主於生物，都無許多艱深險阻，故能以易而知大始。坤順承天，惟以成物，都無許多繁擾作爲，故能以簡而作成物。大抵陽施陰受，乾之生物，如瓶施水，其道至易；坤惟承天以成物，别無作爲，故其理至簡。其在人，則無艱阻而白直，故人易知；順理而不繁擾，故人易從。易知，則人皆同心親之；易從，則人皆協力而有功矣。「有親」、「可久」，則爲賢人之德，是就存主處言；「有功」、「可大」，則爲賢人之業，是就做事處言。蓋自「乾以易知」，便是指存主處；「坤以簡能」，便是指做事處。故「易簡而天下之理得」，則「與天地參矣」。銖。

問：「『乾以易知，坤以簡能。』本義云：『乾健而動，故以易而知大始；坤順而静，故以簡而作成物。』若以學者分上言之，則『廓然大公』者，易也；『物來順應』者，簡也。不知是否？」曰：「然。乾之易，致知之事也；坤之簡，力行之事也。」問：「恐是下文『易則易知，簡則易從』，故知其所分如此否？」曰：「他以是而能知，故人亦以是而知之。所以坤之六二，便只言力行底事。」榦。

「天行健」，故易；地承乎天，柔順，故簡。簡易，故無艱難。敬仲。

問「易則易知，簡則易從」。曰：「乾坤只是健順之理，非可指乾坤爲天地，亦不可指乾坤爲二卦，在天地與卦中皆是此理。『易知』、『易從』，不必皆指聖人。但易時自然易知，簡時自然易從。」謨。去僞同。

問：「如何是『易知』？」曰：「且從上一箇『易』字看，看得『易』字分曉，自然易知。」久之，又曰：「簡則有箇睹當底意思。看這事可行不可行，可行則行，不可行則止，所以謂之順。易則都無睹當，無如何、若何，只是容易行將去。如口之欲語，如足之欲行，更無因依。口須是説話，足須是行履。如虎嘯風冽，龍興致雲，自然如此，更無所等待，非至健何以如此？這箇只就『健』字上看。惟其健，所以易。雖天下之至險，亦安然行之，如履平地，此所以爲至健。坤則行到前面，遇著有阻處便不行了，此其所以爲順。」僩。

問：「『易則易知』，先作樂易看，今又作容易，如何？」曰：「未到樂易處。」礪曰：「容易，如何便易知？」曰：「不須得理會『易知』，且理會得『易』字了，下面自然如破竹。」又曰：「這處便無言可解説，只是易。」又曰：「只怕不健，若健則自易，易則是易知。這如龍興而雲從、虎嘯而風生相似。」又曰：「這如『鴻毛之遇順風，巨魚之縱大壑』，初不費氣力。」又曰：「簡便如順道理而行，却有商量。」

「易知則有親，易從則有功。」惟易則人自親之，簡則人自從之。蓋艱阻則自是人不親，繁碎則自是人不從。人既親附，則自然可以久長；人既順從，則所爲之事自然廣大。若其中險深不可測，則誰親之？做事不繁碎，人所易從；有人從之，功便可成。若是頭項多，做得事來艱難底，必無人從之。𥳑。

只爲「易知、易從」，故「可親、可久」。如人不可測度者，自是難親，亦豈能久？煩碎者自是難從，何緣得有功也？謨。

「易繫解『易知、易從』云知則同心，從則協力，一於內故可久，兼於外故可大，如何？」曰：「既易知，則人皆可以同心；既易從，則人皆可以叶力。『一於內』者，謂可久是賢人之德，德則得於己者；『兼於外』者，謂可大是賢人之業，事業則見於外者故爾。」謨。

蕭兄問「德」、「業」。曰：「德者，得也，得之於心謂之德。如得這箇孝，則爲孝之德業，是做得成頭緒，有次第了。不然，汎汎做，只是俗事，更無可守。」蓋卿。

德是得之於心，業是事之有頭緒次第者。方子。

黄子功問：「何以不言聖人之德業，而言『賢人之德業』？」曰：「未消理會這箇得。若恁地理會，亦只是理會得一段文字。」良久，乃曰：「乾坤只是一箇健順之理，人之性無不具此。『雖千萬人，吾往矣』，便是健。『雖褐寬博，吾不惴焉』，便是順。如剛果奮發，謙遜退讓亦是。所以君子『富貴不能淫，貧賤不能移，威武不能屈』，非是剛强，健之理如此。至於『出門如見大賓，使民如承大祭』，非是巽懦，順之理如此。但要施之得其當；施之不當，便不是乾、坤之理。且如孝子事親，須是下氣怡色，起敬起孝；若用健，便是悖逆不孝之子。事君，須是立朝正色，犯顔敢諫；若用順，便是阿諛順旨。中庸説『君子而時中』，時中之道，施之得其宜便是。」文蔚曰：「通書云：『性者，剛柔善惡中而已。』此一句説得亦好。」先生點頭曰：「古人自是説得好了，後人説出來又好。」徐子融曰：「上蔡嘗云：『一部論語，只是如此看。』今聽先生所論，一部周易，亦只消如此看。」先生默然。文蔚。

「『可久則賢人之德，可大則賢人之業』，楊氏『可而已』之説亦善。」又問：「不言聖人，是未及聖人事否？」曰：「『成位乎其中』，便是説抵著聖人。張子所謂『盡人道，並立乎天地以成三才』，則盡人道，非聖人不能。程子之説不可曉。」按：楊氏曰：「可而已，非其至也，故爲賢人之德、業。」本義謂：「法乾坤之事，賢於人之『賢』。」㽦。「易簡理得」，只是浄浄潔潔，無許多勞擾委曲。端蒙。

伯豐問：「『成位乎其中』，程子、張子二説孰是？」曰：「此只是説聖人。程子説不可曉。」㽦。

右第一章

## 第二章

「聖人設卦觀象」至「生變化」三句，是題目，下面是解説這箇。吉凶悔吝，自大説去小處；變化剛柔，自小説去大處。吉凶悔吝説人事變化，剛柔説卦畫。從剛柔而爲變化，又自變化而爲剛柔。所以下箇「變化之極」者，未到極處時，未成這箇物事。變似那一物變時，從萌芽變來，成枝成葉。化時，是那消化了底意思。淵。

「剛柔相推」，是説陰陽二氣相推；「八卦相盪」，是説奇耦雜而爲八卦。在天則「剛柔相推」，在易則「八卦相盪」，然皆自易言。一説則「剛柔相推」而成八卦，「八卦相盪」而成六十四卦。嵤。

「吉凶者，失得之象；悔吝者，憂虞之象；變化者，進退之象；剛柔者，晝夜之象。」四句皆互換往來，乍讀似不貫穿，細看來，不勝其密。吉凶與悔吝相貫，悔自凶而趨吉，吝自吉而趨凶；進退與晝夜相貫，進自柔而趨乎剛，退自剛而趨乎柔。謨。

繫辭一字不胡亂下，只人不子細看。如「吉凶者失得之象」四句，中間兩句，悔是自凶而向乎吉，吝是自吉而趨乎凶；進是自柔而向乎剛，退是自剛而趨乎柔。又如「乾知險，坤知阻」，何故乾言險，坤言阻？舊因登山，曉得自上而下來，方見險處，故以乾言；自下而上去，方見阻處，故以坤言。淳。

吉凶悔吝四者，正如剛柔變化相似。四者循環，周而復始，悔了便吉，吉了便吝，吝了便凶，凶了便悔。正如「生於憂患，死於安樂」相似。蓋憂苦患難中必悔，悔便是吉之漸；及至吉了，少間便安意肆志，必至做出不好、可羞吝底事出來，吝便是凶之漸矣；及至凶矣，又却悔；只管循環不已。正如剛柔變化，剛了化，化了柔，柔了變，變便是剛，亦循環不已。吉似夏，吝似秋，凶似冬，悔似春。僩。

問：「本義說『悔吝者憂虞之象』，以爲『悔自凶而趨吉，吝自吉而向凶』。竊意人心本善，物各有理。若心之所發鄙吝而不知悔，這便是自吉而向凶。」曰：「不然。吉凶悔吝，正是對那剛柔變化說。剛極便柔，柔極便剛。這四箇循環，如春夏秋冬相似，凶便是冬，悔便是春，吉便是夏，吝便是秋。秋又是冬去。」又問：「此以配陰陽，則其屬當如此。於人事上說，則如何？」曰：「天下事未嘗不『生於憂患，而死於安樂』。若這吉處不知戒懼，自是生出吝來，雖未至於凶，畢竟是向那凶路上去。」又曰：「『日中則昃，月盈則食』，自古極亂未嘗不生於極治。」學蒙。

吉凶悔吝之象，吉凶是兩頭，悔吝在中間。悔自凶而趨吉，吝自吉而趨凶。夔孫。

「悔吝」，悔是做得過，便有悔；吝是做得這事軟了，下梢無收殺，不及，故有吝。端蒙。

悔者將自惡而入善，吝者將自善而入惡。節。

剛過當爲悔，柔過當爲吝。節。

過便悔，不及便吝。𥈅。

「『變化者，進退之象』，是剛柔之未定者；『剛柔者，晝夜之象』，是剛柔之已成者。蓋『柔變而趨於剛，是退極而進；剛化而趨於柔，是進極而退。既變而剛，則晝而陽；既化而柔，則夜而陰』。猶言子午卯酉，卯酉是陰陽之未定，子午是陰陽之已定。又如四象之有老少。故此兩句惟以子午卯酉言之，則明矣。然陽化爲柔，只恁地消縮去，無痕迹，故曰化；陰變爲剛，是其勢浸長，有頭面，故曰變。此亦見陰半陽全，陽先陰後，陽之輕清無形，而陰之重濁有迹也。」銖曰：「陰陽以氣言，剛柔以質言。既有卦爻可見，則當以質言，而不得以陰陽言矣。故象辭多言剛柔，不言陰陽，不知是否？」曰：「是。」銖。

問「變化者進退之象」與「化而裁之存乎變」。曰：「這『變化』字又相對說。那『化而裁之存乎變』底『變』字，又說得來重。如云『幽則有鬼神』，鬼神本皆屬幽；然以『鬼神』二字相對說，則鬼又屬幽，神又自屬明。『變化』相對說，則變是長，化是消。」問：「消長皆是化否？」曰：「然，也都是變。更問：「此兩句疑以統體言，則皆是化；到换頭處，便是變。若相對言，則變屬長，化屬消。」化則漸漸化盡，以至於無；變則驟然而長。變是自無而有，化是自有而無。」

問：「頃見先生説：『變是自陰而陽，化是自陽而陰。』亦此意否？」曰：「然。只觀出入息，便見。」又問：「氣之發散者爲陽，收斂者爲陰否？」曰：「也是如此。如鼻氣之出入，出者爲陽，收回者爲陰。入息，如螺螄出殼了縮入相似，是收入那出不盡底。若只管出去不收，便死矣。」問：「出入息，畢竟出去時漸漸消，到得出盡時便死否？」曰：「固是如此，然那氣又只管生。」僩。

或問「變化」二字。曰：「變是自陰之陽，忽然而變，故謂之變；化是自陽之陰，漸漸消磨將去，故謂之化。自陰而陽，自是長得猛，故謂之變。自陽而之陰，是漸漸消磨將去。」

問：「變者，化之漸；化者，變之成。如昨日是夏，今日是秋，爲變到那全然天涼，没一些熱時，是化否？」曰：「然。」又問：「這箇『變化』字，却與『變化者進退之象』不同，如何？」曰：「這又別有些意思，是言剛化爲柔，柔變爲剛。蓋變是自無而有，化是自有而無也。」燾。

問：「本義解『吉凶者失得之象也』一段，下云：『剛柔相推而生變化，變化之極復爲剛柔，流行乎一卦六爻之中，而占者得因其所值以爲吉凶之決。』竊意在天地之中，陰陽變化無窮，而萬物得因之以生生；在卦爻之中，九六變化無窮，而人始得因其變以占吉凶。」曰：「易自是占其變。若都變了，只一爻不變，則反以不變者爲主。或都全不變，則不變者又反是變也。」學蒙。

「繫辭中如『吉凶者失得之象』一段，解得自有功，恐聖人本意未必不如此。」問：「『聖人以此洗心』一段，亦恐非先儒所及。」曰：「也且得如此説，不知畢竟是如何。」榦。

問：「『所居而安者，易之序也』，與『居則觀其象』之『居』不同，上『居』字是總就身之所處而言，下『居』字是静對動而言。」曰：「然。」學履。

問「所居而安者，易之序也」。曰：「序是次序，謂卦及爻之初終，如『潛、見、飛、躍』，循其序則安。」又問「所樂而玩者，爻之辭」。曰：「横渠謂：『每讀每有益，所以可樂。』蓋有契於心，則自然樂。」𠎝。

「『居則觀其象，玩其辭；動則觀其變，玩其占』，如何？」曰：「若是理會不得，却如何占得？必是閒常理會得此道理，到用時便占。」𠎝。

右第二章

## 第三章

「悔吝二義，悔者，將趨於吉而未至於吉；吝者，將趨於凶而未至於凶。」又問：「所謂『小疵』者，只是以其未便至於吉凶否？」曰：「悔是漸好，知道是錯了，便有進善之理。悔便到无咎。吝者，喑嗚説不出，心下不足，没分曉，然未至大過，故曰『小疵』。然小疵畢竟是小過。」䕫。

「齊小大者存乎卦。」齊，猶分辨之意，一云猶斷也。小，謂否睽之類。大，謂泰謙之類。如泰謙之辭便平易，睽困之辭便艱險，故曰：「卦有小大，辭有險易。」此説與本義異。人傑。

「齊小大者存乎卦。」曰：「『齊』字又不是整齊，自有箇如準如協字，是分辨字。泰爲大，否爲小。『辭有險易』，直是吉卦易，凶卦險。泰謙之類説得平易，睽蹇之類説得艱險。」䕫。

問：「『憂悔吝者存乎介。』悔吝未至於吉凶，是那初萌動，可以向吉凶之微處。介又是悔吝之微處。『介』字如界至、界限之『界』，是善惡初分界處。於此憂之，則不至悔吝矣。」曰：「然。」學蒙。

「憂悔吝者存乎介，震无咎者存乎悔。」悔吝固是吉凶之小者，介又是幾微之間。慮悔吝之來，當察於幾微之際。无咎者，本是有咎，善補過則爲无咎。震，動也，欲動而无咎，當存乎悔爾。悔吝在吉凶之間，悔是自凶而趨吉，吝是自吉而之凶。悔吝，小於吉凶，而將至於吉凶者也。謨。

問：「『卦有小大』，舊説謂大畜、小畜、大過、小過，如此，則只説得四卦。」曰：「看來只是好底卦，便是大；不好底卦，便是小。如復、如泰、如大有、如夬之類，是好底卦；如睽、如困、如小過底，盡不好底。譬如人，光明磊落底便是好人，昏昧迷暗底便是不好人。所以謂『卦有小大，辭有險易』。大卦辭易，小卦辭險，即此可見。」學履。

問：「『卦有小大，辭有險易。』陽卦爲大，陰卦爲小。觀其爻之所向而爲之辭，如『休復吉』底辭，自是平易；如『困於葛藟』底辭，自是險。」曰：「這般處依約看，也是恁地。自是不曾見得他底透，只得隨衆説。如所謂『吉凶者失得之象』一段，却是徹底見得聖人當初作易時意，似這處更移易一字不得。其他處不能盡見得如此，所以不能盡見得聖人之心。」學蒙。

右第三章

## 第四章

問「易與天地準，故能彌綸天地之道」。曰：「易道本與天地齊準，所以能彌綸之。凡天地間之物，無非易之道，故易能『彌綸天地之道』，而聖人用之也。『彌』如封彌之『彌』，糊合便無縫罅；『綸』如綸絲之『綸』，自有條理。言雖是彌得外面無縫罅，而中則事事物物各有條理。彌，如『大德敦化』；綸，如『小德川流』。彌而非綸，則空疏無物；綸而非彌，則判然不相干。此二字，見得聖人下字甚密也。」學履。

問「易與天地準，故能彌綸天地之道」。曰：「凡天地有許多道理，易上都有，所以與天地齊準，而能『彌綸天地之道』。『彌』字，若今所謂封彌試卷之『彌』，又若『彌縫』之『彌』，是恁地都無縫底意思。解作偏滿，也不甚似。」又曰：「天地有不了處，易却彌縫得他。」學蒙。

「彌綸天地之道」，「彌」字如封彌之義。惟其封彌得無縫罅，所以能徧滿也。僩。

「『仰以觀天文，俯以察地理，是故知幽明之故。』注云：『天文則有晝夜上下，地理則有南北高深。』不知如何？」曰：「晝明夜幽，上明下幽；觀晝夜之運，日月星辰之上下，可見此天文幽明之所以然。南明北幽，高明深幽；觀之南北高深，可見此地理幽明之所以然。」又云：「始終死生，是以循環言；精氣鬼神，是以聚散言，其實不過陰陽兩端而已。」學履。

「仰以觀於天文，俯以察於地理」，天文是陽，地理是陰，然各有陰陽。天之晝是陽，夜是陰；日是陽，月是陰。地如高屬陽，下屬陰；平坦屬陽，險阻屬陰；東南屬陽，西北屬陰。幽明便是陰陽。甞。

問：「『仰以觀於天文，俯以察於地理』，是以此易書之理仰觀俯察否？」曰：「所以『仰以觀天文，俯以察地理，是故知幽明之故』。幽明便是陰陽剛柔。凡許多説話，只是説一箇陰陽。南便是明，北便是幽；日出地上便是明，日入地下便是幽。仰觀俯察，便皆知其故。」

觀文、察理，以至「知鬼神之情狀」，皆是言窮理之事。直是要知得許多，然後謂之窮理。謨。

正卿問「原始反終，故知死生之説」。曰：「人未死，如何知得死之説？只是原其始之理，將後面摺轉來看，便見得。以此之有，知彼之無。」

問：「『反』字如何？」曰：「推原其始，而反其終。謂如方推原其始初，却摺轉一摺來，如回頭之義，是反回來觀其終也。」僴。人傑録云：「却回頭轉來看其終。」

「精氣爲物」，是合精與氣而成物，精魄而氣魂也。變則是魂魄相離。雖獨説「遊魂」，而不言魄，而離魄之意自可見矣。學蒙。

林安卿問「精氣爲物，遊魂爲變」。曰：「此是兩箇合，一箇離。精氣合，則魂魄凝結而爲物；離，則陽已散而陰無所歸，故爲變。『精氣爲物』，精，陰也；氣，陽也。『仁者見之謂之仁，智者見之謂之智。』仁，陽也；智，陰也。」人傑。義剛同。

問：「尹子解『遊魂』一句爲鬼神，如何？」曰：「此只是聚散。聚而爲物者，神也；散而爲變者，鬼也。鬼神便有陰陽之分，只於屈伸往來觀之。橫渠說『精氣自無而有，遊魂自有而無』，其說亦分曉。然精屬陰，氣屬陽，然又自有錯綜底道理。然就一人之身將來橫看，生便帶著箇死底道理。人身雖是屬陽，而體魄便屬陰；及其死而屬陰，又却是此氣，便亦屬陽。蓋死則魂氣上升，而魄形下降。古人說『徂落』二字極有義理，便是謂魂魄。徂者，魂升於天；落者，魄降於地。只就人身，便亦是鬼神。如祭祀『求諸陽』，便是求其魂；『求諸陰』，便是求其魄。祭義中宰我問鬼神一段說得好，注解得亦好。」營。

問「與天地相似，故不違」。曰：「上面是說『與天地準』，這處是說聖人『與天地相似』。」又曰：「『與天地相似』，方且無外，凡事都不出這天地範圍之內，所以方始得知周乎萬物，而道又能濟天下，旁行也不走作。」

「與天地相似，故不違。」上文言易之道「與天地相似」，此言聖人之道「與天地準」也。惟其人不違，所以「與天地相似」。若此心有外，則與天地不相似矣。此下數句，皆是「與天地相似」之事也。上文「易與天地準」下數句，皆「易與天地準」之事也。「旁行而不流」，言其道旁行而不流於偏也。「範圍天地之化而不過」，自有大底範圍，又自有小底範圍。而今且就身上看，一事有一箇範圍。「通乎晝夜之道而知」，「通」訓兼，言兼晝與夜皆知也。僩。

「與天地相似」是説聖人。第一句汎説。「知周乎萬物，而道濟天下」，是細密底工夫。知便直要周乎萬物，無一物之遺；道直要濟天下。畬。

「知周乎萬物」，便是知幽明死生鬼神之理。

問：「注云：『「知周萬物」者，天也；「道濟天下」者，地也。』是如何？」曰：「此與後段『仁者見之謂之仁，知者見之謂之知』又自不同。此以清濁言，彼以動静言。智是先知得較虚，故屬之天；『道濟天下』，則普濟萬物，實惠及民，故屬之地。『旁行不流，樂天知命，故不憂』，此兩句本皆是知之事，蓋不流便是貞也。不流是本，旁行是應。變處無本，則不能應變。能應變而無其本，則流而入變詐矣。細分之，則旁行是知，不流屬仁。其實皆是知之事，對下文『安土敦乎仁故能愛』一句，專説仁也。」學履。

「知周萬物」是體；「旁行」是「可與權」，乃推行處；「樂天知命」是自處。三節各説一理。淵。

「旁行而不流。」曰：「此『小變而不失其大常』。然前後却有『故』字，又相對。此一句突然，易中自時有恁地處，頗難曉。」畬。

問：「『樂天知命』，云『通上下言之』。又曰：『聖人之知天命，則異於此。』某竊謂『樂天知命』便是説聖人。」曰：「此一段亦未安。『樂天知命』便是聖人。異者，謂與『不知命無以爲君子』自别。」可學。

「安土敦乎仁」，對「樂天知命」言之。所寓而安，篤厚於仁，更無夾雜，純是天理。自「易與天地準」而下，皆發明陰陽之理。人傑。

問「安土敦乎仁，故能愛」。曰：「此是與上文『樂天知命』對説。『樂天知命』是『知崇』，『安土敦仁』是『禮卑』。安，是隨所居而安，在在處處皆安。若自家不安，何以能愛？敦，只是篤厚。去盡己私，全是天理，更無夾雜，充足盈滿，方有箇敦厚之意，只是仁而又仁。敦厚於仁，故能愛。惟『安土敦仁』，則其愛自廣。」㽦。

「安土」者，隨所寓而安。若自擇安處，便只知有己，不知有物也。此厚於仁者之事，故能愛也。去僞。

「安土敦乎仁，故能愛。」聖人説仁，是恁地説，不似江西人説知覺相似。此句説仁最密。淵。

「範圍天地之化。」範是鑄金作範，圍是圍裏。如天地之化都没箇遮攔，聖人便將天地之道一如用範來範成箇物，包裹了。試舉一端，如在天，便做成四時、十二月、二十四氣、七十二候之類，以此做箇塗轍，更無過差。此特其小爾。㽦。

問「範圍天地之化而不過」。曰：「天地之化，滔滔無窮，如一爐金汁，鎔化不息。聖人則爲之鑄瀉成器，使人模範匡郭，不使過於中道也。『曲成萬物而不遺』，此又是就事物之分量形質，隨其大小闊狹、長短方圓，無不各成就此物之理，無有遺闕。『範圍天地』是極其大而言，『曲成萬物』是極其小而言。『範圍』，如『大德敦化』；『曲成』，如『小德川流』。」學履。

問：「『範圍天地之化而不過』，如天之生物至秋而成，聖人則爲之斂藏。人之生也，欲動情勝，聖人則爲之教化防範。此皆是範圍而使之不過之事否？」曰：「範圍之事闊大，此亦其一事也。今且就身上看如何。」或曰：「如視聽言動，皆當存養使不過差，此便是否？」曰：「事事物物，無非天地之化，皆當有以範圍之。就喜怒哀樂而言，喜所當喜、怒所當怒之類，皆範圍也。能範圍之不過，曲成之不遺，方始見得這『神無方，易無體』。若範圍有不盡，曲成有所遺，神便有方，易便有體矣！」學蒙。

「通乎晝夜之道而知。」既曰「通」，又曰「知」，似不可曉。然通是兼通，若通晝不通夜，通生不通死，便是不知；便是神有方，易有體了！學蒙。

「『通乎晝夜之道而知』，『通』字只是兼乎晝夜之道而知其所以然。大抵此一章自『易與天地準』以下，只是言箇陰陽。『仁者見之謂之仁』，仁亦屬陽；『知者見之謂之知』，知亦屬陰，此就人氣質有偏處分陰陽。如『繼之者善，成之者性』，便於造化流行處分陰陽。」因問：「尹子『「鬼神情狀」，只是解「遊魂爲變」一句』，即是將『神』字亦作『鬼』字看了。程、張説得甚明白，尹子親見伊川，何以不知此義？」曰：「尹子見伊川晚，又性質朴鈍，想伊川亦不曾與他説。」䕃。

「神無方而易無體」，神便是忽然在陰，又忽然在陽底。易便是或爲陰，或爲陽，如爲春，又爲夏；爲秋，又爲冬。交錯代換，而不可以形體拘也。學履。

「神無方，易無體。」神自是無方，易自是無體。方是四方上下，神却或在此，或在彼，故云「無方」。「易無體」者，或自陰而陽，或自陽而陰，無確定底，故云「無體」。自與那「其體則謂之易」不同，各自是説一箇道理。若恁地滚將來説，少間都説不去。他那箇是説「上天之載，無聲無臭」。「其體則謂之易」，這只是説箇陰陽、動静、闢闔、剛柔、消長，不著這七八箇字，説不了。若喚做「易」，只一字便了。易是變易，陰陽無一日不變，無一時不變。莊子分明説「易以道陰陽」。要看易，須當恁地看，事物都是那陰陽做出來。淵。

「易無體」，這箇物事逐日各自是箇頭面，日異而時不同。淵。

右第四章分章今依本義。

## 第五章

「『一陰一陽之謂道』，陰陽何以謂之道？」曰：「當離合看。」可學。

「一陰一陽之謂道」。陰陽是氣，不是道，所以爲陰陽者，乃道也。若只言「陰陽之謂道」，則陰陽是道。今曰「一陰一陽」，則是所以循環者乃道也。「一闔一闢謂之變」，亦然。驤。

問「一陰一陽之謂道」。曰：「此與『一闔一闢謂之變』相似。陰陽非道也，一陰又一陽，循環不已，乃道也。只説『一陰一陽』，便見得陰陽往來循環不已之意，此理即道也。」又問：「若爾，則屈伸往來非道也，所以屈伸往來循環不已，乃道也。」先生頷之。銖。

道，須是合理與氣看。理是虛底物事，無那氣質，則此理無安頓處。易説「一陰一陽之謂道」，這便兼理與氣而言。陰陽，氣也；「一陰一陽」，則是理矣。猶言「一闔一闢謂之變」。闔闢，非變也；「一闔一闢」，則是變也。蓋陰陽非道，所以陰陽者道也。横渠言：「由氣化，有『道』之名；合虛與氣，有『性』之名。」意亦以虛爲理。然虛却不可謂之理，理則虛爾。亦猶「敬則虛静，不可把虛静唤作敬」。端蒙。

問：「本義云：『道具於陰而行乎陽。』竊意『道之大體』云云，是則『動静無端，陰陽無始』。要之，造化之初，必始於靜。」曰：「既曰『無端無始』，如何又始於靜？看來只是一箇實理，動則爲陽，靜則爲陰云云。今之所謂動者，便是前面靜底末梢。其實靜前又動，動前又靜，只管推上去，更無了期，所以只得從這處說起。」

或問「一陰一陽之謂道」。曰：「以一日言之，則晝陽而夜陰；以一月言之，則望前爲陽，望後爲陰；以一歲言之，則春夏爲陽，秋冬爲陰。從古至今，恁地滚將去，只是箇陰陽，是孰使之然哉？乃道也。從此句下，又分兩脚。此氣之動爲人物，渾是一箇道理。故人未生以前，此理本善，所以謂『繼之者善』，此則屬陽；氣質既定，爲人爲物，所以謂『成之者性』，此則屬陰。」學蒙。

問「一陰一陽之謂道」。曰：「一陰一陽，此是天地之理。如『大哉乾元，萬物資始』，乃『繼之者善也』；『乾道變化，各正性命』，此『成之者性也』。這一段是說天地生成萬物之意，不是說人性上事。」謨。去僞同。

「一陰一陽之謂道」，太極也。「繼之者善」，生生不已之意，屬陽；「成之者性」，「各正性命」之意，屬陰。通書第一章可見。如說「純粹至善」，却是統言道理。人傑。

「一陰一陽之謂道。」就人身言之，道是吾心。「繼之者善」，是吾心發見惻隱、羞惡之類；「成之者性」，是吾心之理，所以爲仁義禮智是也。人傑。

問：「孟子只言『性善』，易繫辭却云：『一陰一陽之謂道，繼之者善也，成之者性也。』如此，則性與善却是二事？」曰：「一陰一陽是總名。『繼之者善』，是二氣五行事；『成之者性』，是氣化已後事。」去僞。

流行造化處是善，凝成於我者即是性。繼是接續綿綿不息之意；成，是凝成有主之意。大雅。

造化所以發育萬物者，爲「繼之者善」；「各正其性命」者，爲「成之者性」。榦。

「繼之者善也。」元亨是氣之方行，而未著於物也，是上一截事。「成之者性也。」利貞是氣之結成一物也，是下一截事。節。

「繼之者善」，方是天理流行之初，人物所資以始。「成之者性」，則此理各自有箇安頓處，故爲人爲物，或昏或明，方是定。若是未有形質，則此性是天地之理，如何把做人物之性得！端蒙。

「繼之者善，成之者性」，性便是善。可學。

「繼之者善」，如水之流行；「成之者性」，如水之止而成潭也。椿。

問：「『繼之者善，成之者性』，是道？是器？」曰：「繼之成之是器，善與性是道。」人傑。

易大傳言「繼善」，是指未生之前；孟子言「性善」，是指已生之後。雖曰已生，然其本體初不相離也。銖。

或問「成之者性」。曰：「性如寶珠，氣質如水。水有清有汙，故珠或全見，或半見，或不見。」又問：「先生嘗說性是理，本無是物。若譬之寶珠，則却有是物。」曰：「譬喻無十分親切底。」蓋卿。

問「仁者見之」至「鮮矣」。曰：「此言萬物各具是性，但氣稟不同，各以其性之所近者窺之。故仁者只見得他發生流動處，便以爲仁；知者只見得他貞靜處，便以爲知。下此一等，百姓日用之間『習矣而不察』，所以『君子之道鮮矣』！」學蒙。

「顯諸仁，藏諸用」，二句只是一事。「顯諸仁」是可見底，便是「繼之者善也」；「藏諸用」是不可見底，便是「成之者性也」。「藏諸用」是「顯諸仁」底骨子，正如說「一而二，二而一」者也。張文定公說「事未判屬陽，已判屬陰」，亦是此意。「顯諸仁，藏諸用」，亦如「元亨利貞」。㽦録云：「是『元亨誠之通，利貞誠之復』。」元亨是發用流行處，利貞便是流行底骨子。又曰：「『顯諸仁』，德之所以盛；『藏諸用』，業之所以成。譬如一樹，一根生許多枝葉花實，此是『顯諸仁』處；及至結實，一核成一箇種子，此是『藏諸用』處。生生不已，所謂『日新』也；萬物無不具此理，所謂『富有』也。」僩。

「『顯諸仁，藏諸用』，二句本只是一事。『藏諸用』，便在那『顯諸仁』裏面，正如昨夜説『一故神，兩故化』相似，只是一事。『顯諸仁』是可見底，『藏諸用』是不可見底；『顯諸仁』是流行發用處，『藏諸用』是流行發見底物；『顯諸仁』是千頭萬緒，『藏諸用』只是一箇物事。『藏諸用』是『顯諸仁』底骨子，譬如一樹花，皆是『顯諸仁』；及至此花結實，則一花自成一實。方衆花開時，共此一樹，共一箇性命；及至結實成熟後，一實又自成一箇性命。如子在魚腹中時，與母共是一箇性命；及子既成，則一子自成一性命。『顯諸仁』，千變萬化；『藏諸用』，則只是一箇物事，一定而不可易。張乖崖説『公事未判時屬陽，已判後屬陰』，便是這意。公事未判，生殺輕重皆未定；及已判了，更不可易。『顯諸仁』便是『繼之者善也』，『藏諸用』便是『成之者性也』。天下之事，其燦然發見處，皆是顯然者；然一事自是一事，一物自是一物。如『元亨利貞』，元亨是發用流行處，貞便是流行底骨子。流行箇甚麽？只是流行那貞而已。」或曰：「『正如『乾道變化，各正性命』否？」曰：「『顯諸仁』似恕，『藏諸用』似忠；『顯諸仁』似貫，『藏諸用』似一。如水流而爲川，止而爲淵，激而爲波浪，雖所居不同，然皆是水也。水便是骨子，其流處、激處，皆顯者也。『顯諸仁』如惻隱之心，『藏諸用』似仁也。惻隱、羞惡、辭遜、是非，『顯諸仁』也；仁義禮智，『藏諸用』也。只是這箇惻隱隨事發見，及至成那事時，一事各成一仁，此便是『藏諸用』。其發見時，在這道理中發去；及至成這事時，又只是這箇道理。一事既各成一道理，此便是業。業是事之已成處，事未成時不得謂之業。盛德便是『顯諸仁』處。『顯諸仁』者，德之所以盛；『藏諸用』者，業之所以成。『鼓萬物而不與聖人同憂』，此正是『顯諸仁、藏諸用』底時節。『盛德大業』，便是『顯仁、藏用』成就處也。」又曰：「耳之能聽，目之能視，口之能言，手之能執，足之能履，皆是發處也。畢竟怎生會恁地發用？釋氏便將這些子來瞞人。秀才不識，便被他瞞。」又云：「一叢禾，他初生時共這一株，結成許多苗葉花實，共成一箇性命；及至收成結實，則一粒各成一箇性命。只管生生不已，所謂『日新』也。『富有之謂大業』，言萬物萬事無非得此理，所謂『富有』也。日新是只管運用流行，生生不已。道家修養有納甲之法，皆只用乾、坤、艮、巽、震、兑六卦流行運用，而不用坎、離，便是那六卦流行底骨子。所以流行運用者，只流行此坎、離而已。便是『顯諸仁，藏諸用』之説，『顯諸仁』是流行發見處，『藏諸用』是流行發見底物。正如以穀喻仁，是『藏諸用』也，及發爲親親仁民愛物，一事又各自成一仁。『顯諸仁』是用底迹，『藏諸用』是仁底心。」

問：「本義云：『顯者，陽之仁也，德之發也；藏者，陰之知也，業之成也。』」按：此問是據未定本。竊意以爲，天地之理，動而陽，則萬物之發生者皆其仁之顯著；静而陰，則其用藏而不可見。其『顯諸仁』，則是德之發見；其『藏諸用』，則萬物各得以爲性，是業之成也。」

曰：「不如此。這處極微，難説。」又曰：「『顯諸仁』易説，『藏諸用』極難説。這『用』字，如橫渠説『一故神』。『神』字、『用』字一樣。『顯諸仁』，如春生夏長，發生彰露，所可見者。『藏諸用』，是所以生長者，藏在裏面而不可見。又這箇有作先後説處，如『元亨利貞』之類；有作表裏説處，便是這裏。」又曰：「『元亨利貞』，也可作表裏説。所謂流行者，别無物事，只是流行這箇。」又曰：「譬之仁，發出來便是惻隱之心，便是『顯諸仁』；仁便是『藏諸用』。」又曰：「仁便藏在惻隱之心裏面，仁便是那骨子。到得成就得數件事了，一件事上自是一箇仁，便是那業處。」又曰：「流行時，便是公共一箇；到得成就處，便是各具一箇。」又曰：「惻隱之心方是流行處，到得親親、仁民、愛物，方是成就處。但『盛德』便屬之『顯諸仁』，『大業』便屬之『藏諸用』。」又曰：「如此一穗禾，其始只用一箇母子，少間成穀，一箇各自成得一箇。將去種植，一箇又自成一穗，又開枝開葉去，所以下文謂『富有之謂大業』。」又曰：「須是去静坐體認，方可見得四時運行，萬物終始。若道有箇物行，又無形影；若道無箇物，又怎生會恁地？」

「鼓萬物而不與聖人同憂」，此言造化之理。如聖人則只是人，安得而無憂！謨。

天地造化是自然；聖人雖生知安行，然畢竟是有心去做，所以説「不與聖人同憂」。淵。

問「鼓萬物而不與聖人同憂」。曰：「明道兩句最好：『天地無心而成化，聖人有心而無爲。』無心便是不憂，成化便是鼓萬物。天地鼓萬物，亦何嘗有心來！」去僞。

「盛德大業至矣哉！」是贊歎上面「顯諸仁，藏諸用」。淵。

「盛德大業」以下，都是說易之理，非指聖人而言。㽦。

「盛德大業」一章。曰：「既說『盛德大業』，又說他只管恁地生去，所以接之以『生生之謂易』，是漸漸說入易上去。乾只略成一箇形象，坤便都呈見出許多法來。到坤處都細了，萬法一齊出見。『效』字如效順、效忠、效力之『效』。『極數知來之謂占』，占出這事，人便依他這箇做，便是『通變之謂事』。看來聖人到這處，便說在占上去，則此書分明是要占矣。『陰陽不測之謂神』，是總結這一段。不測者，是在這裏，又在那裏，便是這一箇物事走來走去，無處不在。六十四卦都說了，這又說三百八十四爻。許多變化，只是這一箇物事周流其間。」學蒙。

先說箇「富有」，方始說「日新」，此與說宇宙相似。先是有這物事了，方始相連相續去。自「富有」至「效法」，是說其理如此；用處却在那「極數知來」與「通變」上面。蓋說上面許多道理要做這用。淵。

問：「『「日新之謂盛德，生生之謂易」，「陰陽不測之謂神」，要思而得之。』明道提此三句説，意是如何？」曰：「此三句也是緊要。須是看得本文，方得。」問：「德是得於己底，業是發出來底。德便是本。『生生之謂易』，便是體；『成象之謂乾，效法之謂坤』，便只是裏面交錯底。」曰：「『乾坤其易之藴』，易是一塊，乾坤是在裏面往來底。聖人作易，便是如此。」又問：「『陰陽不測之謂神』，便是妙用處。」曰：「便是包括許多道理。」夔孫。

「成象之謂乾」，此造化方有些顯露處。「效法之謂坤」，以「法」言之，則大段詳密矣。「效」字難看，如效力、效誠之「效」，有陳獻底意思。乾坤只是理。理本無心，自人而觀，猶必待乾之成象，而後坤能效法。然理自如此，本無相待。且如四時，亦只是自然迭運。春夏生物，初不道要秋冬成之；秋冬成物，又不道成就春夏之所生，皆是理之所必然者爾。謨。

「成象之謂乾，效法之謂坤」，依舊只是陰陽。凡屬陽底，便是只有箇象而已。象是方做未成形之意，已成便屬陰。「成象」，謂如日月星辰在天，亦無箇實形，只是箇懸象如此。乾便略，坤便詳。效如陳效之效，若今人言效力之類。法是有一成已定之物，可以形狀見者。如條法，亦是實有已成之法。㽦。

「效法之謂坤」，到這箇坤時，都仔細詳審了，一箇是一箇模樣。效猶呈，一似説「效犬」、「效羊」、「效牛」、「效馬」，言呈出許多物。大概乾底只是做得箇形象，到得坤底，則漸次詳密。「資始」、「資生」，於此可見。淵。

效，呈也，如曲禮「效犬者左牽之」之「效」，猶言效順、效忠、效力也。蓋乾只是成得箇大象，坤便呈出那法來。

「成象之謂乾」，謂風霆雨露日星，只是箇象。效者，效力之「效」。「效法」，則效其形法而可見也。人傑。

右第五章

## 第六章

「夫易，廣矣，大矣」止「靜而正」，是無大無小，無物不包，然當體便各具此道理。「靜而正」，須著工夫看。徐又曰：「未動時，便都有此道理，都是真實，所以下箇『正』字。」畲。

「以言乎邇，則靜而正；以言乎天地之間，則備矣。」「靜而正」，謂觸處皆見有此道，不待安排，不待措置，雖至小、至近、至鄙、至陋之事，無不見有。隨處皆見足，無所欠闕，只觀之人身便見。「見有」、「見足」之「見」，賢遍反。僩。

「其動也闢。」大抵陰是兩件，如陰爻兩畫。闢是兩開去，翕是兩合。如地皮上生出物來，地皮須開。今論天道，包著地在。然天之氣却貫在地中，地却虛，有以受天之氣。下文有「大生」、「廣生」云者，大，是一箇大底物事；廣，便是容得許多物事。「大」字實，「廣」字虛。㽦。

「其靜也翕，其動也闢。」地到冬間，氣都翕聚不開；至春，則天氣下入地，地氣開以迎之。又曰：「陰陽與天地，自是兩件物事。陰陽是二氣，天地是兩箇有形質底物事，如何做一物說得！不成說動爲天而靜爲地！無此理，正如鬼神之說。」僩。

乾靜專動直而大生，坤靜翕動闢而廣生。這說陰陽體性如此，卦畫也髣髴似恁地。淵。

乾坤二卦觀之亦可見。乾畫奇，便見得「其靜也專，其動也直」；坤畫耦，便見得「其靜也翕，其動也闢」。直卿。端蒙。

天體大，「是以大生焉」；地體虛，「是以廣生焉」。廣有虛之義，如「河廣」、「漢廣」之廣。敬仲。

本義云：「乾一而實，故以質言而曰大；坤二而虛，故以量言而曰廣。」學者請問。曰：「此兩句解得極分明。蓋曰以形言之，則天包地外，地在天中，所以說天之質大。以理與氣言之，則地却包著天，天之氣却盡在地之中，地盡承受得那天之氣，所以說地之量廣。天只是一箇物事，一故實，從裏面便實，出來流行發生，只是一箇物事，所以說『乾一而實』。地雖是堅實，然却虛，所以天之氣流行乎地之中，皆從地裏發出來，所以説『坤二而虛』。」用之云：「地形如肺，形質雖硬，而中本虛，故陽氣升降乎其中，無所障礙，雖金石也透過去。地便承受得這氣，發育萬物。」曰：「然。要之天形如一箇鼓鞴，天便是那鼓鞴外面皮殼子，中間包得許多氣，開闔消長，所以説『乾一而實』。地只是一箇物事，中間盡是這氣升降來往，緣中間虛，故容得這氣升降來往。以其包得地，所以説其質之大；以其容得天之氣，所以説其量之廣。非是説地之形有盡，故以量言也。只是説地盡容得天之氣，所以説其量之廣耳。今治曆家用律呂候氣，其法最精。氣之至也，分寸不差，便是這氣都在地中透上來。如十一月冬至，黄鐘管距地九寸，以葭灰實其中，至之日，氣至灰去，晷刻不差。」又云：「看來天地中間，此氣升降上下，當分爲六層。十一月冬至自下面第一層生起，直到第六層上，極至天，是爲四月。陽氣既生足，便消；下面陰氣便生。只是這一氣升降循環不已，往來乎六層之中也。」問：「月令中『天氣下降，地氣上騰』，此又似天地各有氣相交合？」曰：「只是這一氣，只是陽極則消而陰生，陰極則消而陽生。『天氣下降』，便只是冬至。復卦之時，陽氣在下面生起，故云『天氣下降』。」或曰：「據此，則却是陰消於上，而陽生於下，却見不得『天氣下降』。」曰：「也須是天運一轉，則陽氣在下，故從下生也。今以天運言之，則一日自轉一匝。然又有那大轉底時候，須是大著心腸看，始得，不可拘一不通也。蓋天本是箇大底物事，以偏滯求他不得。」僩。

問：「陰耦陽奇，就天地之實形上看，如何見得？」曰：「天是一箇渾淪底物，雖包乎地之外，而氣則迸出乎地之中。地雖一塊物在天之中，其中實虛，容得天之氣迸上來。繫辭云：『乾，靜也專，動也直，是以大生焉；坤，靜也翕，動也闢，是以廣生焉。』『大生』是渾淪無所不包，『廣生』是廣闊，能容受得那天之氣。『專、直』則只是一物直去；『翕、闢』則是兩箇，翕則闔，闢則開，此奇耦之形也。」又曰：「陰偏只是一半，兩箇方做得一箇。」學履。

易不是象乾坤，乾坤乃是易之子目。下面一壁子是乾，一壁子是坤。蓋說易之廣大，是這乾便做他那大，坤便做他那廣。乾所以說大時，塞了他中心，所以大；坤所以說廣時，中間虛，容得物，所以廣。廣是說他廣闊，著得物。常說道地對天不得，天便包得地在中心。然而地卻是中虛，容得氣過，容得物，便是他廣。天是一直大底物事；地是廣闊底物，有坳處，有陷處，所以說廣。這箇只是說理，然也是說書。有這理，便有這書。書是載那道理底，若死分不得。大概上面幾句是虛說底；這箇配天地、四時、日月、至德，是說他實處。淵。

陰陽雖便是天地，然畢竟天地自是天地。「廣大配天地」時，這箇理與他一般廣大。淵。

「廣大配天地，變通配四時，陰陽之義配日月」，以易配天。「易簡之善配至德」，以易配人之至德。人傑。

問「易簡之善配至德」。曰：「此是以易中之理，取外面一事來對。謂易之廣大，故可配天地；易之變通，如老陽變陰，老陰變陽，往來變化，故可配四時；『陰陽之義』，便是日月相似。『易簡之善』，便如在人之至德。」砥。

問：「『廣大配天地，變通配四時』，這『配』字是配合底意思否？」曰：「只是相似之意。」又問「易簡之善配至德」。曰：「也是易上有這道理，如人心之至德也。」學履。

林安卿問：「『廣大配天地』，配，莫是配合否？」曰：「配，只是似。且如下句云『變通配四時』，四時如何配合？四時自是流行不息，所謂『變通』者如此。」又問「易簡之善配至德」。曰：「『易簡』是常行之理，『至德』是自家所得者。」又問：「伊川解『知微知彰，知柔知剛』，云：『知微則知彰，知柔則知剛。』如何？」曰：「只作四截看，較闊，言君子無所不知。」良久，笑云：「向時有箇人出此語，令楊大年對，楊應聲云：『小人不恥不仁，不畏不義。』無如此恰好！」義剛。

問：「『廣大』、『變通』，是易上自有底道理？是易上所説造化與聖人底？」曰：「都是他易上説底。」又曰：「配，是分配之義，是分這一半在那上面。」問曰：「如此，便全無配之底意。」曰：「也有些子分此以合彼意思。欲見其廣大，則於天地乎觀之；欲見其變通，則於四時乎觀之；欲知其陰陽之義，則觀於日用可見；欲知其簡易，則觀於聖人之至德可見。」

右第六章

## 第七章

「崇德廣業。」「知崇」，天也，是致知事，要得高明。「禮卑」，地也，是踐履事。卑，是事事都要踐履過。凡事踐履將去，業自然廣。僴。

「禮卑」，是卑順之意。卑便廣，地卑便廣，高則狹了。人若只揀取高底做，便狹。兩脚踏地做，方得。若是著件物事，填教一二尺高，便不穩了，如何會廣！地卑，便會廣。世上更無卑似地底。又曰：「地卑，是從貼底謹細處做將去，所以能廣。」淵。

「知崇、禮卑」一段。云：「地至卑，無物不載在地上。縱開井百尺，依舊在地上，是無物更卑得似地。所謂『德言盛，禮言恭』，禮是要極卑，故無物事無箇禮。至於至微至細底事，皆當畏懼戒謹，戰戰兢兢，惟恐失之，這便是禮之卑處。曲禮曰『毋不敬』，自『上東階先右足，上西階先左足』；『羹之有菜者用梜，無菜者不用梜』，無所不致其謹，這便都是卑處。」又曰：「似這處，不是他特地要恁地，是他天理合如此。知識日多則知日高，這事也合理，那事也合理。積累得多，業便廣。」學蒙。或録詳，見下。

禮，極是卑底物事，如地相似，無有出其下者，看甚麽物事，他盡載了。縱穿地數十丈深，亦只在地之上，無緣更有卑於地者也。知却要極其高明，而禮則要極於卑順。如「禮儀三百，威儀三千」，纖悉委曲，無非至卑之事。如「羹之有菜者用梜，其無菜者不用梜」，主人升東階，客上西階，皆不可亂。然不是强安排，皆是天理之自然。如「上東階，則先右足；上西階，則先左足。」蓋上西階而先右足，則背却主人；上東階而先左足，則背却客，自是理合如此。又曰：「『知崇』者，德之所以崇；『禮卑』者，業之所以廣。蓋禮纔有些不到處，這便有所欠闕，業便不廣矣。惟是極卑無所欠闕，所以廣。」

「知崇、禮卑。」知是知處，禮是行處。知儘要高，行却自近起。可學。

知識貴乎高明，踐履貴乎著實。知既高明，須放低著實做去。銖。

學只是知與禮，他這意思却好。禮便細密。中庸「致廣大，盡精微」等語，皆只是説知、禮。淵。

「知崇、禮卑」，這是兩截。「知崇」是智識超邁，「禮卑」是須就切實處行。若知不高，則識見淺陋；若履不切，則所行不實。知識高便是象天，所行實便是法地。識見高於上，所行實於下，中間便生生而不窮，故説「易行乎其中」。成性存存，道義之門」。大學所説格物、致知，是「知崇」之事；所説誠意、正心、修身、齊家、治國、平天下，是「禮卑」之事。賀孫。

上文言「知崇、禮卑，崇效天，卑法地」。人崇其知，須是如天之高；卑其禮，須如地之廣。「天地設位」一句，只是引起，要説「知崇、禮卑」。人之知、禮能如天地，便能成其性，存其存，道義便自此出。所謂道義，便是易也。「成性存存」，不必專主聖人言。去僞。

「成性」，猶言見成底性。這性元是好了，但「知崇、禮卑」，則成性便存存。學蒙。

「成性」只是本來性。節。

「成性」不曾作壞底。「存」，謂常在這裏，存之又存。泳。

「成性」如名，「明德」如表德相似。「天命」都一般。泳。

或問：「『成性存存』，是不忘其所存。」曰：「衆人多是説到聖人處，方是性之成，看來不如此。『成性』，只是一箇渾淪之性，存而不失，便是『道義之門』，便是生生不已處。」卓。

「成性」與「成之者性也」，止争些子不同。「成之者性」，便從上説來，言成這一箇物。「成性」，是説已成底性，如「成德」、「成説」之「成」。然亦只争些子也，如「正心」、「心正」，「誠意」、「意誠」相似。賀孫。

「成性存存，道義之門」，只是此性萬善畢具，無有欠闕，故曰「成性」。成對虧而言。

「成之者性」，則是成就處無非性，猶曰「誠斯立焉」。横渠、伊川説「成性」，似都就人爲處説，恐不如此。横渠有習以成性底意思，伊川則言成其性，存其所存。端蒙。

横渠謂「成其性，存其存」。伊川易傳中亦是「存其存」，却是遺書中説作「生生之謂易」，意思好。必大録云：「『成性』如言成就，『存存』是生生不已之意。」㽦。

「知禮成性而道義出。」程子説，「成性」謂是萬物自有成性，「存存」便是生生不已，這是語録中説，此意却好。及他解易，却説「成其性，存其存」，又似不恁地。前面説「成性」，謂如成事、成法之類，是見成底性。横渠説「成性」别。且如「堯舜性之」，是其性本渾成；學者學之，須是以知、禮做，也到得他成性處。「道義出」謂這裏流行。道，體也；義，用也。又曰：「性是自家所以得於天底道，義是衆人公共底。」夔孫。

横渠言「成性」，與古人不同。他所説性，雖是那箇性，然曰「成性」，則猶言「踐形」也。又曰：「他是説去氣禀物欲之私，以成其性。」道夫。

「『知崇禮卑』則性自存，横渠之説非是，如云『性未成則善惡混，當亹亹而繼之以善』云云。」又云：「『纖惡必除，善斯成性矣』，皆是此病。」「知禮成性則道義出」，先生本義中引此，而改「成」爲「存」。又曰：「横渠言：『「成性」，猶孟子云「踐形」。』此説不是。夫性是本然已成之性，豈待習而後成邪！他從上文『繼之者善也，成之者性也』，便是如此説來，與孔子之意不相似。」僩。

橫渠「知崇，天也」一段，言知識高明如天，形而上，指此理。「通乎晝夜而知」，通，猶兼也，兼陰陽晝夜之道而知。知晝而不知夜，知夜不知晝，則知皆未盡也。合知、禮而成性，則道義出矣。知、禮，行處也。端蒙。

問橫渠「知禮成性」之說。曰：「橫渠説『成性』，謂是渾成底性。『知禮成性』，如『習與性成』之意同。」又問「不以禮性之」。曰：「如『堯舜性之』相似。但他言語艱，意是如此。」夔孫。

右第七章

# 朱子語類卷第七十五

## 易十一

### 上繫下

#### 第八章

「聖人有以見天下之賾」，「賾」字在説文曰：「雜亂也。」古無此字，只是「嘖」字。今從「賾」，亦是口之義。「言天下之至賾而不可惡」，雖是雜亂，聖人却於雜亂中見其不雜亂之理，便與下句「天下之至動而不可亂」相對。僩。

「天下之至賾」與左傳「嘖有煩言」之「嘖」同。那箇從「口」，這箇從「臣」，是箇口裏説話多、雜亂底意思，所以下面説「不可惡」。若喚做好字，不應説箇「可惡」字也。「探賾索隱」，若與人説話時，也須聽他雜亂説將出來底，方可索他那隱底。淵。淳録云：「本從『口』，是喧闊意。從『臣』旁亦然。」

「聖人有以見天下之賾」，正是說畫卦之初，聖人見陰陽變化，便畫出一畫，有一箇象，只管生去，自不同。六十四卦各是一樣，更生到千以上卦，亦自各一樣。學蒙。

「擬諸其形容」，未便是說那水火風雷之形容。方擬這卦，看是甚形容，始去象那物之宜而名之。一陽在二陰之下，則象以雷；一陰在二陽之下，則象以風。擬，是比度之意。學蒙。

問：「『擬諸其形容』者，比度陰陽之形容。蓋聖人見陰陽變化雜亂，於是比度其形容而象其物宜，是故謂之象。」曰：「也是如此。嘗得郭子和書云，其先人云：『不獨是天地風雷水火山澤謂之象，只是畫卦便是象。』也說得好。」學蒙。

問「聖人有以見天下之賾，而擬諸其形容，象其物宜，是故謂之『象』；聖人有以見天下之動，而觀其會通，以行其典禮，繫辭焉以斷其吉凶，是故謂之『爻』」。曰：「『象』，言卦也；下截，言『爻』也。『會通』者，觀衆理之會，而擇其通者而行。且如有一事關著許多道理，也有父子之倫，也有君臣之倫，也有夫婦之倫。若是父子重，則就父子行將去，而他有不暇計；若君臣重，則行君臣之義，而他不暇計。若父子之恩重，則便得『身體髮膚，受之父母，不敢毁傷』之義，而『委致其身』之説不可行。若君臣之義重，則當委致其身，而『不敢毁傷』之説不暇顧。此之謂『觀會通』。」僩。

問：「『聖人有以見天下之動』，是説文王、周公否？」曰：「不知伏羲畫卦之初，與連山、歸藏有繫辭否？爲復一卦只是六畫？」學蒙。

問：「『觀會通，行其典禮』，是就會聚處尋一箇通路行將去否？」曰：「此是兩件。會，是觀衆理之會聚處。如這一項君臣之道也有，父子兄弟之道也有；須是看得周徧，始得通，便是一箇通行底路，都無窒礙。典禮，猶言常禮常法。」又曰：「禮便是節文升降揖遜是也。但這箇『禮』字又説得闊，凡事物之常理皆是。」學蒙。

一卦之中自有會通，六爻又自各有會通。且如屯卦，初九在卦之下，未可以進，爲屯之義；乾坤始交而遇險陷，亦屯之義；似草穿地而未申，亦屯之義。凡此數義，皆是屯之會聚處。若「盤桓利居貞」，便是一箇合行底，便是他通處也。學蒙。

「觀會通以行其典禮。」會是衆理聚處，雖覺得有許多難易窒礙，必於其中却得箇通底道理。謂如庖丁解牛，於族處却「批大（卻）〔郤〕[一]，導大窾」，此是於其筋骨叢聚之所，得其可通之理，故十九（牛）〔年〕[二]而刃若新發於硎。且如事理間，若不於會處理會，却只見

〔一〕據莊子改。
〔二〕據莊子改。

得一偏，便如何行得通？須是於會處都理會，其間却自有箇通處，便如脈理相似。到得多處，自然通貫得，所以可「行其典禮」。蓋會而不通，便窒塞而不可行；通而不會，便不知許多曲直錯雜處。㽦。

問：「『言天下之至賾而不可惡』，此是說天下之事物如此，不是說卦上否？」曰：「卦亦如此，三百八十四爻是多少雜亂！」學蒙。

「言天下之至賾而不可惡也。」蓋雜亂處，人易得厭惡。然而這都是道理中合有底事，自合理會，故不可惡。「言天下之至動而不可亂也。」蓋動亦是合有底，然上面各自有道理，故自不可亂。學蒙。

先生命二三子說書畢，召蔡仲默及義剛語，小子侍立。先生顧義剛曰：「勞公教之，不廢公讀書否？」曰：「不廢。」因借先生所點六經。先生曰：「被人將去，都無本了。看公於句讀音訓，也大段子細。那『言天下之至賾而不可惡也』，是音作去聲字？是公以意讀作去聲？」曰：「只據東萊音訓讀。此字有三音，或音作入聲。」池録云：「或音亞，或如字，或烏路反。」先生笑曰：「便是他們好恁地强說。」仲默曰：「作去聲，也似是。」先生曰：「據某看，只作入聲亦是。池録云：「烏路切於義爲近。」說雖是如此勞攘事多，然也不可以爲惡。池録云：「也不可厭惡。」而今音訓有全不可曉底。若有兩三音底，便著去裏面揀一箇較近底來解。」義剛。池録略而異。

「天下之至動」，事若未動時，不見得道理是如何。人平不語，水平不流，須是動，方見得。「會通」，是會聚處；「典禮」，是借這般字來説。觀他會通處，却求箇道理來區處他。所謂卦爻之動，便是法象這箇，故曰「爻也者，效天下之動者也」。動，亦未説事之動，只是事到面前，自家一念之動，要求處置他，便是動。淵。

問：「『擬之而後言，議之而後動』，凡一言一動皆於易而擬議之否？」曰：「然。」䕫。

「擬之而後言，議之而後動，擬議以成其變化。」此變化只就人事説。擬議，只是裁度自家言動，使合此理，「變易以從道」之意。如擬議得是便吉，擬議未善則爲凶矣。謨。

問「擬議以成其變化」。曰：「這變化，就人動作處説，如下所舉七爻，皆變化也。」學履。

「鳴鶴在陰，其子和之。我有好爵，吾與爾靡之。」此本是説誠信感通之理，夫子却專以言行論之。蓋誠信感通，莫大於言行。上文「言天下之賾而不可惡也，言天下之動而不敢亂也」，先儒多以「賾」字爲至妙之意。若如此説，則何以謂之「不敢惡」？賾，只是一箇雜亂冗鬧底意思。言之而不惡者，精粗本末無不盡也。「賾」字與「頤」字相似，此有互體之意。此間連説互體，失記。「鶴鳴」、「好爵」，皆卦中有此象。諸爻立象，聖人必有所據，非是白撰，但今不可考耳。到孔子方不説象。如「見豕負塗，載鬼一車」之類，孔子只説「羣疑亡也」，便見得上面許多皆是狐惑可疑之事而已。到後人解說，便多牽强。如十三卦中「重門擊柝，以待暴客」，只是豫備之意；却須待用互體，推艮爲門闕，雷震乎外之意。「剡木爲矢，弦木爲弧」，只爲睽乖，故有威天下之象；亦必待穿鑿附會，就卦中推出制器之義。殊不知卦中但有此理而已，故孔子各以「蓋取諸某卦」言之，亦曰其大意云爾。漢書所謂「獲一角獸，蓋麟云」，皆疑辭也。謨。

問：「『言行，君子之樞機』，是言所發者至近，而所應者甚遠否？」曰：「樞機，便是『鳴鶴在陰』。下面大概只說這意，都不解著『我有好爵』二句。」學蒙。

「其利斷金」。斷，是斷做兩段。又曰：「『同人先號咷而後笑』，聖人却恁地解。」學蒙。

右第八章

## 第九章

卦雖八而數須十。八是陰陽數，十是五行數。一陰一陽便是二，以二乘二便是四，以四乘四便是八。五行本只是五而有是十者，蓋一箇便包兩箇，如木便包甲乙，火便包丙丁，土便包戊己，金便包庚辛，水便包壬癸，所以爲十。學履。

「五位相得而各有合」，是兩箇意：一與二，三與四，五與六，七與八，九與十，是奇耦以類「相得」；一與六合，二與七合，三與八合，四與九合，五與十合，是「各有合」。在十干：甲乙木，丙丁火，戊己土，庚辛金，壬癸水，便是「相得」；甲與己合，乙與庚合，丙與辛合，丁與壬合，戊與癸合，是「各有合」。學履。

「所以成變化而行鬼神也。」先生舉程子云：「變化言功，鬼神言用。」張子曰：「成行，鬼神之氣而已。」「數只是氣，變化鬼神亦只是氣。『天地之數五十有五』，變化鬼神皆不越於其間。」㽦。

「大衍之數五十。」蓍之數五十。蓍之籌，乃其策也。策中乘除之數，則直謂之數耳。淵。

「大衍之數五十」，以「天地之數五十有五」，除出金木水火土五數并天一，便用四十九，此一説也。數家之説雖多不同，某自謂此説却分曉。三天兩地，則是已虚了天一之數，便只用天三對地二。又五是生數之極，十是成數之極，以五乘十，亦是五十；以十乘五，亦是五十，此一説也。又，數始於一，成於五，小衍之而成十，大衍之而成五十，此又是一説。㽦。

繫辭言蓍法，大抵只是解其大畧，想别有文字，今不可見。但如「天數五，地數五」，此是舊文；「五位相得而各有合」，是孔子解文。「天數二十有五，地數三十，凡天地之數五十有五」，此是舊文；「此所以成變化而行鬼神」，此是孔子解文。「分而爲二」是本文；「以象兩」是解「掛一」。「揲之以四」、「歸奇於扐」，皆是本文；「以象三」、「以象四時」、「以象閏」之類，皆解文也。「乾之策二百一十有六，坤之策百四十有四」，孔子則斷之以「當期之日」；「二篇之策萬有一千五百二十」，孔子則斷之以「當萬物之數」，於此可見。謨。

蓍卦，當初聖人用之，亦須有箇見成圖算。後失其傳，所僅存者只有這幾句：「大衍之數五十，其用四十有九。分而爲二。掛一。揲之以四。歸奇於扐。」只有這幾句。如「以象兩」，「以象三」，「以象四時」，「以象閏」，已是添入許多字說他了。又曰：「元亨利貞，仁義禮智，金木水火，春夏秋冬，將這四箇只管涵泳玩味，儘好。」賀孫。

揲蓍法，不得見古人全文。如今底，一半是解，一半是說。如「分而爲二」是說，「以象兩」便是解。想得古人無這許多解，須别有箇全文說。淵。

掛，一歲；右揲，二歲；扐，三歲一閏也。左揲，四歲；扐，五歲再閏也。人傑。

揲蓍雖是一小事，自孔子來千五百年，人都理會不得。唐時人說得雖有病痛，大體理會得是。近來說得太乖，自郭子和始。奇者，揲之餘爲奇；扐者，歸其餘扐於二指之中。今子和反以掛一爲奇，而以揲之餘爲扐；又不用老少，只用三十六、三十二、二十八、二十四爲策數，以爲聖人從來只説陰陽，不曾說老少。不知他既無老少，則七八九六皆無用，又何以爲卦？又曰：「龜爲卜，策爲筮。策，是餘數〈厲録云：「筴是條數。」〉謂之策。他只胡亂說『策』字。」〈厲録云：「只鶻突說了。」〉或問：「他既如此說，則『再扐而後掛』之說何如？」曰：「他以第一揲扐〔一〕爲扐，第二第三揲不掛爲扐，第四揲又掛。然如此，則無五年再閏。〈厲録云：「則是六年再閏也。」〉如某已前排，真箇是五年再閏。聖人下字皆有義。掛者，挂也；扐者，勒於二指之中也。」〈賀孫。厲録小異。〉

二篇之策，當萬物之數。不是萬物盡於此數，只是取象自一而萬，以萬數來當萬物之數耳。〈畓。〉

「策數」云者，凡手中之數皆是。如「散策於君前有誅」，「龜策弊則埋之」，不可以既揲餘數不爲策數也。〈畓。〉

「四營而成易」，「易」字只是箇「變」字。四度經營，方成一變。若說易之一變，却不可。這處未下得「卦」字，亦未下得「爻」字，只下得「易」字。〈淵。〉

「引而伸之，觸類而長之」，是占得一卦，則就上面推看。如乾，則推其「爲圜、爲君、爲父」之類是也。〈學履。〉

---

〔一〕「扐」似當作「掛」。

問「顯道，神德行」。曰：「道較微妙，無形影，因卦辭説出來，道這是吉，這是凶；這可爲，這不可爲。德行是人做底事，因數推出來，方知得這不是人硬恁地做，都是神之所爲也。」又曰：「須知得是天理合如此。」學蒙。

「神德行」，是説人事。那粗做底，只是人爲。若決之於鬼神，德行便神。淵。

易，惟其「顯道，神德行」，故能與人酬酢，而佑助夫神化之功也。學履。

「顯道，神德行，是故可與酬酢，可與佑神矣。」此是説蓍卦之用，道理因此顯著。德行是人事，却由取決於蓍。既知吉凶，便可以酬酢事變。神又豈能自説吉凶與人！因有易後方著見，便是易來佑助神也。㽦。

右第九章

## 第十章

「易有聖人之道四。」「至精」、「至變」，則合做兩箇，是他裏面各有這箇。淵。

問：「『以言者尚其辭』，以言，是取其言以明理斷事，如論語上舉『不恒其德，或承之羞』否？」曰：「是。」學履。

問：「『以言』，『以動』，『以制器』，『以卜筮』，這『以』字是指以易而言否？」曰：「然。」

又問：「辭、占是一類，變、象是一類，所以下文『至精』合辭、占説；『至變』合變、象説？」曰：「然。占與辭是一類者，曉得辭，方能知得占。若與人説話，曉得他言語，方見得他胷中底藴。變是事之始，象是事之已形者，故亦是一類也。」學履。

用之問「以制器者尚其象」。曰：「這都難説。『蓋取諸離』，『蓋』字便是一箇半間半界底字。如『取諸離』、『取諸益』，不是先有見乎離，而後爲網罟；先有見乎益，而後爲耒耜。聖人亦只是見魚鼈之屬，欲有以取之，遂做一箇物事去攔截他。欲得耕種，見地土硬，遂做一箇物事去剔起他；却合於離之象，合於益之意。」又曰：「有取其象者，有取其意者。」賀孫。

問：「『以卜筮者尚其占』，卜用龜，亦使易占否？」曰：「不用。則是文勢如此。」學履。

問「君子將有爲也，將有行也，問焉而以言，其受命也如響」。曰：「此是説君子作事，問於蓍龜也。『問焉以言』，人以蓍問易，求其卦爻之辭，而以之發言處事。『受命如響』，則易受人之命，如響之應聲，以決未來吉凶也。」去僞。

「問焉而以言。」曰：「若以上下文推之，『以言』却是命筮之詞。古人亦大段重這命筮之辭，『而以言』三字義若拗。若作『以易言之』，如所謂『不恒其德，或承之羞』，則『不占』只是以其言之義，又於上下文不順。」學蒙。謨録云：「言是命龜。受命，龜受命也。」

「參伍以變，錯綜其數。」參，謂三數之；伍，謂伍數之。揲蓍本無三數五數之法，只言交互參考皆有自然之數。如三三爲九，五六三十之類，雖不用以揲蓍，而推算變通，未嘗不用。錯者，有迭相爲用之意；綜，又有總而挈之之意，如織者之綜絲也。謨。

「參伍」，是相牽連之意。如三要做五，須用添二；五要做六，須著添一；做三，須著減二。錯綜是兩樣：錯，是往來交錯之義；綜，如織底綜，一箇上去，一箇下來。陽上去做陰，陰下來做陽，如綜相似。淵。

問「參伍以變，錯綜其數」。曰：「荀子說『參伍』處，楊倞解之爲詳。漢書所謂『欲問馬，先問牛，參伍之以得其實』。綜，如織綜之綜。大抵陰陽奇耦，變化無窮，天下之事不出諸此。『成天下之文』者，若卦爻之陳列變態者是也。『定天下之象』者，物象皆有定理，只以經綸天下之事也。」人傑。

問：「『參伍以變。』先生云：『既三以數之，又五以數之。』譬之三十錢，以三數之，看得幾箇三了，又以五數之，看得幾個五。兩數相合，方可看得箇成數。」曰：「是如此。」又問：「不獨是以數算，大概只是參合底意思。如趙廣漢欲問馬，先問牛，便只是以彼數來參此數否？」曰：「是。却是恁地數了，又恁地數，也是將這箇去比那箇。」又曰：「若是他數，猶可湊。三與五兩數，自是參差不齊，所以舉以爲言。如這箇是三箇，將五來比，又多兩箇；這箇是五箇，將三來比，又少兩箇。兵家謂『窺敵制變，欲伍以參』。今欲窺敵人之事，教一人探來恁地說，又差一箇探來。若説得不同，便將這兩説相參看如何，以求其實，所以謂之『欲伍以參』。」學履。

「參伍以變。」「參」字音「曹參」之「參」，猶言參互底意思。譬猶幾箇物事在這邊，逐三箇數，看是幾箇；又逐五箇數，看是幾箇。又曰：「若三箇兩是六箇，便多了一箇；三箇三是九箇，又少一箇；三箇四又是十二箇，也未是；三箇五方是十五箇。大略如此，更須仔細去看。」學蒙。

「『錯綜其數。』本義云：『錯者，交而互之，一左一右之謂也。』莫是揲蓍以左揲右，右揲左否？」曰：「不特如此。乾對坤，坎對離，自是交錯。」又問：「『綜者，總而挈之』，莫是合掛扐之數否？」曰：「且以七八九六明之：六七八九便是次序，然而七是陽，六壓他不得，便當挨上。七生八，八生九，九又須挨上，便是一低一昂。」學蒙。

手指畫

六　五指

七　四指

八　三指

九　二指

或問「經緯錯綜」之義。曰：「錯，是往來底；綜，是上下底。綜，便是織機上底。古人下這字極子細，但看他那單用處，都有箇道理。如『經綸』底字，綸是兩條絲相合，各有條理。凡用『綸』處，便是倫理底義。『統』字是上面垂一箇物事下來，下面有一箇人接著，便謂之『統』，但看『垂』字便可見。」又曰：「『錯綜其數』，便只是七八九六。六對九，七對八，便是東西相錯。六上生七爲陽，九下生八爲陰，元本云：「七下生八爲陰，八上生九又爲陽。」便是上下爲綜。」又曰：「古人做易，其巧不可言！太陽數九，少陰數八，少陽數七，太陰數六，初亦不知其數如何恁地。元來只是十數，太陽居一，除了本身便是九箇；少陰居二，除了本身便是八箇；少陽居三，除了本身便是七箇；太陰居四，除了本身便是六箇。這處，古來都不曾有人見得。」義剛。

「寂然不動，感而遂通天下之故」，與「窮理盡性以至於命」，本是説易，不是説人。諸家皆是借來就人上説，亦通。閎祖。

「感而遂通」，感著他卦，卦便應他。如人來問底善，便與説善；來問底惡，便與説惡。所以先儒説道「潔净精微」，這般句説得有些意思。淵。

陳厚之問「寂然不動，感而遂通」。曰：「寂然是體，感是用。當其寂然時，理固在此，必感而後發。如仁感爲惻隱，未感時只是仁；義感爲羞惡，未感時只是義。」某問：「胡氏説此，多指心作已發。」曰：「便是錯了。縱使已發，感之體固在，所謂『動中未嘗不静』。如此則流行發見，而常卓然不可移。今只指作已發，一齊無本了，終日只得奔波急迫，大錯了！」可學。

易便有那「深」，有那「幾」，聖人用這底來極出那深，研出那幾。研，是研摩到底之意。詩、書、禮、樂皆是説那已有底事，惟是易説那未有這事。「研幾」是不待他顯著，只在那茫昧時都處置了。深是幽深，通是開通。所以閉塞，只爲他淺。若是深後，便能開通人志。道理若淺，如何開通得人？所謂「通天下之志」，亦只似説「開物」相似，所以下一句也説箇「成務」。易是説那未有底。六十四卦皆是如此。淵。

「深」就心上説，「幾」就事上説。幾，便是有那事了，雖是微，畢竟有件事。深在心，甚玄奥；幾在事，半微半顯。「通天下之志」，猶言「開物」，開通其閉塞。故其下對「成務」。淵。

極出那深，故能「通天下之志」；研出那幾，故能「成天下之務」。淵。

問：「『惟深也』，『惟幾』，『惟神也』，此是説聖人如此否？」曰：「是説聖人，亦是易如此。若不深，如何能通得天下之志！」又曰：「他恁黑窣窣地深，疑若不可測，然其中却事事有。」又曰：「事事都有箇端緒可尋。」又曰：「有路脈綫索在裏面，所以曰：『惟幾也，故能成天下之務。』研者，便是研窮他。」或問「幾」。曰：「便是周子所謂『動而未形有無之間者』也。」學蒙。

問：「繫辭言：『惟深也，故能通天下之志。』又言：『以通天下之志。』此二『通』字，乃所以通達天下之心志，使之通曉，如所謂『開物』之意。」曰：「然。這般些小道理，更無窮。」問：「『極深研幾』，『深幾』二字如何？」曰：「『研幾』，是研磨出那幾微處。且如一箇卦在這裏，便有吉有凶，有悔有吝，幾微毫釐處，都研磨出來。」問：「如何是『極深』？」曰：「要人都曉得至深難見底道理，都就易中見得。」問：「如所謂『幽明之故』、『死生之説』、『鬼神之情狀』之類否？」曰：「然。」問：「如此説，則正與本義所謂『所以極深者，至精也；所以研幾者，至變也』正相發明。」曰：「然。」榦。

右第十章

## 第十一章

問：「『易，開物成務，冒天下之道』，是易之理能恁地，而人以之卜筮又能『開物成務』否？」曰：「然。」學蒙。

「開物成務，冒天下之道。」讀繫辭，須見得如何是「開物」，如何是「成務」，又如何是「冒天下之道」。須要就卦中一一見得許多道理，然後可讀繫辭也。蓋易之爲書，因卜筮以設教，逐爻開示吉凶，包括無遺，如將天下許多道理包藏在其中，故曰「冒天下之道」。如「利用爲大作」一爻，象只曰「下不厚事也」。自此推之，則凡居下者不當厚事。如子於父，臣之於君，僚屬之於官長，皆不可以踰分越職。縱可爲，亦須是盡善，方能無過，所以有「元吉无咎」之戒。繫辭自大衍數以下，皆是説卜筮事。若不曉他盡是説爻變中道理，則如所謂「動静不居，周流六虚」之類，有何憑著？今人説易，所以不將卜筮爲主者，只是慊怕小却這道理，故憑虚失實，茫昧臆度而已。殊不知由卜筮而推，則上通鬼神，下通事物，精及於無形，粗及於有象，如包罩在此，隨取隨得。「居則觀其象而玩其辭，動則觀其變而玩其占」者，又不待卜而後見；只是體察，便自見吉凶之理。聖人作易，無不示戒。乾卦纔説「元亨」，便説「利貞」。坤卦纔説「元亨」，便説「利牝馬之貞」。大畜乾陽在下，爲艮所畜，三得上應，又畜極必通，故曰「良馬逐」，可謂通快矣；然必艱難貞正，又且曰「閑輿衛」，然後「利有攸往」。設若恃良馬之壯，而忘「艱貞」之戒，則必不利矣。乾之九三，「君子終日乾乾」，固是好事，然必曰「夕惕若厲」，然後「无咎」也。凡讀易而能句句體驗，每存兢慄戒慎之意，則於己爲有益；不然，亦空言爾。謨。

「是故聖人以通天下之志，以定天下之業，以斷天下之疑」，此只是説蓍龜。若不是蓍龜，如何通之，定之，斷之？到「蓍之德圓而神」以下，却是從源頭説，而未是説卜筮。蓋聖人之心具此易三德，故渾然是此道理，不勞作用一毫之私，便是「洗心」，即「退藏於密」。所謂密者，只是他人自無可捉摸他處。便是「寂然不動」，「吉凶與民同患」，「神以知來，知以藏往」，皆具此道理，但未用之蓍龜，故曰「古之聰明睿知，神武而不殺者夫」！此言只是譬喻，如聖人已具此理，却不犯手耳。「明於天之道」以下，方説蓍龜，乃是發用處。「是興神物，以前民用」，聖人既具此理，又將此理復就蓍龜上發明出來，使民亦得前知而用之也。「聖人以此齋戒，以神明其德。」德即聖人之德，又即卜筮齋戒以神明之。聖人自有此理，亦用蓍龜之理以神明之。僴。

「蓍之德圓而神，卦之德方以知，六爻之義易以貢。」蓍與卦以德言，爻以義言，只是具這道理在此而已，故「聖人以此洗心退藏於密」。「以此洗心」者，心中渾然此理，別無他物；「退藏於密」，只是未見於用，所謂「寂然不動」也。下文説「神以知來」，便是以蓍之德知來；「知以藏往」，便是以卦之德藏往。「洗心退藏」言體，「知來藏往」言用。然亦只言體用具矣，而未及使出來處。到下文「是興神物，以前民用」，方發揮許多道理，以盡見於用也。然前段必結之以「聰明睿知神武而不殺者」，只是譬喻蓍龜雖未用，而神靈之理具在，猶武是殺人底事，聖人却存此神武而不殺也。謨。

「六爻之義易以貢。」今解「貢」字，只得以告人説。但「神」、「知」字重，「貢」字輕，却曉不得。學蒙。

「易以貢」，是變易以告人。「聖人以此洗心退藏於密」，是以那易來洗濯自家心了，更没些私意小智在裏許，聖人便似那易了。不假蓍龜而知卜筮，所以説「神武而不殺」。這是他有那「神以知來，知以藏往」，又説箇「齋戒以神明其德」，皆是得其理，不假其物。淵。

前面一截説易之理，未是説到蓍卦卜筮處，後面方説卜筮。聖人之心渾只是圓神、方知、易貢三箇物事，更無别物，一似洗得來净潔了。前面「此」字，指易之理言。武是殺底物事，神武却不殺。便如易是卜筮底物事，這箇却方是説他理，未到那用處。到下面「是以明於天之道」，方是説卜筮。淵。

「以此洗心」，都只是道理。聖人此心虚明，自然具衆理。「潔静精微」，只是不犯手。卦爻許多，不是安排對副與人；看是甚人來，自然撞著。易如此，聖人也如此，所以説箇「蓍之德」，「卦之德」，「神明其德」。淵。

「聖人以此洗心」，注云：「洗萬物之心。」若聖人之意果如此，何不直言以此洗萬物之心乎？大抵觀聖賢之言，只作自己作文看。如本説洗萬物之心，却止云「洗心」，於心安乎？人傑。

「退藏於密」時，固是不用這物事。「吉凶與民同患」，也不用這物事。用神而不用蓍，用知而不用卦，全不犯手。「退藏於密」，是不用事時。到他用事，也不犯手。事未到時，先安排在這裏了；事到時，恁地來，恁地應。淵。

「退藏於密」，密是主静處。「萬化出焉」者，動中之静固是静。又有大静，萬化森然者。方。

「神以知來，知以藏往。」一卦之中，凡爻卦所載、聖人所已言者，皆具已見底道理，便是「藏往」。占得此卦，因此道理以推未來之事，便是「知來」。㽦。

「聖人以此洗心」一段。聖人胸中都無纖毫私意，都不假卜筮，只是以易之理洗心。其未感物也，湛然純一，都無一毫之累，更無些跡，所謂「退藏於密」也。及其「吉凶與民同患」，却「神以知來，知以藏往」，是誰人會恁地？非古人「聰明睿知、神武而不殺者」不能如此。「神武不殺者」，聖人於天下自是所當者摧，所向者伏，然而他都不費手脚。又曰：「他都不犯手，這便是『神武不殺』。」又曰：「『神以知來』，如明鏡然，物事來都看見；『知以藏往』，只是見在有底事，他都識得。」又曰：「都藏得在這裏。」又曰：「如揲蓍然。當其未揲，也都不知揲下來底是陰是陽，是老是少，便是『知來』底意思。及其成卦了，則事都絣定在上面了，便是『藏往』。下文所以云『是以明於天之道，察於民之故』。設爲卜筮，以爲民之鄉導。『故』，只是事。聖人於此，又以卜筮而『齋戒以神明其德』。『顯道，神德行』之

『神』字，便似這『神』字，猶言吉凶陰若有神明之相相似。這都不是自家做得，却若神之所爲。」又曰：「這都只退聽於鬼神。」又曰：「聖人於卜筮，其齋戒之心，虚静純一，戒慎恐懼，只退聽於鬼神。」學蒙。

「古之聰明睿知，神武而不殺者夫！」如譬喻説相似。人傑。

「聖人明於天之道，而察於民之故。是興神物，以前民用。」蓋聖人見得天道、人事，都是這道理，蓍龜之靈都包得盡；於是作爲卜筮，使人因卜筮知得道理都在這裏面。

問：「『明於天之道，而察於民之故。』『天之道』便是『民之故』否？」曰：「論得到極處，固只是一箇道理；看時，須做兩處看，方看得周匝無虧欠處。」問：「天之道，只是福善禍淫之類否？」曰：「如陰陽變化，春何爲而生？秋何爲而殺？夏何爲而暑？冬何爲而寒？皆要理會得。」問：「民之故，如君臣父子之類是否？」曰：「凡民生日用皆是。若只理會得民之故，却理會不得天之道，便即民之故亦未是在。到得極時，固只是一理。要之，須是都看得周匝，始得。」榦。

「是興神物，以前民用。」此言有以開民，使民皆知。前時民皆昏塞，吉凶利害是非都不知。因這箇開了，便能如神明然，此便是「神明其德」。又云：「民用之，則神明民德；聖人用之，則自神明其德。『蓍之德』以下三句，是未涉於用。『聖人以此洗心』，是得此三者之理，而不假其物。這箇是有那『神以知來，知以藏往』。」淵。

「明道愛舉『聖人以此齋戒，以神明其德夫』一句，雖不是本文意思，要之意思自好」。因再舉之。榦問：「此恐是『君子篤恭而天下平』之意？」曰：「否。只如上蔡所謂『敬是常惺惺法』。」又問：「此恐非是聖人分上事。」曰：「便是說道不是本文意思。要之自好。」言畢，再三誦之。榦。

「神明其德」，言卜筮。尊敬也，精明也。方。

闔闢乾坤，理與事皆如此，書亦如此。這箇只說理底意思多。「知禮成性」，橫渠說得別。他道是聖人成得箇性，衆人性而未成。淵。

問：「『闔户之謂坤』一段，只是這一箇物。以其闔，謂之坤；以其闢，謂之乾；以其闔闢，謂之變；以其不窮，謂之通。發見而未成形謂之象，成形謂之器。聖人修禮立教謂之法，百姓日用則謂之神。」曰：「是如此。」又曰：「『利用出入』者，便是人生日用都離他不得。」又曰：「民之於易，隨取而各足；易之於民，周徧而不窮，所以謂之神。所謂『活潑潑地』，便是這處。」學蒙。

太極中，全是具一箇善。若三百八十四爻中，有善有惡，皆陰陽變化以後方有。賀孫。

周子、康節說太極，和陰陽滾說。易中便擡起說。周子言「太極動而生陽，靜而生陰」。如言太極動是陽，動極而静，静便是陰；動時便是陽之太極，静時便是陰之太極，蓋太極即在陰陽裏。如「易有太極，是生兩儀」，則先從實理處説。若論其生則俱生，太極依舊在陰陽裏。但言其次序，須有這實理，方始有陰陽也。其理則一。雖然，自見在事物而觀之，則陰陽函太極；推其本，則太極生陰陽。學履。

問「易有太極，是生兩儀，兩儀生四象，四象生八卦」。曰：「此太極却是爲畫卦説。當未畫卦前，太極只是一箇渾淪底道理，裏面包含陰陽、剛柔、奇耦，無所不有。及各畫一奇一耦，便是生兩儀。再於一奇畫上加一耦，此是陽中之陰；又於一奇畫上加一奇，此是陽中之陽；又於一耦畫上加一奇，此是陰中之陽；又於一耦畫上加一耦，此是陰中之陰，是謂四象。所謂八卦者，一象上有兩卦，每象各添一奇一耦，便是八卦。嘗聞一朋友説，一爲儀，二爲象，三爲卦，四爲象，如春夏秋冬，金木水火，東西南北，無不可推矣。」謨。去僞同。

明之問「易有太極，是生兩儀，兩儀生四象，四象生八卦」。曰：「『易有太極』，便有箇陰陽出來，陰陽便是兩儀。儀，匹也。『兩儀生四象』，便是一箇陰又生出一箇陽，⚎是一象也；一箇陽又生一箇陰，⚍是一象也；一箇陰又生一箇陰，⚏是一象也；一箇陽又生一箇陽，⚌是一象也，此謂四象。『四象』生八卦，是這四箇象生四陰時，便成坎、震、坤、兑四卦；生四箇陽時，便成巽、離、艮、乾四卦。」震。

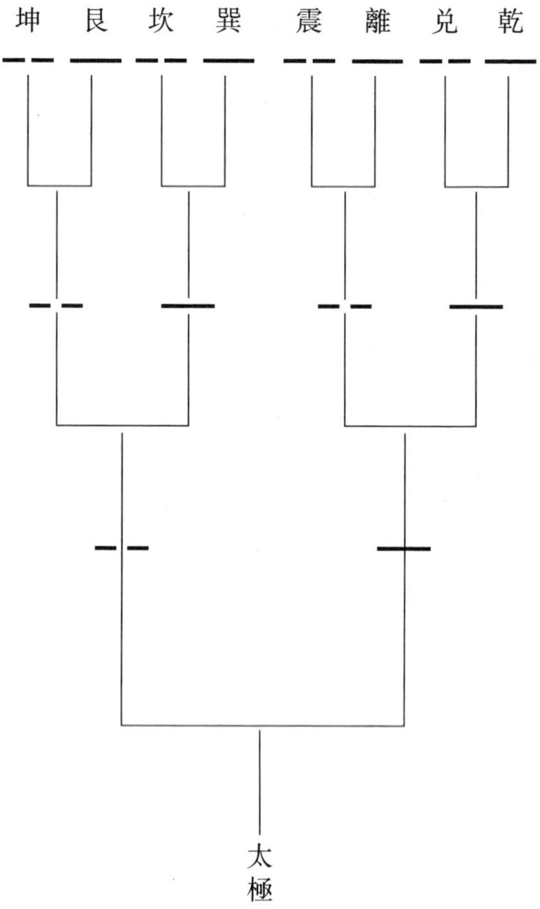


每卦變八卦，爲六十四卦。端蒙。

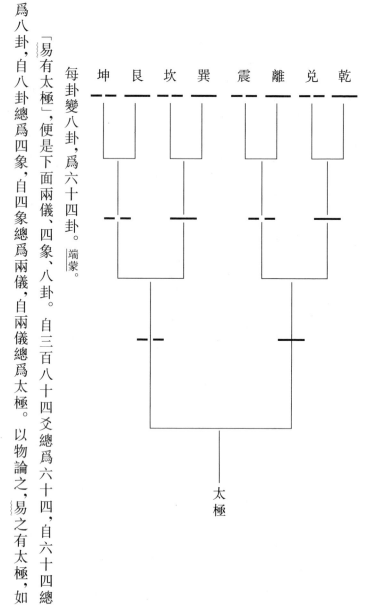

「易有太極」，便是下面兩儀、四象、八卦。自三百八十四爻總爲六十四，自六十四總爲八卦，自八卦總爲四象，自四象總爲兩儀，自兩儀總爲太極。以物論之，易之有太極，如木之有根，浮屠之有頂。但木之根，浮圖之頂，是有形之極；太極却不是一物，無方所頓放，是無形之極。故周子曰：「無極而太極。」是他説得有功處。夫太極之所以爲太極，却不離乎兩儀、四象、八卦；如「一陰一陽之謂道」，指一陰一陽爲道則不可，而道則不離乎陰陽也。僩。

太極如一木生上，分而爲枝榦，又分而生花生葉，生生不窮。到得成果子，裏面又有生生不窮之理，生將出去，又是無限箇太極，更無停息。只是到成果實時，又却少歇，不是止。到這裏自合少止，正所謂「終始萬物莫盛乎艮」。艮止，是生息之意。賀孫。

「以定天下之吉凶，成天下之亹亹，莫大乎蓍龜。」人到疑而不能自明處，往往便放倒，不復能向前，動有疑阻。既有卜筮，知是吉是凶，便自勉勉住不得。其所以勉勉者，是卜筮成之也。僩。

右第十一章

## 第十二章

問「書不盡言，言不盡意」一章。曰：「『立象盡意』，是觀奇耦兩畫，包含變化，無有窮盡。『設卦以盡情僞』，謂有一奇一耦，設之於卦，自是盡得天下情僞。繫辭便斷其吉凶。

『變而通之以盡利』，此言占得此卦，陰陽老少交變，因其變，便有通之之理。『鼓之舞之以盡神』，未占得則有所疑，既占則無所疑，自然使得人脚輕手快，行得順便。如『大衍』之後，言『顯道，神德行，是故可與酬酢，可與佑神』，『定天下之吉凶，成天下之亹亹』，皆是『鼓之舞之』之意。『乾坤其易之緼邪！乾坤成列，而易立乎其中。』這又是言『立象以盡意，設卦以盡情僞』。易不過只是一箇陰陽奇耦，千變萬變，則易之體立。若奇耦不交變，奇純是奇，耦純是耦，去那裏見易？易不可見，則陰陽奇耦之用，亦何自而辨？」問：「在天地上如何？」曰：「闢天地甚麽事？此是説易不外奇耦兩物而已。『化而裁之謂之變，推而行之謂之通』，這是兩截，不相干。『化而裁之』，屬前項事，謂漸漸化去，裁制成變，則謂之變；『推而行之』，屬後項事，謂推而爲別一卦了，則通行無礙，故爲通。『舉而措之天下謂之事業』，便只是『定天下之吉凶，成天下之亹亹者』。『極天下之賾者存乎卦』，謂卦體之中備陰陽變易之形容；『鼓天下之動者存乎辭』，是説出這天下之動如『鼓之舞之』相似。卦即象也，辭即爻也。大抵易只是一箇陰陽奇耦而已，此外更有何物？『神而明之』一段，却是與形而上之道相對説。自『形而上謂之道』，説至於『變、通、事、業』，却是自至約處説入至粗處去；自『極天下之賾者存乎卦』，説至於『神而明之』，則又是由至粗説入至約處。『默而成之，不言而信』，則説得又微矣。」學履。

問：「『書不盡言，言不盡意』，是聖人設問之辭？」曰：「也是如此。亦是言不足以盡意，故立象以盡意；書不足以盡言，故因繫辭以盡言。」又曰：「『書不盡言，言不盡意』，是元舊有此語。」又曰：「『立象以盡意』，不獨見聖人有這意思寫出來，自是他象上有這意。『設卦以盡情僞』，不成聖人有情又有僞！自是卦上有這情僞，但今曉不得他那處是僞。如下云：『中心疑者其辭支，誣善之人其辭游。』也不知如何是支是游？不知那卦上見得？」沈思久之，曰：「看來『情僞』只是箇好不好。如剥五陰，只是要害一箇陽，這是不好底情，便是僞。如復，如臨，便是好底卦，便是真情。」學蒙。

問：「『立象』、『設卦』、『繫辭』，是聖人發其精意見於書，『變、通、鼓、舞』，是聖人推而見於事否？」曰：「是。」學蒙。

「變而通之以盡利，鼓之舞之以盡神」，「立象」、「設卦」、「繫辭」，皆爲卜筮之用，而天下之人方知所以避凶趨吉，奮然有所興作，不知手之舞之、足之蹈之之意，故曰：「定天下之吉凶，成天下之亹亹者，莫大乎蓍龜。」猶催迫天下之人，勉之爲善相似。謨。

問：「『變而通之』，如禮樂刑政，皆天理之自然，聖人但因而爲之品節防範，以爲教於天下；『鼓之舞之』，蓋有以作興振起之，使之遷善而不自知否？」曰：「『鼓之舞之』，便無所用力，自是聖人教化如此。」又曰：「政教皆有鼓舞，但樂占得分數較多，自是樂會如此而不自知。」因舉橫渠云云。「巫，其舞之盡神者。『巫』，從『工』，兩邊『人』字是取象其舞。巫者託神，如舞雩之類，皆須舞。蓋以通暢其和氣，達於神明。」

問：「『鼓之舞之以盡神。』又言：『鼓天下之動者存乎辭。』鼓舞，恐只是振揚發明底意思否？」曰：「然。蓋提撕警覺，使人各爲其所當爲也。如初九當潛，則鼓之以『勿用』；九二當見，則鼓之以『利見大人』。若無辭，則都發不出了。」榦。

「鼓之舞之以盡神」，鼓舞有發動之意，亦只如「成天下之亹亹」之義。「鼓天下之動者存乎辭」，是因易之辭而知吉凶後如此。㽦。

「乾坤其易之縕。」向論「衣敝緼袍」，緼是綿絮胎，今看此「縕」字，正是如此取義。易是包著此理，乾坤即是易之體骨耳。㽦。人傑録云：「縕，如『緼袍』之『緼』，是箇胎骨子。」

問「乾坤其易之縕」。曰：「縕是袍中之胎骨子。『乾坤成列』，便是乾一、兑二、離三、震四、巽五、坎六、艮七、坤八都成列了，其變易方立其中。若只是一陰一陽，則未有變易在。」又曰：「有這卦，則有變易；無這卦，便無這易了。」又曰：「『易有太極』，則以易爲主；此一段文意，則以乾坤爲主。」學蒙。

「乾坤成列，易立乎其中矣。」乾坤只是説二卦，此易，只是説易之書，與「天地定位，易行乎其中」之「易」不同。行乎其中者，却是説易之道理。㽦。

問：「『乾坤成列，而易立乎其中』，是説兩畫之列？是説八卦之列？」曰：「兩畫也是列，八卦也是列，六十四卦也是列。」學蒙。

問：「『天地設位，而易行乎其中』，『乾坤成列，而易立乎其中』，如『易行乎其中』，此固易曉，至如『易立乎其中』，豈非乾坤既成列之後，道體始有所寓而形見？其立也，有似『如有所立卓爾』之『立』乎？」曰：「大抵易之言乾坤者，多以卦言。『易立乎其中』，只是乾坤之卦既成，而易立矣。況所謂『如有所立卓爾』，亦只是不可及之意。後世之論多是説得太高，不必如此説。」蓋卿。

「乾坤毁」，此乾坤只言卦。方。

「乾坤毁則無以見易。」易只是陰陽卦畫，没這幾箇卦畫，憑箇甚寫出那陰陽造化？何處更得易來？這只是反覆説「易不可見，則乾坤或幾乎息」。只是説揲蓍求卦，更推不去，説做造化之理息也得。不若前説較平。淵。

「易不可見則乾坤或幾乎息矣！」易，體也；乾坤健順，用也。方。

形是這形質，以上便爲道，以下便爲器，這箇分别得最親切，故明道云：「惟此語截得上下最分明。」又曰：「形以上底虚，渾是道理；形以下底實，便是器。」淵。

問：「『形而上下』，如何以形言？」曰：「此言最的當。設若以『有形』、『無形』言之，便是物與理相間斷了。所以謂『截得分明』者，只是上下之間，分別得一箇界止分明。器亦道，道亦器，有分別而不相離也。」謨。

「形而上者謂之道，形而下者謂之器。」道是道理，事事物物皆有箇道理；器是形迹，事事物物亦皆有箇形迹。有道須有器，有器須有道。物必有則。賀孫。

「形而上謂道，形而下謂器。」這箇在人看始得。指器爲道，固不得；離器於道，亦不得。且如此火是器，自有道在裏。夔孫。

「形而上者」指理而言，「形而下者」指事物而言。事事物物，皆有其理；事物可見，而其理難知。即事即物，便要見得此理，只是如此看。但要真實於事物上見得這箇道理，然後於己有益。「爲人君，止於仁；爲人子，止於孝。」必須就君臣父子上見得此理。大學之道不曰「窮理」，而謂之「格物」，只是使人就實處窮竟。事事物物上有許多道理，窮之不可不盡也。謨。

「伊川云：『「形而上者謂之道，形而下者謂之器」，須著如此說。』」曰：「這是伊川見得分明，故云『須著如此說』。『形而上者』是理，『形而下者』是物。如此開說，方見分明。如此了，方說得道不離乎器，器不遺乎道處。如爲君，須止於仁，這是道理合如此。『爲人臣，止於敬；爲人子，止於孝；爲人父，止於慈』，這是道理合如此。今人不解恁地說，便不索性。兩邊説，怎生説得通？」賀孫。

問：「如何分形、器？」曰：「『形而上者』是理；才有作用，便是『形而下者』。」問：「陰陽如何是『形而下者』？」曰：「一物便有陰陽。寒暖生殺皆見得，是『形而下者』。事物雖大，皆『形而下者』，堯舜之事業是也。理雖小，皆『形而上者』。」祖道。

「『形而上者謂之道』一段，只是這一箇道理。但即形器之本體而離乎形器，則謂之道；就形器而言，則謂之器。聖人因其自然，化而裁之，則謂之變；推而行之，則謂之通；舉而措之，則謂之事業。裁也，行也，措也，都只是裁行措這箇道。」曰：「是。」

問「化而裁之謂之變」。曰：「化，是漸漸移將去；截斷處便是變。且如一日是化，三十日截斷做一月，便是變。」又曰：「最是律管長短可見。」胡泳。

「化而裁之。」化是因其自然而化，裁是人爲，變是變了他。且如一年三百六十日，須待一日日漸次進去，到那滿時，這便是化。自春而夏，夏而秋，秋而冬，聖人去這裏截做四時，這便是變。化不是一日内便頓然恁地底事。人之進德亦如此。「三十而立」，不是到那三十時便立，須從十五志學漸漸化去，方到。横渠去這裏説做「化而裁之」，便是這意。柔變而趨於剛，剛化而趨於柔，與這箇意思也只一般。自陰來做陽，其勢浸長，便覺突兀有頭面。自陽去做陰，這只是漸漸消化去。這變化之義，亦與鬼神屈伸意相似。淵。方子録云：「陽化而爲陰，只恁消縮去，無痕迹，故謂之化。陰變而爲陽，其勢浸長，便覺突兀有頭面，故謂之變。」

變、化二者不同，化是漸化，如自子至亥，漸漸消化，以至於無。如自今日至來日，則謂之變，變是頓斷有可見處。橫渠說「化而裁之」一段好。㽦。

「橫渠說『化而裁之謂之變』一句，說得好。不知本義中有否？」曰：「無。」「但尋常看此一句，只如自初九之潛，而爲九二之見，這便是化；就他化處截斷，便是變？」曰：「然。化是箇亹亹地去，有漸底意思。且如而今天氣漸漸地涼將去，到得立秋，便截斷，這已後是秋，便是變。」問：「如此，則『裁之』乃人事也。」曰：「然。」榦。

問：「『化而裁之謂之變』，又云『存乎變』，是如何？」曰：「上文『化而裁之』，便喚做變。下文是說變處見得『化而裁之』。如自初一至三十日便是化，到這三十日裁斷做一月，明日便屬後月，便是變。此便是『化而裁之』，到這處方見得。」學履。

「化而裁之存乎變」，只在那化中裁截取便是變。如子丑寅卯十二時皆以漸而化，不見其化之之迹。及亥後子時，便截取是屬明日，所謂變也。僩。

「化而裁之存乎變，推而行之存乎通。」裁，是裁截之義。謂如一歲裁爲四時，一時裁爲三月，一月裁爲三十日，一日裁爲十二時，此是變也。又如陰陽兩爻，自此之彼，自彼之此，若不截斷，則豈有定體？通，是「通其變」。將已裁定者而推行之，即是通。謂如占得乾之履，便是九三乾乾不息，則是我所行者。以此而措之於民，則謂之事業也。僩。

「化而裁之」，方是分下頭項；「推而行之」，便是見於事。如堯典分命羲和許多事，便是「化而裁之」；到「敬授人時」，便是「推而行之」。學履。

問：「易中多言『變通』，『通』字之意如何？」曰：「處得恰好處便是通。」問：「『往來不窮謂之通』，如何？」曰：「處得好，便不窮。通便不窮，不通便窮。」問：「『推而行之謂之通』，如何？」曰：「『推而行之』，便就這上行將去。且如『亢龍有悔』，是不通了；處得來無悔，便是通。變是就時、就事上説，通是就上面處得行處説，故曰『通其變』。只要常教流通不窮。」問：「如『貧賤、富貴、夷狄、患難』，這是變；『行乎富貴，行乎貧賤，行乎夷狄，行乎患難』，至於『無入而不自得』，便是通否？」曰：「然。」榦。

右第十二章

# 朱子語類卷第七十六

## 易十二

### 繫辭下

#### 第一章

問：「『八卦成列』，只是説乾、兑、離、震、巽、坎、艮、坤。先生解云『之類』，如何？」曰：「所謂『成列』者，不止只論此横圖。若乾南坤北，又是一列，所以云『之類』。」學履。

問：「『八卦成列，象在其中矣』，象，只是乾、兑、離、震之象，未説到天地雷風處否？」曰：「是。然八卦是一項看，『象在其中』，又是逐箇看。」又問：「成列是自一奇一耦，畫到三畫處，其中逐一分，便有乾、兑、離、震之象否？」曰：「是。」學履。

問：「『剛柔相推，變在其中矣。繫辭焉而命之，動在其中矣。』『變』字是總卦爻之有往來交錯者言，『動』字是專指占者所值，當動底爻象而言否？」曰：「變是就剛柔交錯而成卦爻上言，動是專主當占之爻言。如二爻變，則占者以上爻爲主，這上爻便是動處。如五爻變，一爻不變，則占者以不變之爻爲主，則這不變者便是動處也。」學履。

「剛柔者，立本者也；變通者，趨時者也。」此兩句亦相對説。剛柔者，陰陽之質，是移易不得之定體，故謂之本。若剛變爲柔，柔變爲剛，便是變通之用。䕫。

「剛柔者，立本者也；變通者，趨時者也。」便與「變化者，進退之象也；剛柔者，晝夜之象也」是一樣。剛柔兩箇是本，變通只是其往來者。學履。

「吉凶者，貞勝者也。」這一句最好看。這箇物事，常在這裏相勝。一箇吉，便有一箇凶在後面來。這兩箇物事，不是一定住在這裏底物，各以其所正爲常。正，是説他當然之理，蓋言其本相如此，與「利貞」之「貞」一般，所以説「利貞者，性情也」。横渠説得別。他説道，貞便能勝得他。如此，則下文三箇「貞」字説不通。這箇只是説吉凶相勝。天地間一陰一陽，如環無端，便是相勝底道理。陰符經説「天地之道浸，故陰陽勝」，「浸」字最下得妙，天地間不陡頓恁地陰陽勝。又説那五箇物事在這裏相生相剋，曰：「五賊在心，施行於天。」用不好心去看他，便都是賊了。「五賊」乃言五性之德；「施行於天」，言五行之氣。陳子昂感遇詩亦略見得這般意思。大概説相勝，是説他常底。他以本相爲常。淵。

問：「『吉凶者，貞勝者也。』『貞』字便是性之骨。」曰：「貞是常恁地，便是他本相如此。猶言附子者，貞熱者也；龍腦者，貞寒者也。天下只有箇吉凶常相往來。陰符云：『自然之道静，故萬物生；天地之道浸，故陰陽勝。』極説得妙。静能生動。『浸』是漸漸恁地消去，又漸漸恁地長。天地之道，便是常恁地示人。」陰符經云：「天地萬物之道浸，故陰陽勝。陰陽相推，而變化順矣。」學蒙。

貞，常也。陰陽常只是相勝，如子以前便是夜勝晝，子以後便是晝勝夜。觀，是示人不窮。「貞夫一者也」，天下常只是有一箇道理。又曰：「須是看教字義分明，方看得下落。説也只説得到偏傍近處。貞便是他體處，常常如此，所以説『利貞者，性情也』。」礪。

貞，只是常。吉凶常相勝，不是吉勝凶，便是凶勝吉。二者常相勝，故曰「貞勝」。天地之道則常示，日月之道則常明。「天下之動，貞夫一者也」，天下之動雖不齊，常有一箇是底，故曰「貞夫一」。陰符經云：「自然之道静，故天地萬物生；天地之道浸，故剛柔〔一〕勝，若不是極静，則天地萬物不生。」浸者，漸也。天地之道漸漸消長，故剛柔勝，此便是「吉凶貞勝」之理。這必是一箇識道理人説，其他多不可曉，似此等處特然好。文蔚。

問：「『吉凶貞勝』一段，横渠説何如？」曰：「説真勝處，巧矣，却恐不如此。只伊川説

〔一〕「剛柔」，陰符經作「陰陽」。

作『常』字，甚佳。易傳解此字多云『正』、『固』。固乃常也，但不曾發出貞勝之理。蓋吉凶二義無兩立之理，迭相爲勝，非吉勝凶，則凶勝吉矣，故吉凶常相勝。人傑録云：「理自如此。」所以訓『貞』字作『常』者，貞是正固。只一『正』字盡『貞』字義不得，故又著一『固』字。謂此雖是正，又須常固守之，然後爲貞。在五常屬智，孟子所謂『知之實，知斯二者，弗去是也』。正，是知之；固，是守之。徒知之而不能守之，則不可。須是知之，又固守之。蓋貞屬冬，大抵北方必有兩件事，皆如此，莫非自然，言之可笑。如朱雀、青龍、白虎，只一物；至玄武，便龜、蛇二物。謂如冬至前四十五日，屬今年；後四十五日，便屬明年；夜分子時前四刻屬今日，後四刻即屬來日耳。」嵤。人傑録略。

問張子「貞勝」之説。曰：「此雖非經意，然其説自好，便只行得他底説，有甚不可？大凡看人解經，雖一時有與經意稍遠，然其説底自是一説，自有用處，不可廢也。不特後人，古來已如此。如『元亨利貞』，文王重卦，只是大亨利於守正而已。到夫子，却自解分作四德看。文王卦辭，當看文王意思；到孔子文言，當看孔子意思。豈可以一説爲是，一説爲非！」嵤。

問「爻者，效此者也」。曰：「爻是兩箇交叉，看來只是交變之義。卦，分明是將一片木畫掛於壁上，所以爲卦。」

問：「『爻也者，效此者也』，是效乾坤之變化而分六爻；『象也者，像此者也』，是象乾坤之虚實而爲奇耦。」曰：「『像此』、『效此』，此便是乾坤，象只是像其奇耦。」學蒙。

先生問：「如何是『爻象動乎内，吉凶見乎外』？」或曰：「陰陽老少在分蓍揲卦之時，而吉凶乃見於成卦之後。」曰：「也是如此。然『内』『外』字，猶言先後微顯。」學履。

「功業見乎變」，是就那動底爻見得。這「功業」字，似「吉凶生大業」之業，猶言事變、庶事相似。學履。

「聖人之情見乎辭」，下連接説「天地大德曰生」，此不是相連，乃各自説去。「聖人之大寶曰位」，後世只爲這兩箇不相對，有位底無德，有德底無位，有位則事事做得。淵。

「守位曰仁」，釋文「仁」作「人」。伯恭尚欲擔當此，以爲當從釋文。淵。

問：「人君臨天下，大小大事，只言『理財正辭』，如何？」曰：「是因上文而言。聚得許多人，無財何以養之？有財不能理，又不得。『正辭』，便只是分别是非。」又曰：「教化便在『正辭』裏面。」學履。

「理財、正辭、禁非」是三事。大概〔一〕是辨别是非；理財，言你底還你，我底還我；正

〔一〕似脱「禁非」二字。

辭，言是底説是，不是底説不是，猶所謂「正名」。淵。

右第一章

## 第二章

「仰則觀象於天」一段，只是陰陽奇耦。閎祖。

「觀鳥獸之文，與地之宜」；「近取身，遠取物」；「仰觀天，俯察地」，只是一箇陰陽。聖人看這許多般事物，都不出「陰陽」兩字。便是河圖、洛書，也則是陰陽，粗説時即是奇耦。聖人却看見這箇上面都有那陰陽底道理，故説道讀易不可恁逼拶他。歐公只是執定那「仰觀俯察」之説，便與河圖相礙，遂至不信他。淵。

「伏羲『觀鳥獸之文，與地之宜』。那時未有文字，只是仰觀俯察而已。想得聖人心細，雖以鳥獸羽毛之微，也盡察得有陰陽。今人心粗，如何察得？」或曰：「伊川見兔，曰：『察此亦可以畫卦。』便是此義。」曰：「就這一端上，亦可以見。凡草木禽獸，無不有陰陽。鯉魚脊上有三十六鱗，陰數。龍脊上有八十一鱗。陽數。龍不曾見，鯉魚必有之。又龜背上文，中間一簇成五段文，兩邊各插四段，共成八段子，八段之外，兩邊周圍共有二十四段。中間五段者，五行也；兩邊插八段者，八卦也；周圍二十四段者，二十四氣也。箇箇如此。

又如草木之有雌雄，銀杏、桐、楮、牝牡麻、竹之類皆然。又樹木向陽處則堅實，其背陰處必虚軟。男生必伏，女生必偃，其死於水也亦然。蓋男陽氣在背，女陽氣在腹也。」揚子雲太玄云：「觀龍虎之文與龜鳥之象。」謂二十八宿也。僩。

「以通神明之德，以類萬物之情」，盡於八卦，而震、巽、坎、離、艮、兑又總於乾、坤。曰「動」，曰「陷」，曰「止」，皆健底意思；曰「入」，曰「麗」，曰「悦」，皆順底意思。聖人下此八字，極狀得八卦性情盡。㽦。

「蓋取諸益」等，「蓋」字乃模様是恁地。淳。可學録云：「『蓋』字有義。」

「黄帝、堯、舜氏作」，到這時候，合當如此變。「易窮則變」，道理亦如此。「垂衣裳而天下治」，是大變他以前底事了。十三卦是大概説，則這箇幾卦也是難曉。淵。

使民不倦，須是得一箇人「通其變」。若聽其自變，如何得？賀孫。

「上古結繩而治，後世聖人易之以書契。」天下事有古未之爲而後人爲之，因不可無者，此類是也。如年號一事，古所未有。後來既置，便不可廢。胡文定却以後世建年號爲非，以爲年號之美，有時而窮，不若只作元年二年。此殊不然。三代以前事迹多有不可攷者，正緣無年號，所以事無統紀，難記。如云某年，王某月，箇箇相似，無理會處。及漢既建年號，於是事乃各有紀屬而可記。今有年號，猶自姦僞百出。若只寫一年二年三年，則官司詞訟簿曆，憑何而決？少間都無理會處。嘗見前輩說，有兩家争田地。甲家買在元祐幾年，乙家買在前。甲家遂將「元」字改擦作「嘉」字，乙家則將出文字又在嘉祐之先，甲家遂又將嘉祐字塗擦作皇祐。有年號了，猶自被人如此，無後如何！僩。

結繩，今溪洞諸蠻猶有此俗。又有刻板者，凡年月日時，以至人馬糧草之數，皆刻板爲記，都不相亂。僩。

右第二章

## 第三章

林安卿問：「『易者，象也；象也者，像也。』四句莫只是解箇『象』字否？」曰：「『象』是解『易』字，『像』又是解『象』字，『材』又是解『象』字。末句意亦然。」義剛。

「易也者，象也；象也者，像也。」只是髣髴說，不可求得太深。程先生只是見得道理多後，却須將來寄搭在上面說。淵。

「易者，象也」，是總説起，言易不過只是陰陽之象。下云「像也」，「材也」，「天下之動也」，則皆是説那上面「象」字。學履。

右第三章

## 第四章

「二君一民」，試教一箇民有兩箇君，看是甚模様！淵。

右第四章

## 第五章

「天下何思何慮」一句，便是先打破那箇「思」字，却説「同歸殊塗，一致百慮」。又再説「天下何思何慮」，謂何用如此「憧憧往來」，而爲此朋從之思也。日月寒暑之往來，尺蠖龍蛇之屈伸，皆是自然底道理；不往則不來，不屈則亦不能伸也。今之爲學，亦只是如此。「精義入神」，用力於内，乃所以「致用」乎外；「利用安身」，求利於外，乃所以「崇德」乎内。只是如此做將去。雖至於「窮神知化」地位，亦只是德盛仁熟之所致，何思何慮之有！謨。

問：「『天下同歸殊塗，一致百慮』，何不云『殊塗而同歸，百慮而一致』？」曰：「也只一般。但他是從上説下，自合如此。」學蒙。

乾乾不息者體；日往月來、寒來暑往者用。有體則有用，有用則有體，不可分先後説。僩。

「天下何思何慮」一段，此是言自然而然。如「精義入神」，自然「致用」；「利用安身」，自然「崇德」。節。

問：「『天下同歸而殊塗』一章，言萬變雖不同，然皆是一理之中所自有底，不用安排。」曰：「此只說得一頭。尺蠖若不屈，則不信得身；龍蛇若不蟄，則不伏得氣，如何存得身？『精義入神』，疑與行處不相關，然而見得道理通徹，乃所以『致用』。『利用安身』亦疑與『崇德』不相關，然而動作得其理，則德自崇。天下萬事萬變，無不有感通往來之理。」又曰：「『日往則月來』一段，乃承上文『憧憧往來』而言。往來皆人所不能無者，但憧憧則不可。」學蒙。

「尺蠖之屈以求信，龍蛇之蟄以藏身，精義入神以致用，利用安身以崇德。」大凡這箇，都是一屈一信，一消一息，一往一來，一闔一闢。大底有大底闔闢消息，小底有小底闔闢消息，皆只是這道理。砥。

或問：「『尺蠖之屈，以求信也』，伊川說是感應，如何？」曰：「屈一屈便感得那信底，信又感得那屈底，如呼吸、出入、往來皆是。」

尺蠖屈，便要求伸；龍蛇蟄，便要存身。精研義理，無毫釐絲忽之差，入那神妙處，這便是要出來致用；外面用得利而身安，乃所以入來自崇己德。「致用」之「用」，即是「利用」之「用」。所以横渠云：「『精義入神』，事豫吾内，求利吾外；『利用安身』，素利吾外，致養吾内。」「事豫吾内」，言曾到這裏面來。淵。至録略。

且如「精義入神」，如何不思？那致用底却不必思。致用底是事功，是效驗。淵。

「入神」，是到那微妙人不知得處。一事一理上。淵。

「利用安身。」今人循理，則自然安利；不循理，則自然不安利。升卿。

「未之或知」，是到這裏不可奈何。「窮神知化」，雖不從這裏面出來，然也有這箇意思。淵。

「窮神知化，德之盛也。」這「德」字，只是上面「崇德」之「德」。德盛後，便能「窮神知化」，便如「聰明睿知皆由此出」，「自誠而明」相似。淵。

「窮神知化」，化，是逐些子挨將去底。一日復一日，一月復一月，節節挨將去，便成一年，這是化。神，是一箇物事，或在彼，或在此。當在陰時，全體在陰；在陽時，全體在陽。都只是這一物，兩處都在，不可測，故謂之神。横渠云：「一故神，兩故化。」又注云：「兩在，故不測。」這説得甚分曉。淵。

問：「『非所困而困焉，名必辱』，大意謂石不能動底物，學蒙録作：「挨動不得底物事。」自是不須去動他。若只管去用力，徒自困耳。」學蒙録云：「『且以事言，有著力不得處。若只管著力去做，少間做不成，他人却道自家無能，便是辱了。』或曰：『若在其位，則只得做。』曰：『自是如此。』」曰：「爻意謂不可做底，便不可入頭去做。」學履。學蒙録詳。

「公用射隼」，孔子是發出言外意。學蒙。

問：「危者以其位爲可安而不知戒懼，故危；亡者以其存爲可常保，是以亡；亂者是自有其治，如『有其善』之『有』，是以亂。」曰：「某舊也如此説。看來『保』字説得較牽强，只是常有危亡與亂之意，則可以『安其位，保其存，有其治』。」

易曰：「知幾其神乎！」便是這事難，如「邦有道，危言危行；邦無道，危行言孫」。今有一樣人，其不畏者，又言過於直；其畏謹者，又縮做一團，更不敢説一句話，此便是不曉得那幾。若知幾，則自中節，無此病矣。「君子上交不諂，下交不瀆。」蓋上交貴於恭，恭則便近於諂；下交貴和易，和則便近於瀆。蓋恭與諂相近，和與瀆相近，只争些子，便至於流也。僩。

「『君子上交不諂，下交不瀆』，下面説『幾』。最要看箇『幾』字，只争些子。凡事未至而空説，道理易見；事已至而顯然，道理也易見。惟事之方萌，而動之微處，此最難見。」

或問：「『幾者動之微』，何以獨於上交下交言之？」曰：「上交要恭遜，才恭遜，便不知不覺有箇諂底意思在裏；『下交不瀆』，亦是如此。所謂『幾』者，只才覺得近諂近瀆，便勿令如此，此便是『知幾』。『幾者，動之微，吉之先見者也。』漢書引此句，『吉』下有『凶』字。當有『凶』字。」僩。

蓋人之情，上交必諂，下交必瀆，所争只是些子。能於此而察之，非「知幾」者莫能。上交著些取奉之心，下交便有傲慢之心，皆是也。

「幾者動之微」，是欲動未動之間，便有善惡，便須就這處理會。若到發出處，更怎生奈何得！所以聖賢説慎獨，便是要就幾微處理會。賀孫。

魏問「幾者，動之微，吉之先見者也」。曰：「似是漏字。漢書説：『幾者，動之微，吉凶之先見者也。』似説得是。幾自是有善有惡。君子見幾，亦是見得，方舍惡從善，不能無惡。」又曰：「漢書上添字，如『豈若匹夫匹婦之爲諒，自經於溝瀆，而人莫之知也』，添箇『人』字，似是。」賀孫。

「知微，知彰，知柔，知剛」，是四件事。學履。

問：「伊川作『見微則知彰矣，見柔則知剛矣』，其説如何？」曰：「也好。看來只作四件事，亦自好。既知微，又知彰，既知柔，又知剛，言其無所不知，以爲萬民之望也。」學蒙。

「其殆庶幾乎！」殆，是幾乎之義。又曰：「是近。」又曰：「殆是危殆者，是争些子底意思。」又曰：「或以『幾』字爲因上文『幾』字而言。但左傳與孟子『庶幾』兩字，都只做『近』

字說。」

顔子「有不善未嘗不知，知之未嘗復行」。今人只知「知之未嘗復行」爲難，殊不知「有不善未嘗不知」是難處。今人亦有說道知得這箇道理，及事到面前，又却只隨私欲做將去，前所知者都自忘了，只爲是不曾知。銖。

「有不善未嘗不知，知之未嘗復行。」直是顔子天資好，如至清之水，纖芥必見。蓋卿。

「天地氤氳」，言氣化也；「男女構精」，言形化也。端蒙。

「天地絪緼，萬物化醇。」「致一」，專一也。惟專一，所以能絪緼；若不專一，則各自相離矣。化醇，是已化後。化生，指氣化而言，草木是也。僩。

「致一」，是專一之義，程先生言之詳矣。天地男女，都是兩箇方得專一，若三箇便亂了。三人行，減了一箇，則是兩箇，便專一。一人行，得其友，成兩箇，便專一。程先生說初與二，三與上，四與五，皆兩相與。自說得好。「初、二二陽，四、五二陰，同德相比；三與上應，皆兩相與」。學蒙。

横渠云：「『艮三索而得男』，乾道之所成；『兑三索而得女』，坤道之所成；所以損有男女構精之義。」亦有此理。

右第五章

## 第六章

「乾坤，易之門」，不是乾坤外别有易，只易便是乾坤，乾坤便是易。似那兩扇門相似，一扇開，便一扇閉。只是一箇陰陽做底，如「闔户謂之坤，闢户謂之乾」。淵。

問：「『乾坤，易之門。』門者，是六十四卦皆由是出，如『兩儀生四象』，只管生出邪？爲是取闔闢之義邪？」曰：「只是取闔闢之義。六十四卦，只是這一箇陰陽闔闢而成。但看他下文云：『乾，陽物也；坤，陰物也，陰陽合德，而剛柔有體。』便見得只是這兩箇。」學蒙。

「乾，陽物；坤，陰物。」陰陽，形而下者；乾坤，形而上者。道夫。

「天地之撰」，撰，即是説他做處。淵。營録云：「撰是所爲。」

問：「『其稱名也雜而不越』，是指繫辭而言？是指卦名而言？」曰：「他後面兩三番説名後，又舉九卦説，看來只是謂卦名。」又曰：「繫辭自此以後皆難曉。」學蒙。

「『於稽其類』，一本作『於稽音啓。其顙』，又一本『於』作『烏』，不知如何？」曰：「但不過是説稽考其事類。」淵。

「其衰世之意邪？」伏羲畫卦時，這般事都已有了，只是未曾經歷。到文王時，世變不好，古來未曾有底事都有了，他一一經歷這崎嶇萬變過來，所以説出那卦辭，如「箕子之明夷」；如「入於左腹，獲明夷之心於出門庭」。此若不是經歷，如何説得！淵。

「彰往察來。」往者如陰陽消長，來者事之未來吉凶。僩。

問：「『彰往察來』，如『神以知來，知以藏往』相似。往，是已定底，如天地陰陽之變，皆已見在這卦上了；來，謂方來之變，亦皆在這上。」曰：「是。」學蒙。

「微顯闡幽。」幽者不可見，便就這顯處説出來；顯者便就上面尋其不可見底，教人知得。又曰：「如『顯道，神德行』相似。」學蒙。

「微顯闡幽」，便是「顯道，神德行」。德行顯然可見者，道不可見者。「微顯闡幽」，是將道來事上看；言那箇雖是麤底，然皆出於道義之藴。「潛龍勿用」，顯也。「陽在下也」，只是就兩頭説。微顯所以闡幽，闡幽所以微顯，只是一箇物事。僩。

將那道理來事物上與人看，就那事物上推出那裏面有這道理。「微顯闡幽。」僩。

右第六章

## 第七章

因論易九卦，云：「聖人道理，只在口邊，不是安排來。如九卦，只是偶然説到此，而今人便要說，如何不說十卦？又如何不說八卦？便從九卦上起義，皆是胡說。且如『履，德之基』，只是要以踐履爲本。『謙，德之柄』，只是要謙退，若處患難而矯亢自高，取禍必矣。『復，德之本』，如孟子所謂『自反』。『困，德之辨』，困而通，則可辨其是；困而不通，則可辨其非。損是『懲忿窒慾』。益是修德益令廣大。『巽，德之制』，『巽以行權』，巽只是低心下意。要制事，須是將心入那事裏面去，順他道理方能制事，方能行權。若心麤，只從事皮膚上綽過，如此行權，便就錯了。巽，伏也，入也。」學蒙。

三陳九卦，初無他意。觀上面「其有憂患」一句，便見得是聖人說處憂患之道。聖人去這裏偶然看見這幾卦有這箇道理，所以就這箇說去。若論到底，睽、蹇皆是憂禍患底事，何故却不說？以此知只是聖人偶然去這裏見得有此理，便就這裏說出。聖人視易，如雲行水流，初無定相，不可確定他。在易之序，履卦當在第十，上面又自不說乾、坤。淵。

鄭仲履問：「易繫云：『作易者其有憂患乎！』如何止取九卦？」曰：「聖人論處憂患，偶然說此九卦耳。天下道理只在聖人口頭，開口便是道理，偶說此九卦，意思自足。若更添一卦也不妨，更不說一卦也不妨。只就此九卦中，亦自儘有道理。且易中儘有處憂患底卦，非謂九卦之外皆非所以處憂患也。若以困爲處憂患底卦，則屯蹇非處憂患而何？觀聖人之經，正不當如此。後世拘於象數之學者，乃以爲九陽數，聖人之舉九卦，合此數也，尤泥而不通矣！」既論九卦之後，因言：「今之談經者，往往有四者之病：本卑也，而抗之使高；本淺也，而鑿之使深；本近也，而推之使遠；本明也，而必使至於晦，此今日談經之大患也！」蓋卿。

三說九卦，是聖人因上面說憂患，故發明此一項道理，不必深泥。如「困，德之辨」，若說蹇屯亦可，蓋偶然如此說。大抵易之書，如雲行水流，本無定相，確定說不得。揚子雲太玄一爻吉，一爻凶，相間排將去，七百三十贊乃三百六十五日之晝夜，晝爻吉，夜爻凶，又以五行參之，故吉凶有深淺，毫髮不可移，此可爲典要之書也。聖人之易，則有變通。如此卦以陽居陽則吉，他卦以陽居陽或不爲吉；此卦以陰居陰則凶，他卦以陰居陰或不爲凶：此「不可爲典要」之書也。方子。

問：「巽何以爲『德之制』？」曰：「巽爲資斧，巽多作斷制之象。蓋『巽』字之義，非順所能盡，乃順而能入之義。謂巽一陰入在二陽之下，是入細直徹到底，不只是到皮子上，如此方能斷得殺。若不見得盡，如何可以『行權』！」㽦。

問「井，德之地」。曰：「井有本，故澤及於物，而井未嘗動，故曰『居其所而遷』。如人有德，而後能施以及人，然其德性未嘗動也。『井以辨義』，如人有德，而其施見於物，自有斟酌裁度。」礪。

「損先難而後易」，如子産爲政，鄭人歌之曰：「孰殺子産，吾其與之！」及三年，人復歌而誦之。蓋事之初，在我亦有所勉强，在人亦有所難堪；久之當事理，順人心，這裏方易。便如「利者，義之和」一般。義是一箇斷制物事，恰似不和；久之事得其宜，乃所以爲和。如萬物到秋，許多嚴凝肅殺之氣似可畏。然萬物到這裏，若不得此氣收斂凝結許多生意，又無所成就。其難者，乃所以爲易也。「益，長裕而不設」，長裕只是一事，但充長自家物事教寬裕而已。「困窮而通」，此因困卦説「澤無水，困，君子以致命遂志」，蓋此是「致命遂志」之時，所以困。彖曰：「險以説，困而不失其所亨，其惟君子乎！」蓋處困而能説也。困而寡怨，是得其處困之道，故無所怨於天，無所尤於人；若不得其道，則有所怨尤矣。「井居其所而遷」，井是不動之物，然其水却流行出去利物。「井以辨義」，辨義謂安而能慮，蓋守得自家先定，方能辨事之是非。若自家心不定，事到面前，安能辨其義也？「巽稱而隱」，巽是箇卑巽底物事，如「兑見而巽伏也」，自是箇隱伏底物事。蓋巽一陰在下，二陽在上，陰初生時，已自稱量得箇道理了，不待顯而後見。如事到面前，自家便有一箇道理處置他，不待發露出來。如云：「尊者於己踰等，不敢問其年。」蓋才見箇尊長底人，便自不用問其年；不待更計其年，然後方稱量合問與不合問也。「稱而隱」，是巽順恰好底道理。有隱而不能稱量者，有能稱量而不能隱伏不露形迹者，皆非巽之道也。「巽，德之制也」，「巽以行權」，都是此意。僩。

問「巽稱而隱」。曰：「以『巽以行權』觀之，則『稱』字宜音去聲，爲稱物之義。」又問：「巽有優游巽入之義；權是仁精義熟，於事能優游以入之意。」曰：「是。」又曰：「巽是入細底意，説在九卦之後，是八卦事了，方可以行權。某前時以稱揚爲説，錯了。」學蒙。

問：「『巽稱而隱』，『隱』字何訓？」曰：「隱，不見也。如風之動物，無物不入，但見其動而不見其形。權之用，亦猶是也。昨得潘恭叔書，説滕文公問『間於齊楚』與『竭力以事大國』兩段，注云『蓋遷國以圖存者，權也；効死勿去者，義也』；『義』字當改作『經』。思之誠是。蓋義便近權，如或可如此，或可如彼，皆義也；經則一定而不易。既對『權』字，須著用『經』字。」僩。

問「井以辨義」。曰：「只是『井居其所而遷』，大小多寡，施之各當。」㽦。

或問「井以辨義」之義。曰：「『井居其所而遷。』」又云：「『井，德之地也。』蓋井有定體不動，然水却流行出去不窮；猶人心有持守不動，而應變則不窮也。『德之地也』，地是那不動底地頭。」一本云：「是指那不動之處。」又曰：「佛家有函蓋乾坤句，有隨波逐流句，有截斷衆流句。聖人言語亦然。如『以言其遠則不禦，以言其邇則静而正』，此函蓋乾坤句也。如『井以辨義』等句，只是隨道理説將去，此隨波逐流句也。如『復其見天地之心』，『神者妙萬物而爲言』，此截斷衆流句也。」僩。

才卿問「巽以行權」。曰：「權之用，便是如此。見得道理精熟後，於物之精微委曲處無處不入，所以説『巽以行權』。」僩。

問：「『巽以行權』，權，是逶迤曲折以順理否？」曰：「然。巽有入之義。『巽爲風』，如風之入物。只爲巽，便能入義理之中，無細不入。」又問：「『巽稱而隱』，隱亦是入物否？」曰：「隱便是不見處。」文蔚。

鄭仲履問：「『巽以行權』，恐是神道？」曰：「不須如此説。巽只是柔順，低心下意底氣象。人至行權處，不少巽順，如何行得？此外八卦各有所主，皆是處憂患之道。」蓋卿。

「巽以行權。」「兑見而巽伏。」權是隱然做底物事，若顯然底做，却不成行權。淵。

右第七章

## 第八章

問：「易之所言，無非天地自然之理，人生日用之所不能須臾離者，故曰『不可遠』。」曰：「是。」學蒙。

「既有典常」，是一定了。占得這爻了，吉凶自定，便是「有典常」。淵。

易「不可爲典要」。易不是確定硬本子。揚雄太玄却是可爲典要。他排定三百五〔一〕十四贊當晝，三百五十四贊當夜，晝底吉，夜底凶，吉之中又自分輕重，凶之中又自分輕重。易却不然。有陽居陽爻而吉底，又有凶底；有陰居陰爻而吉底，又有凶底；有有應而吉底，有有應而凶底，是「不可爲典要」之書也。是有那許多變，所以如此。淵。

問：「據文勢，則『内外使知懼』合作『使内外知懼』，始得。」曰：「是如此。不知這兩句是如何。硬解時也解得去，但不曉其意是説甚底，上下文意都不相屬。」又曰：「上文説『不可爲典要』，下文又説『既有典常』，這都不可曉。常，猶言常理。」學蒙。

使「知懼」，便是使人有戒懼之意。易中説如此則吉，如此則凶，是也。既知懼，則雖無師保，一似臨父母相似，常恁地戒懼。淵。

右第八章

## 第九章

「其初難知」，至「非其中爻不備」，若解，也硬解了，但都曉他意不得。這下面却説一

〔一〕「五」似當作「六」。

箇「噫」字，都不成文章，不知是如何。後面説「二與四同功」，「三與五同功」，却説得好。但「不利遠者」，也曉不得。學蒙。

問「雜物撰德，辨是與非，則非其中爻不備」。曰：「這樣處曉不得，某常疑有闕文。先儒解此多以爲互體，如屯卦震下坎上，就中間四爻觀之，自二至四則爲坤，自三至五則爲艮，故曰『非其中爻不備』。互體説，漢儒多用之。左傳中一處説占得觀卦處亦舉得分明。看來此説亦不可廢。」學履。

問：「『其要无咎，其用柔中也』。近君則當柔和，遠去則當有强毅剛果之象始得，此二之所以不利；然而居中，所以無咎。」曰：「也是恁地説。」

問：「上下貴賤之位，何也？」曰：「四二，則四貴而二賤；五三，則五貴而三賤；上初，則上貴而初賤。上雖無位，然本是貴重，所謂『貴而無位，高而無民』。在人君則爲天子父，天子師；在他人則清高而在物外，不與事者，此所以爲貴也。」銖。

右第九章

## 第十章

問：「道有變動，故曰『爻』；爻有等，故曰『物』；物相雜，故曰『文』。」曰：「『道有變動』，不是指那陰陽老少之變，是説卦中變動。如乾卦六畫，初潛，二見，三惕，四躍，這箇便是有變動，所以謂之爻。爻中自有等差，或高，或低，或遠，或近，或貴，或賤，皆謂之等，易中便可見。如説『遠近相取，而悔吝生』，『近而不相得，則凶』；『二與四同功而異位，二多譽，四多懼，近也』；『三與五同功而異位，三多凶，五多功，貴賤之等也』。」又曰：「『列貴賤者存乎位』，皆是等也。物者，想見古人占卦，必有箇物事名爲『物』，而今亡矣。這箇物，是那列貴賤，辨尊卑底。『物相雜故曰「文」』，如有君又有臣，便爲君臣之文。是兩物相對待在這裏，故有文；若相離去不相干，便不成文矣。卦中有陰爻，又有陽爻相間錯，則爲文。若有陰無陽，有陽無陰，如何得有文？」學履。

右第十章

## 第十一章

「其辭危」，是有危懼之意，故危懼者能使之安平，慢易者能使之傾覆。易之書，於萬物之理無所不具，故曰「百物不廢」。「其要」，是約要之義。若作平聲，則是要其歸之意。又曰：「『要』去聲，是要恁地；『要』平聲，是這裏取那裏意思。」又曰：「其要只欲无咎。」

右第十一章

## 第十二章

或問：「乾是至健不息之物，經歷艱險處多。雖有險處，皆不足爲其病，自然足以進之而無難否？」曰：「不然。舊亦嘗如此説，覺得終是硬説。易之書本意不如此，正要人知險而不進；不説是我至健順了，凡有險阻，只認冒進而無難。如此，大非聖人作易之意。觀上文云：『易之興也，其當殷之末世，周之盛德邪！』至『此之謂易之道也』，看他此語，但是恐懼危險，不敢輕進之意。乾之道便是如此。卦中皆然，所以多説『見險而能止』，如需卦之類可見。易之道，正是要人知進退存亡之道。若如冒險前進，必陷於險，是『知進而不知退，知存而不知亡』，豈乾之道邪！惟其至健而知險，故止於險而不陷於險也。」又曰：「此是就人事上説。」又曰：「險與阻不同，險是自上視下，見下之險，故不敢行；阻是自下觀上，爲上所阻，故不敢進。」僩。學履録少異。

問「夫乾，天下之至健也，德行」至「知阻」。曰：「不消先説健順。好底物事，自是知險阻。恰如良馬，他才遇險阻處，便自不去了。如人臨懸崖之上，若説不怕險，要跳下來，必跌殺。」良久，又曰：「此段專是以憂患之際而言。且如健，當憂患之際，則知險之不可乘；順，當憂患之際，便知阻之不可越。這都是當憂患之際，處憂患之道當如此。因憂患，方生那知險知阻。若只就健順上看，便不相似。如下文説『危者使平，易者使傾』，『能説諸心，能研諸慮』，皆因憂患説。大要乾坤只是循理而已。他若知得前有險之不可乘而不去，則不陷於險；知得前有阻之不可冒而不去，則不困於阻。若人不循理，以私意行乎其間，其過乎剛者，雖知險之不可乘，却硬要乘，則陷於險矣；雖知阻之不可越，却硬要越，則困於阻矣。只是順理，便無事。」又問：「在人固是如此。以天地言之，則如何？」曰：「在天地自是無險阻，這只是大綱説箇乾坤底意思如此。」又曰：「順自是畏謹，宜其不越夫阻。如健，却宜其不畏險，然却知險而不去，蓋他當憂患之際故也。」又問「簡易」。曰：「若長是易時，更有甚麽險？他便不知險矣。若長是簡時，更有甚麽阻？他便不知阻矣。只是當憂患之際方見得。」僩。

「乾，天下之至健」，更著思量。看來聖人無冒險之事，須是知險，便不進向前去。又曰：「他只是不直撞向前，自别有一箇路去。如舜之知子不肖，則以天下授禹相似。」又曰：「這只是説剛健之理如此，莫硬去天地上説。」

因説：「乾坤知險阻，非是説那定位底險阻。乾是箇至健底物，自是見那物事皆低；坤是至順底物，自是見那物事都大。」敬子云：「如云『能勝物之謂剛，故常信於萬物之上』相似。」曰：「然。如云『膽欲大而心欲小』。至健『恒易以知險』，如『膽欲大』；至順『恒簡以知阻』，如『心欲小』。又如云『大心則敬天而道，小心則畏義而節』相似。」李云：「如人欲渡，若風濤洶湧，未有要緊，不渡也不妨。萬一有君父之急，也只得渡。」曰：「固是如此，只是未説到這裏在。這箇又是説處那險阻，聖人固是有道以處之。這裏方説知險阻，知得了方去處他。」問：「如此，則乾之所見無非險，坤之所見無非阻矣。」曰：「不然。他是至健底物，自是見那物事底。如人下山坂，自上而下，但見其險，而其行也易。坤是至順底物，則自下而上，但見其阻。險阻只是一箇物事，一是自上而視下，一是自下而視上。若見些小險便止了，不敢去，安足爲健？若不顧萬仞之險，只恁從上面擂將下，此又非所以爲乾。若見些小阻便止了，不敢上去，固不是坤。若不顧萬仞之阻，必欲上去，又非所以爲坤。」所説險阻，與本義異。僩。

乾健而以易臨下，故知下之險；險底意思在下。坤順而以簡承上，故知上之阻；阻是自家低，他却高底意思。自上面下來，到那去不得處，便是險；自下而上，上到那去不得處，便是阻。易只是這兩箇物事。自東而西，也是這箇；自西而東，也是這箇。左而右，右而左，皆然。淵。

因言乾坤簡易，「知險知阻」，而曰：「知險阻，便不去了。惟其簡易，所以知險阻而不去。」敬子云：「今行險傲倖之人，雖知險阻，而猶冒昧以進。惟乾坤德行本自簡易，所以知險阻。」僩。

問「乾常易以知險，坤常簡以知阻」。曰：「乾健，則看什麽物都剌音辣。將過去。坤則有阻處便不能進，故又是順；如上壁相似，上不得，自是住了。」後復云：「前説差了。乾雖至健，知得險了，却不下去；坤雖至順，知得阻了，更不上去。以人事言之，若健了一向進去，做甚收殺！」或録云：「乾到險處便止不行，所以爲常易。」學蒙。

又説「知險知阻」，曰：「舊因登山而知之。自上而下，則所見爲險；自下而上，則所向爲阻。蓋乾則自上而下，坤則自下而上；健則遇險亦易，順則遇阻亦簡。然易則可以濟險，而簡亦有可涉阻之理。」畬。

因登山，而得乾坤險阻之説。尋常將險阻作一箇意思。其實自高而下，愈覺其險，乾以險言者如此；自下而升，自是阻礙在前，坤以阻言者如此。謨。

自山下上山爲阻，故指坤而言；自山上觀山下爲險，故指乾而言。敬仲。

易只是一陰一陽，做出許多様事。「夫乾，夫坤」一段，也似上面「知大始，作成物」意思。「説諸心」，只是見過了便説，這箇屬陽；「研諸慮」，是研窮到底，似那「安而能慮」，直是子細，這箇屬陰。「定吉凶」是陽，「成亹亹」是陰，便是上面作成物。且以做事言之，吉凶未定時，人自意思懶散，不肯做去。吉凶定了，他自勉勉做將去，所以屬陰。大率陽是輕清底，物事之輕清底屬陽；陰是重濁底，物事之重濁者屬陰。「成亹亹」，是做將去。淵。

「能説諸心」，乾也；「能研諸慮」，坤也。「説諸心」，有自然底意思，故屬陽；「研諸慮」，有作爲意思，故屬陰。「定吉凶」，乾也；「成亹亹」，坤也。事之未定者屬乎陽，「定吉凶」所以爲乾；事之已爲者屬陰，「成亹亹」所以爲坤。大抵言語兩端處，皆有陰陽。如「開物成務」，「開物」是陽，「成務」是陰。如「致知力行」，「致知」是陽，「力行」是陰。周子之書屢發此意，推之可見。謨。

「能説諸心，能研諸慮」，方始能「定天下之吉凶，成天下之亹亹」。凡事見得通透了，自然歡説。既説諸心，是理會得了，於事上便審一審，便是研諸慮。研，是更去研磨。「定天下之吉凶」，是剖判得這事；「成天下之亹亹」，是做得這事業。學蒙。

問「變化云爲，吉事有祥。象事知器，占事知來」。曰：「上兩句只説理如此，下兩句是人就理上知得。在陰陽則爲變化，在人事則爲云爲。吉事自有祥兆。惟其理如此，故於『變化云爲』，則象之而知已有之器；於『吉事有祥』，則占之而知未然之事也。」又問：「『器』字，是凡見於有形之實事者皆爲器否？」曰：「易中『器』字是恁地説。」學履。

「變化云爲」是明，「吉事有祥」是幽。「象事知器」是人事，「占事知來」是筮。「象事知器」是人做這事去；「占事知來」是他方有箇禎祥，這便占得他，如中庸言「必有禎祥」，「見乎蓍龜」之類。「吉事有祥」，凶事亦有。淵。

問：「易書之中有許多『變化云爲』，又吉事皆有休祥之應，所以象事者於此而知器，占事者於此而知來。」曰：「是。」

「天地設位」四句，説天人合處。「天地設位」，便聖人成其功能；「人謀鬼謀」，則雖百姓亦可以與其能。「成能」與「與能」，雖大小不同，然亦是小小底造化之功用。然「百姓與能」，却須因蓍龜而方知得。「人謀鬼謀」，如「謀及乃心、庶人、卜筮」相似。淵。

「百姓與能」，「與」字去聲。他無知，因卜筮便會做得事，便是「與能」。「人謀鬼謀」，猶洪範之「謀及卜筮、卿士、庶人」相似。學蒙。

「八卦以象告」以後，説得叢雜，不知如何。學蒙。

問：「『八卦以象告』至『失其守者其辭屈』一段，竊疑自『吉凶可見矣』而上，只是總説易書所載如此。自『變動以利言』而下，則專就人占時上説。」曰：「然。」又問：「『易之情，近而不相得則凶，或害之，悔且吝』，是如何？」曰：「此疑是指占法而言。想古人占法更多，今不見得。蓋遠而不相得，則安能爲害？惟切近不相得，則凶害便能相及。如一箇凶人在五湖四海之外，安能害自家？若與之爲隣近，則有害矣。」又問：「此如今人占火珠林課底，若是凶神，動與世不相干，則不能爲害。惟是克世應世，則能爲害否？」曰：

「恐是這樣意思。」學履。

「『中心疑者其辭支。』『中心疑』，故不敢説殺。『其辭支』者，如木之有枝，開兩岐去。」〔一〕德輔云：「『思曰睿』，『學而不思則罔』，蓋亦弗思而已矣，豈有不可思維之理？」曰：「固是。若不可思維，則聖人著書立言，於後世何用！」德輔。

右第十二章

〔一〕賀疑上下不接。今按：「德輔」以下，似另是一條。

# 朱子語類卷第七十七

## 易十三

### 説卦

「贊於神明」，猶言「治於人」相似，謂爲人所治也。「贊於神明」，神明所贊也。聖人用「於」字，恁地用。不然，只當説「幽贊神明」。此却是説見助於神明。淵。

「贊」，只是「贊化育」之「贊」，不解便説那贊命於神明。這只就道他爲神明所贊，所以生出這般物事來，與人做卦。淵。

「生蓍」，便是「大衍之數五十」，如何恰限生出百莖物事，教人做筮用？到那「參天兩地」，方是取數處。看得來「陰陽剛柔」四字，「陰陽」指二老，「剛柔」指二少。淵。

問：「『參天兩地』，舊説以爲五生數中，天參地兩，不知其説如何？」曰：「如此只是三天兩地，不見參兩之意。『參天』者，參而三之；『兩地』者，兩之以二也。以方員而言，則七八九六之數，都自此而起。」問：「以方員而言，『參兩』，如天之員徑一，則以圍三而參之；地之方徑一，則以圍四而兩之否？」曰：「然。」榦。

問「參天兩地而倚數」。曰：「天圓，得數之三；地方，得數之四。一畫中有三畫，三畫中參之則爲九，此天之數也。陽道常饒，陰道常乏。地之數不能爲三，止於兩而已。三而兩之爲六，故六爲坤。」去僞。

「參天兩地而倚數。」一箇天，參之爲三；一箇地，兩之爲二。三三爲九，三二爲六。兩其三，一其二，爲八。兩其二，一其三，爲七。二老爲陰陽，二少爲柔剛。參，不是三之數，是「往參焉」之「參」。「兼三才而兩之。」初剛而二柔，按：下二爻於三極爲地。三仁而四義，按：中二爻於三極爲人。五陽而上陰。按：上二爻於三極爲天。陽化爲陰，只恁地消縮去無痕迹，故謂之化。陰變爲陽，其勢浸長，便較突兀，有頭面，故謂之變。陰少於陽，氣理數皆如此，用全用半，所以不同。至。

「參天兩地而倚數」，此在揲蓍上說。參者，元是箇三數底物事，自家從而三之；兩者，元是箇兩數底物事，自家從而兩之。雖然，却只是說得箇三在，未見得成何數。「倚數」云者，似把幾件物事挨放這裏。如已有三數，更把箇三數倚在這裏成六，又把箇三數物事倚在此成九。兩亦如之。淵。

一箇天，參之則三；一箇地，兩之則二。數便從此起。此與「大衍之數五十」，各自說一箇道理，不須合來看。然要合也合得。一箇三，一箇二，衍之則成十，便是五十。淵。

天下之數，都只始於三、二。謂如陽數九，只是三三而九之；陰數六，只是三二而六之。故孔子云「參天兩地而倚數」，此數之本也。康節却云「非天地之正數」，是他見得不盡。康節却以四爲數。端蒙。

「倚數」，倚，是靠在那裏。且如先得箇三，又得箇三，只成六；更得箇三，方成九。若得箇二，却成八。恁地倚得數出來。有人說「參」作「三」，謂一、三、五；「兩」，謂二、四。一、三、五固是天數，二、四固是地數。然而這却是積數，不是倚數。淵。

問：「『觀變於陰陽而立卦』，觀變是就蓍數上觀否？」曰：「恐只是就陰陽上觀，未用說到蓍數處。」學履。

「觀變於陰陽」，且統說道有幾畫陰，幾畫陽，成箇甚卦。「發揮剛柔」，却是就七八九六上說。初間做這卦時，未曉得是變與不變。及至發揮出剛柔了，方知這是老陰、少陰，那是老陽、少陽。淵。

問：「『觀變於陰陽而立卦，發揮於剛柔而生爻。』既有卦，則有爻矣；先言卦，而後言爻，何也？」曰：「自作易言之，則有爻而後有卦。此却似自後人觀聖人作易而言。方其立卦時，只見是卦；及細別之，則有六爻。」問：「陰陽、剛柔，一也，而别言之，何也？」曰：「『觀變於陰陽』，近於造化而言；『發揮剛柔』，近於人事而言。且如泰卦，以卦言之，只見得『小往大來』、陰陽消長之意；爻裏面便有『包荒』之類。」榦。

問：「近見先生易詩云：『立卦生爻自有因，兩儀四象已前陳。』『因』字之義如何？」曰：「卦爻因儀象而生。立，即『兩儀生四象，四象生八卦』之意。」又問：「『生爻』指言重卦否？」曰：「然。」銖。

問：「『和順道德而理於義』，是就聖人上説？是就易上説？」曰：「是説易。」又問：「和順，是聖人和順否？」曰：「是易去『和順道德而理於義』。如吉凶消長之道順而無逆，是『和順道德』也。『理於義』，則又極其細而言，隨事各得其宜之謂也。『和順道德』，如『極高明』；『理於義』，如『道中庸』。」學履。

「和順道德而理於義」，是統説底；「窮理、盡性、至命」，是分説底。上一句是離合言之，下一句以淺深言之。凡卦中所説，莫非和順那道德，不悖了他。「理於義」，是細分他，逐事上各有箇義理。「和順」字、「理」字，最好看。聖人下這般字，改移不得。不似今時，抹了却添幾字，都不妨。淵。

聖人作易時，其中固是具得許多道理，人能體之而盡，則便似那易。他説那吉凶悔吝處，莫非「和順道德理於義，窮理盡性」之事。這一句本是說易之書如此，後人說去學問上，却是借他底。然這上也有意思，皆是自淺至深。淵。

道理須是與自家心相契，方是得他，所以要窮理。忠信進德之類，皆窮理之事。易中自具得許多道理，便是教人窮理、循理。淵。

「窮理」，是理會得道理窮盡；「盡性」，是做到盡處。如能事父，然後盡仁之性；能事君，然後盡義之性。閎祖。

「窮理」是窮得物，盡得人性，到得那天命，所以說道「性命之源」。淵。

「窮理」，是「知」字上說；「盡性」，是「仁」字上說，言能造其極也。至於「範圍天地」，是「至命」，言與造化一般。淵。

「窮理盡性以至於命。」這物事齊整不亂，其所從來一也。人傑。

「窮理盡性至於命」，本是就易上說。易上皆說物理，便是「窮理盡性」，即此便是「至命」。諸先生把來就人上說，能「窮理盡性」了，方「至於命」。淳。

問「窮理盡性以至於命」。曰：「此言作易者如此，後來不合將做學者事看。如孟子『盡心、知性、知天』之說，豈與此是一串？却是學者事，只於窮理上著工夫。窮得理時，性與命在其中矣。横渠之說未當。」去僞。

或問：「『窮理盡性以至於命』，程子之説如何？」曰：「理、性、命，只是一物，故知則皆知，盡則皆盡，不可以次序言。但知與盡，却有次第耳。」

伯豐問：「『窮理盡性以至於命』，程、張之説孰是？」曰：「各是一説。程子皆以見言，不如張子有作用。窮理是見，盡性是行，覺得程子是説得快了。如爲子知所以孝，爲臣知所以忠，此窮理也；爲子能孝，爲臣能忠，此盡性也。能窮此理，充其性之所有，方謂之『盡』。『以至於命』，是拖脚，却説得於天者。盡性，是我之所至也；至命，是説天之所以予我者耳。昔嘗與人論舜事，『「舜盡事親之道而瞽瞍厎豫，瞽瞍厎豫而天下化，瞽瞍厎豫而天下之爲人父子者定。」知此者，是窮理者也；能此者，盡性者也』。」

「昔者聖人之作易，將以順性命之理。」聖人作易，只是要發揮性命之理，模寫那箇物事。下文所説「陰陽」、「剛柔」、「仁義」，便是性中有這箇物事。「順性命之理」，只是要發揮性命之理。淵。

問：「『將以順性命之理』而下，言立天、地、人之道，乃繼之以『兼三才而兩之』，此恐言聖人作易之由，如『觀鳥獸之文，與地之宜，始作八卦』相似。蓋聖人見得三才之理，只是陰陽、剛柔、仁義，故爲兩儀、四象、八卦，也只是這道理；六畫而成卦，也只是這道理。」曰：「聖人見得天下只是這兩箇物事，故作易只是模寫出這底。」問：「模寫出來，便所謂

『順性命之理』。『性命之理』，便是陰陽、剛柔、仁義否？」曰：「便是『順性命之理』。」問：「『兼三才』如何分？」曰：「以一卦言之，上兩畫是天，中兩畫是人，下兩畫是地。兩卦各自看，則上與三是天，五與二爲人，四與初爲地。」問：「以八卦言之，則九三者天之陽，六三者天之陰，九二者人之仁，六二者人之義，初九者地之剛，初六者地之柔，不知是否？」曰：「恁地看也得。如上便是天之陰，三便是天之陽；五便是人之仁，二便是人之義；四便是地之柔，初便是地之剛。」幹。

問：「『立天之道曰陰陽。』道，理也；陰陽，氣也。何故以陰陽爲道？」曰：「『形而上者謂之道，形而下者謂之器』，明道以爲須著如此說。然器亦道，道亦器也。道未嘗離乎器，道亦只是器之理。如這交椅是器，可坐便是交椅之理；人身是器，語言動作便是人之理。理只在器上，理與器未嘗相離，所以『一陰一陽之謂道』。」曰：「何謂『一』？」曰：「一，如一闔一闢謂之變。只是一陰了，又一陽，此便是道。寒了又暑，暑了又寒，這道理只循環不已。『維天之命，於穆不已』，萬古只如此。」淳。

「立天之道，曰陰與陽」，是以氣言；「立地之道，曰柔與剛」，是以質言；「立人之道，曰仁與義」，是以理言。端蒙。

陰陽，是陽中之陰陽；剛柔，是陰中之陰陽。剛柔以質言，是有箇物了，見得是剛底、柔底。陰陽以氣言。淵。

問：「仁是柔，如何却屬乎剛？義是剛，如何却屬乎柔？」曰：「蓋仁本是柔底物事，發出來却剛。但看萬物發生時，便自恁地奮迅出來，有剛底意思。義本是剛底物事，發出來却柔。但看萬物肅殺時，便恁地收斂憔悴，有柔底意思。如人春夏間陽勝，却有懈怠處；秋冬間陰勝，却有健實處。」又問〔一〕：「揚子雲『君子於仁也柔，於義也剛』，如何？」曰：「仁體柔而用剛，義體剛而用柔。」銖曰：「此豈所謂『陽根陰，陰根陽』耶？」曰：「然。」銖。

「陰陽」、「剛柔」、「仁義」，看來當曰「義與仁」，當以仁對陽。仁若不是陽剛，如何做得許多造化？義雖剛，却主於收斂，仁却主發舒。這也是陽中之陰，陰中之陽，互藏其根之意。且如今人用賞罰：到賜與人，自是無疑，便做將去；若是刑殺時，便遲疑不肯果決。這見得陽舒陰斂，仁屬陽，義屬陰處。淵。

㬎問：「如何以仁比剛？」曰：「人施恩惠時，心自是直，無疑憚心。行刑罰時，心自是疑畏，萬有一失則奈何？且如春生則氣舒，自是剛；秋則氣收而漸衰，自是柔。」學蒙。

〔一〕以下已見卷六。

「兼三才而兩之」，兼，貫通也。通貫是理本如此。「兩之」者，陰陽、剛柔、仁義也。方。「兼三才而兩之」，初剛而二柔，三仁而四義，五陽而六陰。「兩之」，如言加一倍。本是一箇，又各加一箇爲兩。方子。

問：「『分陰分陽，迭用柔剛。』陰陽、剛柔只是一理，兼而舉之否？」曰：「然。」榦。

問：「『山澤通氣』，只爲兩卦相對，所以氣通。」曰：「澤氣升於山，爲雲，爲雨，是山通澤之氣；山之泉脈流於澤，爲泉，爲水，是澤通山之氣。是兩箇之氣相通。」學蒙。

「山澤通氣，水火不相射。」山澤一高一下，而水脈相爲灌輸也；水火下然上沸，而不相滅息也。或曰：「『射』音『亦』，與『斁』同，言相爲用而不相厭也。」僩。

射，猶犯也。人傑。

「射」，一音「亦」，是不相厭之意；一音「食」，是不相害。水火本相殺滅，用一物隔著，却相爲用。此二義皆通。學蒙。

問：「『射』，或音『石』，或音『亦』，孰是？」曰：「音『石』。水火與風雷山澤不相類，本是相剋底物事，今却相應而不相害。」問：「若以不相厭射而言，則與上文『通氣』、『相薄』之文相類，不知如何？」曰：「『不相射』，乃下文『不相悖』之意。『不相悖』，乃不相害也。水火本相害之物，便如未濟之水火，亦是中間有物隔之；若無物隔之，則相害矣。此乃以其不害，而明其相應也。」榦。

「數往者順」，這一段，是從卦氣上看來，也是從卦畫生處看來。恁地方交錯成六十四。淵。

「易逆數也」，似康節説方可通。但方圖則一向皆逆，若以圓圖看，又只一半逆，不知如何。學蒙。

「雷以動之」以下四句，取象義多，故以象言。「艮以止之」以下四句，取卦義多，故以卦言。又曰：「唤山以止之，又不得，只得云『艮以止之』。」學蒙。

後四卦不言象，也只是偶然。到後兩句説「乾以君之，坤以藏之」，却恁地説得好！淵。

「帝出乎震」與「萬物出乎震」，只這兩段説文王卦。淵。

「帝出乎震」，萬物發生，便是他主宰，從這裏出。「齊乎巽」，曉不得。離中虛明，可以爲南方之卦。坤安在西南，不成西北方無地！西方肅殺之地，如何云「萬物之所説」？乾西北，也不可曉，如何陰陽只來這裏相薄？「勞乎坎」，「勞」字去聲，似乎慰勞之意；言萬物皆歸藏於此，去安存慰勞他。學蒙。

問：「『戰乎乾』，何也？」曰：「此處大抵難曉。恐是箇肅殺收成底時節，故曰『戰乎乾』。」問：「何以謂之『陰陽相薄』？」曰：「乾，陽也，乃居西北，故曰『陰陽相薄』。恐是如此，也見端的未得。」榦。

問「勞乎坎」。曰：「恐是萬物有所歸，有箇勞徠安定他之意。」榦。

「勞乎坎」，是説萬物休息底意。「成言乎艮」，艮在東北，是説萬物終始處。淵。艮也者，「萬物之所以成終而成始也」；猶春冬之交，故其位在東北。方子。

「『帝出乎震』以下，何以知其爲文王之卦位？」曰：「康節之説如此。」問：「子細看此數段，前兩段説伏羲卦位；後兩段自『帝出乎震』以下説文王卦位。自『神者妙萬物而爲言』下有兩段，前一段乃文王卦位，後段乃伏羲底。恐夫子之意，以爲伏羲、文王所定方位不同如此。然生育萬物既如文王所次，則其方位非如伏羲所定，亦不能變化。既成萬物，無伏羲底，則做文王底不出。竊恐文義如此説，較分明。」曰：「如是，則其歸却主在伏羲上。恁地説也好。但後兩段却除了乾坤，何也？」曰：「竊恐著一句『神者妙萬物而爲言』引起，則乾坤在其中矣。」曰：「恐是如此。」問：「且如雷風、水火、山澤，自不可唤做神。」曰：「『神者，乃其所以動，所以橈者是也。』」榦。

文王八卦：坎、艮、震在東北，離、坤、兑在西南，所以分陰方、陽方。淵。

文王八卦，不可曉處多。如離南坎北，離坎却不應在南北，且做水火居南北。兑也不屬金。如今只是見他底慣了，一似合當恁地相似。淵。

文王八卦，有些似京房卦氣，不取卦畫，只取卦名。京房卦氣，以復、中孚、屯爲次。復，陽氣之始也；中孚，陽實在内而未發也；屯，始發而艱難也。只取名義。文王八卦配四方四時，離南坎北，震東兑西。若卦畫，則不可移换。方子。

「水火相逮」一段，又似與上面「水火不相射」同，又自是伏羲卦。淵。

八卦次序，是伏羲底，此時未有文王次序。三索而爲六子，這自是文王底。各自有箇道理。淵。

「震一索而得男」一段，看來不當專作揲蓍看。揲蓍有不依這序時，便説不通。大概只是[一]乾求於坤而得震、坎、艮，坤求於乾而得巽、離、兑。一二三者，以其畫之次序言也。淵。

「『震一索而得男』，『索』字訓『求』字否？」曰：「是。」又曰：「非『震一索而得男』，乃是一索得陽爻而後成震。」又曰：「一説是就變體上説，謂就坤上求得一陽爻而成震卦。一説乃是揲蓍求卦，求得一陽，後面二陰便是震；求得一陰，後面二陽便是巽。」學蒙。

---

〔一〕賀云：「以下並下條與啓蒙説相反。折衷謂偶誤。」

乾坤三索，則七八固有六子之象，然不可謂之六子之策。若謂少陰陽爲六子之策，則乾坤爲無少陰陽乎？淵。

卦象指文王卦言，所以乾言「爲寒，爲冰」。淵。

爲乾卦[一]。「其究爲躁卦。」此卦是巽下一爻變則爲乾，便是純陽而躁動。此蓋言巽反爲震，震爲決躁，故爲躁卦。此亦不繫大綱領處，無得工夫去點檢他這般處。若恁地逐段理會得來，也無意思。淵。

至之問：「艮何以爲手？」曰：「手去捉定那物，便是艮。」又問：「捉物乃手之用，不見取象正意。」曰：「也只是大概略恁地。」安卿說：「麻衣以艮爲鼻。」曰：「鼻者，面之山，晉管輅已如此說，亦各有取象。」又問：「麻衣以巽爲手，取義於風之舞，非是爲股。」先生蹙眉曰：「亂道如此之甚！」義剛。

## 序卦

問：「序卦，或以爲非聖人之書，信乎？」曰：「此沙隨程氏之説也。先儒以爲非聖人

---

〔一〕此三字，賀疑衍。

之蘊，某以爲謂之非聖人之精則可，謂非易之蘊則不可。周子分『精』與『蘊』字甚分明。序卦却正是易之蘊，事事夾雜，都有在裏面。」問：「如何謂易之精？」曰：「如『易有太極，是生兩儀，兩儀生四象，四象生八卦』，這是易之精。」問：「如序卦中亦見消長進退之義，喚作不是精不得。」曰：「此正是事事夾雜，有在裏面，正是蘊。須是自一箇生出來以至於無窮，便是精。」榦。

序卦自言天地萬物男女夫婦，是因咸、恒爲夫婦之道説起，非如舊人分天道人事之説。大率上經用乾、坤、坎、離爲始終，下經便當用艮、兑、巽、震爲始終。淵。

問：「序卦中有一二處不可曉處，如六十四卦獨不言咸卦，何也？」曰：「『夫婦之道』，即咸也。」問：「恐亦如上經不言乾坤，但言天地，則乾坤可見否？」曰：「然。」問：「『不養則不可以動，故受之以大過』，何也？」曰：「動則過矣。故小過亦曰『有其信者必行之，故受之以小過』。」問：「『物不可以終壯，故受之以晉』，壯與晉何别？」曰：「不但如此壯而已，又更須進一步也。」榦。

問：「『禮義有所錯』，『錯』字，陸氏兩音，如何？」曰：「只是作『措』字，謂禮義有所施設耳。」僴。

問：「序卦中如所謂『緩必有所失』，似此等事，恐後人道不到。」曰：「然。」問：「『緩』

字，恐不是遲緩之『緩』，乃是懈怠之意，故曰『解，緩也』。」曰：「緩，是散漫意。」問：「如縱弛之類？」曰：「然。」榦。

## 雜卦

序卦、雜卦，聖人去這裏見有那無緊要底道理，也説則箇了過去。然雜卦中亦有説得極精處。淵。

「雜卦反對之義，只是反覆，則其吉凶禍福，動静剛柔，皆相反了。」曰：「是如此。不知如何數卦又不對了。『大畜，時也』，也曉不得。又與无妄不相反，是如何？臨觀更有『與求』之義。臨以二陽言之，則二陽可以臨上四陰；以卦爻言之，則六五、上六又以上而臨下。觀自下而觀上則爲『觀』，是平聲；自上而爲物之觀，是去聲。『噬嗑，食也；賁，無色也。』義雖可通，但不相反。『謙輕』，是以謙抑不自尊重。女待男而行，所以爲漸。」「謙輕而豫怠。」輕是卑小之義。豫是悦之極，便放倒了，如上六「冥豫」是也。去僞。

伊川説「未濟男之窮」，爲「三陽失位」，以爲斯義得之。成都隱者見張欽夫説：「伊川之在涪也，方讀易，有箍桶人以此問伊川，伊川不能答。」其人云：「三陽失位。」火珠林上已有。伊川不曾看雜書，所以被他説動了。

# 朱子語類卷第七十八

## 尚書一

### 綱領

至之問："書斷自唐虞以下，須是孔子意？"曰："也不可知。且如三皇之書言大道，有何不可！便删去。五帝之書言常道，有何不可！便删去。皆未可曉。"道夫。以下論三皇、五帝。

陳仲蔚問："『三皇』，所説甚多，當以何者爲是？"曰："無理會，且依孔安國之説。五峰以爲天皇、地皇、人皇，而伏羲、神農、黄帝、堯、舜爲五帝，却無高辛、顓頊。要之，也不可便如此説。且如歐陽公説『文王未嘗稱王』。不知『九年大統未集』，是自甚年數起。且如武王初伐紂之時，曰『惟有道曾孫周王發』，又未知如何便稱『王』。假謂史筆之記，何爲未即位之前便書爲『王』？且如太祖未即位之前，史官只書『殿前都點檢』，安得便稱『帝』

耶！是皆不可曉。」又問：「歐公所作帝王世次序，闢史記之誤，果是否？」曰：「是皆不可曉。昨日得鞏仲至書，潘叔昌託討世本。向時大人亦有此書，後因兵火失了，今亦少有人收得。史記又皆本此爲之。且如孟子有滕定公，及世本所載，則有滕成公、滕考公，又與孟子異，皆不可得而考。前人之誤既不可考，則後人之論又以何爲據耶！此事已釐革了，亦無理會處。」義剛。一本云：「問：『三皇當從何說？』曰：『只依孔安國之說。然五峰又將天地人作三皇，羲、農、黄、唐、虞作五帝，云是據易繫說當如此。要之不必如此。且如歐公作泰誓論，言文王不稱王，歷破史遷之說。此亦未見得史遷全不是，歐公全是。蓋泰誓有「惟九年大统未集」之說。若以文王在位五十年之説推之，不知九年當從何數起。又有「曾孫周王發」之説，到這裏便是難理會，不若只兩存之。又如世本所載帝王世系，但有滕考公、成公，而無文公、定公，此自與孟子不合。理會到此，便是難曉，亦不須枉費精神。』」

孔壁所出尚書，如禹謨、五子之歌、胤征、泰誓、武成、冏命、微子之命、蔡仲之命、君牙等篇皆平易，伏生所傳皆難讀。如何伏生偏記得難底，至於易底全記不得？此不可曉。如當時誥命出於史官，屬辭須説得平易。若盤庚之類再三告戒者，或是方言，或是當時曲折説話，所以難曉。人傑。以下論古、今文。

伏生書多艱澀難曉，孔安國壁中書却平易易曉。或者謂伏生口授女子，故多錯誤，此不然。今古書傳中所引書語，已皆如此，不可曉。僩問：「如史記引周書『將欲取之，必固與之』之類，此必非聖賢語。」曰：「此出於老子。疑當時自有一般書如此，故老子五千言皆緝綴其言，取其與己意合者則入之耳。」僩。

問：「林少穎説，盤誥之類皆出伏生，如何？」曰：「此亦可疑。蓋書有古文，有今文。今文乃伏生口傳，古文乃壁中之書。禹謨、説命、高宗肜日、西伯戡黎、泰誓等篇，凡易讀者皆古文。況又是科斗書，以伏生書字文考之，方讀得。豈有數百年壁中之物，安得不訛損一字？又卻是伏生記得者難讀，此尤可疑。今人作全書解，必不是。」大雅。

伯豐再問：「尚書古文、今文有優劣否？」曰：「孔壁之傳，漢時卻不傳，只是司馬遷曾師授。如伏生尚書，漢世卻多傳者。鼂錯以伏生不曾出，其女口授，有齊音不可曉者，以意屬成，此載於史者。及觀經傳，及孟子引『享多儀』出自洛誥，卻無差。只疑伏生偏記得難底，卻不記得易底。然有一説可論難易：古人文字，有一般如今人書簡説話，雜以方言，一時記録者；有一般是做出告戒之命者。疑盤、誥之類是一時告語百姓；盤庚勸論百姓遷都之類，是出於記録。至於蔡仲之命、微子之命、冏命之屬，或出當時做成底詔告文字，如後世朝廷詞臣所爲者。然更有脱簡可疑處。蘇氏傳中於『乃洪大誥治』之下，略考得些小。胡氏皇王大紀考究得康誥非周公、成王時，乃武王時。蓋有『孟侯，朕其弟，小子封』之語，若成王，則康叔爲叔父矣。又其中首尾只稱『文考』，成王、周公必不只稱『文王』。又有『寡兄』之語，亦是武王與康叔無疑，如今人稱『劣兄』之類。又唐叔得禾，傳記所載，成王先封唐叔，後封康叔，決無姪先叔之理。吴才老又考究梓材只前面是告戒，其後都稱『王』，恐自是一篇。不應王告臣下，不稱『朕』而自稱『王』耳。兼酒誥亦是武王之時。如此，則是斷簡殘編，不無遺漏。今亦無從考正，只得於言語句讀中有不可曉者闕之。」又問：「壁中之書，不及伏生書否？」曰：「如大禹謨，又卻明白條暢。雖然如此，其間大體義理固可推索。但於不可曉處闕之，而意義深遠處，自當推究玩索之也。然亦疑孔壁中或只是畏秦焚坑之禍，故藏之壁間。大概皆不可考矣。」按家語後云孔騰字子襄，畏秦法峻急，乃藏尚書於孔子舊堂壁中。又漢史記尹敏傳云孔鮒所藏。畬。

伯豐問「尚書未有解」。曰：「便是有費力處。其間用字亦有不可曉處。當時爲伏生是濟南人，鼂錯卻潁川人，止得於其女口授，有不曉其言，以意屬讀。然而傳記所引，卻與尚書所載又無不同，只是孔壁所藏者皆易曉，伏生所記者皆難曉。如堯典、舜典、皋陶謨、益稷出於伏生，便有難曉處，如『載采采』之類。大禹謨便易曉。如五子之歌、胤征，有甚難記？卻記不得。至如泰誓、武成皆易曉。只牧誓中便難曉，如『五步』、『六步』之類。如大誥、康誥，夾著微子之命。穆王之時，冏命、君牙易曉，到呂刑亦難曉。因甚只記得難底，卻不記得易底？便是未易理會。」畬。

包顯道舉所看尚書數條。先生曰：「諸誥多是長句。如君奭『弗永遠念天威，越我民，罔尤違』，只是一句。『越』只是『及』，『罔尤違』是總說上天與民之意。漢藝文志注謂誥是曉諭民，若不速曉，則約束不行。便是誥辭如此，只是欲民易曉。」顯道曰：「商書又卻較分明。」曰：「商書亦只有數篇如此。盤依舊難曉。」曰：「盤卻好。」曰：「不知怎生地，盤庚抵死要恁地遷那都。若曰有水患，也不曾見大故爲害。」曰：「他不復更說那事頭。只是當時小民被害，而大姓之屬安於土而不肯遷，故說得如此。」曰：「大概伏生所傳許多，皆聱牙難曉，分明底他又卻不曾記得，不知怎生地。」顯道問：「先儒將『十一年』、『十三年』等合『九年』說，以爲文王稱王，不知有何據？」曰：「自太史公以來皆如此說了。但歐公力以爲非，東坡亦有一說。但書說『惟九年大統未集，予小子其承厥志』，卻有這一箇痕瑕。或推泰誓諸篇皆只稱『文考』，至武成方稱『王』，只是當初『三分天下有其二，以服事殷』，也只是羈縻，那事體自是不同了。」義剛。

書有兩體：有極分曉者，有極難曉者。某恐如盤庚、周誥、多方、多士之類，是當時召之來而面命之，而教告之，自是當時一類說話。至於旅獒、畢命、微子之命、君陳、君牙、冏命之屬，則是當時修其詞命，所以當時百姓都曉得者，有今時老師宿儒之所不曉。今人之所不曉者，未必不當時之人卻識其詞義也。道夫。

書有易曉者，恐是當時做底文字，或是曾經修飾潤色來。其難曉者，恐只是當時説話。蓋當時人説話自是如此，當時人自曉得，後人乃以爲難曉爾。若使古人見今之俗語，卻理會不得也。以其間頭緒多，若去做文字時，説不盡，故只直記其言語而已。廣。

尚書諸命皆分曉，蓋如今制誥，是朝廷做底文字；諸誥皆難曉，蓋是時與民下説話，後來追録而成之。

典謨之書，恐是曾經史官潤色來。如周誥等篇，恐只似如今榜文曉諭俗人者，方言俚語，隨地隨時各自不同。林少穎嘗曰：「如今人『即日伏惟尊候萬福』，使古人聞之，亦不知是何等説話。」人傑。

尚書中盤庚、五誥之類，實是難曉。若要添減字硬説將去，儘得。然只是穿鑿，終恐無益耳。時舉。

安卿問：「何緣無宣王書？」曰：「是當時偶然不曾載得。」又問：「康王何緣無詩？」曰：「某竊以『昊天有成命』之類，便是康王詩。而今人只是要解那成王做王業後，便不可曉。且如左傳不明説作成王詩。後韋昭又且費盡氣力，要解從那王業上去，不知怎生地！」義剛。

道夫請先生點尚書以幸後學。曰：「某今無工夫。」曰：「先生於書既無解，若更不點，則句讀不分，後人承舛聽訛，卒不足以見帝王之淵懿。」曰：「公豈可如此説？焉知後來無人！」道夫再三請之。曰：「書亦難點。如大誥語句甚長，今人卻都碎讀了，所以曉不得。某嘗欲作書説，竟不曾成。如制度之屬，祇以疏文爲本。若其他未穩處，更與挑剔令分明，便得。」又曰：「書疏載『在璇璣玉衡』處，先説箇天。今人讀着，亦無甚緊要。以某觀之，若看得此，則亦可以麤想象天之與日月星辰之運、進退疾遲之度皆有分數，而曆數大概亦可知矣。」道夫。讀尚書法。

或問讀尚書。曰：「不如且讀大學。若尚書，卻只説治國平天下許多事較詳。如堯典『克明俊德，以親九族』，至『黎民於變』，這展開是多少！舜典又詳。」賀孫。

問致知讀書之序。曰：「須先看大學。然六經亦皆難看，所謂『聖人有郢書，後世多燕説』是也。知尚書收拾於殘闕之餘，卻必要句句義理相通，必至穿鑿。不若且看他分明處，其他難曉者姑闕之可也。程先生謂讀書之法『當平其心，易其氣，闕其疑』是也。且先看聖人大意，未須便以己意參之。如伊尹告太甲，便與傅説告高宗不同。伊尹之言諄切懇到，蓋太甲資質低，不得不然。若高宗則無許多病痛，所謂『黷於祭祀，時謂弗欽』之類，不過此等小事爾。學者亦然。看得自家病痛大，則如伊尹之言正用得着。蓋有這般病，須是這般藥。讀聖賢書，皆要體之於己，每如此。」謨。

問：「『尚書難讀，蓋無許大心胸。』他書亦須大心胸，方讀得。如何程子只說尚書？」曰：「他書卻有次第。且如大學自『格物、致知』以至『平天下』，有多少節次；尚書只合下便大。如堯典自『克明俊德，以親九族』，至『黎民於變時雍』，展開是大小大！分命四時成歲，便是心中包一箇三百六十五度四分度之一底天，方見得恁地。若不得一箇大底心胸，如何了得？」賀孫。

某嘗患尚書難讀，後來先將文義分明者讀之，聱訛者且未讀。如二典、三謨等篇，義理明白，句句是實理。堯之所以爲君，舜之所以爲臣，皋陶、稷、契、伊、傅輩所言所行，最好紬繹玩味，體貼向自家身上來，其味自別。謨。

讀尚書，只揀其中易曉底讀。如「期三百有六旬有六日，以閏月定四時成歲」，此樣雖未曉，亦不緊要。節。

「二典、三謨其言奥雅，學者未遽曉會，後面盤、誥等篇又難看。且如商書中伊尹告太甲五篇，說得極切。其所以治心修身處，雖爲人主言，然初無貴賤之别，宜取細讀，極好。今人不於此等處理會，卻只理會小序。某看得書小序不是孔子自作，只是周秦間低手人作。然後人亦自理會他本義未得。且如『皋陶矢厥謨，禹成厥功，帝舜申之』。申，重也。序者本意先說皋陶，後說禹，謂舜欲令禹重說，故將『申』字係『禹』字。蓋伏生書以益稷合於皋陶謨，而『思曰贊贊襄哉』與『帝曰：「來，禹，汝亦昌言！」禹拜曰：「都，帝，予何言？予思日孜孜」』相連。『申之』二字，便見是舜令禹重言之意。此是序者本意。今人都不如此説，説得雖多，皆非其本意也。」又曰：「『以義制事，以禮制心』，此是内外交相養法。事在外，義由内制；心在内，禮由外作。」銖問：「禮莫是攝心之規矩否？」曰：「禮只是這箇禮，如顔子非禮勿視聽言動之類，皆是也。」又曰：「今學者别無事，只要以心觀衆理。理是心中所有，常存此心以觀衆理，只是此兩事耳。」銖。

問可學：「近讀何書？」曰：「讀尚書。」曰：「尚書如何看？」曰：「須要考歷代之變。」曰：「世變難看。唐虞三代事，浩大闊遠，何處測度？不若求聖人之心。如堯，則考其所以治民；舜，則考其所以事君。且如湯誓，湯曰：『予畏上帝，不敢不正。』熟讀豈不見湯之心？大抵尚書有不必解者，有須著意解者。不必解者，如仲虺之誥、太甲諸篇，只是熟讀，義理自分明，何俟於解？如洪範則須著意解。如典、謨諸篇，辭稍雅奥，亦須略解。若如盤庚諸篇已難解，而康誥之屬，則已不可解矣。昔日伯恭相見，語之以此。渠云：『亦無可闕處。』因語之云：『若如此，則是讀之未熟。』後二年相見，云：『誠如所説。』」可學。

問：「讀尚書，欲裒諸家説觀之，如何？」先生歷舉王、蘇、程、陳、林少穎、李叔易十餘家解詁，卻云：「便將衆説看未得。且讀正文，見箇意思了，方可如此將衆説看。書中易曉處直易曉，其不可曉處，且闕之。如盤庚之類，非特不可曉，便曉了，亦要何用？如周誥諸篇，周公不過是説周所以合代商之意。是他當時説話，其間多有不可解者，亦且觀其大意所在而已。」又曰：「有功夫時，更宜觀史。」必大。

語德粹云：「尚書亦有難看者。如微子等篇，讀至此，且認微子與父師、少師哀商之淪喪，已將如何。其他皆然。若其文義，知他當時言語如何，自有不能曉矣。」可學。

書序恐不是孔安國做。漢文麤枝大葉，今書序細膩，只似六朝時文字。小序斷不是孔子做！義剛。論孔序。

漢人文字也不喚做好，卻是麤枝大葉。書序細弱，只是魏晉人文字。陳同父亦如此説。

「尚書注并序，某疑非孔安國所作。蓋文字善困，不類西漢人文章，亦非後漢之文。」或言：「趙岐孟子序卻自好。」曰：「文字絮，氣悶人。東漢文章皆然。」僩。

尚書決非孔安國所注，蓋文字困善，不是西漢人文章。安國，漢武帝時，文章豈如此！但有太麤處，決不如此困善也。如書序做得善弱，亦非西漢人文章也。卓。

尚書孔安國傳，此恐是魏晉間人所作，託安國爲名，與毛公詩傳大段不同。今觀序文亦不類漢文章。漢時文字粗，魏晉間文字細。如孔叢子亦然，皆是那一時人所爲。廣。

孔安國尚書序，只是唐人文字。前漢文字甚次第。司馬遷亦不曾從安國受尚書，不應有一文字軟郎當地。後漢人作孔叢子者，好作僞書。然此序亦非後漢時文字，後漢文字亦好。揚。

「孔氏書序不類漢文，似李陵答蘇武書。」因問：「董仲舒三策文氣亦弱，與鼂、賈諸人文章殊不同，何也？」曰：「仲舒爲人寬緩，其文亦如其人。大抵漢自武帝後，文字要入細，皆與漢初不同。」必大。

「傳之子孫，以貽後代。」漢時無這般文章。義剛。

孔安國解經，最亂道，看得只是孔叢子等做出來。泳。論孔傳。

某嘗疑孔安國書是假書。比毛公詩如此高簡，大段爭事。漢儒訓釋文字，多是如此，有疑則闕。今此卻盡釋之，豈有千百年前人説底話，收拾於灰燼屋壁中與口傳之餘，更無一字訛舛！理會不得。兼小序皆可疑。堯典一篇自説堯一代爲治之次序，至讓於舜方止。今卻説是讓於舜後方作。舜典亦是見一代政事之終始，卻説「歷試諸艱」，是爲要受讓時作也。至後諸篇皆然。況先漢文章，重厚有力量。今大序格致極輕，疑是晉宋間文章。況孔書至東晉方出，前此諸儒皆不曾見，可疑之甚！大雅。

尚書小序不知何人作。大序亦不是孔安國作，怕只是撰孔叢子底人作。文字軟善，西漢文字則麤大。夔孫。論小序。

書小序亦非孔子作，與詩小序同。廣。

書序是得書於屋壁，已有了，想是孔家人自做底。如孝經序亂道，那時也有了。燾。

書序不可信，伏生時無之。其文甚弱，亦不是前漢人文字，只似後漢末人。又書亦多可疑者，如康誥、酒誥二篇，必是武王時書。人只被作洛事在前惑之。如武王稱「寡兄」、「朕其弟」，卻甚正。梓材一篇又不知何處録得來，此與他人言皆不領。嘗與陳同甫言。陳曰：「每常讀，亦不覺。今思之誠然。」

徐彦章問：「先生卻除書序，不以冠篇首者，豈非有所疑於其間耶？」曰：「誠有可疑。且如康誥第述文王，不曾説及武王，只有『乃寡兄』是説武王，又是自稱之詞。然則康誥是武王誥康叔明矣。但緣其中有錯説『周公初基』處，遂使序者以爲成王時事，此豈可信？」徐曰：「然則殷地，武王既以封武庚，而使三叔監之矣，又以何處封康叔？」曰：「既言『以殷餘民封康叔』，豈非封武庚之外，將以封之乎？又曾見吴才老辨梓材一篇云，後半截不是梓材，緣其中多是勉君，乃臣告君之詞，未嘗如前一截稱『王曰』，又稱『汝』，爲上告下之詞。亦自有理。」壯祖。

或問：「書解誰者最好？莫是東坡書爲上否？」曰：「然。」又問：「但若失之簡。」曰：「亦有只消如此解者。」廣。諸家解。

東坡書解卻好，他看得文勢好。學蒙。

東坡書解文義得處較多。尚有粘滯，是未盡透徹。振。

諸家注解，其説雖有亂道，若内只有一説是時，亦須還它底是。尚書句讀，王介甫、蘇子瞻整頓得數處甚是，見得古注全然錯。然舊看郭象解莊子，有不可曉處。後得呂吉甫解看，卻有説得文義的當者。僴。

因論書解，必大曰：「舊聞一士人説，注疏外，當看蘇氏、陳氏解。」曰：「介甫解亦不可不看。書中不可曉處，先儒既如此解，且只得從他説。但一段訓詁如此説得通，至别一段如此訓詁，便説不通，不知如何。」必大。

「荆公不解洛誥，但云：『其間煞有不可强通處，今姑擇其可曉者釋之。』今人多説荆公穿鑿，他卻有如此處。若後來人解書，又卻須要解盡。」廣。

「易是荆公舊作，卻自好。三經義詩、書、周禮。是後來作底，卻不好。如書説『聰明文思』，便要牽就五事上説，此類不同。」銖因問：「世所傳張綱書解，只是祖述荆公所説。或云是閩中林子和作，果否？」曰：「或者説如此，但其家子孫自認是它作。張綱後來作參政，不知自認與否。」子孫自認之説，當時失於再叩。後因見汪玉山駁張綱謚文定奏狀，略云：「一，行狀云：『公講論經旨，尤精於書。著爲論説，探微索隱，無一不與聖人契，世號張氏書解。』臣竊以王安石訓識經義，穿鑿傅會，專以濟其刑名法術之説。如書義中所謂『敢於殄戮，乃以乂民；忍威不可訖，凶德不可忌』之類，皆害理教，不可以訓。綱作書解，掇拾安石緒餘，敷衍而潤飾之，今乃謂其言『無一不與聖人契』，此豈不厚誣聖人，疑誤學者！」銖。

先生因説，古人説話皆有源流，不是胡亂。荆公解「聰明文思」處，牽合洪範之五事，此却是穿鑿。如小旻詩云「國雖靡止，或聖或否；民雖靡膴，或哲或謀，或肅或艾」，却合洪範五事。此人往往曾傳箕子之學。劉文公云「人受天地之中以生」等語，亦是有所師承。不然，亦必曾見上世聖人之遺書。大抵成周時於王都建學，盡收得上世許多遺書，故其時人得以觀覽而剽聞其議論。當時諸國，想亦有書。若韓宣子適魯，見易象與魯春秋，但比王都差少耳。故孔子看了魯國書，猶有不足；得孟僖子以車馬送至周，入王城，見老子，因得徧觀上世帝王之書。燾。

胡安定書解未必是安定所注，行實之類不載。但言行録上有少許，不多，不見有全部。專破古説，似不是胡平日意。又間引東坡説。東坡不及見安定，必是僞書。曾彦和，熙豐後人，解禹貢。林少穎、吴才老甚取之。振。

林書儘有好處。但自洛誥已後，非他所解。祖道。

胡氏闢得吴才老解經，亦過當。才老於考究上極有功夫，只是義理上自是看得有不子細。其書解，徽州刻之。賀孫。

李經叔易，伯紀丞相弟，解書甚好，亦善考證。振。

吕伯恭解書自洛誥始。某問之曰：「有解不去處否？」曰：「也無。」及數日後，謂某曰：「書也是有難説處，今只是强解將去爾。」要之，伯恭却是傷於巧。道夫。

向在鵝湖，見伯恭欲解書，云：「且自後面解起，今解至洛誥。」有印本，是也。其文甚鬧熱。某嘗問伯恭：「書有難通處否？」伯恭初云：「亦無甚難通處。」數日問，却云：「果是有難通處。」賀孫。

問：「書當如何看？」曰：「且看易曉處。其他不可曉者，不要强説；縱説得出，恐未必是當時本意。近世解書者甚衆，往往皆是穿鑿。如吕伯恭，亦未免此也。」時舉。

先生云：「曾見史丞相書否？」劉云：「見了。」看他説『昔在』二字，其説甚乖。」曰：「亦有好處。」劉問：「好在甚處？」曰：「如『命公後』，衆説皆云命伯禽爲周公之後，史云成王既歸，命周公在後。看『公定，予往矣』一言，便見得是周公且在後之意。」卓。

薛士龍書解，其學問多於地名上有功夫。賀孫。

## 堯典

問：「序云『聰明文思』，經作『欽明文思』，如何？」曰：「小序不可信。」問：「恐是作序者見經中有『欽明文思』，遂改換『欽』字作『聰』字否？」曰：「然。」

「若稽古帝堯」，作書者叙起。振。

林少穎解「放勳」之「放」，作「推而放之四海」之「放」，比之程氏說爲優。廣。

「安安」，只是箇重疊字，言堯之「聰明文思」，皆本於自然，不出於勉强也。「允」，則是信實；「克」，則是能。廣。

「安安」，若云止其所當止。上「安」字是用，下「安」字是體。「成性存存」亦然。又恐只是重字，若「小心翼翼」。「安安」、「存存」亦然，皆得。振。

「允恭克讓」，從張綱說，謂「信恭能讓」。作書者贊詠堯德如此。德明。

「允恭克讓」，程先生說得義理亦好，只恐書意不如此。程先生說多如此，詩尤甚，然卻得許多義理在其中。振。

「格」，至也。「格於上下」，上至天，下至地也。廣。

「克明俊德」，是「明明德」之意。德明。

「克明俊德」，只是説堯之德，與文王「克明德」同。廣。

「克明俊德」，只是明己之德。詞意不是明俊德之士。振。

顯道問：「堯典自『欽明文思』以下皆説堯之德。則所謂『克明俊德』者，古注作『能明俊德之人』，似有理。」曰：「且看文勢，不見有用人意。」又問：「『納于大麓，烈風雷雨弗迷』，説者或謂大録萬機之政，或謂登封太山，二説如何？」曰：「史記載『使舜入山林，烈風雷雨，弗迷其道』。當從史記。」人傑。

任道問：「堯典『以親九族』，説者謂上至高祖，下至玄孫。林少穎謂若如此，只是一族。所謂『九族』者，父族四，母族三，妻族二。是否？」曰：「父族，謂本族，姑之夫，姊妹之夫，女子之夫家；母族，謂母之本族，母族與姨母之家；妻族，則妻之本族與其母族是也。上殺，下殺，旁殺，只看所畫宗族圖可見。」人傑。

「九族」，且從古注。「克明德」，是再提起堯德來説。「百姓」，或以爲民，或以爲百官族姓，亦不可考，姑存二説可也。「釐」則訓治，「釐降」只是他經理二女下降時事爾。廣。

「九族」，以三族言者較大。然亦不必如此泥，但其所親者皆是。「胤子朱」，做丹朱説，甚好。然古有胤國，堯所舉，又不知是誰。鯀殛而禹爲之用。聖人大公，無毫髮之私。禹亦自知父罪當然。振。

「平章百姓」，只是近處百姓；「黎民」，則合天下之民言之矣。典謨中「百姓」，只是説民，如「罔咈百姓」之類。若是國語中説「百姓」，則多是指百官族姓。廣。

「百姓」，畿内之民，非百官族姓也。此「家齊而後國治」之意。「百姓昭明」，乃三綱五常皆分曉，不鶻突也。人傑。

「百姓昭明」，「百姓」只是畿内之民；「昭明」，只是與它分别善惡，辨是與非。以上下文言之，即齊家、治國、平天下之事。畓。

問：「孔傳云：『百官族姓。』程子謂古無此説。吕刑只言『官伯族姓』。後有『百姓不親』，『干百姓』，『咈百姓』，皆言民，豈可指爲百官族姓？」「後漢書亦云部刺史職在『辨章百姓，宣美風俗』。辨章即平章也。」過又云：「族姓亦不可不明。」先生只曰：「未曾如此思量。」過。

堯舜之道，如「平章百姓」、「黎民於變時雍」之類，皆是。幾時只是安坐而無所作爲！履孫。

羲和即是那四子。或云有羲伯、和伯，共六人，未必是。義剛。

羲和主曆象、授時而已，非是各行其方之事。德明。

曆是古時一件大事，故炎帝以鳥名官，首曰鳳鳥氏，曆正也。歲月日時既定，則百工之事可考其成。程氏、王氏兩説相兼，其義始備。廣。

曆是書，象是器。無曆，則無以知三辰之所在；無璣衡，則無以見三辰之所在。廣。

古字「宅」、「度」通用。「宅嵎夷」之類，恐只是四方度其日景以作曆耳。如唐時尚使人去四方觀望。廣。

問：「『寅賓出日』，『寅餞納日』，如何？」曰：「恐當從林少穎解：『寅賓出日』，是推測日出時候；『寅餞納日』，是推測日入時候，如土圭之法是也。暘谷、南交、昧谷、幽都，是測日景之處。宅，度也。古書『度』字有作『宅』字者。『東作』、『南訛』、『西成』、『朔易』皆節候也。『東作』，如立春至雨水節之類。『寅賓』，則求之於日；『星鳥』，則求之於夜。『厥民析、因、夷、隩』，非是使民如此，民自是如此。因者，因其析後之事；夷者，萬物收成，民皆優逸之意。『孳尾』至『氄毛』，亦是鳥獸自然如此，如今曆書記鳴鳩拂羽等事。程泰之解暘谷、南交、昧谷、幽都，以爲築一臺而分爲四處，非也。古注以爲羲仲居治東方之官，非也。若如此，只是東方之民得東作，他處更不耕種矣；西方之民享西成，他方皆不斂穫矣！大抵羲和四子皆是掌曆之官，觀於『咨汝羲暨和』之辭可見。『敬致』乃『冬夏致日，春秋致月』是也。春、秋分無日景，夏至景短，冬至景長。」人傑。

「平秩東作」之類，只是如今穀雨、芒種之節候爾。林少穎作「萬物作」之「作」說，即是此意。廣。

「東作」，只是言萬物皆作。當春之時，萬物皆有發動之意，與「南訛」、「西成」爲一類，非是令民耕作。羲仲一人，東方甚廣，如何管得許多！德明。

「敬致」，只是「冬夏致日」之「致」。「寅賓」是賓其出，「寅餞」是餞其入，「敬致」是致其中。北方不説者，北方無日故也。廣。

「朔易」，亦是時候。歲亦改易於此，有終而復始之意。在，察也。廣。

堯典云「期三百六旬有六日」，而今一歲三百五十四日者，積朔空餘分以爲閏。朔空者，六小月也；餘分者，五日四分度之一也。大雅。

自「疇咨若時登庸」到篇末，只是一事，皆是爲禪位設也。一舉而放齊舉胤子，再舉而驩兜舉共工，三舉而四岳舉鯀，皆不得其人，故卒以天下授舜。廣。

伯恭説「子朱啓明」之事不是。此乃爲放齊翻欵。堯問：「疇咨若時登庸？」放齊不應舉一箇明於爲惡之人。此只是放齊不知子朱之惡，失於薦揚耳。德明。

包顯道問：「朱先稱『啓明』，後又説他『嚚訟』，恐不相協？」曰：「便是放齊以白爲黑，夔孫録云：「問：『「啓明」與「嚚訟」相反。』『「静言庸違」則不能成功，却曰「方鳩僝功」，此便是驩兜以白爲黑』云云。」以非爲是，所以舜治他。但那人也是崎嶢。且説而今暗昧底人，解與人健訟不解？惟其啓明後，方解嚚訟。」又問：「堯既知鯀，如何尚用之？」曰：「鯀也是有才智，想見只是狠拗自是，所以弄得恁地郎當。所以楚辭説『鯀倖直以亡身』，必是他去治水有不依道理處，壞了人多，弄八九年無收殺，故舜殛之。」義剛。夔孫録略。

共工、驩兜，看得來其過惡甚於放齊、胤子朱。廣。

「僝功」，亦非灼然知是爲見功，亦且是依古注説。「亦厥君先敬勞」，「肆徂厥敬勞」，「肆往姦宄殺人歷人宥」，「肆亦見厥君事，戕敗人宥」之類，都不成文理，不可曉。

「象恭滔天。」「滔天」二字羨，因下文而誤。廣。

四岳只是一人。四岳是總十二牧者，百揆是總九官者。義剛。

問：「四岳是十二牧之長否？」曰：「周官言『内有百揆、四岳』，則百揆是朝廷官之長，四岳乃管領十二牧者。四岳通九官、十二牧爲二十有二人，則四岳爲一人矣。又，堯咨四岳以『汝能庸命巽朕位』，不成堯欲以天下與四人也！又，周官一篇説三公、六卿甚分曉。漢儒如揚雄、鄭康成之徒，以至晉杜元凱，皆不曾見。直至東晉，此書方出。伏生書多説司馬司空，乃是諸侯三卿之制，故其誥諸侯多引此。顧命排列六卿甚整齊，太保奭、冢宰。芮伯、宗伯。彤伯、司馬。畢公、司徒。衛侯、司寇。毛公，司空。疏中言之甚詳。康誥多言刑罰事，爲司寇也。太保、畢公、毛公，乃以三公下行六卿之職。三公本無職事，亦無官屬，但以道義輔導天子而已。漢卻以司徒、司馬、司空爲三公，失其制矣。」人傑。必大録別出。

正淳問「四岳、百揆」。曰：「四岳是總在外諸侯之官，百揆則總在内百官者。」又問：「四岳是一人？是四人？」曰：「『汝能庸命巽朕位』，不成讓與四人！又如『咨二十有二人』，乃四岳、九官、十二牧，尤見得四岳只是一人。」因言：「孔壁尚書，漢武帝時方出，又不行於世，至東晉時方顯，故揚雄、趙岐、杜預諸儒悉不曾見。如周官乃孔氏書，説得三公三孤六卿極分明。漢儒皆不知，只見伏生書多説司徒、司馬、司空，遂以此爲三公，不知此只是六卿之半。武王初是諸侯，故只有此三官。又其他篇説此三官者，皆是訓誥諸侯之詞。如三郊三遂，亦是用天子之半。伏生書只顧命排得三公三孤六卿齊整。如曰：『太保奭、芮伯、彤伯、畢公、衛侯、毛公。』召公與畢公、毛公是三公，芮伯、彤伯、衛侯是三孤。太保是冢宰，芮伯是司徒，衛侯是康叔爲司寇，所以康誥中多説刑。三公只是以道義傅保王者，無職事官屬，卻下行六卿事。」漢時太傅亦無官屬。必大。

「异哉」，是不用亦可。「試可乃已」，言試而可，則用之；亦可已而已之也。廣。

堯知鯀不可用而尚用，此等事皆不可曉。當時治水事，甚不可曉。且如滔天之水滿天下，如何用工！如一處有，一處無，尚可。既「洪水滔天」，不知如何掘地注海？今水深三尺，便不可下工。如水甚大，則流得幾時，便自然成道，亦不用治。不知禹當時治水之事如何。揚。

「庸命」、「方命」之「命」，皆謂命令也。庸命者，言能用我之命以巽朕位也。方命者，言止其命令而不行也。王氏曰：「圓則行，方則止，猶今言廢閣詔令也。」蓋鯀之爲人，悻戾自用，不聽人言語，不受人教令也。廣。

先儒多疑舜乃前世帝王之後，在堯時不應在側陋。此恐不然。若漢光武只是景帝七世孫，已在民間耕稼了。況上古人壽長，傳數世後，經歷之遠，自然有微而在下者。廣。

「烝烝」，東萊説亦好。曾氏是曾彦和。自有一本孫、曾書解。孫是孫懲。廣。

「女于時觀厥刑于二女」，皆堯之言。「釐降二女于媯汭，嬪于虞」，乃史官之詞。言堯以女下降於舜爾。「帝曰：『欽哉！』」是堯戒其二女之詞，如所謂「往之女家，必敬必戒」也。若如此説，不解亦自分明。但今解者便添入許多字了説。廣。

「帝曰：『我其試哉！女于時觀厥刑于二女。』」此堯之言。「釐降二女于媯汭，嬪于虞。」此史官所記。釐，治也。「帝曰：『欽哉！』」堯之言。乃「往之女家，必敬必戒」之意。「輯五瑞。」是方呼喚來。「乃日覲四岳、羣牧。」隨其到者，先後見之。「肆覲東后，五玉、三帛、二生、一死贄。協時月，正日。同律度量衡。修五禮，如五器。卒乃復。」文當次第如此。復，只是同。「象以典刑，是正刑：墨、劓、剕、宮、大辟。象，猶「縣象魏」之「象」，畫之令人知。流宥五刑，正刑有疑似及可憫者，隨其重輕以流罪宥之。鞭作官刑，扑作教刑，鞭、扑，皆刑之小者。金作贖刑。鞭扑，小刑之可憫者，令以金贖之。正刑則只是流，無贖法。眚災肆赦。過誤可憫，雖正刑亦赦。怙終賊刑。」怙終者，則賊刑。必大。

「嬪于虞。帝曰：『欽哉！』」堯戒女也。振。

## 舜典

東萊謂舜典止載舜元年事，則是。若説此是作史之妙，則不然，焉知當時別無文字在？廣。

「舜典自『虞舜側微』至『乃命以位』，一本無之。直自堯典『帝曰欽哉』而下，接起『慎徽五典』，所謂『伏生以舜典合於堯典』也。『玄德』難曉，書傳中亦無言玄者。今人避諱，多以『玄』爲『元』，甚非也。如『玄黄』之『玄』，本黑色。若云『元黄』，是『子畏於正』之類也。舊來頒降避諱，多以『玄』爲『真』字，如『玄冥』作『真冥』，『玄武』作『真武』。」伯豐問：「既諱黄帝名，又諱聖祖名，如何？」曰：「舊以聖祖爲人皇中之一，黄帝自是天降而生，非少昊之子。其説虚誕，蓋難憑信也。」人傑。

「濬哲文明，温恭允塞」，細分是八字，合而言之，卻只是四事。濬，是明之發處；哲，則見於事也；文，是文章；明，是明著。易中多言「文明」。允，是就事上説；塞，是其中實處。廣。

「『濬哲文明，温恭允塞』，是八德。」問：「『徽五典』，是使之掌教；『納於百揆』，是使之宅百揆；『賓於四門』，是使之爲行人之官；『納大麓』，恐是爲山虞之官。」曰：「若爲山虞，則其職益卑。且合從史記説，使之入山，雖遇風雨，弗迷其道也。」人傑。

「納于大麓」，當以史記爲據，謂如治水之類。「弗迷」，謂舜不迷於風雨也。若主祭之説，某不敢信。且雷雨在天，如何解迷？仍是舜在主祭，而乃有風雷之變，豈得爲好！義剛。

「烈風雷雨弗迷」，只當如太史公説。若從主祭説，則「弗迷」二字説不得。弗迷，乃指人而言也。廣。

堯命舜曰：「三載汝陟帝位。」「舜讓於德，弗嗣」，則是不居其位也。其曰「受終於文祖」，只是攝行其事也。故舜之攝，不居其位，不稱其號，只是攝行其職事爾。到得後來舜遜於禹，不復言位，止曰「總朕師」爾。其曰「汝終陟元后」，則今不陟也。「率百官若帝之初」者，但率百官如舜之初爾。廣。

舜居攝時，不知稱號謂何。觀「受終」、「受命」，則是已將天下分付他了。廣。

堯舜之廟雖不可考，然以義理推之，堯之廟當立於丹朱之國，所謂「修其禮物，作賓於王家」。蓋「神不歆非類，民不祀非族」，故禮記「有虞氏禘黃帝而郊嚳，祖顓頊而宗堯」，伊川以爲可疑。方子。

書正義「璿璣玉衡」處，說天體極好。閎祖。

在「璿璣玉衡，以齊七政」，注謂「察天文，審己當天心否」，未必然。只是從新整理起，此是最當先理會者，故從此理會去。廣。

類，只是祭天之名，其義則不可曉。與所謂「旅上帝」同，皆不可曉，然決非是常祭。廣。

問「六宗」。曰：「古注說得自好。鄭氏『宗』讀爲『禜』，即祭法中所謂祭時、祭寒暑、祭日、祭月、祭星、祭水旱者。如此說，則先祭上帝，次禋六宗，次望山川，然後徧及羣神，次序皆順。」問：「五峰取張髦昭穆之說，如何？」曰：「非唯用改易經文，兼之古者昭穆不盡稱『宗』。唯祖有功，宗有德，故云『祖文王而宗武王』。且如西漢之廟，唯文帝稱『太宗』，武帝稱『世宗』，至唐朝乃盡稱『宗』，此不可以爲據。」雉。

問：「『輯五瑞，既月，乃日覲四岳羣牧，班瑞于羣后』，恐只是王畿之諸侯；輯斂瑞玉，是命圭合信，如點檢牌印之屬。如何？」曰：「不當指殺王畿。如顧命，太保率東方諸侯，畢公率西方諸侯，不數日間，諸侯皆至，如此之速。」人傑。

汪季良問「望」、「禋」之說。曰：「注以『至於岱宗柴』爲句。某謂當以『柴望秩於山川』爲一句。」道夫。

「協時月，正日」，只是去合同其時日月爾，非謂作曆也。每遇巡狩，凡事理會一遍，如文字之類。廣。

「同律度量衡，修五禮、五玉、三帛，二生、一死贄。如五器，卒乃復。」舊説皆云「如五器」謂即是諸侯五玉之器。初既輯之，至此，禮既畢，乃復還之。看來似不如此，恐書之文顛倒了。五器，五禮之器也。五禮者，乃吉凶軍賓嘉之五禮。凶禮之器，即是衰絰之類；軍禮之器，即是兵戈之類；吉禮之器，即是簠簋之類。如者，亦同之義。言有以同之，使天下禮器皆歸於一。其文當作「五玉、三帛，二生、一死贄。同律度量衡，修五禮，如五器，卒乃復」，言諸侯既朝之後，方始同其律度量衡，修其五禮，如其五器，其事既卒而乃復還也。子蒙。

問：「『修五禮』，吴才老以爲只是五典之禮，唐虞時未有『吉凶軍賓嘉』之名，至周時方有之，然否？」曰：「不然。五禮，只是吉凶軍賓嘉，如何見得唐虞時無此？」因説：「舜典此段疑有錯簡。當云『肆覲東后。五玉、三帛，二生、一死贄。協時月，正日，同律度量衡。修五禮，如五器，卒乃復』。如者，齊一之義。『卒乃復』者，事畢復歸也，非謂復歸京師，只是事畢復歸，故亦曰『復』。前説『班瑞於羣后』，即是還之也。」此二句本横渠説。銖。

「五玉、三帛、二生、一死贄」，乃倒文。當云：「肆覲東后。五玉、三帛，二生、一死贄。協時月，正日，同律度量衡。修五禮，如五器，卒乃復。」五器，謂五禮之器也。如周禮大行人十一年「同數器」之謂，如即同也。「卒乃復」，言事畢則回之南岳去也。又曰：「既見東后，必先有贄見了，然後與他整齊這許多事一遍。」廣。

問：「贄用生物，恐有飛走。」曰：「以物束縛之，故不至飛走。」義剛。

「卒乃復」，是事畢而歸，非是以贄爲復也。義剛。

汪季良問：「『五載一巡狩』，還是一年徧歷四方？還是止於一方？」曰：「恐亦不能遍。」問「卒乃復」。曰：「説者多以爲『如五器』，『輯五瑞』，而卒復以還之，某恐不然，只是事卒則還復爾。」魯可幾問：「古之巡狩，不至如後世之千騎萬乘否？」曰：「今以左氏觀之，如所謂『國君以乘，卿以旅』，國君則以千五百人衞，正卿則以五百人從，則天子亦可見矣。」可幾曰：「春秋之世，與茆茨土堦之時莫不同否？」曰：「也不然。如黄帝以師爲衞，則天子衞從亦不應大段寡弱也。」道夫。

或問：「舜之巡狩，是一年中遍四岳否？」曰：「觀其末後載『歸格於藝祖，用特』一句，則是一年遍巡四岳矣。」問：「四岳惟衡山最遠。先儒以爲非今之衡山，别自有衡山，不知在甚處？」曰：「恐在嵩山之南。若如此，則四岳相去甚近矣。然古之天子一歲不能遍及四岳，則到一方境上會諸侯亦可。周禮有此禮。」廣。銖録云：「唐虞時以灊山爲南岳。五嶽亦近，非是一年只往一處。」

「五載一巡狩」，此是立法如此。若一歲間行一遍，則去一方近處會一方之諸侯。如周禮所謂「十有二歲，巡狩殷國」，殷國，即是會一方之諸侯，使來朝也。又云：「巡狩，亦非是舜時創立此制，蓋亦循襲將來，故黄帝紀亦云：『披山通道，未嘗寧居。』」廣。

舜巡狩，恐不解一年周遍得，四岳皆至遠也。揚。

巡守，只是去回禮一番。義剛。

「肇十有二州」。冀州，堯所都，北去地已狹。若又分而爲幽、并二州，則三州疆界極不多了。青州分爲營州，亦然。葉氏曰：「分冀州西爲并州，北爲幽州。青州又在帝都之東，分其東北爲營州。」廣。

仲默集注尚書，至「肇十有二州」，因云：「禹即位後，又并作九州。」曰：「也見不得。但後面皆只説『帝命式于九圍』，『以有九有之師』。不知是甚時，又復并作九州。」義剛。

「『象以典刑，流宥五刑，鞭作官刑，扑作教刑，金作贖刑。』象者，象其人所犯之罪，而加之以所犯之刑。典，常也，即墨、劓、剕、宫、大辟之常刑也。『象以典刑』，此一句乃五句之綱領，諸刑之總括，猶今之刑皆結於笞、杖、徒、流、絞、斬也。凡人所犯罪各不同，而爲刑固亦不一，然皆不出此五者之刑。但象其罪而以此刑加之，所犯合墨，則加以墨刑；所犯合劓，則加以劓刑；剕、宫、大辟皆然。猶夷虜之法，傷人者償創，折人手者亦折其手，傷人目者亦傷其目之類。『流宥五刑』者，其人所犯合此五刑，而情輕可恕，或因過誤，則全其肌體，不加刀鋸，但流以宥之，屏之遠方不與民齒，如『五流有宅，五宅三居』之類是也。『鞭作官刑』者，此官府之刑，猶今之鞭撻吏人，蓋自有一項刑專以治官府之胥吏，如周禮治胥吏鞭五百、鞭三百之類。『扑作教刑』，此一項學官之刑，猶今之學舍夏楚。如習射、習藝，『春秋教以禮樂，冬夏教以詩書』。凡教人之事有不率者，則用此刑扑之，如侯明、撻記之類是也。『金作贖刑』，謂鞭扑二刑之可恕者，則許用金以贖其罪。如此解釋，則五句之義，豈不粲然明白。『象以典刑』之輕者，有流以宥之；鞭扑之刑之輕者，有金以贖之。流宥所以寬五刑，贖刑所以寬鞭扑。聖人斟酌損益，低昂輕重，莫不合天理人心之自然，而無毫釐秒忽之差，所謂『既竭心思焉，繼之以不忍人之政』者。如何説聖人專意只在教化，刑非所急？聖人固以教化爲急。若有犯者，須以此刑治之，豈得置而不用！」

問：「贖刑非古法？」曰：「然。贖刑起周穆王。古之所謂『贖刑』者，贖鞭扑耳。夫既已殺人傷人矣，又使之得以金贖，則有財者皆可以殺人傷人，而無辜被害者，何其大不幸也！

且殺之者安然居乎鄉里，彼孝子順孫之欲報其親者，豈肯安於此乎！所以屏之四裔，流之遠方，彼此兩全之也。」僩。

問：「『象以典刑』，如何爲象？」曰：「此言正法。象，如『懸象魏』之『象』。或謂畫爲五刑之狀，亦可。此段舜典載得極好，有條理，又輕重平實。『象以典刑』，謂正法，蓋畫象而示民以墨、劓、剕、宫、大辟五等肉刑之常法也。『流宥五刑』，爲流法，以宥犯此肉刑之正法者。蓋其爲惡害及平人，故雖不用正法，亦必須遷移於外。『鞭作官刑，扑作教刑』，此二者若可憫，則又爲贖刑以贖之。蓋鞭、扑是罪之小者，故特爲贖法，俾聽贖，而不及於犯正法者。蓋流以宥五刑，贖以宥鞭、扑，如此乃平正精詳，真舜之法也。至穆王一例令出金以贖，便不是。不成殺人者亦止令出金而免！故蕭望之贖刑議有云：『如此，則富者得生，貧者獨死，恐開利路以傷治化。』其説極當。大率聖人作事，一看義理當然，不爲苟且姑息也。」銖。

問：「『五刑』，吴才老亦説是五典之刑，如所謂不孝之刑、不悌之刑。」曰：「此是亂説。凡人有罪，合用五刑，如何不用？荀子有一篇專論此意，説得甚好。荀子固有不好處，然此篇卻説得儘好。」銖。

五流所以寬五刑，贖刑又所以寬鞭扑之刑。石林説亦曾入思量。鄭氏説則據他意胡說將去爾。廣。

古人贖金，只是用於鞭、扑之小刑而已，重刑無贖。到穆王好巡幸，無錢，便遂造贖法，五刑皆有贖，墨百鍰，劓惟倍，剕倍差，宫六百鍰，大辟千鍰。聖人存此篇，所以記法之變。然其間亦多好語，有不輕於用刑底意。淳。

或問「欽哉！欽哉！惟刑之恤哉」。曰：「多有人解書做寬恤之『恤』，某之意不然。若做寬恤，如被殺者不令償命，死者何辜！大率是說刑者民之司命，不可不謹，如斷者不可續，乃矜恤之『恤』耳。」人傑。

「放驩兜於崇山」，或云在今澧州慈利縣。義剛。

「殛鯀於羽山」，想是偶然在彼而殛之，程子謂「時適在彼」是也。若曰罪之彰著，或害功敗事於彼，則未可知也。大抵此等隔涉遥遠，又無證據，只說得箇大綱如此便了，不必說殺了。才說殺了，便受折難。廣。

「四凶」只緣堯舉舜而遜之位，故不服而抵於罪。在堯時則其罪未彰，又他畢竟是箇世家大族，又未有過惡，故動他未得。廣。

流、放、竄不是死刑。殛，伊川言，亦不是死。未見其說。振。

問：「舜不惟德盛，又且才高。嗣位未幾，如『齊七政，覲四岳，協時月，正日，同律度量衡，肇十二州，封十二山，及四罪而天下服』，一齊做了，其功用神速如此！」曰：「聖人作處自別，故書稱『三載底可績』。」德明。

林少穎解「徂落」云「魂殂而魄落」，説得好。便是魂升於天、魄降於地底意思。如「明則有禮樂，幽則有鬼神」，禮樂是可見底，鬼神是不可見底。禮是節約收縮底，便是鬼；樂是發揚舒暢底，便是神。夔孫。

「堯崩，『百姓如喪考妣』，此是本分。『四海遏密八音』，以禮論之，則爲過。爲天子服三年之喪，只是畿内，諸侯之國則不然。爲君爲父，皆服斬衰。君，謂天子、諸侯及大夫之有地者。大夫之邑以大夫爲君，大夫以諸侯爲君，諸侯以天子爲君，各爲其君服斬衰。諸侯之大夫卻爲天子服齊衰三月，禮無二斬故也。『公之喪，諸達官之長，杖。』達官，謂通於君得奏事者。各有其長，杖，其下者不杖可知。」文蔚問：「後世不封建諸侯，天下一統，百姓當爲天子何服？」曰：「三月。天下服地雖有遠近，聞喪雖有先後，然亦不過三月。」文蔚。

問：「『明四目，達四聰』，是達天下之聰明否？」曰：「固是。」曰：「孔安國言『廣視聽於四方』，如何？」曰：「亦是以天下之目爲目、以天下之耳爲耳之意。」人傑。

「柔遠能邇。」柔遠，卻説得輕；能邇，是奈何得他，使之帖服之意。「三就」，只當從古注。「五宅三居」，宅，只訓居。人傑。

「惇德允元」，只是説自己德。使之厚其德，信其仁。「難」字只作平聲。「任」，如字。「難任人」，言不可輕易任用人也。廣。

問「亮采惠疇」。曰：「疇，類也，與儔同。惠疇，順衆也。『疇咨若予采』，舉其類而咨詢也。」人傑。

禹以司空行宰相事。「汝平水土」，則是司空之職。「惟時懋哉」，則又勉以行百揆之事。廣。

禹以司空宅百揆，猶周以六卿兼三公，今以户部侍郎兼平章事模樣。義剛。

問：「堯德化如此久，何故至舜猶曰『百姓不親，五品不遜』？」曰：「也只是怕恁地。」又問：「『蠻夷猾夏』，是有苗否？」曰：「也不專指此。但此官爲此而設。」義剛。

「敬敷五教在寬。」聖賢於事無不敬，而此又其大者，故特以敬言之。「在寬」，是欲其優游浸漬以漸而入也。夔孫。

「五服三就。」若大辟則就市；宫刑，則如漢時就蠶室。在墨、劓、剕三刑，度亦必有一所在刑之。既非死刑，則傷人之肌體，不可不擇一深密之所，但不至如蠶室爾。廣。

「五刑三就」，用五刑就三處。故大辟棄於市，宫刑下蠶室，其他底刑，也是就箇隱風處。不然，牽去當風處割了耳鼻，豈不割殺了他！夔孫。

問「五流有宅，五宅三居」。曰：「五刑各有流法，然亦分作三項，如居四海之外，九州之内，或近甸，皆以輕重爲差。『五服三就』，是作三處就刑。如斬人於市，腐刑下蠶室，劓、刖就僻處。蓋劓、刖若在當風處，必致殺人。聖人既全其生，不忍如此。」銖。

孟子説「益烈山澤而焚之」，是使之除去障翳，驅逐禽獸耳，未必使之爲虞官也。至舜命作虞，然後使之養育其草木禽獸耳。廣。

問：「命伯夷典禮，而曰『夙夜惟寅，直哉惟清』，何也？」曰：「禮是見成制度。『夙夜惟寅，直哉惟清』，乃所以行其禮也。今太常有直清堂。」人傑。

問「夙夜惟寅，直哉惟清」。曰：「人能敬，則内自直；内直，則看得那禮文分明，不糊塗也。」廣。

惟寅，故直；惟直，故清。義剛。

古者教人多以樂，如舜命夔之類。蓋終日以聲音養其情性，亦須理會得樂，方能聽。璘。

古人以樂教胄子，緣平和中正。「詩言志，歌永言；聲依永，律和聲。八音克諧，無相奪倫。」古人詩只一兩句，歌便衍得來長。聲是宮商角徵羽，是聲依所歌而發，卻用律以和之。如黄鐘爲宮，則太簇爲羽之類，不可亂其倫序也。泳。

「直而温」，只是説所教冑子要得如此。若説做教者事，則於教冑子上都無益了。廣。

或問「詩言志，聲依永，律和聲」。曰：「古人作詩，只是説他心下所存事。説出來，人便將他詩來歌。其聲之清濁長短，各依他詩之語言，卻將律來調和其聲。今人卻先安排下腔調了，然後做語言去合腔子，豈不是倒了！卻是永依聲也。古人是以樂去就他詩，後世是以詩去就他樂，如何解興起得人。」祖道。

「聲依永，律和聲。」以五聲依永，以律和聲之高下。節。

「聲依永，律和聲」，此皆有自然之調。沈存中以爲「臣與民不要大，事與物大不妨」。若合得自然，二者亦自大不得。可學。

聲只有五，并二變聲。律只有十二，已上推不去。「聲依永，律和聲。」畲。

「堲」，只訓疾，較好。廣。

「殄行」，是傷人之行。書曰「亦敢殄戮用乂民」，「殄殲乃讐」，皆傷殘之義。廣。

「納言」，似今中書門下省。義剛。

問「夙夜出納，朕命惟允」。曰：「納言之官，如今之門下審覆。自外而進入者既審之，自内而宣出者亦審之，恐『讒説殄行』之『震驚朕師』也。」人傑。

稷、契、皋陶、夔、龍，這五官，秀才底官。所以教他掌教，掌刑，掌禮樂，都是那秀才做底事。如那垂與益之類，便皆是箇麤麤底。聖賢所以只教他治虞、治工之屬，便是他只會做這般事。義剛。

「舜生三十徵庸」數語，只依古注點似好。廣。

問：「張子以別生分類爲『明庶物，察人倫』，恐未安。」曰：「書序本是無證據，今引來解說，更無理會了。」又問：「如以『明庶物，察人倫』爲窮理，不知於聖人分上着得『窮理』字否？」曰：「這也是窮理之事，但聖人於理自然窮爾。」道夫。

「方設居方」，逐方各設其居方之道。九共九篇，劉侍讀以「共」爲「丘」，言九丘也。人傑。

## 大禹謨

大禹謨序：「帝舜申之。」序者之意，見書中，皋陶陳謨了，「帝曰：『來！禹，汝亦昌言。』」故先說「皋陶矢厥謨，禹成厥功」。帝又使禹亦陳昌言耳。今書序固不能得書意，後來說書者又不曉序者之意，只管穿鑿求巧妙爾。廣。

自「后克艱厥后」至「四夷來王」，只是一時說話，後面則不可知。廣。

書中「迪」字或解爲蹈，或解爲行，疑只是訓「順」字。書曰：「惠迪吉，從逆凶，惟影響。」逆，對順，恐只當訓順也。兼書中「迪」字，用得本皆輕。「棐」字只與「匪」同，被人錯解作「輔」字，至今誤用。只顔師古注漢書曰：「『棐』與『匪』同。」某疑得之。尚書傳是後來人做，非漢人文章，解得不成文字。但後漢張衡已將「棐」字作「輔」字使，不知如何。「王若曰」，「周公若曰」，只是一似如此説底意思。若漢書「皇帝若曰」之類，蓋是宣導德意者敷演其語，或録者失其語而退記其意如此也。「忱」、「諶」並訓信，如云天不可信。

當無虞時，須是儆戒。所儆戒者何？「罔失法度，罔游於逸，罔淫於樂。」人當無虞時，易至於失法度，游逸淫樂，故當戒其如此。既知戒此，則當「任賢勿貳，去邪勿疑，疑謀勿成」。如此，方能「罔違道以干百姓之譽，罔咈百姓以從己之欲」。義剛。

「儆戒無虞」至「從己之欲」，聖賢言語，自有箇血脈貫在裏。如此一段，他先説「儆戒無虞」，蓋「制治未亂，保邦未危」，自其未有可虞之時，必儆必戒。能如此，則不至失法度、淫於逸、遊於樂矣。若無箇儆戒底心，欲不至於失法度、不淫逸、不遊樂，不可得也。既能如此，然後可以知得賢者、邪者、正者、謀可疑者、無可疑者。若是自家身心顛倒，便會以不賢爲賢，以邪爲正，所當疑者亦不知矣。何以任之，去之，勿成之哉？蓋此三句，便是從上面有三句了，方會恁地。又如此，然後能「罔違道以干百姓之譽，罔咈百姓以從己之欲」。蓋於賢否、邪正、疑審有所未明，則何者爲道，何者爲非道，何者是百姓所欲，何者非百姓之所欲哉？夔孫。

問：「『水、火、金、木、土、穀惟修，正德、利用、厚生惟和。』正德，是正民之德否？」曰：「固是。水，如隄防灌溉；金，如五兵田器；火，如出火、内火、禁焚萊之類；木，如斧斤以時之類。」良久，云：「古人設官掌此六府，蓋爲民惜此物，不使之妄用。非如今出之民，用財無節也。『戒之用休』，言戒諭以休美之事。『勸之以九歌』，感動之意。但不知所謂『九歌』者如何。周官有九德之歌。大抵禹只説綱目，其詳不可考矣。」人傑。

「地平天成」，是包得下面六府、三事在。義剛。

劉潛夫問：「『六府三事』，林少穎云：『六府本乎天，三事行乎人。』吳才老説：『上是施，下是功。』未知孰是？」曰：「林説是。」又問「戒之用休，董之用威」，并九歌。曰：「正是『匡之，直之，輔之，翼之』之意。九歌，只是九功之叙可歌，想那時田野自有此歌，今不可得見。」賀孫。

「念茲在茲，釋茲在茲」，用捨皆在於此人。「名言茲在茲，允出茲在茲」，語默皆在此人。名言，則名言之；允出，則誠實之所發見者也。人傑。

法家者流，往往常患其過於慘刻。今之士大夫恥爲法官，更相循襲，以寬大爲事，於法之當死者，反求以生之。殊不知「明於五刑以弼五教」，雖舜亦不免。教之不從，刑以督之，懲一人而天下人知所勸戒，所謂「辟以止辟」；雖曰殺之，而仁愛之實已行乎中。今非法以求其生，則人無所懲懼，陷於法者愈衆；雖曰仁之，適以害之。道夫。

聖人亦不曾徒用政刑；到德禮既行，天下既治，亦不曾不用政刑。故書說「刑期於無刑」，只是存心期於無，而刑初非可廢。又曰：「欽哉！惟刑之恤哉！」只是說「恤刑」。賀孫。

「罪疑惟輕」，豈有不疑而强欲輕之之理乎？王季海當國，好出人死罪以積陰德，至於奴與佃客殺主，亦不至死。廣録云：「豈有此理！某嘗謂，雖堯舜之仁，亦只是『罪疑惟輕』而已。」人傑。

或問「人心」、「道心」之别。曰：「只是這一箇心，知覺從耳目之欲上去，便是人心；知覺從義理上去，便是道心。人心則危而易陷，道心則微而難著。微，亦微妙之義。」學蒙。

舜功問「人心惟危」。曰：「人心亦不是全不好底，故不言凶咎，只言危。蓋從形體上去，泛泛無定向，或是或非不可知，故言其危。故聖人不以人心爲主，而以道心爲主。蓋人心倚靠不得。人心如船，道心如柁。任船之所在，無所向，若執定柁，則去住在我。」璘。

人心亦未是十分不好底。人欲只是饑欲食、寒欲衣之心爾，如何謂之危？既無義理，如何不危？士毅。

問：「『人心惟危』，程子曰：『人心，人欲也。』恐未便是人欲。」曰：「人欲也未便是不好。謂之危者，危險，欲墮未墮之間，若無道心以御之，則一向入於邪惡，又不止於危也。」方子録云：「危者，欲陷而未陷之辭。子静説得是。」又問：「聖人亦有人心，不知亦危否？」曰：「聖人全是道心主宰，時舉録云：「聖人純是道心。」故其人心自是不危。若只是人心，也危。故曰：『惟聖罔念作狂。』」又問：「此『聖』字，尋常只作通明字看，説得輕。」曰：「畢竟是聖而罔念，便狂。」銖。時舉録同。

道心是知覺得道理底，人心是知覺得聲色臭味底，人心不全是不好，若人心是全不好底，不應只下箇「危」字。蓋爲人心易得走從惡處去，所以下箇「危」字。若全不好，則是都倒了，何止於危？危，是危殆。「道心惟微」，是微妙，亦是微昧。若説道心天理，人心人欲，卻是有兩箇心！人只有一箇心，但知覺得道理底是道心，知覺得聲色臭味底是人心，不爭得多。「人心，人欲也」，此語有病。雖上智不能無此，豈可謂全不是？陸子静亦以此語人。非有兩箇心。道心、人心，本只是一箇物事，但所知覺不同。「惟精、惟一」，是兩截工夫：精，是辨别得這箇物事；一，是辨别了，又須固守他。若不辨别得時，更固守箇甚麽？若辨别得了又不固守，則不長遠。惟能如此，所以能合於中道。又曰：「『惟精惟一』，猶『擇善而固執之』。」佐。

人心亦只是一箇。知覺從饑食渴飲，便是人心；知覺從君臣父子處，便是道心。微，是微妙，亦是微晦。又曰：「形骸上起底見識，或作「從形體上生出來底見識」。便是人心；義理上起底見識，或作「就道理上生出來底見識」。便是道心。心則一也，微則難明。有時發見些子，使自家見得，有時又不見了。惟聖人便辨之精，守得徹頭徹尾，學者則須是『擇善而固執之』。」方子。

「道心是義理上發出來底，人心是人身上發出來底。雖聖人不能無人心，如饑食渴飲之類；雖小人不能無道心，如惻隱之心是。但聖人於此，擇之也精，守得徹頭徹尾。」問：「如何是『惟微』？」曰：「是道心略瞥見些子，便失了底意思。『惟危』，是人心既從形骸上發出來，易得流於惡。」蓋卿。

問「人心」、「道心」。曰：「如喜怒，人心也。然無故而喜，喜至於過而不能禁；無故而怒，怒至於甚而不能遏，是皆爲人心所使也。須是喜其所當喜，怒其所當怒，乃是道心。」問：「饑食渴飲，此人心否？」曰：「然。須是食其所當食，飲其所當飲，乃不失所謂『道心』。若飲盜泉之水，食嗟來之食，則人心勝而道心亡矣！」問：「人心可以無否？」曰：「如何無得！但以道心爲主，而人心每聽命焉耳。」僩。

饑食渴飲，人心也；如是而飲食，如是而不飲食，道心也。喚做人，便有形氣，人心較切近於人。道心雖先得之，然被人心隔了一重，故難見。道心如清水之在濁水，惟見其濁，不見其清，故微而難見。人心如孟子言「耳目之官不思」，道心如言「心之官則思」，故貴「先立乎其大者」。人心只見那邊利害情欲之私，道心只見這邊道理之公。有道心，則人心爲所節制，人心皆道心也。伯羽。

呂德明問「人心」、「道心」。曰：「且如人知饑渴寒煖，此人心也；惻隱羞惡，道心也。只是一箇心，卻有兩樣。須將道心去用那人心，方得。且如人知饑之可食，而不知當食與不當食；知寒之欲衣，而不知當衣與不當衣，此其所以危也。」義剛。

饑欲食，渴欲飲者，人心也；得飲食之正者，道心也。須是一心只在道上，少間那人心自降伏得不見了。人心與道心爲一，恰似無了那人心相似。只是要得道心純一，道心都發見在那人心上。

問「人心」、「道心」。曰：「飲食，人心也；非其道，非其義，萬鍾不取，道心也。若是道心爲主，則人心聽命於道心耳。」夔孫。

問：「人心、道心，如飲食男女之欲，出於其正，即道心矣。又如何分別？」曰：「這箇畢竟是生於血氣。」文蔚。

問：「『人心惟危』，則當去了人心否？」曰：「從道心而不從人心。」節。

道心，人心之理。節。

心，只是一箇心，卓録云：「人心、道心，元來只是一箇。」只是分别兩邊説，人心便成一邊，道心便成一邊。精，是辨之明；一，是守之固。卓作「專」。既能辨之明，又能守之固，斯得其中矣。這中是無過不及之中。賀孫。

自人心而收之，則是道心；自道心而放之，便是人心。「惟聖罔念作狂，惟狂克念作聖」，近之。驤。

人心如卒徒，道心如將。伯羽。

問：「動於人心之微，則天理固已發見，而人欲亦已萌。天理便是道心，人欲便是人心。」曰：「然。」可學。

問「道心惟微」。曰：「義理精微難見。且如利害最易見，是粗底，然鳥獸已有不知之者。」又曰：「人心、道心，只是争些子。孟子曰：『人之所以異於禽獸者幾希！』」夔孫。義剛録見下。

林武子問：「道心是先得，人心是形氣所有，但地步較闊。道心卻在形氣中，所以人心易得陷了道心也。是如此否？」曰：「天下之物，精細底便難見，麤底便易見。饑渴寒煖是至麤底，雖至愚之人亦知得。若以較細者言之，如利害，則禽獸已有不能知者。若是義理，則愈是難知。這只有些子，不多。所以説『人之所以異於禽獸者幾希』！言所争也不多。」義剛。

人心者，氣質之心也，可爲善，可爲不善。道心者，兼得理在裏面。「惟精」是無雜，「惟一」是終始不變，乃能「允執厥中」。節。

人心是知覺，口之於味，目之於色，耳之於聲底，未是不好，只是危。若便説做人欲，則屬惡了，何用説危？道心是知覺義理底；「惟微」是微妙，亦是微隱。「惟精」是要別得不雜，「惟一」是要守得不離。「惟精惟一」，所以能「允執厥中」。至。

問：「微，是微妙難體；危，是危動難安否？」曰：「不止是危動難安。大凡徇人欲，自是危險。其心忽然在此，忽然在彼，又忽然在四方萬里之外。莊子所謂『其熱焦火，其寒凝冰』。凡苟免者，皆幸也。動不動便是墮坑落塹，危孰甚焉！」文蔚曰：「徐子融嘗有一詩，末句云：『精一危微共一心。』文蔚答之曰：『固知妙旨存精一，須別人心與道心。』」曰：「他底未是，但只是答他底亦慢，下一句救得少緊。當云：『須知妙旨存精一，正爲人心與道心。』」又問「精一」。曰：「精是精別此二者，一是守之固。如顏子擇中庸處，便是精；得一善拳拳服膺弗失處，便是一。伊川云：『「惟精惟一」，所以至之；「允執厥中」，所以行之。』此語甚好。」文蔚。

程子曰：「人心人欲，故危殆；道心天理，故精微。惟精以致之，惟一以守之，如此方能執中。」此言盡之矣。惟精者，精審之而勿雜也；惟一者，有首有尾，專一也。此自堯舜以來所傳，未有他議論，先有此言。聖人心法，無以易此。經中此意極多，所謂「擇善而固執之」，擇善，即惟精也；固執，即惟一也。又如「博學之，審問之，謹思之，明辨之」，皆惟精也；「篤行」，又是惟一也。又如「明善」，是惟精也；「誠之」，便是惟一也。大學致知、格物，非惟精不可能；誠意，則惟一矣。學則是學此道理。孟子以後失其傳，亦只是失此。洽。

問「惟精惟一」。曰：「人心直是危，道心直是微。且說道心微妙，有甚準則？直是要擇之精！直是要守之一！」揚。

因論「惟精惟一」曰：「虛明安静，乃能精粹而不雜；誠篤確固，乃能純一而無間。」僩。

「惟精惟一」，舜告禹，所以且說行；不似學者而今當理會精也。方。

精，是識別得人心道心；一，是常守得定。允執，只是箇真知。道夫。

問「精一執中」之說。曰：「惟精，是精察分明；惟一，是行處不雜；執中，是執守不失。」大雅。

漢卿問「惟精惟一，允執厥中」一段。曰：「凡事有一半是，一半不是，須要精辨其是非。惟一者，既辨得是非，卻要守得徹頭徹尾。惟其如此，故於應事接物之際，頭頭捉着中。惟精是致知，惟一是力行，不可偏廢。」祀。

問：「堯舜禹，大聖人也。『允執厥中』，『執』字似亦大段喫力，如何？」曰：「聖人固不思不勉。然使聖人自有不思不勉之意，則罔念而作狂矣！經言此類非一，更細思之。」人傑。

符舜功問：「學者當先防人欲，正如未上船，先作下水計。不如只於天理上做功夫，人欲自消。」曰：「堯舜說便不如此，只云：『人心惟危，道心惟微。』渠只於兩者交界處理會。堯舜時未有文字，其相授受口訣只如此。」方伯謨云：「人心道心，伊川說，天理人欲便是。」曰：「固是。但此不是有兩物，如兩箇石頭樣，相挨相打。只是一人之心，合道理底是天理，徇情欲底是人欲，正當於其分界處理會。五峰云『天理人欲，同行異情』，說得最好。及至理會了精底、一底，只是一箇人。」又曰：「『執中』是無執之『執』。如云『以堯舜之道要湯』，何曾『要』來？」璘。可學録别出。

舜功問：「人多要去人欲，不若於天理上理會。理會得天理，人欲自退。」曰：「堯舜說不如此。天理人欲是交界處，不是兩箇。人心不成都流，只是占得多；道心不成十全，亦是占得多。須是在天理則存天理，在人欲則去人欲。嘗愛五峰云『天理人欲，同行而異情』，此語甚好。」舜功云：「陸子静說人心混混未别。」曰：「此說亦不妨。大抵人心、道心只是交界，不是兩箇物，觀下文『惟精惟一』可見。」德粹問：「既曰『精一』，何必云『執中』？」曰：「『允』字有道理。惟精一，則信乎其能執中也。」因舉子静説話多反伊川。如「君子喻於義，小人喻於利」，解云：「『惟其深喻，是以篤好。』渠卻云『好而後喻』，此語亦無害，終不如伊川。」通老云：「伊川云：『敬則無己可克。』」曰：「孔門只有箇顏子，孔子且使之克己，如何便會不克？此語意味長！」可學。

舜禹相傳，只是説「人心惟危，道心惟微；惟精惟一，允執厥中」。只就這心上理會，也只在日用動静之間求之，不是去虚中討一箇物事來。「惟皇上帝降衷於下民」，「天叙有典」，「天秩有禮」，天便是這箇道理，這箇道理便在日用間。存養，是要養這許多道理在中間，這裏正好着力。寓。

林恭甫説「允執厥中」，未明。先生曰：「中，只是箇恰好底道理。允，信也，是真箇執得。堯當時告舜時，只説這一句。後來舜告禹，又添得『人心惟危，道心惟微，惟精惟一』三句，是舜説得又較子細。這三句是『允執厥中』以前事，是舜教禹做工夫處。説道『人心惟危，道心惟微』，須是『惟精惟一』，方能『允執厥中』。堯當時告舜，只説一句。是時舜已曉得那箇了，所以不復更説。舜告禹時，便是怕禹尚未曉得，故恁地説。論語後面説『謹權量，審法度，修廢官，舉逸民』之類，皆是恰好當做底事，這便是執中處。堯、舜、禹、湯、文、武治天下，只是這箇道理。聖門所說，也只是這箇。雖是隨他所問說得不同，然卻只是一箇道理。如屋相似，進來處雖不同，入到裏面，只是共這屋。大概此篇所載，便是堯、舜、禹、湯、文、武相傳治天下之大法。雖其纖悉不止此，然大要卻不出此，大要卻於此可見。」次日，恭甫又問：「道心，只是仁義禮智否？」曰：「人心便是饑而思食，寒而思衣底心。饑而思食後，思量當食與不當食；寒而思衣後，思量當着與不當着，這便是道心。聖人時那人心也不能無，但聖人是常合着那道心，不教人心勝了道心。道心便只是要安頓教是，莫隨那人心去。這兩者也須子細辨别，所以道『人心惟危，道心惟微』。這箇便須是常常戒慎恐懼，精去揀擇。若揀得不精，又便只是人心。大概這兩句，只是箇公與私，只是一箇天理，一箇人欲。那『惟精』，便是要揀教精；『惟一』，便是要常守得恁地。今人固有其初揀得精，後來被物欲引從人心去，所以貴於『惟一』。這『惟精惟一』，便是舜教禹做工夫處。它當時傳一箇大物事與他，更無他說，只有這四句。且如『仁者先難而後獲』，那『先難』便是道心，『後獲』便是人心。又如『未有仁而遺其親，未有義而後其君』，說仁義時，那不遺親而後君自在裏面了。若是先去計較那不遺親，不後君，便是人心，便不是天理之公。」義剛問：「『惟精惟一』，也是就心上說否？」曰：「也便是就事說。不成是心裏如此，臨事又别是箇道理。有這箇心，便有這箇事；因有這箇事後，方生這箇心。那有一事不是心裏做出來底？如口說話，便是心裏要說。如『紾兄之臂』，你心裏若思量道不是時，定是不肯爲。」義剛。

問：「曾看無垢文字否？」某說：「亦曾看。」問：「如何？」某說：「如他說：『「動心忍性」，學者當驚惕其心，抑遏其性。』如說『「惟精惟一」，精者深入而不已，一者專致而不二』。」曰：「『深入』之說卻未是。深入從何處去？公且說人心、道心如何？」某說：「道心者，喜怒哀樂未發之時，所（爲）〔謂〕〔一〕『寂然不動』者也；人心者，喜怒哀樂已發之時，所謂『感而遂通』者也。人當精審專一，無過不及，則中矣。」曰：「恁地，則人心、道心不明白。人心者，人欲也；危者，危殆也。道心者，天理也；微者，精微也。物物上有箇天理人欲。」因指書几云：「如墨上亦有箇天理人欲，硯上也有箇天理人欲。分明與他劈做兩片，自然分曉。堯、舜、禹所傳心法，只此四句。」從周。德明錄別出。

賓初見先生，先生問前此所見如何，對以「欲察見私心」云云。因舉張無垢「人心道心」解云：「『精者，深入而不已；一者，專志而無二。』亦自有力。」曰：「人心道心，且要分別得界限分明。彼所謂『深入』者，若不察見，將入從何處去？」賓曰：「人心者，喜怒哀樂

〔一〕據陳本改。

之已發，未發者，道心也。」曰：「然則已發者不謂之道心乎？」賓曰：「了翁言：『人心即道心，道心即人心。』」曰：「然則人心何以謂之『危』？道心何以謂之『微』？」賓曰：「未發隱於内，故微；發不中節，故危。是以聖人欲其精一，求合夫中。」曰：「不然。程子曰：『人心，人欲也；道心，天理也。』此處舉語録前段。所謂人心者，是氣血和合做成，先生以手指身。嗜欲之類，皆從此出，故危。道心是本來稟受得仁義禮智之心。聖人以此二者對待而言，正欲其察之精而守之一也。察之精，則兩箇界限分明；專一守着一箇道心，不令人欲得以干犯。譬如一物，判作兩片，便知得一箇好，一箇惡。堯舜所以授受之妙，不過如此。」德明。

問「允執厥中」。曰：「書傳所載多是説無過、不及之中。只如中庸之『中』，亦只説無過、不及。但『喜怒哀樂之未發謂之中』一處，卻説得重也。」人傑。

既「惟精惟一，允執厥中」，又曰「無稽之言勿聽，弗詢之謀勿庸」。節。

因言舜禹揖遜事，云：「本是箇不好底事。被他一轉，轉作一大好事！」文蔚。

舞干羽之事，想只是置三苗於度外，而示以閒暇之意。廣。

## 皋陶謨

問：「『允迪厥德，謨明弼諧』，説者云，是形容皋陶之德，或以爲是皋陶之言。」曰：「下文説『愼厥身修，思永』，是『允迪厥德』意；『庶明勵翼』，是『謨明弼諧』意。恐不是形容皋陶底語。」問：「然則此三句是就人君身上説否？」曰：「是就人主身上説。謨，是人主謀謨；弼，是人臣輔翼，與之和合，如『同寅協恭』之意。」銖。

「庶明勵翼」，庶明，是衆賢樣，言賴衆明者勉勵輔翼。義剛。

問「亦行有九德，亦言其人有德」。曰：「此亦難曉。若且據文勢解之，當云：『亦言其人有德。乃言曰：「載采采。」』言其人之有德，當以事實言之。古注謂『必言其所行某事某事以爲驗』，是也。」人傑。

九德分得細密。閎祖。

皋陶九德，只是好底氣質。然須兩件湊合將來，方成一德，凡十八種。必大。

或問：「聖賢教人，如『克己復禮』等語，多只是教人克去私欲，不見有教人變化氣質處，如何？」曰：「『寬而栗，柔而立，剛而無虐』，這便是教人變化氣質處。」又曰：「有人生下來便自少物欲者，看來私欲是氣質中一事。」義剛。

「簡而廉」，廉者，隅也；簡者，混而不分明也。論語集注「廉，謂稜角峭厲」，與此「簡者，混而不分明」相發。壽昌。

因其生而第之以其所當處者，謂之叙；因其叙而與之以其所當得者，謂之秩。天叙便是自然底次序，君便教他居君之位，臣便教他居臣之位，父便教他居父之位，子便教他居子之位。秩，便是那天叙裏面物事，如天子祭天地，諸侯祭山川，大夫祭五祀，士庶人祭其先，天子八，諸侯六，大夫四，皆是有這箇叙，便是他這箇自然之秩。義剛。

「天工人其代之。」「天秩」、「天叙」、「天命」、「天討」，既曰「天」，便自有許多般在其中。天人一理，只有一箇分不同。方。

「同寅協恭」，是上下一於敬。方。

「同寅協恭」，是言君臣。「政事懋哉！懋哉！」即指上文「五禮」、「五刑」之類。僩。

要「五禮有庸」，「五典五惇」，須是「同寅協恭和衷」。要「五服五章」，「五刑五用」，須是「政事懋哉！懋哉」。義剛。

「天命有德，五服五章哉！天討有罪，五刑五用哉！」若德之大者，則賞以服之大者；德之小者，則賞以服之小者；罪之大者，則罪以大底刑；罪之小者，則罪以小底刑，盡是「天命」、「天討」，聖人未嘗加一毫私意於其間，只是奉行天法而已。「天叙有典，勑我五典五惇哉！天秩有禮，自我五禮有庸哉！」許多典禮，都是天叙天秩下了，聖人只是因而勑正之，因而用出去而已。凡其所謂冠昏喪祭之禮，與夫典章制度，文物禮樂，車輿衣服，無一件是聖人自做底。都是天做下了，聖人只是依傍他天理行將去。如推箇車子，本自轉將去，我這裏只是畧扶助之而已。僩。

## 益稷

問：「益稷篇，禹與皋陶只管自叙其功，是如何？」曰：「不知是怎生地。那夔前面且做是脱簡，後面卻又有一段。那禹前面時，只是説他無可言，但『予思日孜孜』。皋陶問他如何，他便説也要恁地孜孜，卻不知後面一段是怎生地。」良久，云：「他上面也是説那丹朱後，故恁地説。丹朱緣如此，故不得爲天子；我如此勤苦，故有功。以此相戒其君，教莫如丹朱而如我。便是古人直，不似今人便要瞻前顧後。」義剛。

「止」，守也。「惟幾」，當審萬事之幾；「惟康」，求箇安穩處。「弼直」，以直道輔之應之。非惟人應之，天亦應之。節。

張元德問：「『惟幾惟康，其弼直』，東萊解『幾』作『動』，『康』作『静』，如何？」曰：「理會不得。伯恭説經多巧。」良久，云：「恐難如此説。」問元德：「尋常看『予克厥宅心』，作存其心否？」曰：「然。」曰：「若説『三有俊心，三有宅心』，曰『三有宅，三有俊』，則又當如何？此等處皆理會不得。解得這一處，礙了那一處。若逐處自立説解之，何書不可通！」良久，云：「宅者，恐是所居之位，是已用之賢；俊者，是未用之賢也。」元德問「予欲聞六律五聲八音，在治忽，以出納五言，汝聽」。曰：「亦不可曉。漢書『在治忽』作『七始詠』。七始，如七均之類。又如『工以納言，時而颺之，格則承之庸之，否則威之』一段，上文説：『欽四鄰，庶頑讒説，若不在時，侯以明之，撻以記之，書用識哉！欲並生哉！』皆不可曉。如命龍之辭亦曰：『朕聖讒説殄行，震驚朕師。命汝作納言，夙夜出納朕命惟允。』皆言讒説。此須是當時有此制度，今不能知，又不當杜撰胡説，只得置之。」元德謂「侯以明之，撻以記之」，乃是賞罰。曰：「既是賞罰，當别有施設，如何只靠射？豈有無狀之人，纔射得中，便爲好人乎？」元德問：「『五言』，東萊釋作君臣民事物之言。」曰：「君臣民事物是五聲所屬，如『宫亂則荒，其君驕』。宫屬君，最大，羽屬物，最小，此是論聲。若商，放緩便似宫聲。尋常琴家最取廣陵操，以某觀之，其聲最不和平，有臣陵其君之意。『出納五言』，卻恐是審樂知政之類。如此作五言説，亦頗通。」又云：「納言之官，如漢侍中，今給事中，朝廷誥令，先過後省，可以封駁。」元德問：「孔壁所傳本科斗書，孔安國以伏生所傳爲隸古定，如何？」曰：「孔壁所傳平易，伏生書多難曉。如堯典、舜典、皋陶謨、益稷是伏生所傳，有『方鳩僝功』、『載采采』等語，不可曉。大禹謨一篇卻平易。又書中點句，如『天降割於我家不少延』，『用寧王遺我大寶龜』，『圻父薄違農父，若保宏父定辟』，與古注點句不同。又舊讀『罔或耆壽俊在厥服』作一句。今觀古記款識中多云『俊在位』，則當於『壽』字絶句矣。」又問：「盤庚如何？」曰：「不可曉。如『古我先王將多於前功，適於山，用降我凶德，嘉績於朕邦』，全無意義。又當時遷都，更不説明遷之爲利，不遷之爲害。如中篇又説神説鬼。若使如今誥令如此，好一場大鶻突！尋常讀尚書，讀了太甲、伊訓、咸有一德，便着鞔過盤庚，卻看説命。然高宗肜日亦自難看。要之，讀尚書，可通則通；不可通，姑置之。」人傑。

義剛點尚書「作會」作一句。先生曰：「公點得是。」義剛。

「明庶以功」，恐「庶」字誤，只是「試」字。廣。

「苗頑弗即工」，此是禹治水時，調役他國人夫不動也。後方征之。既格而服，則治其前日之罪而竄之，竄之而後分北之。今説者謂苗既格而又叛，恐無此事。又曰：「三苗，想只是如今之溪洞相似。溪洞有數種，一種謂之『猫』，未必非三苗之後也。史中説三苗之國，左洞庭，右彭蠡，在今湖北、江西之界，其地亦甚闊矣。」廣。

# 朱子語類卷第七十九

## 尚書二

### 禹貢

禹貢一書所記地理治水曲折，多不甚可曉。竊意當時治水事畢，却總作此一書，故自冀州王都始。如今人方量畢，總作一門單耳。禹自言「予決九川，距四海，濬畎澮距川」。一篇禹貢不過此數語，極好細看。今人説禹治水，始于壺口，鑿龍門，某未敢深信。方河水洶湧，其勢迅激，縱使鑿下龍門，恐這石仍舊壅塞。又，下面水未有分殺，必且潰決四出。蓋禹先決九川之水，使各通于海；又濬畎澮之水，使各通于川；使大水有所入，小水有所歸。禹只是先從低處下手，若下面之水盡殺，則上面之水漸淺，方可下手。九川盡通，則導河之功已及八分。故某嘗謂禹治水，必當始于碣石九河。蓋河患惟兖爲甚，兖州是河曲處，其曲處兩岸無山，皆是平地，所以潰決常必在此。故禹自其決處導之，用工尤難。孟子亦云：「禹疏九河，瀹濟漯而注之海。」蓋皆自下流疏殺其勢耳。若鯀，則只是築堙之，所以九載而功弗成也。銖。

「禹當時治水，也只理會河患，餘處亦不大段用工夫。河水之行不得其所，故汎濫浸及他處。觀禹用功，初只在冀以及兖、青、徐、雍，却不甚來東南。積石、龍門，所謂『作十三載乃同』者，正在此處。龍門至今横石斷流，水自上而下，其勢極可畏。向未經鑿治時，龍門正道不甚泄，故一派西衮入關陝，一派東衮往河東，故此爲患最甚。禹自積石至龍門，着工夫最多。又其上散從西域去，往往亦不甚爲患。行河東者，多流黄泥地中，故只管推洗，泥汁只管凝滯淤塞，故道漸狹。值上流下來纔急，故道不泄，便致横湍他處。先朝亦多造鐵爲治河器，竟亦何濟！」或問：「齊威塞九河以富國，事果然否？」曰：「當時葵丘之會，申五禁，且曰『無曲防』，是令人不得私自防遏水流，他終不成自去塞了最利害處！便是這般説話亦難憑。」問：「河患何爲至漢方甚？」曰：「史記表中亦自有『河決』之文。禹只是理河水，餘處亦因河溢有些患。看治江不見甚用力。書載『岷山導江，東別爲沱，東至于澧，過九江，至于東陵，東迆北會于匯，東爲中江，入于海』。若中間便用工夫，如何載得恁畧？」又云：「禹治水，先就土低處用工。」賀孫。

禹治水，大率多是用工於河。「治梁及岐」，是鑿龍門等處。冀州三面邊河，兖州亦邊河，故先冀即究。揚。

禹治水，乃是自下而上了，又自上而下。後人以爲自上而下，此大不然。不先從下泄水，却先從上理會，下水泄未得，下當愈甚，是甚治水如此！

禹貢集義今當分解。如「冀州既載壺口，治梁及岐」，當分作三段，逐段下注地名，漢爲甚郡縣，唐爲甚郡縣，今爲甚郡縣。下文「既修太原，至于岳陽，覃懷底績，至于衡漳」，當爲一段；「厥土白壤」云云又爲一段；「碣石」云云又爲一段，方得子細。且先分細段解了，有解得成片者，方成片寫于後。黑水、弱水諸處皆須細分，不可作大段寫。

禹貢地理，不須大段用心，以今山川都不同了。理會禹貢，不如理會如今地理。如禹貢濟水，今皆變盡了。又江水無沲，又不至澧。九江亦無尋處。後人只白捉江州。又上數千里不説一句，及到江州，數千里間，連説數處，此皆不可曉者。禹貢但不可不知之。今地理亦不必過用心。今人説中原山川者，亦是皃説，不可見，無考處。舊鄭樵好説，後識中原者見之云，全不是。振。

因説「三江」之説多不同，銖問：「東坡之説如何？」曰：「東坡不曾親見東南水勢，只是意想硬説。且江漢之水到漢陽軍已合爲一，不應至揚州復言『三江』。薛士龍説震澤下有三江入海。疑它曾見東南水勢，説得恐是。」因問：「『味別地脈』之説如何？」曰：「禹治水，不知是要水有所歸不爲民害，還是只要辨味點茶，如陸羽之流；尋脈踏地，如後世風水之流耶！且太行山自西北發脈來爲天下之脊，此是中國大形勢。其底柱、王屋等山皆是太行山脚。今説者分陰陽列，言『道岍及岐，至于荆山』，山脈逾河而過，爲壺口、雷首、底柱、析城、王屋、碣石。則是荆山地脈却來做太行山脚，其所謂地脈尚説不通，況禹貢本非理會地脈耶！」銖。

禹貢西方、南方殊不見禹施工處，緣是山高，少水患。當時只分遣官屬，而不了事底記述得文字不整齊耳。某作九江彭蠡辯，禹貢大概可見於此。禹貢只載九江，無洞庭；今以其地驗之，有洞庭，無九江，則洞庭之爲九江無疑矣。洞庭、彭蠡冬月亦涸，只有數條江水在其中。義剛。

江陵之水，岳州之上是雲夢。又曰：「江陵之下，連岳州是雲夢。」節。

問：「岷山之分支，何以見？」曰：「只是以水驗之。大凡兩山夾行，中間必有水；兩水夾行，中間必有山。江出於岷山。岷山夾江兩岸而行，那邊一支去爲隴，他本云：「那邊一支去爲江北許多去處。」這邊一支爲湖南，又一支爲建康，又一支爲兩浙，而餘氣爲福建、二廣。」義剛。

問禹貢地理。曰：「禹貢『過』字有三義，有山過、水過、人過。如『過九江，至于敷淺原』，只是禹過此處去也。若曰山過、水過，便不通。」時舉。

因說禹貢，曰：「此最難說，蓋他本文自有繆誤處。且如漢水自是從今漢陽軍入江，下至江州，然後江西一帶江水流出，合大江。兩江下水相淤，故江西水出不得，溢爲彭蠡。上取漢水入江處有多少路。今言漢水『過三澨，至于大別，南入于江，東匯澤爲彭蠡』，全然不合！又如何去强解釋得？蓋禹當時只治得雍冀數州爲詳，南方諸水皆不親見。恐只是得之傳聞，故多遺闕，又差誤如此。今又不成說他聖人之經不是，所以難說。然自古解釋者紛紛，終是與他地上水不合。」又言：「孟子說『瀹濟漯而注諸海，決汝漢，排淮泗而注諸江』。據今水路及禹貢所載，惟漢入江，汝泗自入淮，而淮自入海，分明是誤。蓋一時牽於文勢，而不暇考其實耳。今人從而强爲之解釋，終是可笑！」雉。

「東匯澤爲彭蠡」，多此一句。節。

問銖：「理會得彭蠡否？」銖曰：「向來只據傳注，終未透達。」曰：「細看來，經文疑有差悮。恐禹當初必是不曾親到江東西，或遣官屬往視。又是時三苗頑弗即工，據彭蠡、洞庭之地，往往看得亦不子細。」因出三江說并山海經二條云：「此載得甚實。」又云：「浙江源疑出今婺源折嶺下。」銖。

問：「先生說鄭漁仲以『東爲北江入于海』爲羨文，是否？」曰：「然。今考之，不見北江所在。」問：「鄭說見之何書？」曰：「家中舊有之，是川本，今不知所在矣。」又云：「洪水之患，意者只是如今河決之類，故禹之用功處多在河，所以於兗州下記『作十有三載乃同』，此言專爲治河也。兗州是河患甚處，正今之澶衞州也。若其他江水，兩岸多是山石，想亦無汎濫之患，禹自不須大段去理會。」又云：「禹治水時，想亦不曾遍歷天下。如荆州乃三苗之國，不成禹一一皆到。往往是使官屬去彼，相視其山川，具其圖説以歸，然後作此一書爾。故今禹貢所載南方山川，多與今地面上所有不同。」廣。

地理最難理會，全合禹貢不著了。且如「岷山導江，東別爲沱」，今已不知沱所在。或云蜀中李冰所鑿一所，灌蔭蜀中數百里之田，恐是沱，則地勢又太上了。澧水下有一支江，或云是，又在澧下，太下了。又如「東匯澤爲彭蠡」，江亦不至此澤。敷淺原今又在德安，或恐在湖口左右。晁以道謂九江在湖口，謂有九江來此合。今以大江數之，則無許多；小數之，則又甚多，亦不知如何。揚。

薛常州作地志，不載揚豫二州。先生曰：「此二州所經歷，見古今不同，難下手，故不作。諸葛誠之要補之，以其只見册子上底故也。」揚。

李得之問薛常州九域圖。曰：「其書細碎，不是著書手段。『予決九川，距四海，濬畎澮距川。』聖人做事，便有大綱領：先決九川，距四海了，却逐旋爬疏小水，令至川。學者亦先識箇大形勢，如江、河、淮先合識得。渭水入河，上面漆、沮、涇等又入渭，皆是第二重事。桑欽、酈道元水經亦細碎。」因言：「天下惟三水最大：江河與混同江。混同江不知其所出，虜舊巢正臨此江，斜迤東南流入海。其下爲遼海。遼東、遼西，指此水而分也。」又言：「河東奥區，堯禹所居，後世德薄不能有。混同江猶自是來裏河東。」又言：「長安山生過鄜延，然長安却低，鄜延是山尾，却高。」又言：「收復燕雲時，不曾得居庸關，門却開在，所以不能守。然正使得之，亦必不能有也。」方子。學蒙録云：「因説薛氏九域志，曰：『也不成文字，細碎了。禹「決九川，距四海，濬畎澮距川」，這便是聖人做事綱領處。先決九川而距海，然後理會畎澮。論形勢，須先識大綱。如水，則中國莫大於河，南方莫大於江，涇渭則入河者也。先定箇大者，則小者便易考。』又曰：『天下有三大水，江、河、混同江是也。混同江在虜中，虜人之都，見濱此江。』」

## 胤征

問：「東坡疑胤征。」曰：「袁道潔考得是。太康失河北，至相方失河南。然亦疑羲、和是箇曆官，曠職，廢之誅之可也，何至誓師如此？大抵古書之不可考，皆此類也。」大雅。

## 湯誓

問：「『升自陑』，先儒以爲出其不意，如何？」曰：「此乃序説，經無明文。要之今不的見陑是何地，何以辨其正道、奇道？湯武之興，決不爲後世之譎詐。若陑是取道近，亦何必迂路？大抵讀書須求其要處，如人食肉，畢竟肉中有滋味。有人却要於骨頭上咀嚼，縱得些肉，亦能得多少？古人所謂『味道之腴』，最有理。」可學因問：「凡書傳中如此者，皆可且置之？」曰：「固當然。」可學。

## 仲虺之誥

問：「仲虺之誥似未見其釋湯慙德處。」曰：「正是解他。云『若苗之有莠，若粟之有秕』，他緣何道這幾句？蓋謂湯若不除桀，則桀必殺湯。如説『推亡固存處』，自是説伐桀。至『德日新』以下，乃是勉湯。又如『天乃錫王勇智』，他特地説『勇智』兩字，便可見。尚書多不可曉，固難理會。然這般處，古人如何説得恁地好！如今人做時文相似。」夔孫。

問：「禮義本諸人心，惟中人以下爲氣禀物欲所拘蔽，所以反着求禮義自治。若成湯，尚何須『以義制事，以禮制心』？」曰：「『湯武反之也』，便也是有些子不那底了。但他能恁地，所以爲湯。若不恁地，便是『惟聖罔念作狂』。聖人雖則説是『生知安行』，便只是常常恁地不已，所以不可及。若有一息不恁地，便也是凡人了。」問：「舜『由仁義行』，便是不操而自存否？」曰：「這都難説。舜只是不得似衆人恁地着心，自是操。」賀孫。

## 湯誥

湯武征伐，皆先自説一段義理。必大。

蔡懇問書所謂「降衷」。曰：「古之聖賢，才説出便是這般話。成湯當放桀之初，便説『惟皇上帝降衷于下民，若有常性，克綏厥猷惟后』。武王伐紂時便説：『惟天地萬物父母，惟人萬物之靈。亶聰明，作元后。元后作民父母。』傅説告高宗便説：『明王奉若天道，建邦設都，樹后王君公，承以大夫師長，不惟逸豫，惟以亂民。惟天聰明，惟聖時憲。』見古聖賢朝夕只見那天在眼前。」賀孫。

孔安國以「衷」爲「善」，便無意思。「衷」只是「中」，便與「民受天地之中」一般。泳。

問：「『天道福善禍淫』，此理定否？」曰：「如何不定？自是道理當如此。賞善罰惡，亦是理當如此。不如此，便是失其常理。」又問：「或有不如此者，何也？」曰：「福善禍淫，其常理也。若不如此，便是天也把捉不定了。」又曰：「天莫之爲而爲，它亦何嘗有意？只是理自如此。且如冬寒夏熱，此是常理當如此。若冬熱夏寒，便是失其常理。」又問：「失其常者，皆人事有以致之耶？抑偶然耶？」曰：「也是人事有以致之，也有是偶然如此時。」又曰：「大底物事也不會變，如日月之類。只是小小底物事會變。如冬寒夏熱之類。如冬間大熱，六月降雪是也。近年徑山嘗六七月大雪。僩。

## 總説伊訓太甲説命

商書幾篇最分曉可玩。太甲、伊訓等篇又好看似説命。蓋高宗資質高，傅説所説底細了，難看。若是伊尹與太甲説，雖是麤，却切於學者之身。太甲也不是箇昏愚底人，但「欲敗度，縱敗禮」爾。廣。

伊尹書及説命三篇，大抵分明易曉。今人觀書，且看他那分明底；其難曉者，且置之。政使曉得，亦不濟事。廣。

## 伊訓

「伊尹祠于先王」，若有服，不可入廟。必有「外丙二年，仲壬四年」。節。

問：「伊訓『伊尹祠于先王，奉嗣王祇見厥祖』。是時湯方在殯宮，太甲於朝夕奠常在，如何伊尹因祠而見之？」曰：「此與顧命、康王之誥所載冕服事同。意者，古人自有一件人君居喪之禮，但今不存，無以考據。蓋天子諸侯既有天下國家事體，恐難與常人一般行喪禮。」廣。

古書錯繆甚多，如史記載伊訓有「方明」二字，諸家遂解如「反祀方明」之類。某考之，只是「方」字之誤。「方」當作「乃」，即尚書所謂「乃明言烈祖之成德」也。雉。

「與人不求備，檢身若不及」，大概是湯急己緩人，所以引爲「日新」之實。泳。

「具訓于蒙士」，吴斗南謂古者墨刑人，以蒙蒙其首，恐不然。廣。

## 太甲

近日蔡行之送得鄭景望文集來，畧看數篇，見得學者讀書不去子細看正意，却便從外面説是與非。如鄭文亦平和純正，氣象雖好，然所説文字處，却是先立箇己見，便都説從那上去，所以昏了正意。如説伊尹放太甲，三五板只説箇「放」字。謂小序所謂「放」者，正伊尹之罪；「思庸」二字，所以雪伊尹之過，此皆是閑説。正是伊尹至誠懇惻告戒太甲處，却都不説，此不可謂善讀書，學者不可不知也。時舉。

伊尹之言極痛切，文字亦只有許多，只是重，遂感發得太甲如此。君陳後亦好，然皆寬了；多是代言，如今代王言者做耳。

「並其有邦，厥鄰乃曰：『徯我后，后來無罰！』」言湯與彼皆有土諸侯，而鄰國之人乃以湯爲我后，而徯其來。此可見湯得民心處。閎祖。

視不爲惡色所蔽爲明，聽不爲姦人所欺爲聰。節。

## 咸有一德

「『爰革夏正』，只是『正朔』之『正』。」賀孫因問：「伊尹説話自分明，間有數語難曉，如『爲上爲德，爲下爲民』之類。」曰：「伯恭四箇『爲』字都從去聲，覺得順。」賀孫因説：「如『逢君之惡』，也是爲上，而非是爲德；『爲宮室妻妾之奉』，也是爲下，而非是爲民。」曰：「然。伊尹告太甲，却是與尋常人説話，便恁地分曉，恁地切身。至今看時，通上下皆使得。至傅説告高宗，語意却深。緣高宗賢明，可以説這般話，故傅説輔之，説得較精微。伊尹告太甲，前一篇許多説話，都從天理窟中抉出許多話，分明説與他，今看來句句是天理。」又云：「非獨此，看得道理透，見得聖賢許多説話，都是天理。」又云：「伊尹説得極懇切，許多説話重重疊疊，説了又説。」賀孫。

問：「『左右惟其人』，何所指？」曰：「只是指親近之臣。『任官』是指任事底人也。『任官惟賢材』，多是『爲下爲民』底意思。『左右惟其人』，多是『爲上爲德』底意思。『其難其慎』，言人君任官須是賢材，左右須是得人，當難之慎之也。『惟和惟一』，言人臣爲上爲下，須是爲德爲民，必和必一，爲此事也。」銖。

至之問四「爲」字當作何音。曰：「四字皆作去聲。言臣之所以爲上，蓋爲君德也；臣之所以爲下者，蓋爲民也。『爲上』，猶言爲君。」銖。

論「其難其慎」，曰：「君臣上下，相與其難。」節。

問：「『德無常師，主善爲師；善無常主，協于克一。』或言主善人而爲師，若仲尼無常師之意，如何？」曰：「非也。横渠説『德主天下之善，善原天下之一』，最好。此四句三段，一段緊似一段。德且是大體説，有吉德，有凶德，然必主於善始爲吉爾。善亦且是大體説，或在此爲善，在彼爲不善；或在彼爲善，在此爲不善；或在前日則爲善，而今日則爲不善；或在前日則不善，而今日則爲善。惟須『協于克一』，是乃爲善，謂以此心揆度彼善爾。故横渠言『原』，則若善定於一耳，蓋善因一而後定也。德以事言，善以理言，一以心言。大抵此篇只是幾箇『一』字上有精神，須與細看。此心纔一，便終始不變而有常也。『協』字雖訓『合』字，却是如『以此合彼』之『合』，非『已相合』之『合』，與禮記『協於分藝』、書『協時月正日』之『協』同義，蓋若揆度參驗之意耳。張敬夫謂虞書『精一』四句與此爲尚書語之最精密者，而虞書爲尤精。」大雅。

「『德無常師，主善爲師；善無常主，協于克一。』上兩句是教人以其所從師，下兩句是教人以其所擇善而爲之師。」道夫問：「『協于克一』，莫是能主一則自默契于善否？」曰：

「『協』字難説，只是箇比對裁斷之義。蓋如何知得這善不善，須是自心主宰得定，始得。蓋有主宰，則是是非非，善善惡惡，瞭然於心目間，合乎此者便是，不合者便不是。橫渠云：『德主天下之善，善原天下之一。』這見得它説得極好處。蓋從一中流出者，無有不善。所以他伊尹從前面説來，便有此意，曰『常厥德』，曰『庸德』，曰『一德』，常、庸、一，只是一箇。」蜚卿謂：「一，恐只是專一之『一』？」曰：「如此則絶説不來。」道夫曰：「上文自謂『德惟一，動罔不吉；德二三，動罔不凶』。」曰：「纔尺度不定，今日長些子，明日短些子，便二三。」道夫曰：「到底説得來，只是箇定則明，明則事理見；不定則擾，擾則事理昏雜而不可識矣。」曰：「只是如此。」又曰：「看得道理多後，於這般所在，都寬平開出，都無礙塞。如蜚卿恁地理會數日，却只恁地，這便是看得不多，多少被他這箇十六字礙。」又曰：「今若理會不得，且只看自家每日一與不一時，便見。要之，今却正要人恁地理會，不得，又思量。但只當如橫渠所謂『濯去舊見，以來新意』。且放下着許多説話，只將這四句來平看，便自見。」又曰：「這四句極好看。南軒云：『自「人心惟危，道心惟微」數語外，惟此四句好。』但舜大聖人，言語渾淪；伊尹之言，較露鋒鋩得些。』説得也好。」頃之，又曰：「舜之語如春生，伊尹之言如秋殺。」道夫。

問：「橫渠言『德主天下之善，善原天下之一』，如何？」曰：「言一故善。一者，善之原也。『善無常主』，如言『前日之不受是，今日之受非也』；『協于克一』，如言『皆是也』。蓋均是善，但易地有不同者，故無常主。必是合于一，乃爲至善。一者，純一於理，而無二三之謂。一，則無私欲，而純乎義理矣。」銖。

「協于克一」，協，猶齊也。升卿。

## 説命

高宗夢傅説，據此，則是真有箇天帝與高宗對答，曰：「吾賚汝以良弼。」今人但以主宰説帝，謂無形象，恐也不得。若如世間所謂「玉皇大帝」，恐亦不可。畢竟此理如何，學者皆莫能答。僩。

夢之事，只説到感應處。高宗夢帝賚良弼之事，必是夢中有帝賚之説之類。只是夢中事，説是帝真賚，不得；説無此事，只是天理，亦不得。揚。

問：「高宗夢説，如伊川言，是有箇傅説便能感得高宗之夢。琮謂高宗『舊學于甘盤』，既乃『遯于荒野，入宅于河，自河徂亳』，其在民間久矣。當時天下有箇傅説，豈不知名？當『恭默思道』之時，往往形于夢寐，於是審象而求之。不然，賢否初不相聞，但據一時夢寐，便取來做宰相，或者於理未安。」曰：「『遯于荒野，入宅于河，自河徂亳』，是説高宗？是説甘盤？」衆未應。曰：「據來『暨厥終罔顯』，只是尋甘盤不見。然高宗『舊勞于外，爰暨小人』，亦嘗是在民間來。」琮。

「惟天聰明」至「惟干戈省厥躬」，八句各一義，不可牽連。天自是聰明。君自是用時憲。臣自是用欽順。民自是用從乂。口則能起羞。甲胄所以禦戎也，然亦能興戎；如秦築長城以禦胡，而致勝、廣之亂。衣裳者，賞也，在笥，猶云在箱篋中，甚言其取之易。如云爵者上之所擅，出於口而無窮；惟其予之之易，故必審其人果賢耶？果有功耶？則賞不妄矣。干戈，刑人之具，然須省察自家真箇是否，恐或因怒而妄刑人，或慮施之不審而無辜者被禍，則刑之施當矣。蓋衣裳之予在我，而必審其人之賢否；干戈施之於人，而必審自己之是非也。僩。

「惟口起羞」以下四句，皆是審。節。

口非欲起羞，而出言不當，則反足以起羞。甲胄本所以禦戎，而出謀不當，則反足以起戎。衣裳在笥，易以與人，不可不謹。干戈討有罪，則因以省身。

「惟甲胄起戎」，蓋不可有關防他底意。節。

「惟甲胄起戎」，如「歸與石郎謀反」是也。節。

「惟厥攸居」，所居，所在也。節。

南軒云：「『非知之艱，行之艱』，此特傅説告高宗爾。蓋高宗舊學甘盤，於義理知之亦多，故使得這説。若常人，則須以致知爲先也。」此等議論儘好。道夫。

「台小子舊學于甘盤，既乃遯于荒野」云云。東坡解作甘盤遯于荒野。據某看，恐只是高宗自言。觀上文曰「台小子」，可見。但不知當初高宗因甚遯于荒野？不知甘盤是甚樣人？是學箇甚麽？今亦不敢斷。但據文義，疑是如此。兼無逸云「高宗舊勞于外」，亦與此相應。想見高宗三年不言，「恭默思道」，未知所發；又見世間未有箇人强得甘盤，所以思得一大賢如傅説。高宗若非傅説，想不能致當日之治；傅説若非高宗，亦不能有所爲，故曰「惟后非賢不乂，惟賢非后不食」，言必相須也。僩。

經籍古人言「學」字，方自説命始有。

「『惟學遜志，務時敏』至『厥德修罔覺』」。遜志者，遜順其志，捺下這志，入那事中，子細低心下意，與它理會。若高氣不伏，以爲無緊要，不能入細理會得，則其修亦不來矣。既遜其志，又須時敏，若似做不做，或作或輟，亦不濟事。須是『遜志務時敏』，則『厥修乃來』。爲學之道，只此二端而已。又戒以『允懷于兹』二者，則道乃積于厥躬。積者，來得件數多也。『惟斅學半』，蓋已學既成，居于人上，則須教人。自學者，學也，而教人者亦學。蓋初學得者是半；既學而推以教人，與之講説，已亦因此温得此段文義，是斅之功亦半也。『念終始典于學』，始之所學者，學也；終之所以教人者，亦學也。自學，教人，無非是學。自始至終，日日如此，忽不自知其德之修矣。」或舉葛氏解云：「傅說與王說『我教你者，只是一半事，那一半要你自去行取』，故謂之終始。」曰：「某舊爲同安簿時，學中一士子作書義如此說。某見它說得新巧，大喜之。後見俞子才跋某人說命解後，亦引此說。」又曰：「傅說此段說爲學工夫極精密，伊尹告太甲者極痛切。」僩。

「遜志」，則無所墜落。志不低，則必有漏落在下面。節。

問爲學「遜志」、「以意逆志」之分。曰：「『遜志』是小著這心，去順那事理，自然見得出。『逆志』是將自家底意去推迎等候他志，不似今人硬將此意去捉那志。」僩。

因說「斅學半」，曰：「近見俞子才跋說命云：『教只斅得一半，學只學得一半，那一半教人自理會。』伯恭亦如此說。某舊在同安時，見士人作書義如此說，夔孫録云：「某看見古人說話，不如此險。」先說『王，人求多聞，時惟建事』，此是人君且學且斅，一面理會教人，一面窮義理。後面說『監于成憲，其永無愆』數語，是平正實語；不應中間翻空一句，如此深險。夔孫録云：「言語皆平正，皆是實語，不應得中間翻一箇筋斗去。」如說斅只得一半，不成那一半掉放冷處，教他自得。此語全似禪語，只當依古注。」夔孫録云：「此却似禪語。五通仙人問佛六通，『如何是那一通』？那一通便是妙處。且如學記引此，亦只是依古注說。」賜。

## 西伯戡黎

「西伯戡黎」，便是這箇事難判斷。觀戡黎，大故逼近紂都，豈有諸侯而敢稱兵於天子之都乎？看來文王只是不伐紂耳，其他事亦都做了，如伐崇、戡黎之類。韓退之拘幽操云：「臣罪當誅兮，天王聖明！」伊川以爲此説出文王意中事。嘗疑這箇説得來太過。據當日事勢觀之，恐不如此。若文王終守臣節，何故伐崇？只是後人因孔子「以服事殷」一句，遂委曲回護箇文王，説教好看，殊不知孔子只是説文王不伐紂耳。嘗見雜説云：「紂殺九侯，鄂侯争之强，辯之疾，併醢鄂侯。西伯聞之竊歎，崇侯虎譖之曰：『西伯欲叛。』紂怒，囚之羑里。西伯歎曰：『父有不慈，子不可以不孝；君有不明，臣不可以不忠。豈有君而可叛者乎？』於是諸侯聞之，以西伯能敬上而恤下也，遂相率而歸之。」看來只這段説得平。僩。

## 泰誓

柯國材言：「序稱『十有一年』，史辭稱十有三年。書序不足憑。至洪範謂『十有三祀』，則是十三年明矣。使武王十一年伐殷，到十三年方訪箕子，不應如是之緩。」此説有理。伯羽。高録云：「見得釋箕子囚了，問他。若十一年釋了，十三年方問他，恐不應如此遲。」

同安士人杜君言：「泰誓十一年，只是悮了。經十三年爲正，洪範亦是十三祀訪箕子。」先生云：「恐無觀兵之事。然文王爲之，恐不似武王，只待天下自歸了。紂無人與他，只自休了。東坡武王論亦有此意。武王則待不得也。」揚。

石洪慶問：「尚父年八十方遇西伯，及武王伐商，乃即位之十三年，又其後就國，高年如此！」曰：「此不可考。」因云，泰誓序「十有一年，武王伐殷」，經云「十有三年春，大會于孟津」，序必差悮。説者乃以十一年爲觀兵，尤無義理。舊有人引洪範「十有三祀，王訪于箕子」，則十一年之誤可知矣。人傑。

「亶聰明作元后，元后作民父母。」須是剛健中正出人意表之君，方能立天下之事。如創業之君能定禍亂者，皆是智勇過人。人傑。

或問：「『天視自我民視，天聽自我民聽』，天便是理否？」曰：「若全做理，又如何説自我民視、聽？這裏有些主宰底意思。」

莊仲問：「『天視自我民視，天聽自我民聽』，謂天即理也。」曰：「天固是理，然蒼蒼者亦是天，在上而有主宰者亦是天，各隨他所説。今既曰視聽，理又如何會視聽？雖説不同，又却只是一箇。知其同，不妨其爲異；知其異，不害其爲同。嘗有一人題分水嶺，謂水不曾分。某和其詩曰：『水流無彼此，地勢有西東。若識分時異，方知合處同。』」文蔚。疑與上條同聞。

## 武成

問：「武成一篇，編簡錯亂。」曰：「新有定本，以程先生、王介甫、劉貢父、李叔易諸本推究甚詳。」僩。

顯道問：「紂若改過遷善，則武王當何以處之？」曰：「他別自從那一邊去做。他既稱王，無倒殺，只着自去做。」義剛。

## 洪範

江彝叟疇問：「洪範載武王勝殷殺紂，不知有這事否？」曰：「據史記所載，雖不是武王自殺，然説斬其頭懸之，亦是有這事。」又問「血流漂杵」。曰：「孟子所引雖如此，然以書考之，『前徒倒戈，攻于後以北』，是殷人自相攻，以致血流如此之盛。觀武王興兵，初無意於殺人，所謂『今日之事，不愆於六伐、七伐，乃止齊焉』是也。武王之言，非好殺也。」卓。

問：「『勝殷殺受』之文是如何？」曰：「看史記載紂赴火死，武王斬其首以懸于旌，恐未必如此。書序，某看來煞有疑。相傳都説道夫子作，未知如何。」賀孫。

問：「『鯀則殛死，禹乃嗣興。』禹爲鯀之子，當舜用禹時，何不逃走以全父子之義？」曰：「伊川説，殛死只是貶死之類。」德明。

問：「鯀既被誅，禹又出而委質，不知如何？」曰：「蓋前人之愆。」又問：「禹以鯀爲有罪，而欲蓋其愆，非顯父之惡否？」曰：「且如而今人，其父打碎了箇人一件家事，其子買來填還，此豈是顯父之過！」自修。

説洪範：「看來古人文字，也不被人牽强説得出。只自恁地熟讀，少間字字都自會着實。」又云：「今人只管要説治道，這是治道最緊切處。這箇若理會不通，又去理會甚麽零碎碎！」道夫。

問洪範諸事。曰：「此是箇大綱目，天下之事，其大者大概備於此矣。」問「皇極」。曰：「此是人君爲治之心法。如周公一書，只是箇八政而已。」僩。

凡數自一至五，五在中；自九至五，五亦在中。戴九履一，左三右七，五亦在中。又曰：「若有前四者，則方可以建極：一五行，二五事，三八政，四五紀是也。後四者却自皇極中出。三德是皇極之權，人君所嚮用五福，所威用六極，此曾南豐所説。諸儒所説，惟此説好。」又曰：「皇，君也；極，標準也。皇極之君，常滴水滴凍，無一些不善。人却不齊，故曰『不協于極，不罹于咎』。『天子作民父母，以爲天下王』，此便是『皇建其有極』。」又曰：「尚書前五篇大概易曉。後如甘誓、胤征、伊訓、太甲、咸有一德、説命，此皆易曉，亦好。此是孔氏壁中所藏之書。」又曰：「看尚書，漸漸覺曉不得，便是有長進。若從頭至尾解得，便是亂道。高宗肜日是最不可曉者，西伯戡黎是稍稍不可曉者。太甲大故亂道，故伊尹之言緊切；高宗稍稍聰明，故説命之言細膩。」又曰：「讀尚書有一箇法，半截曉不得。曉得底看；曉不得底且闕之，不可强通，强通則穿鑿。」又曰：「『敬敷五教在寬』，只是不急迫，慢慢地養他。」節。

洛書本文只有四十五點。班固云六十五字，皆洛書本文。古字畫少，恐或有模樣，但今無所考。漢儒説此未是，恐只是以義起之，不是數如此。蓋皆以天道人事參互言之。五行最急，故第一；五事又參之於身，故第二；身既修，可推之於政，故八政次之；政既成，又驗之於天道，故五紀次之；又繼之皇極居五，蓋能推五行，正五事，用八政，修五紀，乃可以建極也；六三德，乃是權衡此皇極者也；德既修矣，稽疑庶徵繼之者，著其驗也；又繼之以福極，則善惡之効，至是不可加矣。皇極非大中，皇乃天子，極乃極至，言皇建此極也。東西南北，到此恰好，乃中之極，非中也。但漢儒雖説作「中」字，亦與今不同，如云「五事之中」是也。今人説「中」，只是含胡依違，善不必盡賞，惡不必盡罰。如此，豈得謂之中！可學。

天下道理，只是一箇包兩箇。易便只説到八箇處住。洪範説得十數住。五行五箇，便有十箇：甲乙便是兩箇木，丙丁便是兩箇火，戊己便是兩箇土，金、水亦然。所謂「兼三才而兩之」，便都是如此。大學中「明明德」，便包得「格物、致知、誠意、正心、修身」五箇；「新民」，便包得「齊家、治國、平天下」三箇。自暗室屋漏處做去，到得無所不周，無所不徧，都是這道理。自一心之微，以至於四方之遠，天下之大，也都只是這箇。義剛。

箕子爲武王陳洪範，首言五行，次便及五事。蓋在天則是五行，在人則是五事。僩用。

自「水曰潤下」，至「稼穡作甘」，皆是二意：水能潤，能下；火能炎，能上；金曰「從」，曰「革」，從而又能革也。德明。

忽問：「如何是『金曰從革』？」對曰：「是從己之革。」曰：「不然，是或從，或革耳。從者，從所鍛制；革者，又可革而之他，而其堅剛之質，依舊自存，故與『曲直』、『稼穡』皆成雙字。『炎上』者，上字當作上聲；『潤下』者，下字當作去聲，亦此意。」大雅。

「金曰從革」，一從一革，互相變而體不變。且如銀，打一隻盞，便是從；更要別打作一件家事，便是革。依舊只是這物事，所以云體不變。僩。

「從革作辛」，是其氣割辣。「曲直作酸」，今以兩片木相擦則齒酸，是其驗也。夔孫。

問：「視聽言動，比之洪範五事，動是『貌』字否，如『動容貌』之謂？」曰：「思也在這裏了。『動容貌』是外面底，心之動便是思。」又問五行比五事。曰：「曾見吳仁傑說得也順。它云，貌是水，言是火，視是木，聽是金，思是土。將庶徵來說，便都順。」問：「貌如何是水？」曰：「它云，貌是濕潤底，便是水，故其徵便是『肅，時雨若』。洪範乃是五行之書，看得它都是以類配得。到五福、六極，也是配得，但是畧有不齊。」問：「皇極五福，即是此五福否？」曰：「便只是這五福。如『斂時五福，用敷錫厥庶民』，斂底，即是盡得這五事。以此錫庶民，便是使民也盡得此五事。盡得五事，便有五福。」夔孫。

問五行所屬。曰：僩録云：「問：『形質屬土？』曰：『從前如此說。』」「舊本謂雨屬木，暘屬金，及與五事相配，皆錯亂了。吳斗南說雨屬水，暘屬火，燠屬木，寒屬金，風屬土。看來雨只得屬水自分曉，如何屬木？」問：「寒如何屬金？」曰：「他討得證據甚好。左傳云：『金寒玦離。』又，貌言視聽思，皆是以次相屬。」問：「貌如何屬水？」曰：「容貌須光澤，故屬水；言發於氣，故屬火，眼主肝，故屬木；金聲清亮，故聽屬金。」問：「凡上四事，皆原於思，亦猶水火木金皆出於土也。」曰：「然。」又問：「禮如何屬火？」曰：「以其光明。」問：「義之屬金，以其嚴否？」曰：「然。」胡泳。

「視曰明」，是視而便見之謂明；「聽曰聰」，是聽而便聞之謂聰；「思曰睿」，是思而便通之謂睿。道夫。

伯模云：「老蘇著洪範論，不取五行傳；而東坡以爲漢儒五行傳不可廢。此亦自是。既廢，則後世有忽天之心。」先生曰：「漢儒也穿鑿。如五事，一事錯，則皆錯，如何却云聽之不聰，則某事應；貌之不恭，則某事應？」道夫。

「五皇極」，只是説人君之身，端本示儀於上，使天下之人則而效之。聖人固不可及，然約天下而使之歸于正者，如「皇則受之」，「則錫之福」也。所謂「遵王之義」、「遵王之道」者，天下之所取法也。人君端本，豈有他哉？修於己而已。一五行，是發原處；二五事，是總持處；八政，則治民事；五紀，則協天運也；六三德，則施爲之撙節處；七稽疑，則人事已至，而神明其德處；庶徵，則天時之徵驗也；五福、六極，則人事之徵驗也。其本皆在人君之心，其責亦甚重矣。「皇極」，非説大中之道。若説大中，則皇極都了，五行、五事等皆無歸着處。又云：「便是『篤恭而天下平』之道。天下只是一理；聖賢語言雖多，皆是此理。如尚書中洛誥之類，有不可曉處多。然間有説道理分曉處，不須訓釋，自然分明。如云『王敬作所不可不敬德』、『肆惟王其疾敬德』、『不敢替厥義德』等語是也。」人傑。㽦録詳見下。

「皇極」二字，皇是指人君，極便是指其身爲天下做箇樣子，使天下視之以爲標準。

「無偏無黨」以下數語，皆是皇之所建，皆無偏黨好惡之私。天下之人亦當無作好作惡，便是「遵王之道」、「遵王之路」，皆會歸于其極，皆是視人君以爲歸。下文「是彝是訓，于帝其訓」，「是訓是行，以近天子之光」，說得自分曉。「天子作民父母，以爲天下王」，則許多道理盡在此矣。但緣聖人做得樣子高大，人所難及，而不可以此盡律天下之人，雖「不協于極」，但「不罹于咎」者，皇亦受之。至於「而康而色」，自言「好德」者，亦錫之福。極，不可以「大中」訓之，只是前面五行、五事、八政、五紀是已，却都載在人君之身，包括盡了。五行是發源處，五事是操持處，八政是修人事，五紀是順天道，就中以五事爲主。視明聽聰，便是建極，如明如聰，只是合恁地。三德，亦只是就此道理上爲之權衡，或放高，或捺低，是人事盡了。稽疑，又以卜筮參之。若能建極，則推之於人，使天下皆享五福；驗之於天，則爲休徵。若是不能建極，則其在人事便爲六極，在天亦爲咎徵。其實都在人君身上，又不過「敬用五事」而已，此即「篤恭而天下平」之意。以是觀之，人君之所任者，豈不重哉！如此，則九疇方貫通爲一。若以「大中」言之，則九疇散而無統。大抵諸書初看其言，若不勝其異，無理會處；究其指歸，皆只是此理。如召誥中，其初說許多言語艱深難曉，却緊要處，只是「惟王不可不敬德」而已。僴。

問：「先生言『皇極』之『極』不訓中，只是標準之義。然『無偏無黨』，『無反無側』，亦有中意？」曰：「只是箇無私意。」問：「『準標之義』如何？」曰：「此是聖人正身以作民之準則。」問：「何以能斂五福？」曰：「當就五行、五事上推究。人君修身，使貌恭，言從，視明，聽聰，思睿，則身自正。五者得其正，則五行得其序；以之稽疑，則『龜從，筮從，卿士從，庶民從』；在庶徵，則有休徵，無咎徵。和氣致祥，有仁壽而無鄙夭，便是五福；反是則福轉爲極。陸子靜荆門軍曉諭乃是斂六極也！」德明。

先生問曹：「尋常說『皇極』如何？」曹云：「只說作『大中』。」曰：「某謂不是『大中』。皇者，王也；極，如屋之極；言王者之身可以爲下民之標準也。貌之恭，言之從，視明聽聰，則民觀而化之，故能使天下之民『無有作好，而遵王之道；無有作惡，而遵王之路』；王者又從而斂五者之福，而錫之於庶民。斂者，非取之於外，亦自吾身先得其正，然後可以率天下之民以歸于正，此錫福之道也。」卓。

中，不可解做極。極無中意，只是在中，乃至極之所，爲四向所標準，故因以爲中。如屋極，亦只是在中，爲四向所準。如建邦設都以爲民極，亦只是中天下而立，爲四方所標準。如「粒我蒸民，莫匪爾極」，來牟豈有中意！亦只是使人皆以此爲準。如北極，如宸極，皆然。若只說中，則殊不見極之義矣。淳。

「皇極」，如「以爲民極」。標準立於此，四方皆面内而取法。皇，謂君也；極，如屋極，陰陽造化之總會樞紐。極之爲義，窮極極至，以上更無去處。閎祖。

「極，盡也。」先生指前面香桌：「四邊盡處是極，所以謂之四極。四邊視中央，中央即是極也。堯都平陽，舜都蒲坂，四邊望之，一齊看着平陽、蒲坂。如屋之極，極高之處，四邊到此盡了，去不得，故謂之『極』。宸極亦然。至善亦如此。應于事到至善，是極盡了，更無去處。『故君子無所不用其極』。書之『皇極』，亦是四方所瞻仰者。皇，有訓大處，惟『皇極』之『皇』不可訓大。皇，只當作君，所以説『遵王之義』、『遵王之路』，直説到後面『以爲天下王』，其意可見。蓋『皇』字下從『王』。」泳。

今人將「皇極」字作「大中」解了，都不是。「皇建其有極」，不成是大建其有中；「時人斯其惟皇之極」，不成是時人斯其惟大之中！皇，須是君；極，須是人君建一箇表儀於上。且如北極是在天中，喚作北中不可；屋極是在屋中，喚作屋中不可。人君建一箇表儀於上，便有肅、乂、哲、謀、聖之應。五福備具，推以與民；民皆從其表儀，又相與保其表儀。下文「凡厥庶民」以下，言人君建此表儀，又須知天下有許多名色人，須逐一做道理處著始得。於是有「念之」、「受之」、「錫之福」之類，隨其人而區處之。大抵「皇極」是建立一箇表儀後，又有廣大含容、區處周備底意思。嘗疑「正人」「正」字，只是中常之人，此等人須是富，方可與爲善，與「無常産有常心」者有異。「有能」、「有爲」，是有才之人；「有猷」、

「有爲」、「有守」，是有德之人。「無偏無陂」以下，只是反復歌詠。若細碎解，都不成道理。璘。

東坡書傳中説得「極」字亦好。畬。

「無有作好」，「無有作惡」，謂好所當好，惡所當惡，不可作爲耳。必大。

問：「箕子陳洪範，言『彝倫攸叙』。見事事物物中，得其倫理，則無非此道。非道便無倫理。」曰：「固是。曰『王道蕩蕩』，又曰『王道平平』；曰『無黨無偏』，又曰『無偏無黨』，只是一箇道，如何如此反復説？只是要得人反覆思量入心來，則自有所見矣。」大雅。

「會其有極，歸其有極」，「會」、「歸」字無異義，只是重疊言之。與既言「無偏無黨」，又言「無黨無偏」，無別説也。

符叙舜功云：「象山在荆門，上元須作醮，象山罷之。勸諭邦人以福不在外，但當求之内心。於是日入道觀，設講座，説『皇極』，令邦人聚聽之。次日，又畫爲一圖以示之。」先生曰：「人君建極，如箇標準。如東方望也如此，西方望也如此，南方望也如此，北方望也如此，莫不取則於此，如周禮『以爲民極』，詩『維民之極』、『四方之極』，都是此意。中固在其間，而極不可以訓中。漢儒注説『中』字，只説『五事之中』，猶未爲害，最是近世説『中』字不是。近日之説，只要含胡苟且，不分是非，不辨黑白，遇當做底事，只畧畧做些，不要做盡。此豈聖人之意！」又云：「洪範一篇，首尾都是歸從『皇極』上去。蓋人君以一身爲至極之標準，最是不易。又須『斂是五福』，所以斂聚五福，以爲建極之本。又須是敬五事，順五行，厚八政，協五紀，以結裹箇『皇極』。又須乂三德，使事物之接，剛柔之辨，須區處教合宜。稽疑便是考之於神，庶徵是驗之於天，五福是體之於人。這下許多，是維持這『皇極』。『正人』，猶言中人，是平平底人，是有常産方有常心底人。」又云：「今人讀書麤心大膽，如何看得古人意思？如說『八庶徵』，這若不細心體識，如何會見得？『肅，時雨若。』肅是恭肅，便自有滋潤底意思，所以便說時雨順應之。『乂，時暘若。』乂是整治，便自有開明底意思，所以便說時暘順應之。『哲，時燠若。』哲是普照，便自有和暖底意思。『謀，時寒若。』謀是藏密，便自有寒結底意思。『聖，時風若。』聖則通明，便自有爽快底意思。」符云：「謀自有顯然著見之謀，聖是不可知之妙，不知於寒於風，果相關否？」曰：「凡看文字，且就地頭看，不可將大底便來壓了。箕子所指『謀』字，只是且說密謀意思；『聖』，只是說通明意思，如何將大底來壓了便休！如說喫棗，固是有大如瓜者；且就眼下說，只是常常底棗。如煎藥合用棗子幾箇，自家須要說棗如瓜大，如何用得許多！人若心下不細，如何讀古人書！洪範庶徵固不是定如漢儒之說，必以爲有是應必有是事。多雨之徵，必推說道是某時做某事不肅，所以致此。爲此必然之說，所以教人難盡信。但古人意精密，只於五事上體察是有此理。如荆公，又却要一齊都不消説感應，但把『若』字做『如似』字義説，做譬喻説了，也不得。荆公固是也説道此事不足驗，然而人主自當謹戒。如漢儒必然之説固不可，如荆公全不相關之説亦不可。古人意思精密，恐後世見未到耳。」因云：「古人意思精密，如易中八字『剛柔、終始、動静、往來』，只這七八字，移換上下添助語，此多少精微有意味！見得象、象極分明。」賀孫。

三衢夏唐老作九疇圖，因執以問。讀未竟，至所謂「皆天也，非人之所能爲也」，遂指前圖子云：「此乃人爲，安得而皆天也！洪範文字最難作，向來亦將天道人事分配爲之，後來覺未盡，遂已之。直是難以私意安排。若只管外邊出意推將去，何所不可，只是理不如此。蘇氏以皇極之建，爲雨、暘、寒、燠、風之時，皇極不建則反此。漢儒之説尤疏，如以五般皇極配庶徵，却外邊添出一箇皇極，或此邊減却一箇庶徵。自增自損，皆出己意。然此一篇文字極是不齊整，不可曉解。如『五福』對『六極』：『一曰壽』正對『凶短折』，『二曰富』，正對『貧』『三曰康寧』對『疾與弱』，皆其類也。『攸好德』却對『惡』，參差不齊，不容布置。如曰『斂時五福，錫厥庶民』，不知如何斂？又復如何錫？此只是順五行，不違五事，自己立標準以示天下，使天下之人得以觀感而復其善爾。今人皆以『皇極』爲『大中』，最無義理。如漢儒説『五事之中』，固未是，猶似勝此。蓋皇者，君之稱也。如『皇則受之』、『皇建其極』之類，皆不可以『大』字訓『皇』字。『中』亦不可以訓『極』。『極』雖有『中』底意思，但不可便以爲『中』，只訓得『至』字。如『北極』之『極』，『以爲民極』之『極』，正是『中天下而立』之意。謂四面湊合，至此更無去處。今即以『皇極』爲『大中』者，更不賞善，亦不罰惡，好善惡惡之理，都無分别，豈理也哉！」謨。

「彊弗友」，以剛克之；「燮友」，柔克之，此治人也。資質沈潛，以剛克之；資質高明，以柔克之，此治己也。燾。

「沈潛剛克，高明柔克。」克，治也。言人資質沈潛者，當以剛克之；資質高明者，當以柔克之。此説爲勝。僩。

「衍忒。」衍，疑是過多剩底意思；忒，是差錯了。僩。

洪範却可理會天人相感。庶徵可驗，以類而應也。秦時六月皆凍死人。

「一極備凶，一極無凶。」多些子不得，無些子不得。泳。

「王省惟歲」，言王之所當省者，一歲之事。卿士所省者，一月之事。以下皆然。僩。

問「王省惟歲，卿士惟月，師尹惟日」。曰：「此但言職任之大小如此。」又問：「『庶民惟星』一句解不通，并下文『星有好風，星有好雨』，意亦不貫。」曰：「『家用不寧』以上，自結上文了，下文却又説起星，文意似是兩段云云。」又問「箕星好風，畢星好雨」。曰：「箕，只是簸箕。以其簸揚而鼓風，故月宿之則風。古語云：『月宿箕，風揚沙。』畢是叉網，漉魚底叉子；又，鼎中漉肉叉子，亦謂之畢。凡以畢漉魚肉，其汁水淋漓而下若雨然，畢星名義蓋取此。今畢星上有一柄，下開兩叉，形狀亦類畢，故月宿之則雨。漢書謂月行東北入軫，若東南入箕則風。所以風者，蓋箕是南方，屬巽，巽爲風，所以好風。恐未必然。」僩。

「庶民惟星」，庶民猶星也。燾。

問「五福、六極」。曰：「民之五福，人君當嚮之；民之六極，人君當畏之。」燾。

「五福六極」，曾子固説得極好。洪範，大概曾子固説得勝如諸人。僩。

凶：短，折。兩事。惡、弱。惡是自暴，弱是自棄。燾。

## 旅獒

「近諸孫將旅獒來讀。是時武王已八十餘歲矣。太保此書諄諄如教小兒相似。若自後世言之，則爲非所宜言，不尊君矣。」銖問：「『人不易物』之『易』，合如字？合作去聲？」曰：「看上文意，則當作如字讀。但『德盛不狎侮』又難説。」又問：「『志以道寧，言以道接』，『接』字如何？」曰：「接者，酬應之謂，言當以道酬應也。」志，我之志；言，人之言。銖。

「人不易物，惟德其物」，易，改易也。言人不足以易物，惟德足以易物，德重而人輕也。人，猶言位也，謂居其位者。如寶玉雖貴，若有人君之德，則所錫賚之物斯足貴；若無其德，則雖有至寶以錫諸侯，亦不足貴也。僩。

## 金縢

林聞一問：「周公代武王之死，不知亦有此理否？」曰：「聖人爲之，亦須有此理。」木之。

「是有丕子之責于天。」責，如「責侍子」之「責」。周公之意云，設若三王欲得其子服事於彼，則我多才多藝，可以備使令，且留武王以鎮天下也。人傑。

成王方疑周公，二年之間，二公何不爲周公辨明？若天不雷電以風，二公終不進説矣。當是時，成王欲誚周公而未敢。蓋周公東征，其勢亦難誚他。此成王雖深疑之，而未敢誚之也。若成王終不悟，周公須有所處矣。人傑。

問：「周公作鴟鴞之詩以遺成王，其辭艱苦深奥，不知成王當時如何理會得？」曰：「當時事變在眼前，故讀其詩者便知其用意所在。自今讀之，既不及見當時事，所以謂其詩難曉。然成王雖得此詩，亦只是未敢誚公，其心未必能遂無疑。及至雷風之變，啓金縢之書後，方始釋然開悟。」先生却問必大曰：「成王因何知有金縢後去啓之？」必大曰：「此二公贊之也。」又問：「二公何故許時不説？若雷不響，風不起時，又如何？」必大曰：「聞之吕大著云：『此見二公功夫處。二公在裏面調護，非一日矣，但他人不得而知耳。』」曰：「伯恭愛説一般如此道理。」必大問：「其説畢竟如何？」曰：「是時周公握了大權，成王自是轉動周公未得。便假無風雷之變，周公亦須別有道理。」李懷光反，其子璀告德宗曰：「臣父能危陛下，陛下不能制臣父。」借此可見當時事勢。然在周公之事，則不過使成王終於省悟耳。必大。

書中可疑諸篇，若一齊不信，恐倒了六經。如金縢亦有非人情者，「雨，反風，禾盡起」，也是差異。成王如何又恰限去啓金縢之書？然當周公納策於匱中，豈但二公知之？盤庚更没道理。從古相傳來，如經傳所引用，皆此書之文，但不知是何故説得都無頭。且如今告諭民間一二事，做得幾句如此，他曉得曉不得？只説道要遷，更不説道自家如何要遷，如何不可以不遷。萬民因甚不要遷？要得人遷，也須説出利害，今更不説。吕刑一篇，如何穆王説得散漫，直從苗民蚩尤爲始作亂説起？若説道都是古人元文，如何出於孔氏者多分明易曉，出於伏生者都難理會？賀孫。

## 大誥

大誥一篇不可曉。據周公在當時，外則有武庚、管、蔡之叛，内則有成王之疑，周室方且岌岌然。他作此書，決不是備禮苟且爲之，必欲以此聳動天下也。而今大誥大意，不過説周家辛苦做得這基業在此，我後人不可不有以成就之而已。其後又却專歸在卜上，其意思緩而不切，殊不可曉。廣。

因言武王既克紂，武庚、三監及商民畔，曰：「當初紂之暴虐，天下之人胥怨，無不欲誅之。及武王既順天下之心以誅紂，於是天下之怨皆解，而歸周矣。然商之遺民及與紂同事之臣，一旦見故主遭人殺戮，宗社爲墟，寧不動心！茲固畔心之所由生也。蓋始苦於紂之暴而欲其亡，固人之心。及紂既死，則怨已解，而人心復有所不忍，亦事勢人情之必然者。又況商之流風善政，畢竟尚有在人心者。及其頑民感紂恩意之深，此其所以畔也。云云。後來樂毅伐齊，亦是如此。」僩。

「王若曰」，「周公若曰」，「若」字只是一似如此説底意思，如漢書中「帝意若曰」之類。蓋或宣道德意者敷演其語，或紀録者失其語而追記其意如此也。僩。

書中「弗弔」字，只如字讀。解者欲訓爲至，故音的，非也。其義正如詩中所謂「不弔昊天」耳，言不見憫弔於上帝也。僩。

「棐」字與「匪」字同。據漢書。敬仲。

「忱」，「諶」字，只訓「信」。「天棐忱」，如云天不可信。僩。

## 總論康誥梓材

康誥、梓材、洛誥諸篇，煞有不可曉處，今人都自强解説去。伯恭亦自如此看。伯恭説，書自首至尾，皆無一字理會不得。且如書中注家所説，錯處極多。如「棐」字，並作「輔」字訓，更曉不得。後讀漢書，顏師古注云：「匪」、「棐」通用。如書中有「棐」字，止合作「匪」字義。如「率乂于民棐彝」，乃是率治于民非常之事。賀孫。

「康誥三篇，此是武王書無疑。其中分明説：『王若曰：「孟侯，朕其弟，小子封。」』豈有周公方以成王之命命康叔，而遽述己意而告之乎？決不解如此！五峯、吳才老皆説是武王書。只緣誤以洛誥書首一段置在康誥之前，故叙其書於大誥、微子之命之後。」問：「如此，則封康叔在武庚未叛之前矣。」曰：「想是同時。商畿千里，紂之地亦甚大，所封必不止三兩國。周公使三叔監殷，他却與武庚叛，此是一件大疏脱事。若當時不便平息，模樣做出西晉初年時事。想見武庚日夜去説誘三叔，以爲周公，弟也，却在周作宰相；管叔，兄也，却出監商，故管叔生起不肖之心如此。」廣。

康誥、酒誥是武王命康叔之詞，非成王也。如「朕其弟，小子封」。又曰：「乃寡兄勗。」猶今人言「劣兄」也。故五峯編此書於皇王大紀，不屬成王而載於武王紀也。至若所謂「惟三月哉生魄，周公初基，作新大邑于東國洛」，至「乃洪大誥治」，自東坡看出，以爲非康誥之詞。而梓材一篇則又有可疑者。如「稽田垣墉」之喻，却與「無相戕，無胥虐」之類不相似。以至於「欲至于萬年，惟王子子孫孫永保民」，却又似洛誥之文，乃臣戒君之詞，非酒誥語也。道夫。

## 康誥

「惟三月哉生魄」一段，自是脱落分曉。且如「朕弟」、「寡兄」，是武王自告康叔之辭無疑。蓋武王，周公、康叔同叫作兄。豈應周公對康叔一家人説話？安得叫武王作「寡兄」，以告其弟乎！蓋「寡」者，是向人稱我家、我國長上之辭也。只被其中有「作新大邑于周」數句，遂牽引得序來作成王時書。不知此是脱簡。且如梓材是君戒臣之辭，而後截又皆是臣戒君之辭。要之，此三篇斷然是武王時書。若是成王，不應所引多文王而不及武王。且如今人才説太祖，便須及太宗也。又曰：「某嘗疑書注非孔安國作。蓋此傳不應是東晉方出，其文又皆不甚好，不似西漢時文。」義剛。

問：「『生明』、『生魄』如何？」曰：「日爲魂，月爲魄。魄是黯處。魄死則明生，書所謂『哉生明』是也。老子所謂『載營魄』，載，如車載人之載。月受日之光，魂加於魄，魄載魂也。明之生時，大盡則初二，小盡則初三。月受日之光常全，人在下望之，却見側邊了，故見其盈虧不同。或云月形如餅，非也。筆談云，月形如彈圓，其受光如粉塗一半；月去日近則光露一眉，漸遠則光漸大。且如日在午，月在酉，則是近一遠三，謂之弦。至日月相望，則去日十矣。既謂之『既望』，日在西而月在東，人在下面，得以望見其光之全。月之中有影者，蓋天包地外，地形小，日在地下，則月在天中；日甚大，從地四面光起，他本作「衝上」。其影則地影也。地礙日之光，世所謂『山河大地影』是也。如星亦受日光。凡天地之光，皆日光也。自十六日生魄之後，其光之遠近如前之弦，謂之下弦。至晦，則月與日相沓，月在日後，光盡體伏矣。魄加日之上，則日食；在日之後，則無食，謂之晦。朔則日月相並。」又問：「步里客談所載如何？」曰：「非。」又問：「月蝕如何？」曰：「至明中有暗處，他本作「暗虛」，下同。其暗至微。望之時，月與之正對，無分毫相差。月爲暗處所射，故蝕。雖是陽勝陰，畢竟不好。若陰有退避之意，則不至相敵而成蝕也。」義剛。

「庸庸祇祇，威威顯民」，此等語既不可曉，只得且用古注。古注既是杜撰，如今便別求說，又杜撰不如他矣。㽦。

「非汝封刑人殺人，無或刑人殺人。非汝封又曰劓刵人，無或劓刵人。」康叔爲周司寇，故一篇多說用刑。此但言「非汝封刑人殺人」，則無或敢有刑人殺人者。蓋言用刑之權止在康叔，不可不謹之意耳。廣。

## 酒誥

徐孟寶問：「揚子雲言：『酒誥之篇俄空焉。』」曰：「孔書以巫蠱事不曾傳，漢儒不曾見者多，如鄭康成、晉杜預皆然。想揚子雲亦不曾見。」大雅。

因論點書，曰：「人說荆公穿鑿，只是好處亦用還他。且如『矧惟若疇圻父薄違，農父若保，宏父定辟』，古注從『父』字絶句；荆公則就『違』『保』『辟』絶句，夐出諸儒之表。」道夫曰：「更如先儒點『天降割于我家不少延』，『用甯王遺我大寶龜』，皆非注家所及。」曰：「然。」道夫。

## 梓材

吴才老說，梓材是洛誥中書，甚好。其他文字亦有錯亂而移易得出人意表者，然無如才老此樣處，恰恰好好。

尚書句讀有長者，如「皇天既付中國民越厥疆土于先王」，是一句。僩。

## 召誥　洛誥

問：「周誥辭語艱澀，如何看？」曰：「此等是不可曉。」「林丈說，艾軒以爲方言。」曰：

「只是古語如此。竊意當時風俗恁地説話，人便都曉得。如這物事，今風俗不喚做這物事，便曉他不得。如蔡仲之命、君牙等篇，乃當時與士大夫語，似今翰林所作制誥之文，故甚易曉。如誥，是與民語，乃今官司行移曉諭文字，有帶時語在其中。今但曉其可曉者，不可曉處則闕之可也。如詩『景員維河』，上下文皆易曉，却此一句不可曉。又如『三壽作朋』，三壽是何物？歐陽公記古語亦有『三壽』之説，想當時自有此般説話，人都曉得，只是今不可曉。」問：「東萊書説如何？」曰：「説得巧了。向嘗問他有疑處否？曰：『都解得通。』到兩三年後再相見，曰：『儘有可疑者。』」淳。義剛録云：「問：『五誥辭語恁地短促。如何？』曰：『這般底不可曉。』林擇之云：『艾軒以爲方言。』曰『亦不是方言，只是古語如此』云云。」

「王敬作所不可不敬德」，只是一句。道夫。

因讀尚書，曰：「其間錯誤解不得處煞多。昔伯恭解書，因問之云：『尚書還有解不通處否？』曰：『無有。』因舉洛誥問之云：『據成王只使周公往營洛，故伻來獻圖及卜。成王未嘗一日居洛，後面如何却與周公有許多答對？又云「王在新邑」，此如何解？』伯恭遂無以答。後得書云：『誠有解不得處。』」雉問先生近定武成新本。曰：「前輩定本更差一節。『王若曰』一段，或接於『征伐商』之下，以爲誓師之辭；或連『受命于周』之下，以爲命諸侯之辭。以爲誓師之辭者，固是錯連下文説了；以爲命諸侯之辭者，此去祭日只争一兩日，無緣有先誥命諸侯之理。某看，却是諸侯來，便教他助祭，此是祭畢臨遣之辭，當在『大告武成』之下，比前輩只差此一節。」雉。

「周公曰，王肇稱殷禮」以後，皆是論祭祀，然其中又雜得別説在。振。

## 無逸

柳兄言：「東萊解無逸一篇極好。」曰：「伯恭如何解『君子所其無逸』？」柳曰：「東萊解『所』字爲『居』字。」曰：「若某則不敢如此説。」諸友問：「先生如何説？」曰：「恐有脱字，則不可知。若説不行而必强立一説，雖若可觀，只恐道理不如此。」蓋卿。

舜功問：「『徽柔懿恭』，是一字？是二字？」曰：「二字，上輕下重。柔者須徽，恭者須懿。柔而不徽則姑息，恭而不懿則非由中出。」可學。璘録云：「柔易於暗弱，徽有發揚之意；恭形於外，懿則有藴藏之意。」

## 君奭

顯道問「召公不悦」之意。曰：「召公不悦，只是小序恁地説，裏面却無此意。這只是召公要去後，周公留他，説道朝廷不可無老臣。」又問：「『又曰』等語不可曉。」曰：「這箇只是大綱綽得箇意脈子，便恁地説。不要逐箇字去討，便無理會。這箇物事難理會。」又曰：「『弗弔』，只當作去聲讀。」義剛。

## 多方

「召公不悦」，這意思曉不得。若論事了，儘未在。看來是見成王已臨政，便也小定了，許多事周公自可當得，所以求去。

## 立政

艾軒云：「文字只看易曉處，如尚書『惟聖罔念作狂，惟狂克念作聖』。下面便不可曉，只看這兩句。」節。或録云：「此兩句不與上下文相似。上下文多不可曉。」

「文王惟克厥宅心」，人皆以「宅心」爲處心，非也，即前面所説「三有宅心」爾。若處心，則當云「克宅厥心」。方子。

## 周官

漢人亦不見今文尚書，如以太尉、司徒、司空爲三公。當時只見牧誓有所謂「司馬、司空、司徒、亞旅」，遂以爲古之三公，不知此乃爲諸侯時制。古者諸侯只建三卿，如周官所謂「三太、三少、六卿」。及周禮書，乃天子之制，漢皆不及見。又如中庸「一戎衣」，解作「殪戎殷」，亦是不見今武成「一戎衣」之文。義剛。

## 顧命　康王之誥

康王之誥，釋斬衰而服袞冕，於禮爲非。孔子取之，又不知如何？設使制禮作樂，當此之職，只得除之。

伏生以康王之誥合於顧命。今除着序文讀着，則文勢自相連接。道夫。

銖問：「太保稱成王，獨言『畢協賞罰』，何也？」曰：「只爲賞不當功，罰不及罪，故事事差錯。若『畢協賞罰』，至公至明，何以及此？」又問「張皇六師」。曰：「古者兵藏於農，故六軍皆寓於農。『張皇六師』，則是整頓民衆底意思。」至。

## 君牙

安卿問：「君牙、冏命等篇，見得穆王氣象甚好，而後來乃有車轍馬跡馳天下之事，如何？」曰：「此篇乃内史、太史之屬所作，猶今之翰林作制誥然。如君陳、周官、蔡仲之命、微子之命等篇，亦是當時此等文字自有箇格子，首呼其名而告之，末又爲『嗚呼』之辭以戒之。篇篇皆然，觀之可見。如大誥、梓材、多方、多士等篇，乃當時編人君告其民之辭，多是方言，如『卬』字即『我』字，沈存中以爲秦語平音，而謂之『卬』。故諸誥等篇，當時下民曉得，而今士人不曉得。如『尚書』、『尚衣』、『尚食』，『尚』乃守主之意，而秦語作平音，與『常』字同。諸命等篇，今士人以爲易曉，而當時下民却曉不得。」義剛。

## 冏命

問：「『格其非心』之『格』，訓正，是如『格式』之『格』，以律人之不正者否？」曰：「如今人言合格，是將此一物格其不正者。人傑録云：「如合格之『格』，謂使之歸于正也。」如『格其非心』，是說得深者；『格君心之非』，是說得淺者。」子善因問：「温公以『格物』爲扞格之『格』，不知『格』字有訓扞義否？」曰：「亦有之，如格鬭之『格』是也。」深淺之說未詳。銖。

## 吕刑

東坡解吕刑「王享國百年耄」，作一句；「荒度作刑」，作一句，甚有理。如洛誥等篇不可曉，只合闕疑。德明。

問：「贖刑所以寬鞭扑之刑，則呂刑之贖刑如何？」曰：「呂刑蓋非先王之法也。故程子有一策問云：『商之盤庚，周之呂刑，聖人載之於書，其取之乎？抑將垂戒後世乎？』」廣。

問：「鄭敷文所論甫刑之意，是否？」曰：「便是他們都不去考那贖刑。如古之『金作贖刑』，只是刑之輕者。如『流宥五刑』之屬，皆是流竄。但有『鞭作官刑，扑作教刑』，便是法之輕者，故贖。想見穆王胡做亂做，到晚年無錢使，撰出這般法來。聖人也是志法之變處。但是他其中論不可輕於用刑之類，也有許多好説話，不可不知。」又問：「本朝之刑與古雖相遠，然也較近厚。」曰：「何以見得？」義剛曰：「如不甚輕殺人之類。」曰：「也是。但律較輕，勑較重。律是古來底，勑是本朝底。而今用時，勑之所無，方用律。本朝自徒以下罪輕。古時流罪不刺面，只如今白面編管樣。是唐、五代方是黥面。決脊，如折杖，却是太祖方創起，這却較寬。」安師問：「律起於何時？」曰：「律是從古來底，逐代相承修過，今也無理會了。但是而今刑統，便是古律，下面注底，便是周世宗者，如宋莒公所謂『律應從而違，堪供而闕，此六經之亞文也』。所謂『律』者，漢書所引律便是，但其辭古，難曉。如當時數大獄引許多詞，便如而今款樣，引某罪引某法爲斷。本朝便多是用唐法。」義剛曰：「漢法較重於唐，當時多以語辭獲罪。」曰：「只是他用得如此，當時之法却不曾恁地。他只見前世輕殺人，便恁地。且如楊惲一書，看得來有甚大段違法處？謂之不怨不可，但也無謗朝政之辭，却便謂之『腹誹』而腰斬！」義剛。

仲默論五刑不贖之意。曰：「是穆王方有贖刑。嘗見蕭望之言古不贖刑，某甚疑之，後來方省得贖刑不是古。」因取望之傳看畢，曰：「説得也無引證。」因論望之云：「想見望之也是拗。」義剛問：「望之學術不知是如何，又似好樣，又却也有那差異處。」先生徐應曰：「他説底也是正。」義剛曰：「如殺韓延壽，分明是他不是。」曰：「望之道理短。」義剛曰：「看來他也是暗於事機，被那兩箇小人恁地弄後，都不知。」先生但應之而已。義剛。

國秀問：「穆王去文武成康時未遠，風俗人心何緣如此不好？」曰：「天下自有一般不好底氣象。聖人有那禮樂刑政在此維持，不好底也能革面。至維持之具一有廢弛處，那不好氣質便自各出來，和那革面底都無了，所以恁地不好。人之學問，逐日恁地恐懼修省得恰好；纔一日放倒，便都壞了。」恪。

## 秦誓　費誓

秦誓、費誓亦皆有説不行、不可曉處。「民訖自若是多盤」，想只是説人情多要安逸之意。廣。